权威・前沿・原创

皮书系列为
"十二五""十三五"国家重点图书出版规划项目

河南民办教育蓝皮书
BLUE BOOK OF
PRIVATE EDUCATION OF HENAN

河南民办教育发展报告（2017）

ANNUAL REPORT ON PRIVATE EDUCATION OF HENAN (2017)

主　编／胡大白
副主编／杨雪梅　王建庄

社会科学文献出版社
SOCIAL SCIENCES ACADEMIC PRESS (CHINA)

图书在版编目(CIP)数据

河南民办教育发展报告.2017/胡大白主编.--北京：社会科学文献出版社，2017.9
（河南民办教育蓝皮书）
ISBN 978-7-5201-1375-5

Ⅰ.①河… Ⅱ.①胡… Ⅲ.①社会办学-研究报告-河南-2017 Ⅳ.①G522.74

中国版本图书馆CIP数据核字（2017）第217726号

河南民办教育蓝皮书
河南民办教育发展报告（2017）

主　　编／胡大白
副 主 编／杨雪梅　王建庄

出 版 人／谢寿光
项目统筹／任文武
责任编辑／高　启　高振华

出　　版／社会科学文献出版社·区域与发展出版中心（010）59367143
　　　　　地址：北京市北三环中路甲29号院华龙大厦　邮编：100029
　　　　　网址：www.ssap.com.cn

发　　行／市场营销中心（010）59367081　59367018
印　　装／北京季蜂印刷有限公司
规　　格／开本：787mm×1092mm　1/16
　　　　　印张：26.5　字数：400千字
版　　次／2017年9月第1版　2017年9月第1次印刷
书　　号／ISBN 978-7-5201-1375-5
定　　价／88.00元

皮书序列号／PSN B-2017-642-1/1

本书如有印装质量问题，请与读者服务中心（010-59367028）联系

▲ 版权所有 翻印必究

河南民办教育蓝皮书编委会

主　任　　胡大白

副主任　　任　锋　　杨雪梅

编　委　　（以姓氏笔画为序）

　　　　　　王左生　王国平　王建庄　王新奇　甘宇祥
　　　　　　李　敏　李光宇　李海燕　杨　捷　施昌海
　　　　　　秦小刚　喻新安　魏诗文

主要编撰者简介

胡大白 享受国务院特殊津贴专家,黄河科技学院创办人、董事长。中国民办教育协会监事会主席,河南民办教育协会会长。1984年创办的民办黄河科技学院,1994年2月成为全国第一所实施学历教育的民办高校。2000年3月成为全国第一所民办本科普通高校。

主要从事民办教育研究,创办了首个全国公开发行的民办教育理论研究专业刊物《黄河科技大学学报》并任主编。主持全国教育科学规划"十五"重点课题"中国民办教育发展研究"子课题"民办高等教育发展研究",中国高等教育学会"十一五"教育科研重点规划课题"民办本科高校培养目标定位和育人模式改革的研究与实践"等项目;公开发表学术论文50余篇,撰写主编出版专著10余本。2010年2月5日,作为全国民办高等教育的唯一代表,到中南海参加关于《国家中长期教育改革和发展规划纲要》的座谈会,提出多条建议。

第十届全国人大代表,第九届河南省人大代表,先后当选河南省第七次至第十次党代会代表,荣获"中国十大女杰"、"全国三八红旗手"、"中国好人"、河南省"劳动模范"、河南省"十大女杰"、河南省"十大新闻人物"、河南省"道德模范"、河南省"优秀共产党员"、"60位新中国成立以来感动中原人物"等荣誉称号。

杨雪梅 博士,黄河科技学院校长,教授,博士研究生导师。第十二届全国人大代表,第十届河南省政协常委,民建中央委员,民建河南省委常委,全国青联常委,河南省青联副主席,中国民办教育协会副会长,河南省民办教育协会副会长兼秘书长,河南省高校创新创业协会会长,中华职教社河南分社副主任,河南省政府督学,河南省教育评估中心首批评估专家。荣获"全国五一劳动奖章""全国五一巾帼奖章""全国青年五四奖章""全国三八红旗手"荣誉称号。

从事民办高校管理工作,致力于民办高等教育领域理论研究和管理实践。撰写主编出版专著10部,主持参与"民办高校应用型人才培养模式创新与实践"等省部级以上课题20余项,发表论文40余篇。曾荣获高等教育国家级教学成果二等奖一项,河南省高等教育教学成果特等奖一项,河南省社会科学优秀成果一等奖一项、二等奖2项。被授予首批"2012年度河南省学术技术带头人""河南省十大科技领军人物"荣誉称号。

王建庄 现任河南省民办教育协会副秘书长、河南民办教育研究院执行院长。河南省教育厅学术技术带头人,河南省优秀教师。河南省高校就业工作评估专家组成员,河南省高校德育评估专家组成员,河南省高校办学水平评估专家组成员,河南省民办高校年检专家组组长,河南省函授教育评估专家组组长。

主编《大学语文》《职业生涯规划》《现代社交礼仪》等大学教材8部。在《河南社会形势分析与预测》多次发表关于河南省高等职业教育和义务教育现状与发展的研究报告。主持的研究项目获河南省科技进步奖、河南省政府发展研究奖和河南省社会科学优秀成果奖。多次获得河南省教学成果一等奖。

摘 要

本书由河南省民办教育协会、黄河科技学院主持编撰,系统概括了近十年来特别是2016年以来河南民办教育所取得的主要成就及其对河南经济社会发展的主要贡献,分析了当前河南民办教育的特点,指出了面临的主要难点和焦点问题,就新的《民办教育促进法》的实施做了初步预测,并对河南民办教育的发展提出了对策建议。

全书由总报告、综合篇、高等教育篇、职业教育篇、中等教育篇、初等教育篇和学前教育篇七部分组成,系统反映了河南各级各类民办教育的基本情况。总报告由河南民办教育协会课题组撰写,统领全书各篇。总报告认为,在十多年持续健康发展的基础上,2016~2017学年度,河南民办教育的规模和人才培养质量均已稳居全国领先地位,形成了形式多样、种类齐全的教育体系;为适龄人群提供了更多接受教育的机会,在一定程度上缓解了人民群众日益增长的教育需求与优质教育资源缺乏的矛盾;改变了单一的公办教育体制,为教育体制改革注入了活力;拓宽了教育的融资渠道,缓解了内陆经济欠发达省份经费不足与办大教育之间的矛盾。发展的主要困难是政策、环境、资金、师资队伍建设等问题一直没有得到彻底解决,面对由规模扩张向质量提升的转型过程中而产生的占位不高、思路不新以及管理体制陈旧和趋公化、同质化等问题凸显。通过分析预测,下个学年度以及未来若干年,民办教育的生源呈现稳中有增的趋势,整个民办教育仍处在转型和健康发展期。要在河南这样一个经济欠发达的人口大省真正将人力资源转化为人才资源,就要大力发展教育,特别要鼓励支持发展民办教育,政府、社会和学校要形成合力,逐步补齐经费短缺、政策缺位、师资队伍不优的短板,结合新的《民办教育促进法》的实施,加强分类管理,加大扶持力度,使民办教育健康持续发展。

综合篇结合全省民办教育的现状,对河南民办教育的转型、在全国的地位和作用、对河南经济社会发展的贡献等进行了初步研究。高等教育篇、职业教育篇、中等教育篇、初等教育篇、学前教育篇等部分通过专家和一线工作者的探索实践,对河南各级各类民办教育进行了有针对性的分析研究,提出发展对策。

关键词 河南 教育转型 民办教育

目 录

Ⅰ 总报告

B.1 在发展中转型，在转型中发展
——2016～2017学年河南民办教育现状与发展预测
.... 河南民办教育协会课题组 / 001

Ⅱ 综合篇

B.2 基于新《民促法》背景下的民办教育发展研究
.... 杨雪梅 李储学 / 027
B.3 民办教育对河南省经济社会发展的贡献研究 .... 杨刚要 / 040
B.4 河南民办教育在全国的位次和作用研究 .... 吕金梅 / 049
B.5 民办教育发展转型研究 .... 贾全明 汤保梅 / 065
B.6 河南优化民办教育发展环境的探索和启示 .... 李 冰 / 080
B.7 民办教育经费来源研究 .... 王道勋 / 090

Ⅲ 高等教育篇

B.8 河南民办高等教育的现状与发展对策 .... 杨保成 李海霞 / 099

B.9 黄河科技学院创新机制建设研究 …………………… 豆晓利 / 112
B.10 民办高等院校建设应用型大学研究 ………………… 丁富云 / 123
B.11 民办学校章程建设的探索与实践 …………………… 岳德常 / 138
B.12 河南民办高校适应当地经济和社会发展需要研究 …… 袁 伟 / 148
B.13 民办高等院校党建工作研究 ………………………… 成迎富 / 158

Ⅳ 职业教育篇

B.14 河南民办职业教育的现状与发展对策 ……… 唐 琪 王公博 / 170
B.15 民营企业参与职业教育的探索和思考 ………………… 孔令伟 / 183
B.16 职业培训的优势与困难研究 …………………………… 杨 许 / 190
B.17 分类管理背景下民办职业教育机构路径选择 ………… 谢留枝 / 199

Ⅴ 中等教育篇

B.18 河南民办中等教育的现状与发展预测 ………………… 吴德亮 / 210
B.19 高考改革背景下的民办普通高中教育研究
　　　　　　　　　　　　　　　　……………… 任艳丹 罗建涛 / 224
B.20 河南民办高中教育特色建设研究 ……………… 郑丽娜 孙 涛 / 236
B.21 河南民办初中教育特色建设研究 ……………… 职鹏瑞 黄培进 / 248

Ⅵ 初等教育篇

B.22 河南民办初等教育的规模、地位与发展预测 ………… 李志华 / 259
B.23 义务教育背景下河南民办小学发展研究 ……… 刘桂梅 郑明礼 / 271
B.24 民办小学教育与公办初中教育衔接的研究
　　　　　　　　　　　　　　　　……………… 武建岭 姬彩虹 / 283
B.25 河南民办小学教育特色建设研究 ……………………… 李 萍 / 295

Ⅶ 学前教育篇

B.26 河南民办幼儿园的现状与发展趋势研究 …………… 孙　敏 / 303
B.27 河南省民办幼儿园与公办幼儿园发展之比较 ………… 唐豫翔 / 313
B.28 民办幼儿园与小学教育的衔接问题研究 ……………… 李　可 / 322
B.29 民办幼儿园特色建设研究 …………………………… 孙焕娜 / 331
B.30 构建学校、家庭、社会教育互补的幼儿教育体系研究
　　 …………………………………………… 秦晓杰　席银慧 / 351

Ⅷ 附录

B.31 附录一　工作报告 ……………………………………………… / 362
B.32 附录二　2007~2016年民办教育基本情况描述 …………… / 374
B.33 附录三　2007~2016年民办教育基本情况数据 …………… / 379

Abstract ……………………………………………………………… / 385
Contents ……………………………………………………………… / 387

总 报 告
General Report

B.1
在发展中转型，在转型中发展
—— 2016~2017学年河南民办教育现状与发展预测

河南民办教育协会课题组*

摘　要： 30多年来，河南民办教育由小到大，由弱到强。特别是近十年，规模不断扩大，质量持续提升，在校生规模已稳居全国第2位，办学水平得到社会广泛认可。在做大做强的同时，河南民办教育坚持教育的公益性原则，把服务当地经济社会发展和学生的全面发展作为办学的根本目的，在各级政府和社会各界的支持下，遵循规律，克服困难，谋发展，求进步。目前，已经基本形成了高、中、初等教育呼应，职教普教互通的体系，紧密地融合在全省大教育体系之中，成为河南教育不可或缺的力量。但是由于主客观条件的制约，在发展过

---

* 课题负责人：胡大白；成员：汤保梅、寿先华、王建庄；执笔：王建庄。

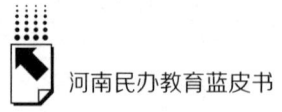

程中还面临许多困难。本报告从发展现状入手,分析了推动和制约发展的内外部因素,揭示了面临的问题并提出了相应的对策。

关键词: 河南 教育体系 民办教育

河南是人口大省。作为一个经济欠发达的内陆省份,经济社会发展虽然持续提速,教育的社会地位虽然不断提升,但并不富裕的大省要办大教育,依然有着许多困难。财力有限,导致公共教育供给不充分;观念传统,对新事物的认可需要一个过程。而经济发展、社会进步、民众愿望对优质教育的需求又不断提高。目前,河南教育的主要矛盾,仍然是人民群众日益增长的教育需求和优质教育资源不足的矛盾。这样的矛盾催生了河南的民办教育,河南的民办教育也在发展中不断进步,不但一年年做大,而且一步步做强。

一 现状:规模全国第二 质量走在前列

(一)办学规模居全国第2位

2016~2017学年,河南有民办教育机构1.77万所,在校生566.64万人,教职工43.41万人,加上其他技术培训机构注册的人数16.80万人,河南民办教育人数达到626.85万人,占到河南全省常住人口的6.58%。目前在河南,每万人中就有658个民办教育人口,每万人中,就有612人正在接受民办教育。

2015~2016学年,全国民办教育机构16.27万所,在校生4570.42万人,比上学年增加268.52万人。河南这三项指标分别为1.67万所,525.68万人,54.54万人;民办教育机构数占全国的10.26%,在校生数占到全国的11.50%,在全国民办学校在校生增加数中占20.31%。

在2014～2015学年，河南民办教育就以在校生481.41万人的总规模列全国省级单位第2位，仅比第1位广东省少了106万人，但比第3位四川省多出了近230万人。如果不含一线城市深圳的数据，河南民办教育的实际规模应和第1位广东差距不大。

从十年来河南民办教育总体发展情况看，一直保持着规模扩张、总量增加的势头。2007年，河南各级各类学校57555所，在校生2691.69万人，同期，民办学校5162所，仅占8.97%；在校生197.03万人，仅占7.32%。2017年，全省各级各类学校数为57163所，比2007年减少了392所，而民办学校数则达到了17772所，比2007年增加了12610所，是2007年的3.4倍；全省各级各类学校在校生为2601.31万人，比2007年减少了90.38万人，而民办学校在校生数却达到了566.64万人（见图1和图2），比2007年增加了369.61万人，是2007年的2.88倍。10年间，全省学校数和在校生数都在减少，而且是锐减，而民办教育却呈现出连年增加的势头，学校数占比从2007年的8.97%增加到2017年的31.09%；在校生数的比例也由7.32%增加到21.78%，10年间增加了14.46个百分点。

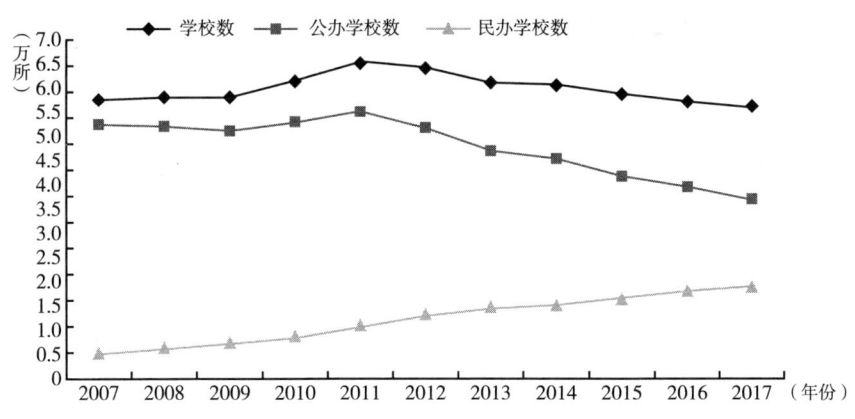

图1　2007～2017年全省学校数量变化情况

2013年是全省学校在校生总数下降幅度最大的，由上学年的2789.96万人直降到2505.39万人，骤减284.57万人。这一学年也是民办教育在校

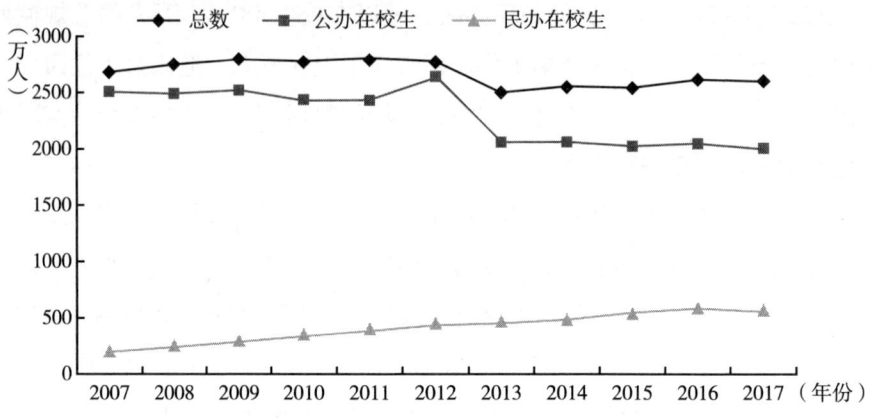

图2 2007~2017年全省在校生数变化情况

生增幅最大的一年,由上一学年的421.68万人,猛增到454.98万人,增加了33.30万人。占比由上学年的15.11%升至18.16%。

粗略地匡算一下,如果按照国家教育部公布的2015年全国生均教育经费标准计算,2016年河南民办教育直接投入的经费为595.78亿元左右,超过了2015年河南省公共财政教育支出1150.62亿元的1/2。

整体看来,现阶段的河南民办教育,一是规模居全国第2位,二是学校数占全省总数的31.09%,三是在校生占全省总数的21.78%,四是经济效益贡献巨大,五是社会效益凸显。

河南民办教育各层次的发展也有自己的特色,到2016~2017学年,从高等教育、中等教育、初等教育到学前教育都达到了一定的规模。

1. 高等教育

普通本专科院校招生13.16万人,比上年增加1.10万人。在校生达到42.07万人,占到全省普通高校在校生总数的22.44%。

其中黄河科技学院、郑州科技学院、郑州工业应用技术学院、商丘工学院、河南大学民生学院、河南师范大学新联学院、信阳学院、安阳学院、新乡医学院三全学院、郑州工商学院、中原工学院信息商务学院、商丘学院、郑州成功财经学院、郑州升达经贸管理学院和郑州大学西亚斯国际学院15

所民办本科高校的在校生人数已经超过万人。其中黄河科技学院为 27953 人，加上该校其他类型的学生，实际在校生规模已经超过 3 万人，成为河南乃至全国民办高校中为数不多的"航空母舰"。其他如郑州科技学院、郑州工业应用技术学院、河南师范大学新联学院、郑州工商学院、商丘学院、郑州升达经贸管理学院和郑州大学西亚斯国际学院 7 所民办本科高校的在校生规模都超过了 2 万人。

目前，全省民办高校教职工 3.03 万人，比上学年增加 0.24 万人。其中专任教师 2.28 万人，增加 0.19 万人。

2. 中等职业教育

全省民办中等职业学校 190 所，招生 8.54 万人，在校生 19.62 万人。学校数、招生数和在校生数分别占全省中职教育总数的 23.75%、17.86% 和 15.30%。

全省中职教育学校数为 800 所，比上年减少了 75 所；招生数 49.79 万人，比上年减少了 0.10 万人；在校生 128.25 万人，比上年减少了 9.23 万人。而民办中职教育却逆势增长，学校数虽然减少了 15 所，但招生数增加了 1.70 万人；在校生数增加了 2.73 万人。数据表明，在中等职业教育总体规模下降的大环境中，民办中职教育依然保持着增长的势头。

民办中等职业教育有职工技术培训机构 28 所，农村成人文化技术培训学校 5 所，其他培训机构 142 所，注册学生达到 16.80 万人；民办中职学校教职工 1.01 万人，其中专任教师 0.72 万人。

3. 普通高中教育

全省有普通高中 792 所，其中民办 242 所，占到 30.56%；在校生为 199.60 万人，其中民办高中有 33.10 万人，占 16.58%。民办高中学校数比上年的 219 所增加了 23 所，在校生数比上年的 29.25 万人增加了 3.85 万人。民办教育在整个高中教育阶段，也是持续增长的态势。

全省民办高中教职工 3.40 万人，其中专任教师 2.71 万人。

4. 普通初中教育

全省有普通初中 4557 所，其中民办 758 所，占 16.63%；在校生为

415.83万人,其中民办初中在校生有74.08万人,占17.81%。初中段教育招生144.13万人,比上年减少5.89万人;其中民办初中招生25.78万人,比上年的23.53万人增加了2.25万人。增减之间,体现了民办教育的持续发展。

民办初中教职工6.22万人,其中专任教师4.55万人。

5. 小学教育

在全省2.28万所小学中,民办学校仅有1748所,占到7.67%;民办小学在校生129.00万人,占全省总数965.59万人的13.36%。在小学教育层面,民办教育的学校数和在校生数同其他层面相比,占比最低。尽管如此,民办小学教育的发展还是上升趋势,学校数比上年的1652所增加了96所,在校生数比上年的118.14万人增加了10.86万人。和初中教育一样,在全省普及九年义务教育已经成效显著的大环境中,这两个层面的民办教育规模连年增长,实属不易。

全省民办小学教职工5.87万人,其中专任教师4.23万人。

6. 学前教育

全省有独立设置的幼儿园为1.87万所,其中民办1.47万所,占到78.61%;在园幼儿共有408.68万人,其中民办268.75万人,占到65.76%。值得说明的是,已有3860所民办幼儿园被认定为普惠性幼儿园,占到民办园总数的26.26%。民办幼儿园数量比上年增加了919所;在园幼儿比上年增加了15.62万人。

全省民办幼儿园教职工23.88万人,其中专任教师13.95万人。

从整体上看,十年来河南各级各类学校在校生数是减少的趋势,但河南的民办教育在各个层次都呈现出持续增长的态势,这与各级政府的扶持、社会对民办教育的认识提高和社会各界的支持有关,当然也是河南民办教育人共同努力的结果。

(二)办学质量和社会声誉在全国名列前茅

2017年3月23日,《武书连2017中国民办大学排行榜》发布,黄河科技学院位中国民办大学人才培养质量第 1 列。在理学、工学、农学和医学四个学科门类的自然科学中，黄河科技学院居第 1 位；在教育学学科中，黄河科技学院居第 1 位。在 100 强榜单中，河南还有 8 所高校上榜，其中郑州工商学院居第 23 位，郑州升达经贸管理学院居第 41 位，郑州成功财经学院居第 55 位，郑州工业应用技术学院居第 58 位，郑州科技学院居第 63 位，信阳学院居第 64 位，安阳学院居 70 位，商丘学院居第 75 位。

同一天，《广州日报》发布全国首个全样本应用大学排行榜，这是权威媒体作为第三方评估、发布的专业性公益榜单。这个榜单以应用指数、学术指数、声誉指数和二次评估指数 4 个一级指标建构出综合指数，科学评价国内 887 所本科高校，公办民办高校使用同一评价体系。黄河科技学院位居全国民办高校第一名。

河南的民办高等教育在全国的地位是社会公认的。其他层面的教育，如高等职业教育层次的郑州澍青医学高等专科学校、郑州电力职业技术学院、周口科技职业学院，中等和初等教育层次的黄河科技学院附属中等专业学校、郑州城轨交通中等专业学校、郑州商业中等专业学校、登封少林中等专业学校、黄河科技学院附属中学、郑州一八国际学校、郑州枫杨外国语学校、郑州市中牟外国语学校、河南省宏力学校、郑州惠民中学、河南建业外国语中学、开封县集慧中学、漯河育才学校、漯河格瑞特国际学校、洛阳华洋国际学校、济源英才学校、鹤壁科达学校、平顶山宝丰红星高中、河南枫叶国际学校等都在不同角度办出了特色，获得了社会的认可。

河南民办教育对河南乃至全国经济社会发展的贡献：一是形成了形式多样、种类齐全的教育体系。二是为教育体制改革注入了活力，有效弥补了公办教育的不足，改变了单一的公办教育体制。三是拓宽了教育融资渠道，缓解了内陆经济不发达省份经费不足与办大教育的矛盾。四是提升了河南教育在全国的地位。五是增加了适龄人群接受教育的机会，促进教育公平的实现。六是为未来经济社会发展培养了大批人才。

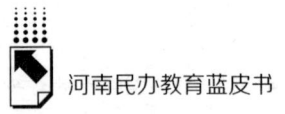
河南民办教育蓝皮书

二 转型：社会需求 内生动力

（一）转型发展中的民办教育

30多年来，河南的民办教育一直走在全国的前列。黄河科技学院于1994年获批为全国第一所民办普通专科学校，又于2000年获得全国第一个民办本科教育资格，在办学层次上一直引领全国的民办高等教育。此后，郑州科技学院、郑州工业应用技术学院等16所民办学校先后获得了本科教育资格，河南的民办高等教育形成了"一马当先、万马奔腾"的局面。但是在一段时间内，这些民办本科学校怎么定位、如何发展，学术界没有定论，社会不置可否。在不断的办学实践中，河南的民办教育一直在寻找科学发展之路。

黄河科技学院创办之初，就确立了"为国分忧，为民解愁，为社会主义现代化建设服务"的办学宗旨，明确了培养目标和办学方向。自2000年成为全国第一所实施本科学历教育的民办高校后，很快创建了"本科学历教育与职业技能培养相结合"的人才培养模式，明确了地方应用型本科高校的定位。2013年初，教育部启动"应用科技大学改革战略研究试点"工作，黄河科技学院成为全国首批试点单位，并以深化创新创业教育作为建设高水平应用技术大学为突破口进行转型。

随着我国经济发展进入新常态，人才的供给和需求发生了深刻变化。面对经济结构调整，产业升级步伐加快，社会文化建设不断推进和创新驱动发展战略的实施，高等教育的结构性矛盾更加突出。为有效缓解毕业生就业难特别是就业质量低的问题，培养生产服务一线急需的应用型、创新型人才，国家鼓励部分普通本科高校向应用型大学转型发展。2015年10月，国家教育部、发展改革委和财政部联合下发了《关于引导部分地方普通本科高校向应用型转变的指导意见》，获得了河南民办本科高校的积极响应。

思路一旦明确，就会形成发展的实际行动。河南民办高校主动适应经济发展新常态，融入产业转型升级和创新驱动发展，把办学思路逐步转移到服务地方经济社会发展上来，积极探索产教融合、校企合作的人才培养模式，主动与当地创新要素对接，与经济开发区、产业聚集区对接，与行业企业人才培养和技术创新需求对接。加大教学过程中实践、实训、实习环节的比重，改变课堂教学模式，正在形成科学的人才培养方案和课程改革体系。

黄河科技学院高起点建立智库。引进省内外知名专家建立中国（河南）创新发展研究院，为河南经济社会发展提供高端研究；与省政府发展研究中心联手，建立河南新经济研究院；整合资源，建立河南民办教育研究院，加强民办教育的理论研究和实践探索；引进国内著名的势科学与信息动力研究专家成立势科学与信息动力学研究中心；引进省内外专家组建中华文化传承发展研究院；等等。大力推进创新创业教育实践。科学修订人才培养方案，使创新创业教育进课堂，入人心，见实效。牵头成立了河南省高校创新创业协会，建设首批示范性应用大学系列创新教材，建成了"创客工厂—众创空间—孵化器—加速器—产业园"全链条创新创业生态体系，为大学生创业提供了工商、税务、融资等"一站式"服务。获得全国高校创新创业50强、全国高校毕业生就业工作50强等称号。2016年，在全国民办高校创新创业教育示范学校评选中获得综合奖第一名，被教育部认定为全国首批深化创新创业教育示范高校。

郑州升达经贸管理学院和郑州成功财经学院注重人的素质培养，"三三三制办学理念"在办学实践中获得成功。以"关心、爱心、耐心"的"三心"为基础；以"严管、严教、严考"的"三严"为手段，实现"两证多奖"（毕业证书、专业技术资格证书和各种奖励）；以守时、守位、守法的品德，良好的风度仪表三个特色，有效地提升了师生的人文素质。

郑州升达经贸管理学院注重海峡两岸的学术交流，先后承办了海峡两岸国贸金融实践教学研讨会、人才教育暨卓越管理研讨会和金融学、会计学等学科建设学术研究会，并在省内高校中率先选派学生赴台湾进行为期半年的学习。

郑州成功财经学院主动服务当地经济和社会发展，积极探索"一主二辅"的培养模式。一是针对70%左右的学生用三年时间修完四年的课程，安排一年时间强化应用技能实践,积极探索提高校企合作、订单培养、工学结合等培养模式,实现"良才"培养目标。二是对20%学习成绩优异的学生,帮助他们报考硕士研究生,实现"英才"培养目标。三是针对10%理论知识薄弱的学生,在补习基础知识的同时,发展他们的动手优势,使其成为掌握"一技之长"的"有用人才"。以培养"良才"为主,培养"英才"和"有用之才"为辅,贯彻了因材施教的基本教育原则,体现了实事求是、个性化、差别化培养的思想。

郑州科技学院不断拓展培养应用型人才的方案,通过优化课程体系,整合教学内容,设置创新学分,改革课堂教学模式,开展学科竞赛等多种途径,有效激发了学生学习、创新的积极性,初步形成了全新的人才培养课程体系。进行"两站"建设,建立企业教师工作站和校内大师工作站,搭建了"双师双能"教师队伍建设的平台,引进企业技术人才进校讲课,派出专业教师到企业定岗实践,实现了校政行企多方合作,产教深度融合发展。

新乡医学院三全学院秉承"全面适应社会需求,全面实施素质教育,全面培育医学英才"的办学指导思想,建立"课间见习、暑期见习、临床实习"的全过程实践教学模式,保证了教育教学质量稳步提高。2012年与卫生部中国医师协会合作成立"中国医师人文医学执业技能培训基地",2013年成立国家技能鉴定站,2014年加入应用技术大学(学院)联盟。逐步成为特色鲜明、优势突出的应用型高等院校。

学术论文的数量质量在一定程度上反映一所学校的学术水平和科研能力。在2014年中国校友会网发布的《中国民办大学国内论文排行榜》中,黄河科技学院以1946篇居全国第1位,郑州升达经贸管理学院以620篇居17位;郑州成功财经学院以570篇居21位,郑州华信学院以450篇居31位,郑州科技学院以381篇居39位,商丘工学院以298篇居49位。在50强中有河南6所。

转型发展,提升人才培养质量不仅是国家、社会对民办教育的外在要求,是经济社会发展的需要,更是民办教育自身发展的内在动力。本科院校正在向应用型大学转型,其他各级各类院校也经历着由规模扩张向内涵提升的方向转型。民办高职院校本来就是面向生产服务一线培养技术技能型人才而产生的，在转型的过程中，更加注重学生健全人格和技术技能水平的培养，如郑州澍青医学高等专科学校、郑州电力职业学院等院校都在这方面做了有益的探索。民办中学教育、小学教育和学前教育的学校，也都更加注重办学质量的提升，结合河南经济社会发展的大局，主动承担社会责任，办学水平不断提高，办学模式更加多样，教育手段更加科学，人才培养质量在稳步提升。

民办中等教育、初等教育也更加注重人的成长。中牟外国语学校着力打造质量特色、课程特色和活动特色，既要质量、要成绩、要升学率，也要才艺、要活动、要美誉度，着眼点在学生健全人格的培养。黄河科技学院附属中学以"办规范加特色学校，育合格加特长学生"为目标，为每一个学生"量体裁衣"，探索出了一条"特色打造品牌，品牌提升特色"的成功教育之路。河南宏力学校从建筑的设计、布局、色调选配、文化景点的设置到学校制度制定、校本课程开发，从办学理念的设定到培养目标的确立无不突出"以人为本"的教育理念。沁阳市永威高中坚持"没有教不好的学生"的教育理念，坚持面向全体，不放弃一名学生。开封立洋外国语学校注重学生创新思维、创新意识、创新精神和创新能力的培养。濮阳建业国际学校颠覆传统教学模式，变"排排坐"为"团团坐"，变"课堂"为"学堂"，变"教师"为"导师"，变"苦学"为"乐学"。北大公学驻马店实验学校既十分重视打造"中国课程"的扎实基础（人格基础、知识基础、能力基础），又给予学生"国际课程"的个性化教育。郑州枫杨外国语学校以"文理兼长，外语突出，全面发展"为办学目标，实施"差异化教育"，致力于培养中西文化融合、智慧人格并重、本土情怀和国际视野兼备的高素质预备人才。郑州惠民中学秉承"为学生终身发展奠基"的绿色教育理念，确立"思想健康、行为规范、意志坚定、方法良好"的育人目标，注重培养学生树立"博学多思、雅量高致、精益求精、诚意正心"的人生观。河南少年先锋学校纳东西方教育之精华，传承中华文化，建构现代化的东方经典教育模式。郑州一八国际小学把"幸福学园、健康学生、国际视野"作为办学目标，

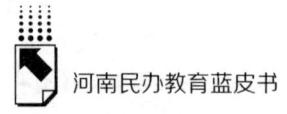

把"爱"作为学校的核心理念,把"阳光雨露"作为校风,以"小绅士、小淑女"的气质展示学生的内涵,立足培养全面、智慧、健康、大气、立足祖国、胸怀世界的中国人。这些尝试,都取得了一定的效果。

（二）加强民办学校党的建设

党建工作是民办学校各项工作中的重要环节,新修订的《民办教育促进法》一个明显的特征就是明确了民办学校的党建工作。河南民办教育在发展之初就将自身置于党的领导之下,黄河科技学院10年找党的经历已成为当代中国民办教育史上的佳话,其他民办学校也自觉把自己的发展纳入党的教育事业之中。

郑州升达经贸管理学院深入学习贯彻党的十八大、十八届三中、四中、五中全会精神,以"两学一做"学习教育活动为动力,不断提高教育教学质量,保持了良好的发展趋势。

郑州工业应用技术学院经常开展贴近实际的活动,除了在校内进行教育外,还把党课开在登山路上。丁酉年黄帝故里拜祖大典结束后,党委组织160多名教职工党员在当年黄帝修德振兵的具茨山下,组织了一次别开生面的党课学习。类似的不拘一格、别开生面的思想政治教育活动,郑州工业应用技术学院组织了多次。不断探索党建新模式、新载体,构建党员教育新格局,有效提高了党建质量。

无论是本科院校向应用型转型,还是其他层次的教育向内涵型发展转型,起点都是从内做起,增强学校的核心竞争力,提高人才培养质量。河南民办教育在转型发展中日趋成熟。

三 困难：主客观环境向好　问题新旧交织

任何事物的发展都会遇到这样或那样的困难和问题,而且在不同阶段不同时期遇到的困难和问题也有所不同,民办教育也是如此。在规模扩张期逐渐过去,质量提升期到来的阶段,老的问题尚未彻底解决,新的问题已经出现。

（一）老的问题，主要表现在外部

1. 政策问题

应该说，改革开放以来，国家对民办教育的支持力度逐渐加大，促进民办教育形成了规模，正在推动转型。但是相关民办教育的法规政策尚不完备，落实顶层设计的渠道还不通畅，使得民办教育在发展中面临一些困难。

2. 经费问题

长期以来，经费短缺一直是困扰民办教育发展的主要问题。目前，河南民办教育机构的教育经费仍然主要来自学生学费，不少学校走的是以学养学的发展道路。在这方面，政府也积极采取多种措施为民办教育排忧解难。但民办教育没有和公办教育一样享有生均教育经费，其发展因为经费的制约举步维艰。一些生源规模达到一定数量的学校，运行实现了良性循环，教育管理进入了资源合理配置阶段，但仍然缺少发展经费。一些规模较小的学校，生均管理成本和教学成本更高，运行极其困难。

3. 社会认可度问题

应该说，国家对民办教育支持力度的加大和民办教育自身的努力，使民办教育的社会功能进一步显现，社会对民办教育的认可度越来越高。但不可否认的是，还有一些人对民办教育抱有偏见，这些偏见和传统的择校观不但对民办教育整体产生不公正的看法，也导致了民办学校出现招生难的现象，生源不足和生源质量不高，使得民办学校在教学和管理上要比同类公办学校付出更多的成本。

（二）新的问题，主要表现在内部

1. 发展定位不清和缺乏战略远见，核心竞争力不强

少数民办学校囿于小天地、小圈子，实现了小发展就裹足不前，安于现状。一些民办学校在长期发展中摸爬滚打，在一定层面上实现了规模扩张，艰苦的发展经历磨炼了意志，同时也消减了锐气，缺失了发展远见。一些学校虽然有长远的发展规划，但缺乏科学的发展理念。个别民办学校过于注重经济效益，导致学校发展进入恶性循环。

从河南全省情况看，全省民办教育机构大多呈现的是健康发展的状态。

2. 内部管理方法陈旧，缺乏创新动力

少数民办学校办学理念滞后，失去了自己的特色。学生录取的粗放式做法，导致生源质量不高；专业设置的粗放式决定，导致专业设置雷同；教学运行的粗放式运转，导致人才培养质量不优；学校管理的粗放式运行，导致发展后劲不足。

3. 趋公化现象

民办教育在发展之初，大多数机构较为精简，务实高效。随着时间的推移，规模的扩大，内设机构就会一个个建立起来。一些民办学校照搬公办院校的模式，一级一级构建管理框架，民办教育的优势正在个别学校淡化。

4. 同质化趋势

这种趋势表现在一些学校在机构设置上的相近，在人才培养目标、人才培养方案、人才培养方法等方面的相似。仅从专业设置来看，一些相对热门的专业如国际经济与贸易、工程造价、计算机科学与技术、物联网工程、电子信息工程、土木工程、环境设计、旅游管理、会计、日语、通信工程、汽车检测与维修、机电一体化技术、动漫制作技术、市场营销、物流管理、人力资源管理等专业重复开设率较高。

总体来看，河南民办本专科院校的专业设置呼应了经济社会发展对人才的需求，但同质化现象也比较严重。

5. 师资队伍建设问题

教师是教育发展的重要保证，师资队伍建设是学校各项工作的重中之重。河南的民办学校和全国一样，由于条件限制，师资队伍建设面临着比公办学校更严重的问题。引进高职称、高学历的教师，民办学校的成本远远高于公办学校；培养成熟、取得一定学历和职称的教师又难以留住。由于没有公办学校教师的待遇，民办学校的教师队伍在学历、职称、年龄上都很难形成理想的"纺锤形"状态。

四 环境：不断优化 持续向好

2016年12月29日，国务院发布《关于鼓励社会力量兴办教育 促进民办教育健康发展的意见》，提出了"育人为本，德育为先；分类管理，公益导向；优化环境，综合施策；依法管理，规范办学；鼓励改革，上下联动"五项基本原则。在优化环境方面明确提出，要统筹教育、登记、财政、土地、收费等相关政策，营造有利于民办教育发展的制度环境。在加大财政投入力度，创新财政扶持方式，落实同等资助政策和税费优惠等激励政策，实行差别化用地政策和分类收费政策，保障依法自主办学和学校师生权益等方面都做了明确规定。

具体到河南，各级政府对民办教育支持的力度不断加强。2012年8月，省教育厅发布关于鼓励和引导民间资金投资发展教育的意见，明确提出切实保护民办学校（含幼儿园）的合法权益、支持民办学校做强做大、落实民办学校教师待遇、保障民办学校学生权益、完善民办学校税费政策、充分发挥财政资金的引导和杠杆作用等措施。2012年，省财政设立2000万元民办教育发展专项资金，到2016年已达5000万元。在省财政的带动下，各地市也积极跟进，并且连年增加；其中，郑州、洛阳两市每年的专项资金已达5000万元，许昌市2000万元，开封市1000万元，商丘、周口、驻马店三市每年500万元，焦作、平顶山、永城三市每年300万元。在县级财政层面，滑县每年的民办教育发展专项资金已达150万元，邓州市为100万元；各级政府的财政基金发挥杠杆作用，全省每年撬动民间资金近80亿元。[1]各市相继出台了一系列相关政策。2013年，郑州市民办教育新增投资16亿元；洛阳市引资13.70亿元，新建各类民办学校71所。开封市规定民办学校教师在业务进修、职称评定、表彰奖励、科研立项等方面与公办学校教师享有同等权利；济源市对满足条件的民办学校直接拨付一定比例的教师工

---

[1] 史晓琪：《我省民办学校5年增近六成》，《河南日报》2016年8月14日。

资；邓州市将民办学校用地纳入城乡规划建设，并要求有关部门在制订教育事业规划、调整学校布局时，充分考虑民办学校的作用。

2013年5月，省教育厅印发《河南省学校基本建设"十二五"规划》，把民办中小学和民办职业教育的发展纳入教育规划。2015年12月，省政府发布了《关于加快推进民办教育发展的意见》，明确提出要从民办学校与公办学校同等法律地位，保障民办学校法人产权、民办学校教师合法权益和民办学校学生合法权益，民办学校用地、建设和税收优惠政策，以及公共财政对民办教育的扶持力度、民办教育资本运作和融资体制等方面完善落实民办教育发展扶持政策。从而优化发展环境，充分发挥民办教育的体制机制优势，形成民办教育、公办教育共同发展的格局，努力满足人民群众多样化的教育需求。

在社会层面，人们对民办教育的认可度和满意度也在不断提高，越来越多的专家学者、领导干部、社会贤达和社区民众对民办教育有了比较公允的认识，特别是广大的考生家长用行动来支持民办学校发展，十年来河南民办学校生源持续增加，规模不断扩大就是明证。

"互联网+"时代的到来，为民办教育和公办教育平等竞争创造了新的条件，互联网提供的服务对所有人都是一样的，它不管你是公办学校还是民办学校。互联网使信息传播更快，让学习变得更加容易，弱化了社会身份，使得教育更加公平。民办学校审时度势，抓住这一难得的时机，搭建运营高效的学习平台，建立优秀的线上课程，改变旧的落后的教学手段，同时建立科学的评价、评估机制，实现教育思想、教育内容、教育方法、教师队伍的现代化。

2016年11月7日，全国人大常委会审议通过了《关于修改〈中华人民共和国民办教育促进法〉的决定》，标志着我国民办教育分类管理的顶层设计基本完成。新修订的《民办教育促进法》（以下简称"新《民促法》"）将于2017年9月实施。届时，全国各级各类民办教育机构都将面临营利或非营利的选择。为保证新《民促法》的顺利实施，2016年12月29日，国务院出台了《关于鼓励社会力量兴办教育、促进民办教育健康发展的若干意见》；2016年12月30日，教育部等五部委联合下发了《关于印发〈民办学校分类登记实施细则〉的通知》；2016年12月30日，教育部、人力资源和社会保障部、工商总局联合下发了《关于印发〈营利性民办学校监督管理实施细则〉的通知》。密集的意见和细则的出台体现了中央关于民办教育的形势新判断、发展新定位、制度新安排，形成了上位法律。国务院文件、部门配套政策相互衔接、相对完整的制度和实施体系，为民办教育在新的历史起点上实现健康发展指明了方向。

法律对民办教育的保障、管理和促进，随着经济社会的发展在不断进步。从1997年7月31日《社会力量办学条例》颁布，到2017年9月新《民促法》实施，20年间围绕着营利和非营利问题，在顶层设计层面进行了一系列调整、完善。

2010年颁布的《国家中长期教育改革和发展规划纲要（2010~2020年）》提出了"分类管理"的发展思路。2015年1月7日，李克强总理主持召开国务院常务会议，明确对民办学校实行分类管理，允许兴办营利性民办学校。2015年新修订的《中华人民共和国教育法》去掉了"不以营利为目的"条文，扫除了法律障碍，奠定了营利性教育组织的合法性基础。2016年，新《民促法》正式确立了营利性民办教育机构的合法地位。

新《民促法》从促进和规范民办教育健康发展的角度，清晰界定了营利性和非营利性民办学校的分类标准，第一次以负面清单的方式开放了营利性教育的准入范围，明确规定义务教育阶段不得设立营利性民办学校，总体上确立了营利性学校和非营利性学校所适用的不同扶持政策，明确了存量民办学校剩余资产的归属问题，并对现有学校的存续及转设事宜做出了妥善安排。

五 生源：后续有力 稳中趋增

根据各级学校适龄人群情况和十年来民办学校招生的情况，对下一学年度河南各级各类民办教育机构的生源粗略预测如下。

（一）学前教育阶段生源情况预测

从 2007 年开始，河南人口出生率一直保持增长趋势。2010 年为 11.52‰，到 2014 年达到 12.80‰，当年出生人口 136 万人，比前一年增加了 10 万人。2014 年出生的婴儿，到 2017 年是幼儿园适龄儿童，由此分析，2017~2018 学年河南幼儿入园人数应比上学年略有增加。

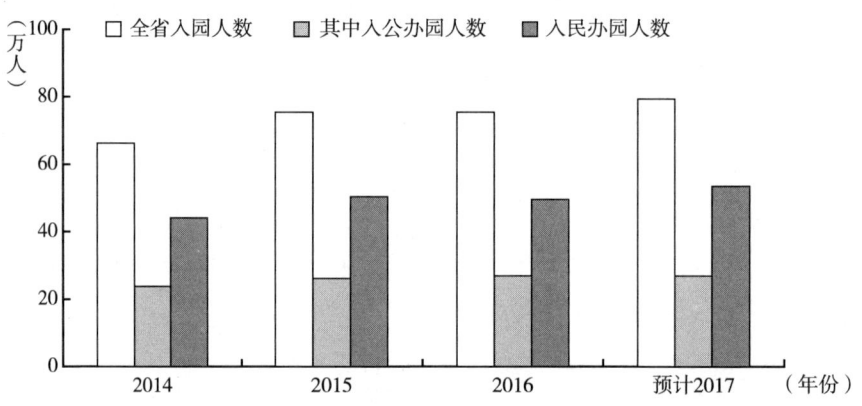

图 3　2014~2017 年幼儿园生源情况及 2017 年入园数预测

从前三年的数据看，2014 年入园小班的适龄幼儿应是 2011 年出生的婴儿。2011 年出生人口为 112 万人。2014 年入园小班人数为 65.91 万人，适龄幼儿入园率 55.85%；其中入民办幼儿园的 43.67 万人，占总入园人数的 66.26%，是适龄幼儿的 38.99%。2015 年适龄幼儿入园率为 57.59%，其中入民办幼儿园的占适龄幼儿的 38.01%。2016 年适龄幼儿入园率为 59.93%，其中入民办幼儿园的占适龄幼儿的 39.81%。综合三年数据分析，平均适龄幼儿入园率为 57.79%，其中入民办幼儿园的占适龄幼儿的 38.94%。据此推算，2014 年全省出生 136 万人，按照前三年的合计入园率及入民办幼儿园的占比计算，预测 2017 年民办幼儿园招生人数应在 52.96 万人以上。

（二）小学阶段生源情况预测

2017~2018 学年，小学适龄入学儿童主体是 2010 年出生的婴儿。从河南省近十年人口数量分析,2010 年人口总数比 2009 年有所减少,当年的人口出生率也仅有 11.52‰,这在总量上将使 2017 年全省小学入学人数出现负增长。

表1 2012~2016 年河南省民办小学招生情况及 2017 年招生预测

单位:万人,%

生源及录取	2012 年	2013 年	2014 年	2015 年	2016 年	2017 年预测
适龄儿童人数	112	113	111	113	113	110
民办小学录取人数	15.50	17.87	16.31	17.99	20.08	17.19
占比	13.84	15.81	14.69	15.92	17.77	15.63

综合 2012~2016 年小学入学情况,民办小学招生人数基本保持在适龄儿童的 15% 左右。2012 年民办小学招生占比为 13.84%;2013 年民办小学招生占比为 15.81%;2014 年民办小学招生占比为 14.69%;2015 年占比为 15.92%;2016 年民办小学招生占比为 17.77%,是历年来占比最高的一年。随着 2010 年出生人口的下降,2010 年适龄儿童数量应在 110 万人左右。根据 2012~2016 年合计适龄儿童入民办小学的占比 15.61% 推算,2017 年全省民办小学招生人数应在 17.19 万人左右,比上一年有所减少。

(三)初中阶段生源预测

2012~2016 年,应届小学毕业生升入民办初级中学的比率一直在上升。2012 年全省小学毕业生 170.45 万人,当年民办初中招生 21.99 万人,占 12.90%;2013 年占到 12.98%;2014 年上升到 16.40%;2016 年全省小学毕业生 144.16 万人,进入民办初中就读的有 25.78 万人,占到 17.88%。预计 2017 年全省小学毕业生数为 150.26 万人,根据前 2012~2016 年小学毕业生升入民办初中的合计占比 15.38% 推算,2017 年全省民办初中招生应在 23.11 万人左右。综合考虑连续五年民办初中招生比例年年增长的情况,实际招生数会比这个数字要高。

新《民促法》规定，在义务教育阶段不得设立营利性民办学校，因此今后一段时间，民办小学、初中的生源数量可能会出现一些波动。

（四）普通高中生源预测

由于高中以上层次的教育在我国不是义务教育，所以初中毕业生会有以下去向：升入公办高中，升入中等职业学校，升入技工学校，升入民办普通高中，升入民办职业学校以及走上社会。在这个层面，民办高中的生源比较紧张。

2012～2016年，民办高中的录取量占比较低。预计2017年全省初中毕业生为132.65万人，根据2012～2016年进入民办高中学习的合计占比8.06%推算，2017年全省民办高中招生人数在10.69万人（见表2）。考虑到近五年来民办高中招生比例连年提高，实际进入民办高中的人数应该高于这个数字。

表2　2012～2016年河南省高中段民办学校生源情况及2017年招生预测

单位：万人，%

生源及录取	2012年	2013年	2014年	2015年	2016年	2017年预测
初中毕业生人数	149.81	140.34	114.66	123.62	129.50	132.65
民办高中录取人数	9.40	9.35	9.79	11.22	12.57	10.69
占比	6.27	6.66	8.54	9.08	9.71	均8.06
民办中职录取人数	9.32	7.13	6.66	6.84	8.54	7.76
占比	6.22	5.08	5.81	5.53	6.59	均5.85

（五）中等职业教育生源情况

民办中等职业学校的生源主要来自初中毕业生。2012～2016年，民办中等职业教育招生数占当年初中毕业生数的比例在5%～7%。2013年最低，为5.08%；2016年最高，为6.59%。预计2017年全省初中毕业生在132.65万人左右，根据2012～2016年民办中等职业学校招生数占到初中毕业生总数的5.85%的比例推算，2017年全省民办中等职业学校招生人数在7.76万人。

（六）普通高等教育阶段生源预测

民办本、专科院校的生源主要来自应届高中和中等职业学校的毕业生，同时也会有一定数量的往届毕业生和社会青年。

2012~2016 年，民办高校的录取率占高中、中职毕业生总数的 8%~14%，呈直线上升趋势，由 2012 年的 8.23% 上升到 2016 年的 13.54%。2017 年全省普通高中预计毕业 63.16 万人，中职 33.81 万人，两项共约 96.97 万人，根据 2012~2016 年民办高校招生合计占比 11.14% 推算，民办高校招生人数在 10.80 万人，其中本科在 6.34 万人，专科在 4.45 万人左右（见表 3）。考虑到 2012 年民办高校招生占比太低，不足 9%，而后 4 年都在 10% 以上，而且连年增长，故预测 2017 年民办高校招生数会高于上述推算数字。

表 3　2012~2016 年河南省民办高校招生情况及 2017 年预测

单位：万人，%

年份		高中毕业生	中职毕业生	两类总计	民办高校录取	其中本科	其中专科
2012	人数	64.01	52.27	116.27	9.57	6.22	3.35
	占比				8.23	5.35	2.88
2013	人数	63.13	39.12	102.25	10.86	6.65	4.21
	占比				10.61	6.50	4.11
2014	人数	60.28	41.96	102.24	11.53	6.58	4.95
	占比				11.28	6.44	4.84
2015	人数	61.05	38.83	99.87	12.00	6.78	5.22
	占比				12.01	6.78	5.23
2016	人数	63.31	33.90	97.21	13.16	7.42	5.74
	占比				13.52	7.63	4.59
平均占比		—	—	—	11.13	6.54	4.59
预计 2017		63.16	33.81	96.97	10.80	6.34	4.46

河南高等教育生源变化的突出特点是，自 2012 年以来，生源总数连年下降。但民办高校招生形势却出现持续增长。

总体来看，2017年河南各级各类民办学校的生源形势依然向好。幼儿教育将会占这个层次全省公民办园招生数的2/3以上。小学招生虽然在2014年出现小幅下滑，但总的趋势是增长的，由2012年的适龄儿童招生率13.84%增加到2016年的17.77%，招生人数也从2012年的15.50万人增加到2016年的20.08万人，增加了4.58万人。2017年应该是继续增长的趋势。但是，因为新《民促法》的实施，近几年会对民办小学招生带来一定影响。初中阶段的招生情况也一直向好，从2012年占到小学毕业生总数的12.90%，一路增长到2016年的17.88%，增加了4.98个百分点。2017年应该比上年有所增加，但是初中教育和小学教育同属于义务教育阶段，可能会使招生产生波动。普通高中招生会持续五年的连续增长趋势继续增长，预计2017年录取比例会趋近或超过当年初中毕业生的10%。中等职业教育招生比例五年来在5%~7%徘徊，随着社会对技能型人才需求的增加，这个阶段的招生数应该上升。民办高等教育无论是本科还是专科，招生比例每年都在增加，总量由2012年占到普通高中和中职毕业生总数的8.23%，增加到2016年的13.54%，增加了5.31个百分点。

民办教育生源增加的现象，一方面是河南经济社会发展的必然，政府重视，出台并实施了一系列优惠政策；在考生层面，人们生活水平提高了，有能力选择优质的、有特色的教育。另一方面是民办教育自身影响扩大，质量提升，逐步获得了社会信任，家长和考生愿意选择民办学校。

六 对策：主动提升 内外兼修

十年来，河南的民办教育实现了稳定发展，健康发展，有序发展，不论是在规模还是在内涵发展、社会声誉提升等方面都走在了全国前列。但是面对经济和社会发展的新常态，在老的问题尚未彻底解决而新的问题又不断出现的情况下，必须依靠国家的强力支持和自身的内在优化，才能由大向强，实现更好的发展。

（一）政府支持是民办教育发展的第一条件

政府要结合河南实际，制定落实新《民促法》实施细则。巩固党在民办学校中的领导地位；推动民办学校享有和公办学校的平等待遇；实行营利性和非营利性民办学校在土地管理、财政扶持、税费减免、收费等方面的分类管理；鼓励民办学校通过创新融资工具、拓宽融资渠道等多元化主体合作办学；把握保障民办学校法人财产权的切入点和具体路径，加强资产管理，从而推动建立科学的运行机制和健康的发展方式，实现民办学校人才培养质量的提升。

1. 从政策管理到依法管理

改变现行依"红头文件"管理的做法，按照"依法治教"的要求，积极推进建立完备的民办教育法律法规，构建符合河南省情的民办教育法律规范体系、实施体系、监督体系和保障体系，把民办教育的发展纳入法治轨道。

2. 由直接管理向多元管理转变

改革开放以来，民办教育有了生存发展的空间，但是政府如何管，如何建立社会主义市场经济体制下的民办教育管理体制，这是全新的课题。由于没有现成的经验可循，政府对民办教育的管理更多的是借鉴对公办学校的管理模式，这在一定程度上规范了民办教育，但也削弱了学校办学的自主权。要进一步深化改革，建立多元管理机制，促进民办教育科学发展。

3. 变"重管理"为"重服务"

在传统的管理体制下，政府对民办教育的管理就是从招生、学历、专业、学费、信息和质量等方面进行控制、审批、监管和处罚，这样的管理在民办教育发展初期是有一定规范作用的，但在一定程度上抑制了市场的活力。政府要由管理型向服务型转变，教育是社会事业，民办教育承担的是社会事业的一部分，政府应该为民办教育提供公共服务。

（二）自身完善是变化的根本

民办学校要认真研究新情况，解决新问题，以新的思维调整办学方式。

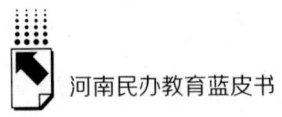

1. 思维方式：由"战术谋划"向"战略思维"转变

30多年的艰难发展，河南的民办教育克服了一个又一个困难，形成了今天的局面。在创业发展中，人才、资金、场地、设备和政策等都是一点一点解决的。面对这些具体问题，要制订一个又一个方案，解决一个又一个问题，才能一步一步向前走。有远见的民办教育家，从一开始就站在发展的高度，发展初期的布局谋篇就为日后的鸿篇巨制奠定了基础。对党的教育事业的忠诚、对学生成长的责任、对学校发展的远见再加上不懈地努力，使这些学校一天天发展壮大起来。面对新常态，民办教育更需要"战略思维"，明确发展方向，瞄准发展目标，构建发展框架，凝聚特色文化，形成发展合力。

2. 办学理念：从注重经济效益向注重社会效益转变

开办学校需要资金，学校发展需要资金，毫无疑问，经费是教育发展的重要保障，对民办教育而言尤其重要。作为社会事业，民办教育从一开始就必须注重社会效益。当规模发展到一定阶段，学校具备了一定的办学实力后，就更应该注重社会主义教育的公益性原则，为人民办教育，为国家办教育，办好教育，办优质教育。

3. 发展方式：由规模扩张向内涵提升转变

近10年，河南的民办教育实现了规模增长。但总体来看，这种增长主要是粗放型的外延式增长，这种增长方式在一定时期内会使学校实现低水平运营，要想升级发展，必须转向内涵式发展模式。要处理好规模、质量、结构和效益的关系，把关键点、兴奋点和工作重点聚集到提升人才培养质量上来。

4. 内部管理：由管理型向服务型转变

民办学校发展到一定规模，就会形成相对稳定的管理结构，这种结构运行久了而不改革，就有可能产生僵化，滋生权力意识，淡漠服务观念，如同一些公办学校那样形成行政化痼疾。民办学校内设机构必须不断强化服务意识，为师生服务，为人才培养服务。不要当了科长、处长、主任就张扬权力。除了及时根据发展需要调整内设机构及其职能外，还要加强对相关岗位人员的服务情况考察考核，形成良好的服务生态。

5. 治理结构：由单一型向法人共同治理转变

在长期的发展过程中，民办学校形成的管理模式起到了高效、集中、减少扯皮摩擦、降低办学成本等作用，实现了学校的快速发展。随着学校规模的扩大，层级的升高，这种管理模式也面临升级。一是要加强学校章程建设，二是要优化法人内部治理结构，三是要深化改革，建立适应时代发展要求的现代学校制度，从而增强民办学校的核心竞争力。

6. 人才培养：由同质化向特色化转变

民办教育的优势，在于办学的灵活性和人才培养的特色化。但长期以来，由于各种因素的制约，民办学校越来越趋同于公办学校，这在浪费师资、设备和仪器等资源的同时，缩减了民办教育发展的动力，影响了民办教育的社会形象，更重要的是满足不了社会多层次、多样化的人才需求，制约了民办教育的健康发展。适应新常态，民办学校的人才培养模式必须向特色化转变，民办高校要更加注重应用型人才培养。根据河南经济社会发展对人才的需求，优化人才培养模式，培养出符合人的发展需求、经济社会急需、具有鲜明特色的应用型、创新型人才。

（三）需要共同解决的问题

长期制约民办教育发展而得不到彻底解决的问题，需要政府、社会和学校共同努力。

1. 办学经费

资金问题是困扰民办教育发展的主要问题。近年来，在各级政府的不断努力下，民办学校的筹资渠道得到了一定程度的拓宽。但是，由于体制、观念、发展惯性等原因，特别是河南这个不发达的内陆大省要办大教育，经费投入毕竟有限。要想从根本上彻底解决民办教育经费难的问题，短期内不太现实。但是，政府和学校都要不断努力，不断破除融资壁垒，拓宽筹资渠道，增加民办教育经费比例。一是不断增加并科学使用民办教育专项资金，给予民办学校一定的生均拨款补助，逐步使民办学校的学费、财政补助与公办学校持平。二是构建民办学校担保贷款机制。通过盘活固定资产、增加投入和社会信用评估,对符合资质的民办学校提供信用担保、低息贷款等服务。三是支持民办学校开展股权等方式融资,拓展民办学校的筹资渠道。四是鼓励社会对民办教育捐赠。在2014~2015学年,全国民办教育在校生规模前10名的省份中,河南居第2位,但社会捐赠却是最少的。广东省社会捐赠突破了10亿元,是举办者投入数的37.26%;捐赠数目和比例最多的是江苏省,其社会捐赠数是举办者投入数的1.74倍,捐赠数超过了广东,是河南的19.06倍。河南省的社会捐赠数仅占举办者投入数的3.26%。五是构建规范的民办教育产权确认和流转制度,多渠道、多举措解决民办教育的经费问题。

2. 师资队伍

由于没有事业编制,缺少通畅的职称评聘和专业升级通道,民办学校师资队伍建设一直是个难以解决的问题。在河南的民办高校中,黄河科技学院、郑州科技学院、郑州升达经贸管理学院和郑州工业应用技术学院等本科院校经过十几年或几十年的努力建设,已经初步形成了合理的梯次师资队伍,但还有一些学校师资队伍不够优化。

解决这个问题,需要多方面共同努力。政府和社会要建立健全民办学校教师的社会保障、事业发展等制度,彰显法律身份,消除岗位歧视,使民办学校的教师在资格认定、培养培训、职称评聘等方面与公办学校教师享有同等权利。学校自身要不断提高教师的待遇,使优秀人才进得来,有保障,稳得住,干得好。

参考文献

周海涛、钟秉林主编《中国民办教育发展报告2013》,北京师范大学出版社,2015。
《中国教育年鉴(2015)》,人民教育出版,2016。
《中国教育统计年鉴(2014)》,人民教育出版社,2015。

综合篇

Comprehensive Articles

B.2
基于新《民促法》背景下的民办教育发展研究

杨雪梅 李储学*

摘　要： 河南民办教育发展中还存在一些瓶颈，公共财政对民办教育的支持力度偏低，民办学校高层次人才引进难、人才流失等问题依然没有得到有效解决，民办学校及师生还没有完全享受到公办学校的同等待遇，社会对民办教育的认识没有完全得到转变。为促进河南省民办教育发展，建议着力贯彻落实新《民促法》及相关配套政策，在全省营造民办教育持续发展的良好生态；着力清除阻碍民办教育健康发展的不公平政策，依法保证全省民办学校及民办学校师生的合法权益；着

---

* 杨雪梅，河南民办教育协会常务副会长、秘书长，黄河科技学院校长；李储学，河南民办教育研究院助理研究员，黄河科技学院新闻中心理论部副部长，主要研究方向为民办教育管理与战略创新。

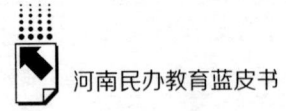

力健全差别化的民办教育扶持政策体系，加大对非营利性民办学校的财政支持力度；着力扩大民办学校办学自主权，优化对民办学校的监管措施；着力支持民办学校开展创新创业教育改革，在全省各级各类民办学校构建起完善的创新创业教育体系。

关键词： 《民办教育促进法》 河南 民办教育

2016年11月7日，第十二届全国人大常委会第二十四次会议审议并通过了关于修改《民办教育促进法》（以下简称新《民促法》）的决定，自2017年9月1日起修正案正式施行。新《民促法》对加强党对民办教育的领导、分类登记、分类管理、分类发展、政府监管等都做出了新的具体规定，国家层面和各个省份也先后出台相关配套政策。贯彻落实新《民促法》精神，积极扶持民办教育全面深化改革，为新常态下进一步推动民办教育持续健康发展扫清了障碍，民办教育迎来了新的发展黄金期。在此背景下，河南民办教育应牢牢抓住这一轮的政策红利，认清新的发展形势，围绕河南六大国家战略和地方产业技术升级需要，找准问题，补齐短板，实现跨越发展，为建设"四个强省"提供更多的智力和人才支撑。

一 新《民促法》的新变化和新特点

与2002年通过的《民办教育促进法》相比，新《民促法》在内容上进行了创新和完善，更能适应新常态、新形势、新诉求。总体来说，新《民促法》主要有以下几个方面的新变化和新特点。

（一）重视加强党的领导和党建工作

中国是社会主义国家，中国共产党是中国特色社会主义事业的领导核心，坚持党的领导是一切事业持续健康发展的根本保证。民办教育是中国特色社会主义教育事业的重要组成部分，加强党的领导和党建工作，有利于保障民办学校依法办学、教书育人，培养合格的社会主义事业建设者和接班人。新《民促法》在第一章中新增加了一条——第九条提出："民办学校中的中国共产党基层组织，按照中国共产党章程的规定开展党的活动，加强党的建设。"这更加符合中国的国情和教育管理体制，能更好地发挥党的领导作用，保证民办教育沿着社会主义办学方向正确前进。

（二）强调实施分类管理和特色发展

经过改革开放以来 30 多年的发展，民办教育在数量、质量上都得到了显著提升，其类型、结构和性质也越趋细分、复杂，因此新《民促法》适应民办教育发展形势，将原来的第十八条改为第十九条，修改为："民办学校的举办者可以自主选择设立非营利性或者营利性民办学校。但是，不得设立实施义务教育的营利性民办学校。"并对营利性民办学校和非营利性民办学校的"办学收益""办学结余""法人登记"等问题进行了明确的界定，满足了民办教育分类发展、竞争发展、特色发展的需求。

（三）注重促进民办学校和公办学校公平发展

在新《民促法》中，对长期以来在民办教育发展中存在的不平等待遇问题进行了回应，特别是注重对非营利性民办教育的扶持。为保障其合法权益，促进民办教育健康发展，将第四十五条改为第四十六条，修改为："县级以上各级人民政府可以采取购买服务、助学贷款、奖助学金和出租、转让闲置的国有资产等措施对民办学校予以扶持；对非营利性民办学校还可以采取政府补贴、基金奖励、捐资激励等扶持措施。"将第四十六条改为第四十七条，修改为："民办学校享受国家规定的税收优惠政策；其中，非营利性民办学校享受与公办学校同等的税收优惠政策。"将第五十条改为第五十一条，修改为："新建、扩建非营利性民办学校，人民政府应当按照与公办学校同等原则，以划拨等方式给予用地优惠。新建、扩建营利性民办学校，人民政府应当按照国家规定供给土地。"这些规定以法律形式明确了民办学校的权利,明确了非营利性民办学校享受与公办学校同等待遇,为各类教育公平发展扫除了障碍。

（四）突出强化对民办学校的监管

新《民促法》进一步明确了民办学校的监管主体、监管职责、监管内容等,将第四十条改为第四十一条,修改为:"教育行政部门及有关部门依法对民办学校实行督导,建立民办学校信息公示和信用档案制度,促进提高办学质量;组织或者委托社会中介组织评估办学水平和教育质量,并将评估结果向社会公布。"并且在第六十二条、第六十三条、第六十四条中,分别对民办学校、县级以上人民政府教育行政部门、人力资源社会保障行政部门或者其他有关部门等相关主体的哪些行为属于违法行为及相应的处罚规定进行了详细的界定,为促进民办教育规范发展,推进民办教育的法治化提供了明确的法律依据。

二 新《民促法》给民办教育带来的新机遇

新《民促法》是适应中国经济发展新常态、协调推进"四个全面"（即全面建成小康社会、全面深化改革、全面依法治国、全面从严治党）战略布局的必然选择,也为促进民办教育深化改革、分类发展提供了法律保障。民办教育的发展迎来了又一轮新的机遇。

（一）新《民促法》进一步明确了民办教育的重要地位

2002年通过的《民办教育促进法》在第三条中对民办教育的重要地位曾做出明确说明:"民办教育事业属于公益性事业,是社会主义教育事业的组成部分。"新《民促法》保留了这一重要论述,并在此基础上进一步提出"民办学校享受国家规定的税收优惠政策""非营利性民办学校享受与公办学校同等的税收优惠政策""新建、扩建非营利性民办学校,人民政府应当按照与公办学校同等原则，以划拨等方式给予用地优惠"等，从操作层面对正确认识民办学校的重要地位、促进民办教育与公办教育公平发展提供了法律依据。新《民促法》之所以被提上日程并最终通过，正是因为经过30多年的发展，民办教育在国家教育体系中发挥的作用日益突出，民办教育的重要性被党和政府及全社会所普遍关注，民办教育发展所面临的矛盾也急需从国家立法的层面予以解决。因此，新《民促法》是贯彻落实中央教育改革战略部署的重要举措，是满足人民群众日益增长的多元教育需求和经济社会发展对人才需求的积极回应，可谓正当其时。新《民促法》不仅继续保留了2002年通过的《民办教育促进法》对民办教育重要地位、"国家对民办教育实行积极鼓励、大力支持、正确引导、依法管理的方针"等的论述，而且更具体地提出了怎样支持、如何引导、通过何种方式管理等具有可操作性的规定，为保证民办教育发展提供了更加系统、更加全面、更加详细的法律依据。同时，国家通过各种形式在全国范围内开展新《民促法》的宣传教育，使新《民促法》的精神和要求得到有效的学习、贯彻和落实，对于全社会消除对民办教育的歧视、正确认识民办教育创造了良好的社会氛围。

（二）新《民促法》为民办学校加强师资队伍建设创造了历史机遇

教师是提高教育教学质量、推动学校改革发展的关键。"招人难、育人难、留人难"，特别是高层次人才流失严重，一直是困扰民办学校发展的最大瓶颈之一。其根源就在于民办学校的"民办非企业"属性，让民办学校教师无法像公办学校教师一样享受同等的待遇，尤其是在关乎民办学校教师切实利益的养老保险、医疗保险、住房公积金等方面，与公办学校教师存在较大差异。民办学校教师身份处于非常尴尬的处境，一方面与公办学校教师一样，都是为国家教育事业做贡献，承担着教书育人的重要职能；另一方面却又不能与公办学校教师一样依法享有同等待遇，沦为"二等公民"。长期以来，在课题申报、评优评先、晋升发展等方面都受到了不同程度的限制，甚至就连参加一些社会活动、出席论坛会议，也因为民办学校教师的身份，而受到歧视。这些问题长期以来存在于民办教育的改革发展中，打击了优秀人才从事民办教育的积极性，也不利于民办教育工作者发挥自身的主动性和创造性，"民办学校教师身份认同危机"成为一种普遍现象，民办学校成为高层次人才的跳板，很多人才在做出成绩，获得荣誉、职称、学位以后就跳槽到了公办学校，享受体制内的各种优惠政策。而新《民促法》为保障民办学校教师的合法权益做出了明确规定。2017年1月，为了贯彻落实新《民促法》，国务院正式发布了《关于鼓励社会力量兴办教育促进民办教育健康发展的若干意见》，提出"完善学校、个人、政府合理分担的民办学校教职工社会保障机制""完善民办学校教师户籍迁移等方面的服务政策，探索建立民办学校教师人事代理制度和交流制度""民办学校教师在资格认定、职务评聘、培养培训、评优表彰等方面与公办学校教师享有同等权利""非营利性民办学校教师享受当地公办学校同等的人才引进政策"等，这些新的规定为民办学校引进人才、加强师资队伍建设带来了政策利好，民办学校教师的发展问题将逐步得到解决。

（三）新《民促法》为民办教育创造了更加公平的法律环境

受"计划经济体制"的影响，民办教育自诞生开始，就被当成公办教育的"补充"，民办学校在政策资源、办学层次等方面都无法与公办学校公平竞争，社会上也一直存在对民办教育质疑和歧视的现象。民办教育身份、产权、监管等很多方面都存在不明晰、不确定的地方，各级政府部门也对财政支持民办教育存在疑虑。新《民促法》为进一步破解民办学校法人属性不清、财产归属不明等问题提供了法律依据，也为政府支持民办教育发展、加强对民办学校的监督和管理做出了明确的界定。以法律形式明确了对民办教育实施分类登记、分类管理，对于不同类型的民办学校实行差别化管理的政策，推进非营利性民办学校享受公办学校同等待遇，促进营利性学校公平竞争，这将推动不同类型的教育"各美其美"，并最终实现"美美与共"的教育发展目标。

三 河南民办教育发展现状及存在的主要瓶颈

河南是改革开放后中国民办教育起步最早的省份,在这里曾诞生了中国第一所民办普通专科高校、全国第一所民办普通本科高校——黄河科技学院。经过30多年的发展,河南已经成为民办教育大省,民办教育总量和办学水平都走在全国民办教育的前列,民办教育在扩大河南省教育资源总量,满足人民群众多样化的教育需求,培养创新创业人才,促进教育体制改革,推动区域经济社会发展等方面发挥了重要作用。

得益于河南省委、省政府对民办教育的重视和扶持,自2011年以来,河南省连续出台了3个关于促进民间资本投资教育的文件,尤其是在2015年12月,河南省人民政府出台了《关于加快推进民办教育发展的意见》,这是改革开放以来第一次以省政府名义出台促进民办教育发展的文件,对保障民办学校合法权益、促进民办教育健康发展等提出了多项优惠政策,为河南民办教育的全面深化改革和跨越发展指明了方向。近五年来,河南民办教育健康稳步发展,各级各类学校数、在校学生数、教职工数等指标都实现了连续增长,河南民办教育保持了持续增长的良好发展势头,在全国民办教育事业中占有较大的比重,其中2016年河南省民办学校数量、民办学校在校生人数分别占全国民办学校总数和民办学校在校生总数的10.36%(河南省17718所,全国171000所)和11.74%(河南省566.27万人,全国4825.47万人)(见表1)。[①] 全省民办教育的发展,有效增加了教育供给,缓解了财政压力,较好地满足了人民群众多样化、选择性教育需求,培养了大批人才,而且也刺激了消费,调动了民间资本投资的积极性,拉动了全省经济发展。

---

① 数据来自《2016年河南省教育事业发展统计公报》和在2017年1月18日教育部召开的新闻发布会上官方介绍的数据。

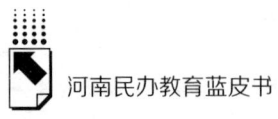

表1 2012~2016年河南省民办教育发展情况

单位：所，万人

规模	2012年	2013年	2014年	2015年	2016年
各级各类民办学校	12761	14244	15337	16707	17718
在校生总数	421.68	454.98	471.14	525.68	566.27
教职工总数	—	31.19	34.71	39.98	43.35

数据来源：河南省教育事业发展统计公报。

河南是人口大省，是考生大省，仅仅依靠公办学校难以满足河南庞大的人口对各级各类教育的需求，单靠公立学校办大教育，必然会加重公共财政的压力。因此，在河南大力发展民办教育是由省情决定的，也是激发河南教育活力，推动教育体制改革，助力"四个强省"建设的可行路径。

各级各类民办教育（见表2）已经发展成为河南教育事业的重要组成部分，已经成为河南教育事业新的增长点。从发展趋势来看，未来民办教育所占的比重还将不断增大。

表2 2016年河南省各级各类民办教育发展情况

规模	幼儿园	小学	普通初中	普通高中	中等职业学校	普通本科高校	普通专科高校
数量（所）	14743	1748	758	242	190	17	20
占全省学校数的比例（%）	78.86	7.67	16.63	30.56	23.75	30.91	27.03
在校生（万人）	268.75	129.00	74.08	33.10	19.62	26.50	15.22
占全省在校生的比例（%）	65.76	13.36	17.81	16.58	15.30	25.62	18.11

数据来源：河南省教育事业发展统计公报。

但是，河南民办教育的发展也存在诸多不足和瓶颈，主要表现为"大而不强""多而不优"。全省民办教育依然存在地区发展不平衡、城乡发展不平衡、不同类型和不同层次教育发展不平衡的现象。具体来说，有以下几个方面的问题和阻力。

（一）公共财政对民办教育的支持力度有待进一步加强

河南省是教育大省，也是人口大省，虽然2013~2015年河南省公共财政教育支出的总量在不断增加，但是占公共财政支出的比例却呈现出"三连降"的趋势（见表3）。另外，有统计数据显示，河南省不到5%的经费分担了全国约10%的教育人口，"经济欠发达的大省办大教育"是河南省面对的现实情况，公共财政教育支出压力大。在此背景下，河南省公共财政顾此失彼，难以兼顾民办教育的发展，公共财政支出用于民办教育的部分和比例可想而知，部分民办教育的健康持续发展面临资金困境。

表3　2013~2015年河南省公共财政教育支出情况

单位：亿元，%

公共财政教育支出	2013年	2014年	2015年
总额	1102.47	1097.58	1150.62
占公共财政支出比例	19.75	18.21	16.92

数据来源：教育部、国家统计局、财政部联合发布的2013~2015年《全国教育经费执行情况统计公告》。

（二）民办学校高层次人才引进难、人才流失量大的问题依然没有得到有效解决

从2016年开始，河南省加快研究推动事业单位改革，但是"公办"和"民办"的界限依然存在，"编制"思想根深蒂固，并且"公办"和"编制"所附带的各种利益，如养老保险、评优评先等，受体制机制改革"路径依赖"的影响，短时间内难以全部实现"破冰"。同全国的民办学校一样，河南省民办学校普遍存在高层次人才引进难、留人难的问题，民办学校被当成"跳板"，很多优秀人才在做出成绩以后，会选择跳槽到公办学校，教师流失问题成为制约民办学校健康发展的瓶颈之一。

（三）民办学校及师生没有完全享受与公办学校的同等待遇

新《民促法》明确了民办学校及师生的合法权益，特别是在促进非营利性民办学校享受与公办学校同等待遇方面做出了重大突破，在2017年1月国务院发布的《关于鼓励社会力量兴办教育促进民办教育健康发展的若干意见》中多处提到非营利性民办学校、非营利性民办学校教师、民办学校学生享受与公办学校"同等待遇""同等政策""同等权利"等，但是新《民促法》和这些政策要求还没有完全得到落实，特别是民办学校教师在养老保险、医疗保险、生育保险、生育津贴、公积金缴纳等方面还没有得到政府的财政补贴。学生在毕业招聘时经常遭遇用人单位的歧视，如郑州市某医院在2016年招聘护理人才的公告里明确写出"统招全日制公办院校护理本科起点"的不公平条件。这些不公平、歧视性现象损害了民办学校、民办学校师生的合法权益。

（四）社会对民办教育的认识没有完全得到转变

"民办学校收费贵""民办教师水平没有公办教师高""民办学校管理没有公办学校好"等片面、错误的思想认识，还存在于一些家长、学生及社会公众的认知中。很多家长以自己的孩子能上公办学校为荣，部分民办学校师生也缺乏对民办教育的正确认识，从事和参与民办教育的动力和热情不足、自信心不强。全社会正确认识民办教育、支持民办教育的良好社会文化还没有形成。

四　新《民促法》背景下河南民办教育发展的建议

新《民促法》为保证全国民办教育的健康持续发展提供了法律依据，国家和地方都在研究制定促进民办教育分类发展的政策体系，给民办教育的发展释放出更多的政策红利。这为河南省加快推动民办教育分类发展创造了良好的法律环境、政策空间和社会氛围。当前，进一步促进河南省民办教育发展，有以下五个着力点。

（一）着力贯彻落实新《民促法》及相关配套政策精神要求，在全省营造民办教育持续发展的良好生态

政府应加大贯彻执行力度，加快推进新《民促法》和教育部等五部门发布的《民办学校分类登记实施细则》、国务院发布的《关于鼓励社会力量兴办教育促进民办教育健康发展的若干意见》等相关配套政策落地，强化民政部门和教育等部门的配合，加强民办学校党建工作，依法开展分类登记、扶持、监督和管理等工作，对全省民办教育的改革加强宏观管理，特别是按照分类管理的要求，引导支持不同类型、不同层次的民办学校办出特色、办出水平，形成民办学校与公办学校、营利性民办学校与非营利性民办学校同台竞争、百花争艳的良性教育生态，使河南省民办教育走在全国的前列，发挥示范引领作用。

（二）着力清除阻碍民办教育健康发展的不公平政策，依法保证全省民办学校及民办学校师生的合法权益

笔者通过对全省民办学校及师生的实地考察、访谈、座谈等形式进一步加强调查研究工作，了解河南省民办学校及师生的诉求和意见建议，全面掌握梳理全省民办教育在当前发展中仍然遭遇的不平等政策、不公平待遇以及社会歧视等问题，结合新《民促法》及国家相关政策要求，依法对相应的不公平政策、不平等待遇等问题进行集中清理，为保障民办学校及师生合法权益、促进民办教育健康发展彻底清除障碍。着重支持全省非营利性民办学校解决高层次人才引进难、优秀教师流失严重的问题，从引进人才待遇、教职工养老保险、医疗保险、住房公积金、生育保险和生育津贴等方面，给予非营利性民办学校更大的资金支持，切实帮助全省民办教育突破师资队伍建设的瓶颈。

（三）着力健全差别化的民办教育扶持政策体系，加大对非营利性民办学校的财政支持力度

新《民促法》及国务院相关配套政策为民办教育分类登记、分类管理

和分类发展提供了路线图，河南作为民办教育大省，应在贯彻落实和深化细化上下功夫，在探索建立差别化扶持政策体系和健全民办教育宏观管理机制上下功夫，在引导支持民办教育发展和激发民办学校办学活力上下功夫。在推动民办教育整体发展方面，扩大公共财政经费用于支持民办教育改革发展的总量和比重；在促进民办教育分类发展方面，注重加强对非营利性民办学校的资金支持，将其纳入政府教育部门预算体系，优化政策，精准发力，切实帮助非营利性民办学校解决发展中的"痛点"问题，助力非营利性民办学校克服发展瓶颈，推动其与公办学校享受政府同等的财政支持。设立民办教育发展专项基金，支持不同类型、不同层次的民办学校办出特色，争创一流。特别是大力支持民办本科高校的发展，切实解决河南省高等教育资源总量不足、优质高等教育资源缺乏的问题。支持具备条件的民办本科高校开展应用型硕士研究生教育，打破河南省民办高等教育的天花板，提高民办高等教育办学层次，推动河南省民办高校在新一轮的改革竞争中驶入发展的快车道。

（四）着力扩大民办学校办学自主权，优化对民办学校的监管措施

民办学校的优势在于体制机制灵活，具有天然的市场意识和成本意识，具有做大做强的内生动力，对地方经济社会需求变化的感知敏锐，反应快速，改革及时有力，执行力强，这些比较优势再加上政府政策支持优势，将发挥出更加明显的叠加优势，放大倍增效应。政府和社会各界应进一步重视民办教育的发展，把民办教育改革发展上升到服务"四个强省"建设、助力决战全面小康、让中原更加出彩的新高度，深化"放、管、服"改革，进一步扩大民办学校的办学自主权，发挥民办学校的比较优势，鼓励和引导其大胆探索，创新发展模式和育人模式，在实现民办教育健康快速发展的同时，推动全省教育体制的改革创新。同时要加强对民办学校的监管，优化考核方式方法，鼓励一批办学水平高、管理科学规范、教育教学质量高、社会声誉好的民办学校发挥示范引领作用；加大对个别民办学校违法违规行为的惩处力度，引导民办学校建立科学合理的规章制度，全面推进依法办学、依法治校和依法治教进程，保证民办学校沿着社会主义办学方向健康快速发展。

（五）着力支持民办学校开展创新创业教育改革，在全省各级各类民办学校构建起完善的创新创业教育体系

"大众创业、万众创新"在党中央、国务院的全力推动下已经上升为国家战略，河南省也出台一系列政策大力实施创新驱动战略，不遗余力地深入开展创新创业工作，培育壮大河南经济发展新动能，打造区域经济社会发展新引擎。教育作为人才与科技的重要结合点，可以提升河南人力资源质量，促进人口大省向人才强省迈进，把人口红利转化为人才红利，为河南经济转型、产业升级、科技进步和社会服务培养输送大量应用型人才和创新创业人才。民办教育作为河南教育事业新的增长点，在创新驱动战略实施过程中应扮演更重要的角色。政府应大力支持民办学校积极探索创新创业人才培养模式改革，鼓励引导民办学校先行先试，在各级各类民办学校中开展创新创业教育改革试点，在平台搭建、项目建设、科学研究、教学改革等方面给予政策、资金、公共服务方面的支持，建立起涵盖各个层次民办教育的创新创业教育体系，激发全体民办学校师生的创新创业精神，真正让民办教育大有可为、大有作为。民办学校也应抓住这一难得的发展机遇，主动作为，乘势而上，以创新创业教育为着力点和突破口，深入推进教育教学综合改革，全面提升人才培养质量，在中原大地上发展成长出全国一流、世界一流的民办学校。

参考文献

王强：《民办与公办学校间教师流动的新制度主义分析》，《教师教育研究》2015年第2期。

李见新：《河南：近四百亿民间资金投教育》，《中国教育报》2016年8月26日。

张岑晟：《民办教育发展若干问题的研究——以河南为例》，《中国成人教育》2011年第9期。

俞惠中：《落实民办教育改革系列政策 民政部门需做好六项工作》，《中国社会组织》2017年第4期。

郭二榕、景安磊：《推动分类管理 促进民办教育健康发展》，《中国高教研究》2017年第3期。

B.3
民办教育对河南省经济社会发展的贡献研究

杨刚要*

摘　要： 经过30多年的发展，河南省民办教育已成为河南教育事业的重要组成部分。在河南经济社会发展中，有效地缓解了政府教育投资的负担，促进了教育公平，提升了人民群众教育的获得感；为河南省经济发展提供了智力支持、人才支撑；提高了人民群众受教育水平，助推了城镇化进程；为地方经济发展提供了有效的科技支持，促进了科技成果转化。

关键词： 河南　民办教育　教育体制改革

河南省民办教育进入了一个崭新的历史发展时期。河南省民办学校从无到有，从小到大，经过改革开放30多年的发展，办学规模逐步扩大，办学类型涵盖教育的各个层次。2016年，河南省共有各级各类学校（机构）5.72万所，教育人口2754.28万人，其中在校生2601.31万人，教育人口占总人口的25.69%。2016年，河南省各级各类民办学校17718所，比上年增加1011所，增长6.05%；在校生总数566.27万人，比上年增加40.58万人，增长7.72%。其中，民办幼儿园14743所，在园幼儿268.75万人；民办小学1748所，在校生129.00万人；民办普通初中758所，在校生74.08

---

* 杨刚要，硕士，河南民办教育研究院研究员，主要从事高等教育、职业教育研究。

万人；民办普通高中242所，在校生33.10万人；民办中等职业学校190所，在校生19.62万人。民办普通高等学校37所，普通本专科在校生41.72万人，占河南省普通本专科在校生总数的22.25%，比上年增加0.37个百分点。①

目前，河南省民办教育已成为河南省教育事业的重要组成部分，为社会的稳定和经济的繁荣做出了重要贡献，有效地缓解了省、市政府教育投资的负担，促进了教育公平、提升了人民群众教育的获得感，不仅提升了河南人力资源的层次和水平，而且有效地促进了河南由人口大省向人力资源强省的转变。

一 有效地缓解了政府教育投资的负担

河南省民办教育在尊重教育发展规律的基础上，以满足广大人民群众对教育多样化、特色化的需求为目标，举办了涵盖不同层次、不同类型、不同形式的教育。在发展过程中，充分吸纳社会各方面资金投入民办教育事业，有效减轻了河南省及各市、县政府部门投资教育的财政经费压力。河南各类型、各层次公办学校受国家教育体制的影响，不能对社会经济发展做出灵活的反应，不能充分满足人民群众对教育多样化的要求。而民办教育的建立和快速发展不仅弥补了河南省、市、县政府教育经费投入的不足，而且有效满足了社会经济发展对各类型人才的需求。

改革开放以来，国家进入了以经济建设为中心的发展轨道，河南社会经济发展急需大批高素质的劳动者，社会各行各业也都需要大批高素质人才，社会提供的教育的类型、内容与人民群众对教育的需求严重不匹配，人民群众对教育的需求与河南省、市、县政府教育经费投入不足的矛盾更突出。一方面社会经济发展需要大批高素质劳动者，另一方面是省市政府提供教育的规模、水平有限，在这种情况下民办教育应运而生。民办教育是适应社会经

---

① 《河南省教育事业发展统计公报（2016）》。

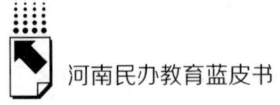

济发展规律的必然产物,其产生和发展吸引了社会大量资金,有效弥补了河南省各级政府教育经费的不足。

以普通本科教育为例,《财政部教育部关于进一步提高地方普通本科高校生均拨款水平的意见》(财教〔2010〕567号)中提出,为进一步加大地方高等教育财政投入,使地方高校更好地承担起实施科教兴国战略和人才强国战略、建设创新型国家的历史使命,2012年各地地方高校生均拨款水平(指政府收支分类科目"2050205高等教育"中,地方财政通过一般预算安排用于支持地方高校发展的经费,按在校生人数折算的平均水平;包括基本支出和项目支出,不含中央财政安排的专项经费)不低于1.2万元。可见,一个普通本科生就读公办高校国家财政支出至少1.2万元,北京、上海等发达地区财政拨款更多。而学生就读民办本科高校,无须河南省、市政府财政拨款,民办本科高校每培养一个学生至少可以为国家减轻1.2万元的财政投入。这对河南来说,民办高等教育在遵守教育发展规律的基础上,根据河南省社会经济发展需求灵活设置专业,培养社会经济发展急需的各级各类人才,不断满足人民群众对教育多样化的需求,对河南来说是一件不需要财政投入而取得良好社会经济效益的好事。[1]

河南是人口大省和经济发展中的大省,要想把河南省从人口资源大省转变为河南人力资源强省,促进河南省社会经济快速发展,需要有大批各种类型的高素质劳动者和大批应用型技术人才。人才的培养需要教育的发展,教育的快速发展需要政府投入大量教育经费,而河南省经济基础相对薄弱,没有大量经费投入教育,这就需要吸收社会资金投入教育。河南省民办教育的产生和发展不仅解决了政府财政经费投入的不足,为河南经济发展培养了大批高层次技术和技能型人才,而且也满足了人民群众对各级各类教育的需求。历年来,河南省民间资本投入教育的积极性都很高。例如,2016年,在全国民间资本投资普遍下滑的情况下,河南省民间投资教育资金达87.4亿元,比2015年增加13.4亿元,增幅达18.1%,新增民办学校1011所,

---

[1] 钟凤德:《略论民办本科教育在区域经济发展中的作用》,《网络财富》2008年第11期。

《中国教育报》头版以《河南民办学校5年增六成400亿元民间资金投资教育》为标题进行了专题报道。①

二 促进了教育公平，提升了人民群众教育的获得感

教育公平是社会公平的重要基础，教育改革发展必须坚持公平的原则，既要关心大多数人民群众的利益，也要照顾弱势群体的教育诉求，努力提升人民群众的教育获得感。当前，全社会对教育的关注度不断提升，人民群众对教育的期盼越来越高，教育改革发展的任务越来越重。

目前，多数家庭为了子女的前程和幸福把教育作为开支的首要选项。河南省是人口大省，教育人口众多，受教育群体多样、需求多元，要求越来越高，"有学上"之后，"上好学"成为全社会的普遍心态和迫切需要。当前，河南省教育供给与人民群众的需求还存在很大差距，教育发展不均衡，一方面城镇基础教育资源短缺，城镇中小学和幼儿园建设滞后于城镇化步伐，"大班额""入园贵"等问题仍比较突出；另一方面农村学校办学条件差，资源分散，水平不高，"空心校"仍然不少。教育保障能力尤其是经费投入不能很好地满足教育快速发展的需要，部分市县教育财政投入严重不足；教师队伍建设亟待加强；教育观念滞后，教育教学方式方法单一，不能满足多样化、个性化的学习需求。民办教育的快速发展，提供了更加灵活的学习体系、更畅通的学习渠道，为河南孩子提供更多、更好、更公平的受教育机会，尽可能地尊重和满足了人民群众对教育多样化的合理选择，让教育事业发展成果惠及最广大人民群众，让1亿人民共享更好更公平的教育，让每个人都有人生出彩的机会。

2016年，河南省幼儿园18695所，在园幼儿408.68万人。其中，民办幼儿园14743所，占河南省幼儿园总数的78.86%；在园幼儿268.75万人，

---

① 李见新：《河南民办学校5年增六成 400亿元民间资本投资教育》，《中国教育报》2016年8月26日。

占河南省在园幼儿总数的65.76%。可以看出，在幼儿教育阶段，民办教育占据了半壁江山，民办幼儿园为更多家庭的孩子提供了更多的入学机会，提供了更多的优质教育资源，让所有适龄孩子都有学可上、有学可选，有效地促进了教育公平。在高等教育阶段，民办高等教育为广大青年提供了上大学的机会，如2016年河南省民办高校招生人数131592名，这意味着仅2016年一年河南省民办高校为131592人解决了上大学的机会。民办高校利用灵活的办学机制建立了动态专业调整机制，根据社会经济发展，对人才的需求灵活设置专业，并把社会经济发展需求的最新知识、技术技能融入课程内容中，学生毕业就能够很容易找到工作。

经过30多年的发展，河南省各类型、各层次民办学校的办学水平稳步提升，办学规模越来越大，有力地促进了教育公平，良好的社会和经济效益日益体现。民办教育的发展不仅在一定程度上缓解了公共教育资源不足的状况，促进了教育公平，提供了更多优质教育资源，而且正在逐步满足人民群众日益增长的教育需求。

三　为经济发展提供人才支撑

河南经济发展关键在人才，基础在教育。河南省劳动力素质总体偏低，人才培养的规模、结构和质量都不能很好地满足经济社会发展需求，教育同科技和产业的融合不够、衔接不紧，服务能力还有待增强。河南省经济社会发展迫切需要教育有新作为，民办教育只有很好地融入和服务于经济社会发展大局，才具有旺盛的活力和生命力，才能赢得广泛重视和支持。大力发展民办教育必须站在战略和全局的高度，把握方向，找准定位，把教育工作放到经济社会发展大局中去谋划、去推进，在服务大局中找准切入点，做到经济社会发展推进到哪里，教育服务就跟进到哪里，培养造就一大批高素质劳动者、专门人才和拔尖人才，为河南省经济社会发展提供坚强的人才支撑和智力支持。

河南省第十次党代会明确提出决胜全面小康，让中原更加出彩，强调建设经济强省、打造"三个高地"、实现"三大提升",打好产业结构优化升级、创新驱动发展、基础能力建设、新型城镇化"四张牌",明确了今后一个时期全省经济社会发展的新思路新方向。无论是推动产业结构优化升级,还是实施创新驱动、培育经济发展新动能,都迫切需要大力发展民办教育,加速释放人才红利、创新红利,迫切需要培养更多创新人才,产出更多创新成果。

民办教育尤其是民办高等教育对河南省经济社会发展作用主要通过提供高素质应用型人才来体现。目前,河南民办高等教育依靠当地政府和社会力量兴办,且大部分民办高校在办学定位上突出应用型的特点,主要为地方经济发展提供科技支持及人才支撑。民办高校瞄准河南经济发展需求,灵活调整专业设置,在专业上优先设置河南社会经济发展亟须的专业或学科,及时为河南经济发展培养出一大批深受社会欢迎的高层次应用型人才,实现了良好的社会经济效益。世界银行调查研究显示,劳动力受教育的平均年限每增加一年,创造的GDP可增加9%;职工受教育年限每提高一年,制造业企业劳动生产率会提高17%。以民办高校为例,2011~2016年,河南省民办高校为河南省培养了517525名面向生产、管理、服务一线的高素质技术技能型人才。由此可见,河南省民办教育尤其是民办高等教育的发展为河南经济社会发展提供了大批高素质人才支撑。①

四 提高了人民群众受教育水平,助推了城镇化进程

2016年,河南省紧紧围绕提高城镇化质量,加快转变城镇化发展方式,以人的城镇化为核心,不断优化城镇布局,提高城镇管理水平,推动城镇人口合理流动,新型城镇化建设迈出了实质性步伐,中原城市群发展规划获批、郑州被确定为国家中心城市等,标志着河南省城镇化进入新的发展阶段。从城镇化水平与教育投入水平的相关研究结果及世界各国城镇化进程来

---

① 肖芸:《对发展河南民办教育的现实思考》,《黄河科技大学学报》2010年第6期。

看,地方教育投入水平与当地城镇化质量有紧密的正相关关系。一般情况下,一个地区的人均教育投入水平越高,当地城镇化进程越快、城镇化水平也就越高,教育对于城镇化具有显著的拉动作用。例如,大学以上学历的人口比例每增加1%,城镇化率可提高0.40%;中学学历人口比重每增加1%,城镇化率相应增加0.16%。[1]

2012~2016年,河南省民办高校毕业人数合计为437980人,民办中等教育毕业人数合计为1623665人,这意味着河南民办高等教育和中等教育学历提升的人数总计有2061645人,仅2016年河南民办高等教育和民办中等教育学历提升的就有459339人。2016年末,河南省总人口10788.14万人,常住人口9532.42万人,其中城镇常住人口4623.22万人,常住人口城镇化率达到48.5%,比2015年末提高1.65个百分点,河南省城镇化实现稳步提升。[2] 可以说,河南民办教育的发展为河南省整体城镇化水平的提高做出了重要贡献。

中原经济区、郑州航空(港)经济综合实验区、郑洛新国家自主创新示范区、中国(河南)自由贸易试验区等一系列国家战略落地河南,无不透露着河南全新的发展机遇,这给河南的民办高等教育提供了良好的发展机遇。目前,河南的劳动力素质依然普遍较低,与人力资源强省、全面小康社会和河南六大发展战略的目标要求不相适应。教育成为解决城镇化过程中人力资源瓶颈的重要手段。近年来,河南省政府共审批设置了32所高校,其中民办高校14所,民办高校招生计划的年均增长幅度也高于公办高校。民办教育的快速发展使河南省高等教育尽快向大众化、普及化方向发展,进一步提高了全民文化的整体素质,促进城镇化水平进一步提升。[3]

---

[1] 汤保梅:《城镇化进程中民办教育的地位及作用研究》,《黄河科技大学学报》2013年第6期。

[2] 贺心群、许会增:《河南省城镇化进入新的发展阶段》,河南省人民政府网站,http://www.henan.gov.cn/zt/system/2017/01/16/010701676.shtml,2017年1月16日。

[3] 李见新:《河南民办学校5年增六成 400亿元民间资本投资教育》,《中国教育报》2016年8月26日。

五 为地方经济发展提供科技支持，促进科技成果转化

科技成果有效转化能够直接促进社会经济发展，带来良好的社会和经济效益。民办高校利用灵活的机制、体制优势，建立科技成果转化平台，能够有效地促进科技成果转化，更好地服务区域经济发展。一是民办高校把研发的新技术、新产品应用到生产实践中，能够有效解放当地劳动生产力，提高劳动生产率。由于新研发产品的科技含量高，能够提高市场竞争力，带来良好的经济效益，进而提高当地人民群众的收入水平。二是地方经济发展及行业企业发展需要高层次技术技能型人才时，民办高校可以根据需要及时培养人才。三是民办高校开展应用型科研项目，通过建立产业研究院，走深度产教融合发展之路。民办本科高校不仅可以解决公办高职高专院校与企业合作层次不高的问题，也可以开展更高层次的技术攻关项目，为行业企业发展解决技术难题。

河南省第十次党代会提出，把创新摆在发展全局的核心位置，充分发挥科技创新的基础性、关键性的引领作用，打造中西部地区科技创新高地。具有体制机制灵活优势的河南省民办高校积极面向河南省经济建设主战场，进一步明晰产业技术发展的方向和重点，通过实施重大科技攻关专项计划，着力解决企业发展中的核心、关键和共性技术难题，提升企业自主创新能力；走产学研紧密结合道路，大力促进科技成果转化，有效服务区域经济社会发展。例如，黄河科技学院建设的"郑州市高校专利产业化服务平台"获郑州市2016年专利技术产业化项目一等奖，也是本次获批该项目所有单位中唯一一所高校。黄河科技学院专利授权量于2015年和2016年连续两年在河南省高校中列第2位，帮助30个专利成果在18个企业成功转化，有6个科技园入孵企业专利实现产业化，利用专利成果孵化公司6个。

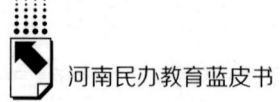

参考文献

钟凤德:《略论民办本科教育在区域经济发展中的作用》,《网络财富》2008年第11期。

肖芸:《对发展河南民办教育的现实思考》,《黄河科技大学学报》2010年第6期。

汤保梅:《城镇化进程中民办教育的地位及作用研究》,《黄河科技大学学报》2013年第6期。

杜家龙:《论地方高校在地方社会经济发展中的作用》,《常州信息职业技术学院学报》2005年第4期。

B.4
河南民办教育在全国的位次和作用研究

吕金梅*

摘　要： 河南民办教育产生于20世纪80年代，经过30多年的探索和发展，经历了从无到有、从小到大、从弱到强的成长过程。河南民办教育的不断发展壮大，为我国教育增添了不同渠道和不同主体的投入，满足了社会对教育需要的多样化选择，有效地弥补了政府教育经费供给不足。同时，也促进了教育的公平竞争，倒逼公办学校在教学机制、教学效果等方面进行改革，使有限的教育资源得到最大限度的发挥，成为国家教育事业的重要组成部分，在我国教育发展中发挥着越来越重要的作用。

关键词： 河南　民办教育　民办学校

一　河南民办教育的发展态势

（一）坚定办学方向

30多年来，河南各级各类民办学校坚持全面贯彻落实党的教育方针和政策，注重立德树人，科学定位办学方向，把握机遇、迎接挑战，不断深化改革，不断创新发展，努力为河南经济社会发展提供有特色、多样化的教育

---

* 吕金梅，黄河科技学院新闻中心讲师，主要研究方向为信息化管理、管理创新、电子商务。

服务。经过艰苦探索与实践,河南民办教育在办学和人才培养等方面积累了丰富的经验,为国家经济和社会发展培养了大批各类人才。在经济新常态下的机遇与挑战中,河南民办教育仍在以更加进取的精神,努力提升教育质量,以特色制胜,为人民群众增加更多的教育选择,在促进地方教育科学发展、促进国家教育事业健康持续发展方面发挥着越来越大的作用。

(二)河南民办教育的办学类型和特征

在各级政府和教育部门的支持下,河南民办教育通过不断完善章程、机构和管理制度,逐步形成了学前教育、初等教育、中等教育、职业教育和高等教育各级各类教育体系,以优质的资源和特色教育丰富和补充着教育的供给,不断推动教育教学质量的提升,办出了特色和水平,总体呈现出健康、有序、协调的发展态势。截至2016年,全省各级各类民办学校17718所,在校生总数566.27万人,教职工总数43.35万人。其中,民办幼儿园14743所,在园幼儿268.75万人;民办小学1748所,在校生129.00万人;民办普通初中758所,在校生74.08万人;民办普通高中242所,在校生33.10万人;民办中等职业学校190所,在校生19.62万人;民办普通高等学校37所,本科17所,专科20所,本科26.50万人,专科15.22万人。河南民办教育机构数占全国总数的11%,在校生人数占全国总数的12%,成为我国民办教育的大省。[①]

二 河南民办教育在全国教育中的位次分析

(一)河南民办教育在全国教育统计中的排行

1. 武书连2017中国1103所大学学科门类排行

《武书连2017中国1103所大学学科门类排行榜》采用的是百分比法,

[①] 河南省教育厅:《2016年河南省教育事业发展统计公报》,河南省教育厅网站,http://www.haedu.gov.cn/2017/03/17/1489720664881.html,2017年3月17日。

其中，A、B、C、D、E共5等11级表示各学科的实力，实力居前的10%为A等，实力最强的前2%是A++级。其中，自然科学是理学、工学、农学、医学4个学科的统称，社会科学（文科）指向对人类社会的研究。在此排行榜中，自然科学、社会科学B+级及以上，列出等级和名次，B级及以下等级，只列等级，不列名次，相同等级排名不分先后。2002年6月，中国管理科学研究院"中国大学评价"课题组武书连首次发布了我国第一个《2002中国大学学科门类排行榜》，至今已经连续发布16年。在自然科学排行榜中可以看出，河南民办高校的办学水平得到了权威机构的充分肯定，黄河科技学院位于第1名（A++级），郑州工业应用技术学院居第17位（B+级）（见表1），郑州工商学院位于B级等。

表1　2017年中国民办大学自然科学排行榜

排名	等级	校名	排名	等级	校名
1	A++	黄河科技学院	12	B+	湖南涉外经济学院
2	A++	浙江树人大学	13	B+	文华学院
3	A++	江西科技学院	14	B+	山东英才学院
4	A+	西京学院	15	B+	温州商学院
5	A+	武汉生物工程学院	16	B+	宁波大红鹰学院
6	A+	潍坊科技学院	17	B+	郑州工业应用技术学院
7	A	长沙医学院	18	B+	黑龙江东方学院
8	A	武汉东湖学院	19	B+	北京城市学院
9	A	安徽新华学院	20	B+	三江学院
10	A	南昌理工学院	21	B+	西安外事学院
11	A	大连东软信息学院	22	B+	福州外语外贸学院

资料来源：《武书连2017中国1103所大学学科门类排行榜》，武书连新浪博客，http://blog.sina.com.cn/s/blog_4b2cb00e0102wohe.html?tj=1，2017年5月3日。

2.《挑大学　选专业——2017高考志愿填报指南》（民办大学版）的统计排行

在《挑大学　选专业——2017高考志愿填报指南》（民办大学版）中，

以民办大学综合实力排名、学科门类排名为主线,以教师创新能力、教学科研效率、新生质量、本科毕业生质量排名为辅线,全面介绍了中国117所民办大学的基本情况,为考生及考生家长报考民办大学提供了参考资料。在这份排行榜中,黄河科技大学以4.35分居全国第2位(见表2)。

表2 武书连2017年中国民办大学综合实力前20名排行榜

排名	校名	总得分	人才培养得分	科学研究得分	分省排名		学校类型	学校参考类型	
1	浙江树人大学	4.37	1.94	2.43	浙	1	综合	文理类	教研1型
2	黄河科技学院	4.35	2.19	2.16	豫	1	理工	文理类	教研1型
3	江西科技学院	2.99	1.83	1.16	赣	1	综合	文理类	教研2型
4	湖南涉外经济学院	2.79	1.62	1.17	湘	1	综合	文理类	教研1型
5	西京学院	2.73	1.62	1.11	陕	1	理工	综合类	教研2型
6	长沙医学院	2.60	2.19	0.41	湘	2	医药	医学类	教研1型
7	三亚学院	2.36	1.84	0.52	琼	1	财经	文科类	教研1型
8	大连东软信息学院	2.32	1.88	0.44	辽	1	理工	文理类	教研1型
9	北京城市学院	2.15	1.67	0.48	京	1	综合	文理类	教研1型
10	三江学院	2.00	1.57	0.43	苏	1	综合	文理类	教研1型
11	吉林华桥外国语学院	2.01	1.89	0.12	吉	1	语文	文学类	教研1型
12	广州商学院	1.97	1.19	0.78	粤	1	财经	经管类	教研1型
13	燕京理工学院	1.97	1.70	0.27	冀	1	综合	文理类	教研1型
14	文华学院	1.91	1.50	0.41	鄂	1	理工	文理类	教研1型
15	山东英才学院	1.88	1.34	0.54	鲁	1	综合	文理类	教研2型
16	南昌理工学院	1.77	1.38	0.39	赣	2	理工	文理类	教研2型
17	宁波大红鹰学院	1.68	0.99	0.69	浙	2	理工	文科类	教研2型
18	海口经济学院	1.65	1.38	0.27	琼	2	财经	文理类	教研1型
19	广东培正学院	1.60	1.11	0.50	粤	2	财经	文科类	教研1型
20	河北传媒学院	1.59	1.44	0.15	冀	2	艺术	艺术类	教研2型

资料来源:武书连:《挑大学 选专业——2017高考志愿填报指南》(民办大学版),武书连新浪博客,http://blog.sina.com.cn/s/blog_4b2cb00e0102wohe.html?tj=1,2017年5月3日。

3.《广州日报》数据和数字化研究院统计排行

2017年,由《广州日报》数据和数字化研究院(GDI)发布的"2017广州日报应用大学排行榜",是国内首个全样本应用大学排行榜,也是权威媒体作为第三方评估、发布的专业性公益榜单。GDI在全国首创以应用指数、学术指数、声誉指数、二次评估指数4个一级指标建构综合指数,科学评价国内887所本科高校(非博士培养单位),推出"2017广州日报应用大学排行榜——TOP 800""民办本科高校TOP 100"等4个子榜单。该统计的主要特点是将独立学院、民办本科高校与公办普通本科高校在同一指标体系下进行评价。在"2017广州日报应用大学排行榜——民办本科高校TOP 100"中,黄河科技学院位列民办本科高校榜首(见表3)。

表3 "2017广州日报应用大学排行榜——民办本科高校TOP 100"前10名

排名	院校	应用指数	学术指数	声誉指数	二次评估指数	综合指数	所在地区
1	黄河科技学院	70.06	47.24	61.94	57.55	66.96	河南
2	文化学院	69.16	50.23	62.01	52.18	66.70	湖北
3	武昌首义学院	69.16	49.46	62.09	52.25	66.69	湖北
4	江西科技学院	69.04	42.29	62.58	68.85	66.07	江西
5	上海杉达学院	62.81	46.03	60.87	62.12	62.70	上海
6	北京城市学院	63.51	45.82	62.17	51.92	61.93	北京
7	上海建桥学院	62.58	45.08	61.46	55.58	61.41	上海
8	湖南涉外经济学院	59.14	51.03	61.14	52.06	61.40	湖南
9	西京学院	58.09	50.27	64.32	51.88	61.36	陕西
10	西安外事学院	59.97	46.76	63.56	56.33	61.34	陕西

资料来源:《2017广州日报应用大学排行榜——民办本科高校TOP100榜单》,搜狐教育,http://www.sohu.com/a/129853320_503456,2017年3月23日。

(二)河南民办教育在全国的位次靠前,优势明显

权威机构的排名反映了河南民办教育的现状。多年来,河南民办学校不断创新体制机制,积极促进学校转型发展,人才培养质量不断提升,在全国的排名和地位越来越靠前。黄河科技学院2013年被教育部批准为全国首批

"应用科技大学改革试点战略研究单位",并成为河南省首批转型发展试点高校;2014年,学校教改成果"民办高校应用型人才培养模式创新与实践"获得国家级教学成果二等奖,学校被评为"全国毕业生就业典型经验高校"(全国高校毕业生就业工作50强);2015年,学校"黄河众创空间"被科技部认定为全国首批众创空间,学校获批"河南省大学生创业示范基地""河南省首批示范性应用技术类型本科院校";2016年,学校大学科技园被认定为国家级科技企业孵化器,学校获批"全国创新创业典型经验高校"(全国高校创新创业工作50强)、"全国首批深化创新创业教育改革示范高校""首批全国社会组织教育培训基地""河南省创业孵化示范基地";2017年,学校大学生创业园获批"全国大学生创业示范园",学校获批"河南省首批高校科研院所双创基地",成为全国民办高校发展的一面旗帜。

河南民办高校在全国的排名显示了河南民办教育事业在社会变革中不断发展壮大、地位不断提升的趋势,在全国教育事业中有着举足轻重的地位。

(三)制约河南民办教育发展的因素

1. 社会层面

长期以来,人们对民办学校带有一定的认识偏见,这种强大的思维定式让民办学校在发展过程中受到阻碍。随着我国教育事业改革的不断推进,国家对民办学校的支持力度越来越大,民办院学校的教学质量不断得到提升,民办学校的培养特色逐步得到体现,不利于河南民办学校发展的因素会得到有效改善。

2. 自身因素

少数民办学校在发展过程中还存在办学水平不高的问题,缺少办学的硬件设备和基本条件,学校师资力量难以满足办学的需要,管理比较混乱。个别办学者只重眼前利益,缺乏对民办教育全局化、长远化的规划。这些都是影响民办学校发展的因素。

3. 政府层面

民办教育的政策、法律环境等不太完善,还需要加大对民办学校的支持力度，放宽民办学校办学的相关政策，尤其是在财政支持和师资队伍建设等方面更需要加强。

（四）河南民办教育科学发展的途径和策略

《民办教育促进法》已经明确规定，"民办学校与公办学校具有同等的法律地位，国家保障民办学校的办学自主权""民办学校的教师、受教育者与公办学校的教师、受教育者具有同等的法律地位""民办学校的受教育者在升学、就业、社会优待以及参加先进评选等方面依法享有与同级同类公办学校的受教育者同等权利"。这一法律的出台，对我国民办教育及河南民办教育是一种鼓励和支持。但在实践过程中，还需要一定时间才能得以实现。

河南民办教育要实现科学发展，就必须全面贯彻落实《教育规划纲要》精神，加强改革和发展，进一步提高办学水平，提升人才培养质量，保持领先优势，不断提升在全国教育中的位次。

1. 结合省情

借鉴国内外先进教育经验和成功做法，不断改革创新教育教学模式，推动民办高校在深化人才培养模式改革、加强师资队伍建设、创新管理体制和运行机制等方面进行积极探索，逐步提高民办学校的整体办学质量和水平。

2. 政府要加强对民办学校的宏观指导

政府引导民办学校更新教育观念，通过财政扶持、监督评价等多种方式，对民办学校进行分类管理，建立有助于民办教育发展的财政扶持政策和人才培养、师资队伍建设等优惠政策。

3. 河南民办教育要不断增强内生动力，以鲜明的特色求发展

民办学校由于受多种因素的限制，办学困难很多，这就要求学校不断创新发展，特色发展，要在时代变革中确立新的办学思路，顺应时代潮流，理顺内部治理结构，建立现代大学制度，充分把握好办学自主权，将主要精力放到人才培养和教学改革中，不断提高人才培养质量，满足社会对教育的不同新需求。

4. 努力创建品牌教育，提升社会评价

民办学校的社会地位是靠其自身努力，通过教育教学效果而获得社会的总体评价而提升的。目前，河南民办学校还需要更加努力，要尽力排除各种不利因素的干扰，一心一意地在学校决策、制订计划、发展规划等方面下功夫，大力提高教育教学质量、提升学校品牌竞争力，靠优秀的师资和独特的培养特色，大力提升社会服务的功能，努力对社会做出应有的、特殊的贡献，使自己的地位无人代替。只有确立了品牌效应，民办学校才能得到长足发展，在激烈的竞争中立于不败之地，赢得社会的尊重，进而提升和巩固自身的地位。

三　河南民办教育对全国民办教育的影响

（一）河南民办教育是我国教育事业的重要组成部分

河南民办教育和公办教育一样，坚定贯彻国家的教育方针，坚持社会主义办学方向，坚持教育的公益性原则，在《宪法》和法律规定的范围内进行教育教学活动，依法治校，以不同的特色教学作为竞争优势，在满足人民群众对教育的多样化需求的前提下，不断适应我国经济和社会发展需要，在内涵式发展，创建具有高水平、高质量的民办学校，促进教育体制改革方面发挥了重要作用。尤其是河南民办高等教育，在推进我国高等教育大众化进程、满足人民群众多样化教育的需求，在缓解政府高等教育财政压力等方面发挥了不可或缺的重要作用。

教育部发布的2016年全国高等学校统计数据显示，我国共有普通高校2879所，其中河南民办高校37所；① 河南省统计局、国家统计局河南调查总队联合公布《2016年河南省国民经济和社会发展统计公报》显示，到2016年末，河南全省总人口为10788.14万人，常住人口9532.42万人。从

---

① 《2016年河南普通高等学校名单公布》，教育部网站，2016年6月7日。

统计数据来看，河南已是超过1亿人口的大省，和其他省份相比，河南人口众多，教育资源却比其他省级单位薄弱（见表4）。对河南近1亿人的常住人口年龄结构分析，0~14岁人口为2032.31万人，占21.3%；15~64岁人口为6558.30万人，占68.8%。从数据可知，河南学龄段人口居多，有着广阔的教育需求。

表4　2016年8省份高校与人口数量统计对比

单位：所，万人

省份	高校数量	人口数量
北京市	91	2172.90
天津市	55	1562.12
河北省	120	7424.92
山西省	80	3571.21
内蒙古	53	2520.10
辽宁省	116	4382.40
吉林省	60	2753.30
河南省	129	10788.14

从2009年起，河南高考报名人数开始下降，到2014年降到谷底，由2009年的95.9万人下降到72.4万人，减少了23.5万人。2015年止跌回升，当年河南省高考报名人数为77.2万人。2016年继续增加，全省高考报名人数达到82万人，高于全国其他省份（见表5和表6）。从近几年的高考报名人数来看，河南都是全国之最，而重点大学的数量和录取率却跟这个全国第一形成鲜明的对比。从教育部统计信息可知，近几年北京大学或清华大学在河南的录取比例约为7083∶1，而北京是194∶1[1]。在河南省，只有郑州大学是"211"高校，而在全国高校序列里，郑州大学排名并不靠前。

---

[1] 孟庆伟：《外国高校中国抢生源　北大清华招尖子生越来越难》，中华网，2016年6月11日。

表5　2009～2017年河南省高考报名人数统计

单位：万人

年份	高考报名人数	河南高考分数线（理科一本）
2009	95.9	567
2010	95.2	552
2011	85.5	582
2012	80.5	540
2013	75.8	505
2014	72.4	547
2015	77.2	529
2016	82.0	523
2017	86.3	484

表6　2015～2017年全国部分省份高考报名人数统计

地区	2017年	2016年	2015年
河南	86.3	82.0	77.2
广东	75.7	73.3	75.4
山东	58.3	60.2	69.0
四川	58.3	57.1	57.0
安徽	49.9	50.9	54.6
河北	43.6	42.3	40.5
贵州	41.2	37.4	33.0
湖南	41.1	40.2	39.0

河南既是"高分大省"又是"考生大省"，由于高考政策的限制，河南高考竞争激烈，而外省院校在河南的招生指标却很少，名额有限。相比教育发达的省份，河南考生受教育的机会并不公平，尤其是高中毕业生在高考录取时，河南考生要比其他省份的考生高出几十分考取同一学校。这直接导致河南学生要比其他教学资源丰富省份的学生付出更多的努力，但最后的录取结果不一定如愿。所以河南学生有受高等教育难、竞争大的地域性限制，每年有很多优秀青年学子被挡在录取线外。

河南民办教育的出现和蓬勃发展，有效地缓解了河南教育中的这种窘迫，在一定程度上解决了河南考生上大学难的问题。河南民办高等教育在我国高等教育体系中的作用已经发生了根本性变化,从创建初期作为公办教育的补充,迅速发展成为我国高等教育事业的重要组成部分,起着至关重要的作用。

(二)河南民办教育有效弥补了政府对教育的供给不足

长期以来,我国教育经费相对不足,而民办教育与公办教育不同之处主要表现在经费来源、办学体制以及管理体制等方面。河南民办教育不断适应我国社会发展和省情需要,在办学经费上采用吸纳社会闲散资金和滚动发展等形式,以学养学,逐步发展,为教育资源的有效配置、办学体制的改革以及学校自主办学方面等注入了活力。[①] 河南民办教育在一定程度上分担了政府教育经费不足的现状,在国家对教育供给不足的背景下,河南民办教育发挥了重要作用,尤其为推进高等教育大众化和义务教育等方面做出了重大贡献,有效地缓解了区域人民受教育的压力,进一步挖掘了现有的各种社会教育资源的潜力,有效增加了教育投入,弥补和扩充了社会教育资本,为民间资本向教育转移提供了基础条件。

河南民办教育从一产生开始就应国家和社会之急需,利用社会资金,充分开发和利用各种教育资源,在较大程度上缓解了财政教育经费拨款不足,为经济发展和社会进步培养了数百万名的各类人才,也为教育改革提供了经验。河南民办教育适应社会多元化的趋势,有效弥补了政府对优质教育供给的不足,满足了家庭的个性化教育需求,在一定程度上满足了人民群众"有学上、上好学"的教育供给侧需求,有效缓解了国家教育的困境。

(三)河南民办教育为社会搭建教育多样化发展平台

河南民办教育与公办教育协同发展、相互补充,在教育教学活动中都发挥了各自的特点和优势,为我国社会主义现代化建设和经济社会发展做出了

---

① 袁连生:《我国政府教育经费投入不足的原因与对策》,《北京师范大学学报》(社会科学版)2009年第2期。

同样的贡献。河南民办教育既为需要受教育者搭建了良好的发展平台，也为国家人力资源和智库建设提供了基础来源。从本质上来说，河南民办教育是一种供社会选择性教育，满足了人们选择教育的多样需求，主要表现在以下几点。

1. 不同需求的学生可选择所需要的教学条件和环境就学

对于民办幼儿园和中小学来说，大多数家长对幼儿园的期望是能负责、照顾好孩子，培养孩子良好的品行、习惯，学到基本知识，并辅助特色教育等。对民办中小学的发展，也是同样的期许，大部分家长对中小学校的要求是有好的教育环境和好的升学率，家长就愿意花更多的钱送孩子入学。在学前教育和中小学教育阶段，一些家庭条件好的学生注重选择具有优质教育资源的民办学校。郑州一八国际学校等民办学校招生爆满，入学一位难求的现象就很能说明问题。

2. 弥补公办高等教育资源的不足

公办高等教育资源的不足，使有继续深造要求的高中毕业生无学可上，过早地走向社会。民办高等教育的发展，为大批原来没有学习机会的适龄青年提供了新的人生选择，使他们获得了学习深造的机会。对于民办高校来说，向社会输送专业人才、毕业生的就业率、就业的工作单位性质等都是影响民办高校社会地位的重要指标。考生和家长的需求也主要冲着这些。

3. 民办学校满足了人民群众对教育的不同需求

人民群众对优质教育资源的选择和学生个性化发展的需要在民办学校得到满足。民办基础教育与公办学校有不同的管理模式和培养特色，民办高等学校有特色的学科和专业，都是考生和家长近年来选择的热点。

综合而言，河南民办教育的贡献，主要解决了经济社会高速发展中教育发展不相匹配、不相适应的问题。为社会的稳定和经济的繁荣搭建了平台，为大批青年学子的学习深造提供了理论学习、技能培养和人生积累的环境，加速了教育与社会的有效对接。河南在主动适应经济发展新常态中不断采取结构调整、转型升级等策略，使得各项社会事业全面发展，2016年国内生产总值突破4万亿元，经济总量居全国第5位。河南民办教育审时度势，在此社会背景下充分发挥了自己的独特优势，实现了办学规模和人才培养质量的快速发展，这对全国、全省教育宏观结构的调整和形成、对于助推河南经济和社会的发展，具有举足轻重的作用。①

（四）河南民办教育为我国教育开拓了道路

1. 河南民办教育协会是民办教育事业的探路者

河南民办教育协会于1995年11月成立，由河南省民政厅批准、河南省教育厅为业务主管单位。河南民办教育协会是自愿参加的非营利性社会组织，主要参加者为河南省内经教育行政部门批准设立的不同层次的民办教育机构、民办教育研究人员以及对民办教育有兴趣的人员，目前团体会员已达300余名。

河南民办教育协会在适应经济社会发展过程中一直在做探索民办教育事业的践行者，在积极探索和研究河南教育体制机制的创新，大力支持扶持民办学校体制机制创新和育人模式，充分发挥着民办教育的协调和服务作用。特别是近年来，河南民办教育协会积极为国家教育事业建言献策，为经济社会发展提供智力支持。河南民办教育协会高度关注民办教育事业，及时将国家的教育政策、方针传送给河南各级民办教育学校，确保河南民办学校在教育教学工作中规范有序，在提高教育质量和形成教学特色中发挥良好作用，为办出高水平的地方名牌民办学校提供支持。所以说，河南民办教育协会在促进河南民办学校健康发展，推动我国教育事业和社会的发展起到重大作用。

2. 河南民办教育承担着教育改革与实践的任务

河南是人口大省，是教育资源大省，也是民办教育大省。河南民办教育者通过筹集教育资源举办学校，并通过自主经营管理学校事务，独立开展教育活动，以其灵活的办学形式满足社会的需求。河南民办教育没有向国家要

---

① 单大圣：《经济新常态下民办教育发展的新思路》，《浙江树人大学学报》（人文社会科学版）2016年第1期。

一分办学资金，也没有政府的财政支持和保障，都是通过自身努力提高教学质量，以办学特色取胜，在创新中发展，在发展中转型。河南民办教育从一开始就具备了探索创新的基因，多年来河南民办教育事业在教育改革方面，始终走在全国其他同类学校的前列，表现出独特的前瞻性和优越性，给全国同类学校起到了开拓道路的作用。

河南民办教育在长期发展中，走出了具有鲜明特色的发展之路。河南民办教育的出现，倒逼国家教育制度的改革，促进政府、社会、企业等各界共同参与和监督办学的过程。许多民办学校的生源优于公办学校，使一部分公办学校不得不面对压力，适时去改革教学方法，以求提升质量，更好地在教育竞争中取胜。这种良性的竞争对于提升我国整体教育教学质量起着非常重要的作用。在一定意义上说，河南民办教育在推进教育改革、加速我国教育事业转型发展、避免公办学校教育体系僵化有着重要作用。

3. 河南民办教育发挥了"为国分忧、为民解愁"的作用

10年来，河南民办教育的入学人数连年增加，河南各级各类民办教育机构为社会培养了大批人才，为失学未成年人提供了受教育的资源，为减少青少年犯罪、维护社会稳定做出了巨大贡献，大大地缓解了我国经济发展与社会进步以及人民大众教育需求的矛盾。30多年来，河南民办高校共为社会培养了上百万名受过高等教育的技能型、复合型人才。这些人才遍布全国各行各业，为社会的健康和谐发展，为祖国的繁荣和社会的进步做出了很大贡献。许多河南民办高校的毕业生，毕业以后不但成为社会各行业的中坚骨干，在社会上做出了巨大贡献，而且反哺母校、回报社会，用自己的经验、资金去帮助社会需要的人群。一批河南民办高校的优秀毕业生用所学知识创办实体企业，这些校友企业每年都要向社会及母校招聘毕业生，大大缓解了国家的就业压力。比如，黄河科技学院，1984年开始办学，30多年来在人才培养和教育教学方面积累了许多实践经验。学校有良好的校园文化，许多学生在校接受学校文化教育，许多校友离校后还以校友会的形式感恩母校，坚持为母校及贫困生捐资筹款，帮助家庭有困难的学生上好学、就好业，为国家和家庭解决了"上学难""就业难"的双重负担。

四 结语

近年来，河南先后出台了一系列政策法规，显示出河南省党政领导部门教育观念革新程度和教育改革的力度。现阶段，河南民办教育不仅起到提高全民素质，促进经济发展的作用，还增加了社会需求、推动消费变化、带动教育相关产业发展，增加就业机会的功能，在社会政治发展方面起着正向的引导作用，同时推动着经济快速有序地增长，为推动我国教育事业改革和发展创新发挥了积极的影响和作用。[①] 河南各级民办教育，为不同层次家庭的学生提供了接受多样化教育的机会，既保证了义务教育的普及，又满足了人民群众日益增长的教育需要。河南民办学校在以后的发展过程中，政府要对河南民办教育加以正确引导、规范管理，同时给予河南民办学校发展的政策，增加投资、扩大规模，让河南民办学校充分发挥自身的特色，探索出更好的发展道路。河南民办学校还需要根据社会需要、自身优势等科学定位，准确地把握民办学校的不同办学类型，建立有效的管理措施，以人才培养质量和社会效益得到社会的肯定和认可，不断提高河南民办教育在全国教育中的比例和地位，从而发挥更大更重要的作用。

参考文献

河南省教育厅：《2016年河南省教育事业发展统计公报》，2016。
《民办教育促进法》，2017年修订。
教育部：《国家中长期教育改革和发展规划纲要（2010～2020年）》，人民出版社，2010。
《河南省民办教育协会2011年工作报告》，2012年5月。
吴雪慧：《我国民办高等教育发展的特殊性及其统整》，《高教探索》2017年第1期。

---

① 《河南省人民政府关于加快推进民办教育发展的意见》，2015。

黎军、宋亚峰：《我国民办高校发展现状及对策研究——高等教育普及化阶段到来前的思考》，《教育与教学研究》2017年第2期。

李文凤：《我国当代公办与民办教育机构教师地位的思考》，《科教广汇》2010年第12期。

于浩：《民办教育促进法修改：引领民办教育新发展》，《中国人大》2017年第1期。

魏建国：《"非营利"内涵的立法界定及其对民办教育发展的意义——从〈慈善法〉出台到〈民办教育促进法〉修改》，《华中师范大学学报》（人文社会科学版）2017年第1期。

《教育部公布2016年最新全国高校名单共2879所》，腾讯教育，http：//edu.qq.com/a/20160604/004334.htm，2016年6月4日。

岳修峰：《高校转型发展态势问题及应对——以河南省高校为例》，人民论坛网，http：//politics.rmlt.com.cn/2016/0825/438012.shtml，2016年8月2日。

B.5 民办教育发展转型研究

贾全明 汤保梅*

摘 要: 2016年,河南省民办教育发展转型进入了深化阶段,呈现出向法治化、市场化推进的特点。一方面国家政策导向和教育法律法规的完善为民办教育转型提供了法治化、市场化的顶层设计;另一方面各级各类民办学校经过自2003年以来的转型发展,为民办教育发展转型提供了经验、实力和动力。未来几年,法律法规调整、人口政策变化会为民办教育发展转型带来新的机遇。

关键词: 河南 民办教育 民办学校

十几年来,"转型"是民办教育发展的常态化、动态化的持续过程。2005年11月初,时任中国教育学会副会长陶西平,总结了民办教育发展的六大转型,即由边缘化地位向主流化地位转型、由补充性作用向发展性作用转型、由行政性管理向法治化管理转型、由指令性调节向加大市场化调节因素转型、由机遇性发展向实力性发展转型、由趋同化模式向多元化模式转型。[①]

民办教育发展的六大转型,已经取得了阶段性的成果,有的甚至已经完

---

* 贾全明,河南民办教育研究院研究员,主要研究方向为教育管理学;汤保梅,河南省民办教育协会副秘书长,主要研究方向为教育管理。
① 陶西平:《推动中国民办教育事业的合理转型》,《教育发展研究》2005年第10期。

成并得到了深化。《国家中长期教育改革和发展规划纲要（2010~2020年）》（以下简称《纲要》）明确提出民办教育是教育事业发展的重要增长点和促进教育改革的重要力量。两个"重要"标志着由边缘化地位向主流化地位转型和由补充性作用向发展性作用转型的完成；《纲要》提出的"支持民办学校创新体制机制和育人模式，提高质量，办出特色，办好一批高水平民办学校""对具备学士、硕士和博士学位授予单位条件的民办学校，按规定程序予以审批"，说明了由机遇性发展向实力性发展转型取得的成果得到了国家和社会的肯定。

2010年以后，河南省民办教育和全国的发展大势同步甚至领先，自觉地按照《国家中长期教育改革和发展规划纲要（2010—2020年）》提出的要求，着力推动其余三大转型，自2015年以来取得了卓有成效的进展。

一 政策牵引，法律规范为民办教育发展转型提供科学的顶层设计

《国家中长期教育改革和发展规划纲要（2010~2020年）》颁布后，政府宏观治理与民办学校自主办学之间的契合度逐渐受到各级政府的重视，在制定相关政策时，市场本位逐渐加强，推动了民办学校介入社会的程度，加快了市场进入民办学校的步伐。党的十八届五中全会通过的《中共中央关于制定国民经济和社会发展第十三个五年规划的建议》提出："支持和规范民办教育发展，鼓励社会力量和民间资本提供多样化教育服务。"首次把"民办教育"写入国家发展规划，为"十三五"我国民办教育发展指明了方向。

（一）民办教育的法治化、市场化发展有了法律保障

2015年以来，国务院、全国人大前所未有地密集出台与民办教育相关的文件和指导性意见。2015年1月7日，国务院常务会议讨论通过部分教育法律修正案草案；2015年8月，第十二届全国人大常委会第十六次会议审议《教育法律一揽子修正案（草案）》；2015年9月8日至10月7日，面

向社会公开征求意见一个月，此后修正后的《教育法》《高等教育法》《民办教育促进法》相继向社会发布。《民办教育促进法修正案（草案）》明确提出对民办学校实行分类管理，允许营利性民办学校存在；允许民办学校自主选择办学方式，登记为非营利性或者营利性法人，并按照其法人属性享受相应优惠政策；完善高等教育投入机制，高等教育实行以举办者投入为主、受教育者合理分担培养成本、高等学校多种渠道筹措经费的机制；增加完善现代国民教育体系、加快普及学前教育、推进教育信息化和国际化等内容。普及九年义务教育以及其他的教育领域将慢慢引进社会资本，整个教育市场将会更加商业化、更加社会化、更加市场化。加强了社会监督，有利于推动建立依法办学、公平竞争、监督有力的发展环境。

2016年4月，中央全面深化改革领导小组审议通过了《关于加强民办学校党的建设工作的意见（试行）》《民办学校分类登记实施细则》《营利性民办学校监督管理实施细则》等文件，从国家最高层面肯定了《民办教育促进法修正案（草案）》重要意义。2016年12月，国务院印发《关于鼓励社会力量兴办教育促进民办教育健康发展的若干意见》（以下简称《意见》），要求对民办学校实行非营利性和营利性分类管理，实施差别化扶持政策，并积极引导社会力量举办学校。《意见》还从办学准入条件、办学筹资渠道、多元合作办学以及学校退出机制等方面对体制机制进行了创新，营造了有利于民办教育发展的制度环境。例如，在税费方面，提出非营利性民办学校与公办学校享有同等待遇，经相关机构进行免税资格认定后，按税法规定免征非营利性收入的企业所得税；在办学方面，提出扩大民办中等职业学校和高等学校专业设置自主权。在完成国家规定课程前提下，民办中小学校可自主开展教育教学活动。

教学质量高、就业有保障、社会声誉好的民办高等职业学校，可在核定的办学规模内自主确定年度招生计划和招生范围。各地不得对民办学校跨区域招生设置障碍。在拓宽办学筹资渠道方面，提出鼓励金融机构在可控风险的前提下，结合民办学校特点开发适合的金融产品；鼓励金融机构探索办理民办学校以知识产权、未来经营收入等质押贷款业务，鼓励金融机构提供银行贷款、融资租赁、信托等多样化的金融服务。《关于鼓励社会力量兴办教育促进民办教育健康发展的若干意见》，进一步放宽了办学准入条件，提出社会力量投入教育，凡不损害第三方利益、社会公共利益，不损害国家安全，只要不属于法律法规禁止进入的领域，政府不得限制。也就是说政府准入负面清单之外的办学行为，民办教育没有发展禁区。

（二）创新创业教育成为民办教育多元化转型的主要路径

2014年6月，国务院出台了《关于加快发展现代职业教育的决定》，教育部等联合六部门印发了《现代职业教育体系建设规划（2014~2020年）》，引导部分以学术教育为使命的普通本科高校向应用技术大学转型，发展本科层次职业教育。

2015年4月，国务院出台《关于进一步做好新形势下就业创业工作的意见》，要求高校扎实开展新形势、新常态下大学生创业引领计划、离校未就业帮扶计划和就业创业基金发展计划，以提高毕业生自主创业成功率。2015年5月，国务院办公厅出台《关于深化高等学校创新创业教育改革的实施意见》，明确要求高校在2020年全面建成创新创业教育体系；鼓励高校加强协同育人，并建立创新创业学分积累与转换制度。2015年6月，国务院出台《关于大力推进大众创业万众创新若干政策措施的意见》和《关于印发进一步做好新形势下就业创业工作重点任务分工方案的通知》，提出了落实"大众创业、万众创新"政策的具体意见措施。2015年11月，教育部、国家发展改革委、财政部联合出台《关于引导部分地方普通本科高校向应用型转变的指导意见》，要求地方本科高校把办学思路真正转到服务地方经济社会发展上来，转到产教融合、校企合作上来，转到培养应用型技术技能型人才上来，转到增强学生就业创业能力上来。

2015年，教育部提出探索创客教育、STEAM教育①等新教育模式，有

---

① STEAM是英文科学、技术、工程、艺术和数学的缩写，即集科学、技术、工程、艺术和数学于一体的综合教育。

效利用信息技术推动"众创空间"建设,使学生具有较强的信息意识与创新意识。在建设方式上,强调吸引企业等多方面力量参与到教育信息化过程中,鼓励企业根据国家规定与学校需求建设资源服务平台,并在 2015 年开始提倡 PPP(即 Public—Private—Partnership,指的是政府与私人或组织之间所形成的伙伴式的合作关系),鼓励社会资本积极参与教育基础设施建设和运营管理,为教育提供专业化服务。积极鼓励公办、民办学校之间相互购买管理服务、教学资源以及科研成果。鼓励探索举办混合所有制职业院校,允许政府、社会、公办和民办学校以资本、知识、管理、技术等要素参与办学并享有相应权利。教育部还鼓励营利性民办学校建立股权激励机制,以增强民办学校的活力。

2016 年底,国务院第 159 次常务会议审议通过了《国家教育事业发展第十三个五年规划》,加快高等教育结构调整。进一步明确提出要面向社会需求、面向各行业推动一部分普通本科高校向应用型转变,不要全部办成综合性同质化的学校。

(三)为民办教育进一步发展提供新的发展理念

2016 年 5 月,《国务院办公厅关于加快中西部教育发展的指导意见》提出了教育脱贫五年规划,把大力发展职业教育作为七大任务之一。此后,教育部等七部门又联合印发了《职业学校教师企业实践规定》,要求职业学校专业课教师(含实习指导教师)要根据专业特点,每 5 年必须累计不少于 6 个月到企业或生产服务一线实践,没有企业工作经历的新任教师应先实践再上岗。该制度的确定,将引领教师企业实践逐步走向规范化、常态化、长效化。

2016 年 7 月,教育部、民政部、科技部、文化部等九部门联合发布了《关于进一步推进社区教育发展的意见》,要求将社区教育形态从东部沿海地区逐步推广到中西部地区。到 2020 年,社区教育治理体系将初步形成,在全国范围内实现覆盖县(市、区)的社区教育体系,其中建设 600 个全国社区教育实验区、200 个全国社区教育示范区。

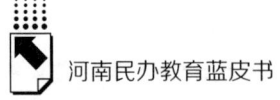

2016年12月,教育部又出台了《关于推进中小学生研学旅行的意见》,鼓励各地教育部门"把研学旅行摆在更重要的位置",大力推进游学类产品和营地教育类产品发展。研学旅行被纳入中小学教育计划,游学教育将由选修课变为必修课,教学安排也将由随机性变为计划性,涉及的学校和学生也由少量参与变为广泛参与,对民办学校的教学活动、校际交流将提出新的要求和挑战。

2016年下半年,初步确立的中国英语能力等级量表、陆续推出的研学旅行、集团化办学等政策,为民办教育进一步发展提供了新的方向和着力点。

(四)地方政府政策支持使顶层设计落地成为现实

2011年以来,河南省出台了《河南省人民政府大力发展学前教育的意见》,对全省学前教育的目标任务,扩大学前教育资源,加强幼儿教师队伍建设,增加学前教育投入,强化幼儿园管理,提高保教质量,加强组织领导等方面提出了明确要求。先后启动实施了第一期(2011~2013年)和第二期(2014~2016年)《河南省学前教育三年行动计划》,计划到2016年,学前三年毛入园率达到83%左右,公办幼儿园和普惠性民办幼儿园覆盖率达到85%以上,基本建成覆盖城乡、布局合理、公益普惠、灵活多样的学前教育公共服务网络。到2019年,全省学前三年毛入园率达到85%以上,基本普及学前三年教育,普遍提高办园质量,让适龄儿童都能够"有园上""上得起"。

自2011年起,全省实施新建和改扩建公办幼儿园工程,集中力量建设了一批安全、适用的公办幼儿园。工程按照城镇每1万人、农村平原地区每3000~6000人建设1所规模适宜的幼儿园,3万人口以上的乡(镇)至少有2所、3万人口以下的乡(镇)至少有1所标准化公办中心幼儿园的原则,全省教育部门规划项目,合理布点,努力构建覆盖县、乡、村三级的学前教育网络。特别是2012年底《河南省幼儿园管理暂行办法(试行)》的颁布,使幼儿教育的规范化管理有了保障。

在学前教育改革中,河南省提出了"公建民营"策略,通过"管办分离"的模式增加对普惠性幼儿园的投入。全省各地也对学前教育改革发展积极投入,商丘、许昌、漯河等地均加大了对幼儿园的建设力度,新建、改建、扩建了一批幼儿园。

2014年4月,应用技术大学(学院)联盟在河南驻马店召开会议并达成了"驻马店共识"。河南省选择包括黄河科技学院在内的15所普通本科高校向应用技术大学转型,以推动普通本科高校转型,建设应用技术大学为抓手发展本科层次职业教育成为全省的共识。

2015年,河南省政府《关于加快推进民办教育发展的意见》,第一次以省政府名义提出鼓励民间资本投资教育。文件明确鼓励多种形式发展民办教育,鼓励民间资金投资办学,民间资金可以参与非义务教育阶段公办学校的改制、收购、兼并,可以参与教育项目建设;大力支持民间资金兴办幼儿园,特别是面向大众、收费较低的普惠性幼儿园,大力支持投资兴办以寄宿制及特色学校为主的中小学校;各级政府可通过购买服务的形式支持民办普惠性幼儿园和寄宿制中小学校发展。

该文件除明确规定民办学校享有与公办学校同等的法律权益外,还同时制定了民办学校征地、建设、税收等方面的相关优惠政策。全省先后有14个省辖市、4个直管县(市)政府出台了相应的政策,许多市、县把民办学校办学建设用地纳入当地城镇建设用地整体规划,并按照公益事业用地及建设的相关规定,对民办学校新建、扩建用地给予与公办学校同等的优惠政策。2011~2015年,全省有近400亿元民间资本进入教育领域。①

2015年,河南省教育厅、财政厅联合启动了示范性应用技术类型本科院校建设计划,目标是在三年内,遴选10所左右普通本科学校进入示范性应用技术类型本科院校建设计划。第一批"示范校"建设周期为2015~

---

① 史晓琪:《河南:民办学校五年增近六成,吸引近400亿元民间资本》,《大河报》2016年8月14日。

2019年。根据建设计划，到2020年，初步将示范校建设成全省深化高等教育综合改革的试验区，普通本科高校发展转型的示范区，全省高水平技术技能型人才培养的重要基地，全省先进技术创新、转移与服务的重要基地，全省产教融合、校企合作的重要平台。黄河科技学院等4所民办高校被确定为全省首批示范性应用技术类型本科院校。

2016年，郑州市教育局遴选首批20所中小学校开展创客教育试点工作，将选拔优秀教师组建创客教育骨干教师队伍；建立特色"创新教育基地"与学生"创客空间"；开发与郑州创客教育适应的课程与资源。郑州市教育局探索向社会购买优质创客教育课程的机制，通过设立社会课程评价认定专家委员会，对社会课程进入学校课堂进行认定，建立课程库，发布课程目录，统一采购，为中小学建设创客实验室提供基础。

二 体制机制创新增强了民办高校办学活力和办学实力

民办高校办学定位与办学目标是瞄准和适应国家和社会发展的人才需求，培养大量高级应用型人才，明确办学优势，培养竞争意识和主动性，建立自我约束与自我规范的内部治理结构。

（一）以实现"两个对接"为基础，明确转型发展关键点

1. 推进高校专业群与地方产业群对接

黄河科技学院紧跟区域经济转型和行业科技进步改造传统专业，以突出区域文化和产业特色为建设思路，进行专业群建设，深入分析中原经济区、郑州航空港经济综合实验区等发展规划，预测经济、社会发展对重点人才的需求，及时设置轨道交通与营运管理、材料成型与控制等专业，整合了物流管理、电子商务、物联网等专业；调整了信息与计算科学等专业；重点培育电子信息类、生物医药类、文化创意类、机械材料类和经济管理类等五大专业群，先后建设了1个国家级专业综合改革项目和17个省级特色专业，品牌专业，专业综合改革试点和工程教育改革试点专业；有16个郑州市重点

(示范)专业实现了专业群与区域产业链的相互对接,提升了学校专业集群服务经济社会发展的贡献度。新乡医学院三全学院坚持"控制规模、聚焦发展、提高质量、塑造品牌"的办学思路,以专业链对接产业链为原则,专业设置依照社会经济发展需求与自身专业建设能力为评估标准,处理好突出特色与全面发展的关系,调整优化专业结构,构建覆盖全生命周期的专业集群。

2. 推进高校人才培养过程与生产实践对接

黄河科技学院以职业岗位要求和职业发展需求为核心,以"产学结合、工学交替"为重点,通过将学校的人才培养方案与企业需要对接,课程和教材与企业实务对接,"校中厂"和"厂中校"与企业现场环境对接,教学质量评估与企业标准对接,建立了与企业联合培养人才的机制。这种机制强调毕业设计实行"公司出题,学生设计,设计作品由市场检验",达到学生带着作品进公司,学生成功就业、作品被企业采用的"双赢合作"。信阳学院也通过在培养目标定位、人才培养途径、毕业生知识能力结构、专业课程教学体系、应用教材建设、师资队伍提升、实践教学平台、教学监控与质量评价等方面全方位创新创优,探索面向就业市场一线的高素质应用技术型人才培养体系,培养出素质全面、能力出众,适应市场需要,具有较强就业竞争力的应用技术型人才。

(二)课程体系建设和质量评价标准,强化转型发展突破点

1. 完善"学历教育和职业技能"有机结合的课程体系

本着"立足职业、突出能力、强化实践、提升素质、注重创新、形成特色"的原则,黄河科技学院打破普通本科教育学科体系的束缚,与企业共同开发以"实务、案例、问题、标准、流程"为主的专业课程。先后与郑州宇通重工、苏宁电器、河南交通建设、黎明重工、洛阳牡丹通讯联合开发融企业岗位技术和专业基础理论为一体的特色课程。实行项目驱动下"学中做,做中学"学做结合的教学模式,推行"课程设计、真项目实训、创新设计、毕业设计"前后贯通的改革思路,开发了新生研讨课、经典阅

读课等多元化课程类型，构建创新创业教育体系，提升学生综合素质和实践能力。

2. 建设与企业无缝对接的实践教学体系

按照校内实验室和实验中心、校内实验实训基地、校外企业实习实训基地、学校与企业合办公司和建立职业技能鉴定所等"五轴联动"的思路，黄河科技学院建设了融教学、科学研究、实习实训、职业技能鉴定等为一体的实践教学平台，实现了实践教学与企业生产实际的无缝对接。校内各实验实训室全面向学生开放。通过收购企业、引企入校、创办企业和校企共建四种形式，让学生与企业零距离接触，企业技术人员作为师傅带领学生参与企业技术革新和生产实践，项目化驱动，有效推进校企合作育人。进驻学校的河南省西工机电每年为学校提供工位1500个。

3. 建立校企协同的教学质量监控体系

黄河科技学院建立校、院两级产学研合作教育工作机构，在校内共建校企行业学院，各专业依托相关行业、龙头企业设立专业建设工作指导委员会，邀请企业参与教学质量保障工作的建设，逐步完善校企协同的教学质量监控体系。与华为公司联合创办了"黄河科技学院华为网络学院"，华为公司从人才标准、教育资源、运营管理和协作同盟四个方面协助学校建设完整的ICT人才培养体系；学校被中国电子学会授权，作为"电子设计工程师认证"河南省认证点，该认证获得美国电气和电子工程师协会（IEEE）认可，成为河南省本科高校中第一个也是目前唯一一个获得授权的单位；建立了职业技能鉴定所，可以开展对56个工种的培训和职业资格鉴定。黄河科技学院还积极探索和建设了由学校和教师之外的第三方参与的教学质量评价机制，先后邀请生茂光电、河南森源电气、河南省建筑设计研究院等50多家省内知名企事业单位的专业技术人员对本科生进行综合素质和专业能力测评，使学校教学与企业用人标准有效对接。

（三）以搭建"三个平台"为途径，凸显转型发展创新点

搭建校企战略合作平台为人才培养提供支撑。黄河科技学院和企业签订

战略合作协议，形成规范的合作伙伴关系，使企业由单纯的用人单位变为联合培养单位。通过与企业建立产学研战略联盟，校企双方互相支持、双向介入，共同搭建高层次科研服务平台，既实现了双方的优势互补、资源互用、利益共享，又形成了科研反哺教学的机制，提高学校的创新能力。

1. 搭建为学生拓展实践空间的创新创业平台

黄河科技学院创客工厂设置智创工坊、圆梦工坊、配件超市和5个创客工作室，为创客配置高速网络、开源软硬件等，帮助创客将创意变为现实。"一秒快速折叠电动车""智能开门机""桌面3D打印机"等学生创客作品在这里诞生。从2011年开展"大学生创新创业实践训练计划"开始，已经先后立项建设378个项目，投入经费35万余元，参与学生近1900人。鼓励推荐大学生创新创业项目参加国家和省级创业大赛，积极对接相关企业、金融机构、风险投资机构，利用大学科技园重点孵化有转化潜力的项目，为学生自主创业创造条件。在校生中有创业团队近300个，2014年学校有13个创业项目分获省人社厅、教育厅大学生创业扶持资金97万元。在2015年首届全国大学生"互联网＋创新创业大赛"中，黄河科技学院学生报名参赛项目274个，居全省高校首位，占全省项目总数的11.09%；其中，有2个实践类项目成功入围全国决赛，占全省的1/6。

2. 搭建团队建设平台集聚高素质师资队伍

黄河科技学院依托教育集团和科技集团吸引人才，打造了一支"校企互通、专兼结合"的高素质师资队伍。引进了中国工程院院士刘人怀、长江学者王志功、国家杰出青年科学基金获得者王聪等一批专家学者。制定了《关于教师到企业挂职锻炼的管理办法》，鼓励教师到企业挂职锻炼；通过产学结合等方式组织教师参与工程实践。分别与中国电信河南分公司、洛阳惠普公司、汉威电子科技等知名企业进行项目开发合作，陆续派出30名青年教师到企业挂职锻炼。

近三年，学校有142人通过高级职称评审，现有专兼职教师1844人，其中"双师型"教师759人，占教师总数的41%，无论是"双师型"教师数量还是师资队伍结构都能满足技术技能性人才培养及学校转型发展要求。

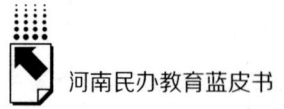

（四）办学实力增强，极大地优化了转型和服务社会的能力

以黄河科技学院为例，自应用技术型大学建设试点工作开展以来，学校依托自身创新基因、创业坚守和创造成果，以国家创新驱动发展战略为引领，认真贯彻实施郑州市开放创新双驱动发展战略，主动融入地方经济发展。学校主动提出与二七区政府合作，集聚学校科技、人才、载体资源，发挥政府公共服务和政策支持作用，共建"U创港"创新创业综合体。在不到一年的时间里，黄河科技学院筹建的专业技术支撑平台、综合公共服务平台、科技金融服务平台和创新创业教育平台四大平台形成完备的服务体系，黄河众创空间、"U创"孵化器、"U创"加速器、创客公寓与服务设施等载体初见规模。规划面积10万平方米，建成投入使用面积57560平方米，入驻企业130余家，年产值500万元以上的加速器企业有15个，国家高新技术企业3家。郑州飞轮威尔发展成为一家产品出口50多个国家和地区、产值近亿元的高科技企业。近年来，"U创港"建设成效吸引了中关村软件园、清华大学、浙江大学等30余家国内兄弟单位前来考察交流，给予高度赞誉。

黄河科技学院已建成院士工作站、博士后研发基地、工程技术研究中心等3个省级科研平台，建成河南省高校工程技术中心等11个地厅级科研平台，建成新药研发中心、纳米功能材料研发中心等13个高层次研发平台。通过引进了美国默克公司的高级研究人员，黄河科技学院新药研发中心在减肥药、丙型肝炎药和抗癌药的项目上取得重大进展，项目阶段成果受到多家风投公司关注。连续两届（河南）国际新药研发交流与技术转移对接会在该中心举办，吸引了包括诺贝尔化学奖获得者、中国科学院院士、英国皇家化学会院士等全球一流专家汇集黄河科技学院。设立3000万元研发基金，面向全省新药研发提供支持。纳米功能材料研发中心承担了7项国家自然科学基金项目，发表高水平学术论文近50篇。杨小兰教授主持的河南省科技计划项目研究成果"混沌振动系统制备纳米粉体新技术"获得了2014年度河南省科学技术进步奖。由于该成果解决了微纳米材料制备的关键技术问题，被新乡市太行振动机械公司等企业采用，企业新增销售9965万元，新增利润3712万元。成功孵化出了河南奥孚森高分子材料科技有限公司，属于省级高新技术企业，至2016年上半年已有2项科技成果转化。学校与科宝智慧医疗（上海）协同建立技术共享平台，协同成立"河南细胞形态学智慧中心"，运用互联网平台、大数据、物联网技术等连接医院、医生、实验室，实现医学研究成果共享最大化。①

三 创新发展模式，基础教育和幼儿教育形成多元发展格局

（一）公建民营，集团化发展

新安县教育局先后争取国家、省、市资金6000余万元，规划建设了27个乡（镇）村幼儿园，改建了31所小学附属幼儿园，设立了71个农村巡回支教点；经验收评估审批了56所幼儿园，公开招募160名学前教育志愿者，依托县实验幼儿园和县直幼儿园成立了两个幼教中心，通过公建民营的形式把优质教育资源迅速辐射到农村，带动民办幼儿园健康发展，探索出了一条优质资源倍增下的集团化办园之路。

2015年6月成立的新安县第二幼教中心，管理直办园3所、加盟园2所。集团化办园已辐射县城及13个乡（镇、产业区）80%以上的行政村，每个中心乡（镇）分园特色彰显，管理规范，走出了城乡一体化均衡发展之路，让更多的幼儿享受到了优质的学前教育资源。②

（二）普通教育与职业教育、师资培训联合办学

2004年初，河南省江河教育集团在商水县成立周口中英文学校。河南

---

① 杨雪梅：《全面深化改革加快转型发展建设高水平应用技术大学——黄河科技学院转型发展试点工作汇报》，黄河科技学院，2015。
② 刘红梅：《教育新机制带动学前教育优质均衡大发展》，《河南民办教育》2016年第3期。

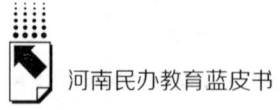

省江河教育集团在河南办了12所学校。12所学校分别是周口中英文学校、沈丘中英文学校、鹿邑伯阳双语学校、郸城中英文学校、太康华夏外国语学校、永城双语学校、西华青华中英文学校、鄢陵中英文学校、漯河许慎中学、方城国际学校、周口女子职业中专和上蔡苏豫学校。

该集团集小学、初中、高中、职业教育和师资培训为一体，总占地面积2000多亩，建筑面积60多万平方米，总投资达到10亿元；共建有631个班，在校学生达4万多人，总部设在周口中英文学校。江河教育集团成立后实行八个统一，即统一形象宣传、统一教学进度、统一考核、统一人员调配、统一财务审查、统一纪律监督、统一教学研究和统一采购。其目的是扩大整体影响力，走全国名校之路。

建校之初，江河教育集团董事长黄苏涛制定了"一年县级一流，二年市级一流，五年省级一流"的办学目标。江河教育集团着重抓品牌，实施"三大战略"。一是"创建"带动战略。借创建示范性高中营造氛围，凝聚人心，锻炼教师队伍，规范学校管理，提升办学层次。2006年4月，学校被周口市教育局批准为市级示范性高中。二是实施名师带动战略。引进一大批名师，将先进的教学理念和管理经验带到江河教育集团。三是打造学校品牌战略。重点解决了学校定位、教育服务、教育科研、特色管理等问题，并且富有成效。

四 发展展望

一系列法律法规的修订和实施，会有更多的社会资本涌入教育市场，优质教育资源也将加速在民办学校中流动，从而加速推动河南省教育体系升级。

民办教育如何实现依法治教，促进民办教育健康发展将成为新时期的新任务。未来几年要着力健全教育法律法规体系，理顺法律法规体系、更新法律法规内容、加强法律法规的实施；进一步完善教育立法，确保法律法规的严整性、可操作性和科学性，避免重复立法和孤立无据；加强定量性的规范，减少因法律的模糊性带来的管理缺位现象。

自2016年开始，我国实施全面二孩政策，未来几年学龄前儿童入园人数将持续增长，儿童早期发展将成为国家战略，在"十三五"时期将被给予广泛关注，这决定了在今后很长一段时间内，民办学前教育将会成为全省学前教育发展的主力军，对于特色化幼儿教育，民办幼儿园依然具有很大的市场需求，民办幼儿园的发展将面临新的机遇。

参考文献

陶西平：《推动中国民办教育事业的合理转型》，《教育发展研究》2005年第10期。

《国家中长期教育改革和发展规划纲要（2010～2020年）》。

杨雪梅：《全面深化改革加快转型发展建设高水平应用技术大学——黄河科技学院转型发展试点工作汇报》，黄河科技学院，2015。

刘红梅：《教育新机制带动学前教育优质均衡大发展》，《河南民办教育》2016年第3期。

史晓琪：《河南：民办学校五年增近六成，吸引近400亿元民间资本》，《大河报》2016年8月14日。

B.6
河南优化民办教育发展环境的探索和启示

李 冰*

摘　要： 我国的民办教育现状与发达国家成熟的民办教育相比，还有较大的差别。政府的各项教育政策对于民办教育生存发展仍起着举足轻重的作用。河南作为内陆欠发达的人口大省，教育的发展在全国处于相对薄弱的洼地。由此，民办教育的发展尤其显得珍贵，本文分析总结了河南省在这方面的一些改革探索，以期为我国民办教育的未来发展提供参考和启示。

关键词： 河南　民办教育　教育环境

河南作为内陆欠发达的人口大省，由于经济发展水平和其他因素的制约，教育发展负担重、压力大、不均衡。多年来从政府到社会，从学校到家庭，方方面面都在努力尝试从根本上扭转河南教育的落后局面。改革开放以来，随着经济社会的发展和人民群众对多样化教育的强烈需求，单一的公办教育已经不能满足人口大省的教育诉求。这就给民办教育的产生提供了条件。一批献身教育的有识之士首开先河，在政府的支持下开始举办不同于公办体制的教育，民办教育应运而生。

河南民办教育的飞速发展，为河南的教育注入了新鲜血液，目前已成为

---

* 李冰，黄河科技学院中华文化传承发展研究院讲师，主要研究方向为中国家文化研究。

河南教育的一支重要力量。截至2016年底，河南共有各级各类民办学校17772所，在校生566.64万人，其中民办普通高校37所，在校生41.72万人。河南民办教育的规模在全国居第2位，人才培养质量也名列前茅。

一 改革开放后我国民办教育的发展壮大

我国民办教育的发展从无到有、从小到大、从弱到强经历了一个激动人心的过程，这与河南其他领域的改革发展是相似的。从开始阶段的拾遗补阙到中间阶段的"组成部分"，再到现在的"重要组成部分"。民办教育在国民教育体系中的地位节节攀升，这是市场经济主导的结果。可以说，没有市场经济的发展也就没有民办教育的发展。它不是由政府主导的，民办教育发展的初期，政府只是本能地被动地事后监管。那时的民办教育几乎全部是非学历教育，民办教育的创业者们敏锐捕捉到了教育市场的巨大商机，发掘了这里的第一桶金。此时的政府并没有把这种新生事物一棍子打死，而是采取等一等、看一看的做法，这也是我国当时各类工作以"摸着石头过河"为理念的具体例子。随着民办教育规模的发展越来越大，相伴而来的各种问题也就越来越多，这时政府的各项监管政策也相继出台。以后，随着国家每一次教育政策和民办教育政策法规的出台，民办教育领域几乎都会伴随着一次行业洗牌。

河南民办教育的第一个阶段也是我国改革开放的第一个阶段，就是1978年的十一届三中全会到1992年邓小平"南方谈话"时期，这是国家各项事业由计划经济向社会主义市场经济的艰难转型时期。这一阶段的民办教育从萌芽到发展还是比较平稳的，当时的瓶颈是政策瓶颈，民办教育还是新生事物，它到底是不是社会主义教育在很多人心中没数。好在当时的人们尤其是各级政府在改革开放精神的感召下，对这个新生事物并没有横刀扼杀，这是民办教育可以诞生并得到发展的根本因素。此时的民办教育主要是非学历教育，面对汹涌的教育需求，民办教育的出现给了因为各种因素不能享受正规教育群体一个机会。这个机会在当时显得弥足珍贵，因为即使民办教育，资源也是非常有限的。这也是民办教育的原始积累时期，各种教学软硬件基本为零，没有固定校舍、专职教师和任何办学经费，与公办教育不可同日而语，被定位为整个国家教育体系中的拾遗补阙。

1993年国家颁布了《民办高等学校设置条例暂行规定》，以这部法规的出台为标志，河南民办教育进入了有法可依的阶段，也是河南民办教育发展的第二个阶段。在这个阶段，民办教育开始了从非学历教育到学历教育的转变，一部分河南民办教育开拓者抓住机遇，开始征地建校舍、招聘人员组建教师队伍，经过前期的积累，办学经费也有了提高。特别是像河南这样生源充足的大省，民办教育迅猛发展。可以说，此时是河南民办教育发展的黄金时期，现在许多卓有成就的河南民办高校就诞生在这个时期，就是在这个时期，河南民办教育成长为河南教育体系的"组成部分"。以郑州市的黄河科技学院为例，在1994年被国家教委批准为正规的专科学历教育后，学校开始了迅猛发展，2000年就成长为本科高校。无论是学校校舍、师资力量和办学经费都有了大幅提高。

2003年9月1日颁布施行的《中华人民共和国民办教育促进法》（以下简称《民促法》）使我国民办教育有了一个系统全面的基本大法，由此河南的民办教育也进入第三个阶段。河南民办教育向纵深发展，各种教育改革探索层出不穷，民办教育勃勃生机，河南民办高校稳步发展。民办教育的教学特点、教学风格在这一时期进一步成型，在社会上也得到了人们的认可，河南民办教育毕业生在某些方面的表现甚至超过了一些公办高校。从此河南民办教育成为我国教育的一支重要力量，被表述为国家教育体系的"重要组成部分"。

2016年11月全国人大常委会通过的《民促法》的修订稿，开启了河南民办教育分类管理的"破冰之行"，规定民办教育可申请举办为营利性和非营利性教育，并明确规定在义务教育阶段不设立营利性民办学校。这看似严厉的修订实则是为民办教育划了一个清晰的界限，有利于民办教育的健康发展，也规范了各类民办教育的发展前景。营利性与非营利性民办学校的分类管理也让国家对于民办教育的各项扶助政策更加精准、更加有的放矢，反过来民办教育办学者也会更加安心，不至于引起社会的各种猜疑和不满。

纵观河南民办教育自改革开放以来的发展，从无校舍、无师资、无办学经费的"三无"办学，到现在成为国家教育体系的重要组成部分。从最初的非学历教育到现在的大中专本科各类学历教育齐全，民办教育几十年循序渐进稳步发展，创造了一个又一个教育奇迹。与此同时，政府各项民办教育政策法规也随着民办教育的发展相继出台。现在，民办教育的各个方面基本上做到了有法可依。但是，由于我国仍然处在巨大的转型期，新的情况仍不时出现，所以民办教育的法律法规在未来仍然需要与时俱进进行调整。

二　河南民办教育政策法规的发展

教育具有经验品属性，民办教育属于特殊的准公共品，这是《民办教育促进法》修改稿中坚决把民办教育分为营利性和非营利性两类的重要依据，所以政府对于民办教育的规范管理就具有了必要性，而正是这种规范管理才让民办教育在30多年的时间中逐步壮大。目前，政府出台了一系列政策文件和法律法规，对民办教育有了完备的指导和规范。检视民办教育法规的出台具有很强的现实针对性，比如《民办高等学校设置暂行规定》《关于社会力量办学的若干暂行规定》《中国教育改革和发展纲要》等文件净化了当时混乱的民办教育市场，尤其是对河南民办教育的肯定让立志办大办强民办教育的创办者吃了一个定心丸。2003年《中华人民共和国民办教育促进法》的颁布实施标志着我国初步建立健全了民办教育法律法规体系。针对民办高等教育的法规就更加细化，比如《民办高等学校办学管理若干规定》就针对当时民办高校出现的一些新情况、新问题进行了规范。河南省郑州市2007年印发的关于《郑州市民办学历、非学历教育招生章程（广告）审核备案工作的意见》也属于这类的法规范畴。《河南省人民政府关于加快推进民办教育发展的意见》则从落实民办学校法律地位、保障民办教育法人财产权、保障民办学校教师合法权益等八个方面做出明确规定，是目前为止河南关于民办教育最为积极的政策。

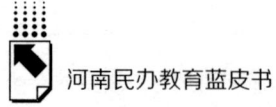

《国家中长期教育改革与发展规划纲要》则从国家层面对民办教育做了长久的规划。这一系列中央和地方政府法律法规的出台有力地促进了民办教育的发展，尤其是2016年11月7日十二届全国人大常委会第24次会议表决通过了《关于修改〈中华人民共和国民办教育促进法〉的决定》。《民办教育促进法》这次修订有两个重要规定，一是严格区分民办教育的营利和非营利两类教育，二是不得在实施义务教育阶段设立营利性民办学校。为了给各地贯彻落实新法留出时间，也为各地针对自己区域内的实际情况制定配套措施，新修订的《民办教育促进法》将从2017年9月1日起施行。虽然该法对民办学校选择营利或非营利的办学时间没有做具体的规定，但这仍是河南民办教育发展的一个重要时刻。河南对于民办教育有了更加清晰的定位，也给了河南民办教育一个更加光明的未来。可以预计，随着河南各级地方政府对此次法律修改配套政策的出台，河南一个新的民办教育发展高潮即将到来。河南民办学校自身更应该牢固树立"百年树人"的教育观念，在现代化的办学道路上勇于探索，努力前行，为我国的教育事业做出自己应有的贡献。

三 河南民办高等教育政策法规的规范管理

总结河南各级政府对民办教育的管理，主要包括以下几个方面。

（一）行政审批管理

《民办教育促进法》明确规定政府对民办高校具有行政审批权。行政审批包括两类，即行政审核和行政批准。行政审核就是俗称的"盖公章"，它是指国家行政机关对行政相对人的行为真实性和合法性的审查和认可。行政批准又称行政许可，现实中的表现一般是颁发某种许可证。《民办教育促进法》对河南民办教育的不同行为进行了明确具体的规定，比如设立审批的种类，不同类型的审批应该由哪些审批机关办理；再比如招生规模层次、课程设置等涉及民办教育的大事几乎一事一审批。可以看出，民办高校的

"出生、成长",在出生前法律就已经有了详细的规定,具有明确的规范性和导向性。

(二)民办教育的收费价格管理

教育的特殊属性决定了国家不允许民办教育高收费、乱收费,对民办教育的收费标准做了严格的规定。无论什么规模、层次或质量的民办高校,也无论它们之间存在着怎样的不同,收费标准都由物价部门统一规定。虽然《民办教育促进法》规定:"民办学校对接受学历教育的受教育者收取费用的项目和标准由学校制定,报有关部门批准并公示。"我国民办高等教育的收费标准实行的是政府指导价,即是由省级教育部门提出具体的意见送至财政和省发改委,它们同意后再报省政府批准;省级政府授权省物价局和教育厅在这个标准范围内,结合本地情况制定管辖区域内的民办学校的最高收费标准,具体学费、住宿费由辖区内的民办高校在这个标准内自行确定,下浮不限。由此可见,民办高校的收费定价权几乎落空,因为省级政府制定的最高标准是按照非营利的原则制定,民办学校的收费定价权难有活动空间。

(三)国家对民办高校招生权的管理

招生权是一个学校的基本权利,《教育法》第二十八条规定,民办高校有权利招收学生及其他受教育者,但是拥有招生权不等于民办高校可以不受高考约束,自行挑选学生,更不可以随意降低分数线。在这方面民办高校的自主招生权甚至不如普通公办高校,尤其不如国家重点高校那样可以在一定范围内制定自己的灵活招生政策。政府每年都有具体的招生规划,同时也担心民办高校为了自身利益制定无底线的招生标准,民办高校在招生方面活动的余地很少,因为民办高校的招生计划也是国家计划招生的一部分。

(四)国家对民办高校课程和专业设置管理

民办中学的课程因为要面向高考,高考是个指挥棒,所以民办中学的课程设置与公办中学相比不敢有太大的出入,这里着重说的是民办高等教育的课程设置。虽然《民办教育促进法实施条例》明文规定民办高校"可以按照办学宗旨和培养目标，自行设置专业、开设课程、自主选用教材"，国家出于与招生同样的原因，对于民办教育的专业设置做了具体规定，不允许越雷池一步。民办高校与公办高校一样必须遵守国家颁布的《普通高等学校本科专业目录》，该目录按学科门类、二级类别以及专业类别分三个等级，每个等级都有详细规定，这些规定严格限制了每个高校的专业设置权，不分公办民办同一个标准。实事求是地说，民办高校在专业设置方面不仅没有多少自主权，与公办高校比还要小于它们，这主要是民办高校的师资、办学水平等各种软硬件都要低于公办高校，所以国家出于对学生负责的考虑，不允许民办高校的专业设置太多、变化太快。因此，民办学校的专业设置、课程安排等都要经过政府的层层审批，而且审批时间很长。现在，给人感觉除了出资方不同之外，民办高校与公办高校几乎没有差别，这样的规定虽然保证了民办教育的严谨性，但也抹杀了民办高校的个性和灵活性。

四　河南民办教育政策环境亟待优化

虽然经过了30多年的发展，民办教育取得了辉煌成绩，但是整体而言，河南的民办教育仍处于比较幼稚的不成熟阶段，尤其与发达省份的民办教育相比更是有很长的路要走。因此，河南在这个阶段的行政审批必不可少，可以最大限度地规范民办高校的办学行为，避免民办高校的过度竞争和不良行为，这既是对民办高校负责也是对学生负责，也避免了民办高校办学者的投机性和随意性，有利于民办高校健康发展。

国家对民办高校的监管有利于提高民办高校的办学质量，保障国家学历的权威性和民办学校的声誉。经验表明，适度的政府监管历来是市场经济条件下各项事业健康发展的保证，但是适度监管的"度"是动态的，它要求政策制定者和执行者能随时根据市场经济的变化加以调整，而这种调整注定是事后调整。因此，政策跟不上形势的变化几乎成了常态，而民办教育的抗压能力与公办教育相比又是非常脆弱的。民办教育如果不紧跟市场需求，培养的人才跟不上市场变化，马上就会面临招生困难，在目前"以学养学"局面没有改善之前，对于民办高校来讲是致命的，它直接威胁到民办学校的生存。这就让民办学校陷入了"二律背反"之中，如何破解这个悖论是当下政府和民办教育面临的共同问题。

在高等教育领域，民办高校的课程和专业设置必须做到市场化和职业化、社会化，市场要求民办高校一定要紧贴市场需求，但是政府的监管让民办高校丧失了这种灵活性，无法及时调整专业和课程。此外，政府对民办高等教育进行价格管制打击了民办教育的积极性，这是釜底抽薪的做法。客观地说，政府对学费价格的监管是为了防止民办高校乱收费，保护学生的合法权益。这种监管确实起到了一定作用，民办高校总是有收取各种费用的冲动，适当的价格监管可以有效制止这种行为。但是，这种监管也背离了市场经济法则，扭曲了市场经济行为，由此引发了民办高校因经费不足造成的一系列问题。

现在的问题不是政府监管是否到位的问题，而是管得太宽的问题。《民办教育促进法》只对民办学校的部分审批项目时间有明文规定，大多数审批没有时间限制，这就容易造成各级地方政府审批时效滞后。而审批时间是决定民办高校能否抓住先机的关键，对民办高校而言时间就是金钱，时间就是生命。此外，河南不同地方政府对民办高校的办学态度不同，也造成民办高校生存发展的差异。有些地方政府支持和鼓励民办高校的发展，在同一审批制度下民办高校可以把国家对民办高校的优惠政策用足。一个不重视民办教育发展的地方政府，当地的民办高校的生存环境就比较困难；特别是歧视民办教育的地方政府，当地民办教育的经营风险就很高。这种主观性很强的审批制度也极易带来腐败，腐败滋生又容易把民办高校本来应该享受的权益被专管部门寻租，由此可能陷入一种恶性循环。虽然这样的情况很少，但现在的有些政策有产生这种情况的可能。过度的行政审批严重影响了民办教育提供更优的价格和更佳的教育质量，也阻隔了逐渐增多的民间高等教育投资。

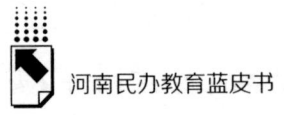

五 河南民办教育政策环境优化的思考

综合以上分析,民办教育的政策环境还有待优化,政府还有很多工作要做,具体而言,主要有以下几点。

(一)学费尺度

河南的民办学校还处在以学养学的阶段,学费收入仍然是办学经费的最重要收入,这一点与欧美的私立学校相比有很大不同,在欧美私立学校的收入中,学费只是其收入的一部分,甚至不是主要收入。因此,政府对民办学校收费的价格管制在很大程度上成为民办学校能否继续发展的一个重要政策因素。反观河南目前对民办学校学费的管制主要参照公办学校的收费标准,但是公办学校的学费收入并不是其最主要的收入,而且公办学校的教师工资、学生奖学金和国家补贴都是来自财政拨款,河南的民办学校仅有少量国家补贴可以享受,财政支出的大头还是来自学生学费。其实,在学费方面政府完全没有必要管制太严,制定一个宽松的政府指导价即可,因为市场已经对民办高校有着严格的制约,质次价高的学校是难以生存的。民办高校之间以及和公办高校的激烈竞争,民办高校即使有了自主定价权,也不敢做出有违市场竞争的收费标准。而目前的低收费标准和管理过严的收费审批程序,只能让民办高校维持在一个较低的生存水平上,难以有大的投入在后续发展上面。

(二)管理尺度

政府对于民办高校的管理过多过松,这种现象追本溯源是计划经济的思维模式。政府管制民办高等教育的计划模式将必然导致经济上的低效率,民办高等教育应按照其自生自发的秩序发展,由市场经济调节。同时,政府在民办高校的审批和财务审计方面缺乏监管,也没有必要的程序要求,以致一些民办高校管理不善债台高筑,最后不得不关门,既损害了个人利益也损害了集体利益和国家利益。一方面管得过多，另一方面监管不够是现在民办高校的政策生存环境，但是教育的公益性决定了民办高校的教育不是民办教育创办人一个人的事情，教育是百年大计，它关系民族的未来，学生的成长不是由民办或公办来决定好或坏的，而是由成长环境能给他带来什么决定的。

检视我国民办教育的政策现状，政府可以做的工作还有很多。目前，我国政府对待民办高等教育主要是给予非财政资助，这些最基本的法律支持并不能激发民办教育的办学积极性，按照教育的公益性质，国家完全有必要直接对民办教育进行财政支持。《民办教育促进法》中也有类似规定："县级以上各级人民政府可以设立专项资金，用于资助民办学校的发展，奖励或表彰有突出贡献的集体和个人""县级以上各级人民政府可以采取经费资助、出租、转让闲置的国有资产等措施对民办学校予以扶持。"但是，这些规定并没有得到落实，即使有人愿意落实，在现实中又会碰到这样或那样的相互抵制的法律规定。一言以蔽之，政府并没有对民办教育经费资助的问题做出有实质性和可操作性的法律规定。《民办教育促进法》在2016年的修改，明确规定民办高校实行严格的营利性与非营利性学校划分，这也为政府的财政资助提供了政策依据，希望地方政府出台的配套措施能给予民办高校真金白银的支持。

六 结语

民办高校的健康发展一定是在政府各项关于民办教育的法律法规健全的环境下进行的，发展离不开必要的规范约束，而规范约束不应成为民办教育发展的羁绊。政府对民办教育的管理应做到"到位"而不是"越位"和"缺位"，这需要各级政府本着实事求是的精神探索落实，相信随着这次《民办教育促进法》的修改和随后地方政府配套法规的出台，民办教育的发展将迎来又一个春天。

B.7
民办教育经费来源研究

王道勋*

摘　要： 民办教育的产生和发展是改革开放的产物。近年来，河南省各级政府及有关部门加强引导，完善政策措施，优化发展环境，加大扶持力度，促进了民办教育事业的健康发展。但是，应清醒地看到，河南省民办教育经费投入来源结构不尽合理，政府财政投入比重低，学费收入比重大，应加大政府扶持力度，开拓民办教育投融资渠道。

关键词： 河南　民办教育经费　投融资渠道

市场经济的发展为民办教育的发展壮大提供了广阔的发展空间。河南民办教育已经成为全省教育的重要组成部分。截至2016年，河南省各级各类民办学校17772所，在校生总数566.64万人，教职工总数43.41万人。其中，民办幼儿园14743所，在园幼儿268.75万人；民办小学1748所，在校生129.00万人；民办普通初中758所，在校生74.08万人；民办普通高中242所，在校生33.10万人；民办中等职业学校190所，在校生19.62万人。民办普通高等学校37所，其中本科17所，专科20所；普通本专科在校生41.72万人（占全省普通本专科在校生总数的22.25%），其中本科在校生26.50万人，专科在校生15.22万人。①

---

* 王道勋，硕士，黄河科技学院新闻中心副教授，主要研究方向为教育管理学、教育社会学。
① 河南省教育厅：《2016年河南省教育事业发展统计公报》，河南省教育厅网站，http://www.haedu.gov.cn/2017/03/17/1489720664881.html，2017年3月17日。

一 河南各级政府支持民办教育发展情况

当前,民办教育在增强教育发展活力、优化教育资源配置、拓宽教育投入渠道等方面发挥着越来越重要的作用,为河南培养了大批人才,满足了人民群众多样化教育需求,是河南省教育事业发展的重要增长点,已经成为促进河南教育改革的重要力量,也是社会主义教育事业的重要组成部分。

但是,必须清醒地看到,经费问题是影响民办教育生存与发展的关键问题之一。我国民办教育经费来源有政府、学校、受教育者和社会群体。其中,受教育者的投入主要是学杂费(属于事业收入),学校自身投入包括举办单位个人投入、校办产业和经营收益用于教育的经费、事业收入(不含学杂费)等,社会群体的投入有捐赠收入、其他收入(如金融部门的融资等),政府投入包括预算内教育经费(包括教育事业费拨款、基本建设拨款和其他拨款)、各级政府征收用于教育的税费(包括教育费附加、地方教育附加和地方基金)等。①

党的十八届三中全会提出:"健全政府补贴、政府购买服务、助学贷款、基金奖励等制度,鼓励社会力量兴办教育。"近年来,河南教育取得了长足的发展,但是河南教育改革发展仍然面临一些全局性的矛盾和问题,高等教育底子薄,职业教育生源不足,基础教育人口众多的状况仍未得到根本改变。

基于这种省情,河南省各级政府及有关部门充分认识到加快民办教育发展的重要性和紧迫性,多年来坚持把发展社会力量办学作为教育事业的组成部分,纳入各级政府的议事日程和教育发展规划,统一思想,增强责任感,不断优化办学的宏观环境。民办教育、公办教育共同发展的格局基本形成,人民群众多样化的教育需要不断得到满足,以实现从人力资源大省到人力资源强省、从教育大省到教育强省的转变,为教育事业的改革和发展提供了有

---

① 张耀明:《民办教育的主体经费来源及办学范围》,《中国教育报》2004年4月30日。

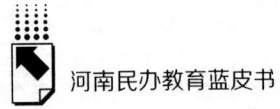

力保障，为"四个河南"建设奠定了坚实基础。

2012年，郑州市拿出5000万元专项经费，支持民办教育发展。十佳幼儿园和十佳培训机构各奖励5万元，十佳基础教育和中职学校各奖励20万元、高职学校奖励30万元。

2013年，河南省制定《河南省民办教育发展专项资金使用管理暂行办法》，加强和规范民办教育发展专项资金的管理，发挥资金使用效率，以吸引社会资本加大投入力度，发展教育。

2014年，为促进民办教育健康快速发展，周口市政府出台相关规定，支持民办学校做大做强。主要措施包括，一是民办学校的校舍建设享受同级同类公办学校涉及的基本建设收费减免的优惠政策。二是为奖励、培训优秀民办高校，设立民办教育发展专项资金，县级政府每年拿出不少于200万元，市政府每年拿出不少于500万元。三是对新建的县属民办学校县级财政奖励资金不低于基本建设资金的10%。对新建的市直属民办学校，市级财政按基本建设资金的15%予以奖励。四是按照同类公办学校的标准对民办学校拨付公用经费。

2015年12月，河南省政府签发《关于加快推进民办教育发展的意见》，从多个层面支持民间资本投资办学，落实民办学校与公办学校的同等法律地位，对民办学校从地位上给予认同。河南民办教育迎来发展的春天。

2016年，根据《中华人民共和国民办教育促进法》《中华人民共和国民办教育促进法实施条例》《河南省人民政府关于加快推进民办教育发展的意见》以及国家、省有关文件精神，南阳市政府发布《关于加快推进民办教育发展的实施意见》，进一步深化教育体制改革，完善落实民办教育发展扶持政策，鼓励多种形式发展民办教育，加快推进民办教育发展。

综上所述，近年来，河南省各级政府及有关部门在支持民办教育发展方面开展了卓有成效的工作，措施得力，效果显著。

（一）充分调动社会办学积极性，鼓励民间资金投资办学

社会各界人士关心、重视教育、热心办学是民办教育发展的基础。在保

证民办教育办学公益性的前提下，积极改革与创新民办学校办学模式，从而推动民办教育投入的增加、教育水平的提升以及人才培养质量的提高。在这方面，河南省已经采取了许多有效措施，如允许民间资本参与非义务教育阶段公办学校的改制、收购、兼并等活动；鼓励各类民间资本投资兴办寄宿制或特色的中小学校以及普惠性幼儿园等；民间资本可以根据自己的实际情况参与学校的教育项目建设；鼓励民间资本根据社会需求，积极发挥教育的公益性，参与职业培训、农民工转移培训等多种形式的社会服务性质的非学历教育的发展，从而不断促进受教育者的终身学习，推进学习型社会的建设；对于企事业单位、社会团体以及个人来说，鼓励他们以非财政资金的方式兴办学校。此外，政府对于不同类型的院校，提出了不同的政策，积极加强对职业院校的产权制度改革，鼓励多种形式办学，比如公办民助、民办公助以及混合所有制等形式；对于公办学校，积极深化办学体制改革，提高民办资金在公办学校中的作用；同时允许高等学校和职业学校利用民办资金加强后勤服务等基础设施建设，积极推进协同创新，促进科研成果转化。以上这些政策不仅拓宽了民间资金在教育领域的投资渠道，有利于民间资金参与新型城镇化配套学校建设，有利于促进学校资金来源的多元化，提高学校办学水平。

（二）发挥政府投入的主渠道作用，加大公共财政的扶持力度

民办教育的发展，国家立法、政府支持是保证，教育行政等有关部门的大力支持、正确引导、加强管理是必要条件。政府财政资金在支持与促进民办教育发展过程中起着重要的引导和杠杆作用，财政部门要积极发挥政府的资金作用，同时积极鼓励和引导民间资金进入民办教育领域，促进民办教育多元化发展。具体来说，各级政府要统筹考虑，根据公办和民办教育发展需要，安排年度教育经费；积极完善政府支持民办教育发展的体制机制，落实政府补贴、财政优惠、助学贷款等多项有利于民办教育发展的政策；在职业教育领域积极探索政府购买教育服务的形式，先行先试。充分发挥民间资本的作用，支持民间资本参与民办教育发展，对民间资本捐资办学的，按照一

定的政策和比例给予配套资金支持；对民间资本投入规模较大的，给予资金奖励及人才支持等。

（三）设立民办教育发展专项资金，大力扶持民办教育

为促进民办教育发展，地方政府结合本地实际，安排专项资金，采取资助、补贴、奖励等多种方式使用。一是奖励投资较大、办学规范、特色鲜明、质量较高的民办学校。二是扶持省级教育改革试点民办学校，鼓励各级各类民办学校探索完善法人治理结构，加强规范管理，提高教育教学质量和人才培养质量，彰显办学特色，促进教育的可持续发展等。三是培训民办学校管理人员，帮助其提高管理水平；培训中青年教师，提高其业务能力。四是对获得省级优秀民办学校称号的民办高校在特色学科和专业建设方面实行经费资助，推动其提升办学水平和教育质量。五是奖励获得硕士点的民办高校，帮助其提升办学层次。六是奖励出台促进民办教育发展政策措施力度较大的地方政府。

（四）保障民办学校平等地位和民办学校学生合法权益

民办学校与公办学校具有同等的法律地位，民办学校的师生享有同级同类公办学校师生同样的权利，按同等标准享受国家、省和地方的各类资助。在政府资助、评奖评优、升学就业、社会优待等方面享有平等权利。对民办学校按照不低于基准定额的标准补助公用经费，提高寄宿制学校、规模较小学校的补助水平。执行中央确定的生均公用经费基准定额标准，免除义务教育阶段民办学校学生的学杂费。

（五）积极落实税收、用地等优惠政策，切实保障民办教育健康发展

各级政府和有关部门对民办学校提供真金白银的财政支持。具体主要包含两个方面，一是民办学校享受与公办学校同等的税收及其他优惠政策。在用地及建设方面，各级政府要把民办学校的建设纳入城乡规划安排，在新

建、扩建校舍及其他基础设施建设、水电气供给、环境保护等方面与公办学校享有同等待遇及优惠政策。二是对向民办学校捐赠的组织和个人，按照税法等有关规定，其捐赠支出部分在企业所得税、个人所得税税前列支；而对于以不动产办学的民办学校、社会组织或公民个人，如果其原有不动产过户到民办学校名下且不属于买卖或交换行为的，要免除过户费。

（六）完善民办教育投融资体制和资本运作方式

积极拓展民办学校融资渠道，如在教学基础设施建设方面可以采取融资租赁方式，涉及教职工直接权益的宿舍等采取内部集资等方式。鼓励民办学校资金来源多元化，鼓励保险资金支持民办教育发展，鼓励企业、个人或其他社会组织以专项资金或捐赠的方式支持民办教育发展；加强金融机构对民办教育的支持，鼓励以财政贴息等政策开展民办教育的贷款业务，促进民办学校改善办学条件，同时积极改革和创新针对民办学校的金融服务业务，提升民办学校的办学质量。

二 民办教育投融资渠道多元化的对策建议

政府资助是民办教育发展的重要条件。政府投资民办教育考虑的是教育产品的准公共属性，这是成本分担和教育公平原则的体系。我国的民办教育发展需要以此为出发点，结合实际，借鉴外国政府公共财政分担民办教育成本的成功模式和有益经验。[①]

从以上数据可以看出，我国民办教育经费来源还存在较大的问题，集中体现在经费投入来源结构不合理，民办教育经费依旧主要来自学费收入，事业收入比重过大，占80%以上；政府财政投入和社会捐赠的比重不高，合计不到10%，举办单位的个人投入也不高（见表1）。这种经费来源结构会导致一系列问题，随着办学经费成本的增加，民办学校要想提高办学经费，

---

① 蒋欣吟：《民办教育投融资渠道多元化的对策建议》，《神州》2014年第11期，第240页。

保障学校正常运行,势必就要通过增加学生的学费来提高办学经费,这一方面会进一步加重了学生的经济负担,另一方面也会导致民办学校生源下降,影响民办教育办学规模。因此,针对这种情况,应采取多种措施,调整民办教育经费的来源结构,进一步健全对民办学校的经费制度,提高公共财政对民办学校的支持力度,积极吸引社会组织与个人参与办学,在一定程度减少学杂费的比例,从而保证民办学校经费来源的合理性。①

表1　2007~2010年我国民办教育经费来源情况

单位:亿元,%

年份	总经费	政府		学校		受教育者 事业收入		社会群体	
		预算内教育经费	各级政府征收用于教育税费	举办单位个人投入	校办产业和经营收益用于教育的经费	收入额	其中:学杂费	赠收入	其他收入
2007	751.82	28.54	1.73	80.93	2.58	607.40	532.51	6.83	23.80
占比		3.80	0.23	10.77	0.34	80.79	70.83	0.91	3.17
2008	907.38	59.05	3.55	69.85	2.83	741.55	647.28	7.42	23.13
占比		6.51	0.39	7.70	0.31	81.72	71.33	0.82	2.55
2009	1034.77	72.12	5.84	74.98	3.03	846.19	748.43	10.53	22.08
占比		6.97	0.56	7.25	0.29	81.78	72.33	1.02	2.13
2010	1483.29	91.71	8.03	105.43	3.76	1232.31	1087.04	11.39	30.67
占比		6.18	0.54	7.11	0.25	83.08	73.29	0.77	2.07

数据来源:2008~2011年《中国教育经费统计年鉴》。

(一)加大政府扶持力度

1. 筛选资助项目和对象

对民办学校进行多种形式的资助,在科研经费、重点实验室建设、学术团队等方面,选择合理的资助项目和资助对象。这种"效率优先、兼顾公平"的经费资助对提高民办学校教育教学质量,提高科研设施水平具有重

---

① 崔盛:《分类资助对我国民办教育的启示》,《中国人民大学教育学刊》2013年第2期,第153页。

要的推动作用，可以合理控制民办教育的布局，也有利于民办学校更好地发挥示范性作用，保证民办教育合理有序发展。

2. 建立民办教育发展基金

当前，民办教育的资金来源主要以政府公共财政、社会团体、企业和个人捐赠为主要形式。从政府和民间两方面建立民办教育发展基金，不仅有助于解决民办教育的人才管理、投资和收益问题，也可以吸收社会闲散资金，缓解政府的投资压力。正是如此，民办教育发展基金兼具公益性和非营利性的特征。应规范基金会的组织机构和主要职责，从实际出发，合理划分普通教育基金和专项教育基金，普通教育基金占大部分，专项教育基金相对较少，用于支持政府的重点建设项目。资金的管理权应在教育部或省、市教育主管部门。

3. 完善和修正助学贷款制度

加大民办教育接受经济困难学生的能力，使经济困难的学生获得助学贷款，是政府对民办教育的一种间接性资助，有助于民办学校的发展。

（二）开拓民办教育投融资渠道

民办教育的经费来源应该是多渠道的。学费在发达国家的私立教育经费来源中占比较大，但是相对我国，经费筹集渠道还是相对多元均衡的。

1. 自主创新，内涵发展

民办教育内部的自我发展是民办教育可持续发展的重要保障。民办教育一方面需要不断从外部接受来自政府及社会的各项资助，从而推动民办教育的发展，这是其外部动力。另一方面民办学校也需要积极促进自身内涵建设，加强自主创新，促进内部自我创收，同时也可以进一步提高教育经费的利用率，促进民办学校发展壮大。

2. 树立市场意识，加强生产创收

民办教育应实现融资多元化、多样化，通过学校产业和其他多种途径筹集办学资金。民办教育的服务收入是自身高新技术研究成果不断转化实现的，包括科研服务、销售服务和校产经营收入等。民办学校应树立市场意

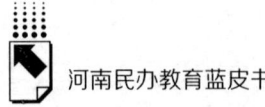

识,通过提供服务获取资金收入。

3. 尝试发行教育债券

教育债券起源于美国。耶鲁大学于2001年和2002年分别发行2亿美元和1亿美元的债券,推动学校进一步发展。我国债券市场规模日益扩大,参与的主体逐步增加,债券种类、交易种类日益多元,债券市场取得了较大发展,但是我国教育行业仍未进入债券市场。因此,可以允许一些有优势条件的民办教育机构通过发行教育债券扩大资金来源,当条件成熟时,可以再进一步推广。

高等教育篇

Higher Education

B.8
河南民办高等教育的现状与发展对策

杨保成　李海霞*

摘　要： 河南省民办高等教育经过30多年的持续发展，在办学规模和办学成效等方面取得了长足发展，在全省高等教育事业中发挥着越来越重要的作用。针对河南省民办高校办学地位不高、办学层次不全、发展特色不明显、师资力量不强、人才培养不适用等问题，本文提出应通过政策引导提高民办高校的法律地位、加强政府支持、不断提升办学层次、创新体制机制凝练自身品牌特色、坚持内培外引打造高水平师资团队、强化实践训练、培养高素质应用型创新人才等对策建议。

关键词： 河南　民办教育　高等教育

---

* 杨保成，博士、教授，中国教育信息协会副理事长，黄河科技学院副院长；李海霞，黄河科技学院对外合作办公室综合科科长，副教授，主要研究方向为高等教育教学管理。

近年来，河南省坚持把民办教育作为教育发展新的增长点和推动教育改革的重要力量，采取有效措施，积极吸引社会资本投资发展教育，民办教育得到快速发展。2011~2016年，共吸引民间资金投资教育400多亿元，得到了国务院民间投资督查组的充分肯定和好评。河南民办高等教育作为河南高等教育的重要组成部分，经过多年的持续发展，取得了令人瞩目的成绩，有效增加了教育供给，缓解了财政压力，较好地满足了人民群众多样化的教育需求，培养了大批高素质专门人才，为全省高等教育事业和社会经济发展做出了突出贡献。

一 河南省民办高等教育发展历程

河南是我国第一人口大省，截至2015年底，全省人口总数已达1.07亿人；河南也是教育需求大省，多年来全省高考报名人数一直都持续领跑全国，2016年达82万人，河南老百姓的孩子上大学的愿望显得尤为迫切。因此，早在20世纪80年代初期，河南就诞生了全国第一所民办高校——黄河科技学院。在30多年的发展历程中，河南省民办高等教育事业大致可以分为三个发展阶段。

（一）河南省民办高等教育的萌芽复苏阶段（1984~1999年）

1978年底，党的十一届三中全会引起了我国社会政治、文化、经济、教育领域的深刻变革。20世纪80年代河南高等教育事业发展缓慢，普通高等学校极为紧缺，只有24所，在校生也只有2.73万人，一大批年轻人因为高考的残酷竞争而失去了接受高等教育的机会，人才培养的速度远远满足不了社会经济发展的需要。为了解决这一难题，1982年，《中华人民共和国宪法》规定，国家鼓励社会力量依据法律规定举办各种教育事业，一批民办高校的前身就在此时应运而生，主要以开展培训、自学考试辅导、非学历专修和学历文凭考试等为主，但普遍存在学校社会认可度低、办学规模小、教学场地不固定、办学形式多为补习班、办学目标不明确等特点。因此，这一阶段的民办高校基本都处于萌发复苏状态。

河南省的第一所民办普通高校，是胡大白于1984年创办的黄河科技学院，最初是自学考试辅导班，后来更名叫黄河科技专科学校，1989年8月，经省教育主管部门批准，黄河科技专科学校正式更名为黄河科技大学，1994年经国家教委正式批准成为全国第一所民办普通专科高校，也是河南省1999年之前唯一的一所民办普通高校，使河南民办教育在全国崭露头角，出现了"民办教育看河南"的现象。这期间，郑州科技学院也正式创办（1988年），当时学校的名字为中原职业大学，1997年更名为郑州科技专修学院。还有始创于1997年的郑州华信学院，1998年正式成立，在当时也是一所非学历教育的专修学院。

（二）河南省民办高等教育快速发展阶段（2000~2012年）

1999年以后，河南省民办高等教育进入迅速发展阶段。这个阶段的民办学校已经具有一定规模，有了独立的校舍，教学也逐渐走向规范，社会认可度逐渐提高，相对来说也建立起一支较为稳定的教师队伍，可以称之为真正意义上的民办高等教育了。

比如，黄河科技学院1994年实施普通高等专科学历教育后，该校就提出了"打硬仗、上台阶、创特色、争一流"的口号，加强内涵建设。到1999年底，该校已拥有两个校区，占地面积33.87公顷，建筑面积13万平方米；开设工学、文学、管理学、教育学、法学和医学6个学科15个专业；拥有专任教师373人，其中副教授以上职称教师131人，占教师总数的35%；教学、科研仪器设备总值1250万元，馆藏图书30万册。2000年3月21日，教育部印发《关于在民办黄河科技学院基础上建立黄河科技学院的通知》，批准建立黄河科技学院，实施本科学历教育。黄河科技学院成为新中国成立以来，全国第一所而且是当时唯一一所民办普通本科高校。2001年，河南省又有郑州科技学院和郑州华信学院（升本后更名为郑州工业应用技术学院）成为获得国家批准的民办高校。可以说，这个阶段的河南省民办高等教育由于起步早、发展快，已经处于全国民办高等教育的领先地位。

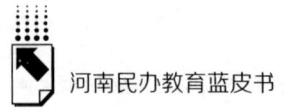

（三）河南省民办高等教育转型发展阶段（2013年至今）

2013年初，教育部发展规划司启动"应用科技大学改革战略研究试点"工作，在天津成立了中国应用技术大学（学院）联盟和地方高校转型发展研究中心。黄河科技学院成为全国首批试点单位和联盟首批理事单位。随后，国家相继出台《关于地方本科高校转型发展试点的指导意见》《关于加快发展现代职业教育的决定》《现代职业教育体系建设规划（2014～2020年）》，提出要引导一批包括民办高校在内的地方本科院校向应用技术类型院校转型发展。

河南省教育厅也在2013年启动了转型发展试点工作，并确定黄河科技学院、黄淮学院、许昌学院、洛阳理工学院和安阳工学院5所高校作为首批试点，其中黄河科技学院是唯一的一所民办普通本科高校。2014年，启动第二批转型发展试点工作，又确定了河南工程学院和南阳理工学院等10所院校作为试点。2015年，河南省教育厅和财政厅联合下发《关于启动示范性应用技术类型本科院校建设计划的通知》，确定黄河科技学院、许昌学院、周口师范学院和黄淮学院4所高校作为河南省第一批应用技术类型示范校，在"十三五"期间，每年每个示范校省财政将给予1000万元用于学校建设和发展。河南省民办高等教育进入了转型发展阶段，内涵建设得到很大提升，办学规模不断扩大，办学质量显著提升。

以黄河科技学院为例，2013年以来，该校创新办学体制机制，以深化创新创业教育作为建设高水平应用技术大学的突破口，取得了显著的办学成效。该校学生获得国家级科技竞赛奖励1100余项，在第一、第二届全国"互联网+"大学生创新创业大赛总决赛中获两银两铜的佳绩。目前，共获专利1348项，2015年和2016年连续两年在全省高校专利授权量上居第2位。该校"黄河众创空间"被科技部认定为全国首批众创空间，并与学校的大学科技园双双被认定为国家级科技企业孵化器，已入驻企业和团队177个，其中年产值千万元以上的企业有15家，高新技术企业3家；该校获评首批"全国深化创新创业教育改革示范高校"、首批"全国高校创新创业工作50强"、首批"全国大学生创业示范园"等。被中央电视台《新闻联播》、《人民日报》以及《华盛顿邮报》等中外著名媒体多次报道。

二 河南省民办高等教育的现状

30多年来,在河南省委、省政府的高度重视和大力支持下,在无数民办高校教育人的辛勤耕耘和努力奋斗下,河南省民办高等事业取得了令人瞩目的成就。

(一)得到政府多项政策扶持

自改革开放以来,国家和河南省出台了一系列支持民办高校发展的政策、方针。《民办教育促进法》颁布以后,河南省在2003年出台了《河南省实施〈中华人民共和国民办教育促进法〉办法(草案)》,提出各级政府对民办教育应当实行积极鼓励、大力支持、正确引导、依法管理的方针,将民办教育事业纳入国民经济和社会发展规划,保证民办学校与公办学校具有同等的法律地位,保障民办学校办学自主权。2011年,省教育厅出台《关于创新投融资机制鼓励引导社会资本投入教育领域的意见》,支持民办学校做大做强,鼓励民办高等学校提升办学层次,鼓励和支持符合条件的民办本科院校申报学士、硕士和博士学位授予单位。2015年,河南省政府出台《关于加快推进民办教育发展的意见》,指出民办学校从政策到财政,都将享受和公办学校同等待遇。这些政策的出台,从法律上保障了民办高校的合法权益,保障了民办高校的健康持续发展。

(二)办学数量有了一定增长

截至2016年底,全省共有普通高等院校129所,其中民办本科院校17所、专科院校20所。在校生187.47万人,其中民办高校在校生41.72万人(见表1)。民办高校数量和在校生数分别占全省普通高等院校数量和在校生数的28.7%和22.3%。对比2012~2016年河南省民办高校数和在校生数可以看出，河南省民办高校数量和在校生人数都呈现逐年递增趋势。河南省民办高校已经不再是公立高等教育的有益补充，已经成为河南高等教育事业的重要组成部分，为服务地方经济社会发展培养高素质应用型创新人才做出了突出贡献。

表1 2012～2016年河南省民办高校数和在校生数

指标		2012年	2013年	2014年	2015年	2016年
高校	全省(所)	120	127	129	129	129
	其中:民办(所)	34	35	37	37	37
	占比(%)	28.3	27.6	28.7	28.7	28.7
在校生	全省(万人)	155.9	161.83	167.97	176.69	187.47
	其中:民办(万人)	28.96	33.04	35.51	38.65	41.72
	占比(%)	18.6	20.4	21.1	21.9	22.3

注：数据来自2012～2016年《河南省教育厅教育事业发展统计公报》。

分析2016年河南省37所民办高校办学所在地情况，明显可以看出，集聚文化、交通、区域优势的郑州市民办高校数量偏多。在17所民办本科院校中，郑州市有9所，占全省民办本科院校总数的52.9%，其余为新乡市3所，商丘市2所，开封市、安阳市和信阳市各1所；在20所民办专科院校中，郑州市有9所，占全省民办专科院校总数的45%，其余为鹤壁市2所，周口、漯河、焦作、许昌、新乡、信阳、南阳、洛阳和平顶山市各1所。

（三）办学条件有了明显增强

经过多年发展，河南省民办高校通过加强自身内涵建设，在占地面积、校舍建筑面积、教职工数、学生数、教学科研仪器设备总值、馆藏图书等各项基本办学条件方面都有了显著的提升（见表2）。到2016年底，全省民办高校毕业生91879人，其中本科53535人；招生人数123722人，其中本科67398人；在校生390038人，其中本科238373人；预计毕业生105188人，其中本科59198人；拥有教职工27807人，其中专任教师21013人；学校产权的占地面积总计27629.53亩，建筑面积7776096.06平方米，图书3640.64

河南民办高等教育的现状与发展对策

表2 2016年河南省民办高校办学基本情况

学校名称	毕业生数 合计	毕业生数 其中本科	招生数 合计	招生数 其中本科	在校生数 合计	在校生数 其中本科	预计毕业生数 合计	预计毕业生数 其中本科	教职工 合计	教职工 其中专任教师	学校产权占地面积(亩)	学校产权建筑面积(平方米)	学校产权图书(万册)	学校产权教学、科研仪器设备价值(万元)
黄河科技学院	7940	5853	8154	6176	27953	22265	8201	5935	1854	1345	2314.20	833728.00	239.90	25592.54
郑州科技学院	4946	2728	6609	3752	21294	13161	5544	3272	1398	1075	859.98	539205.00	170.57	12036.12
郑州工业应用技术学院	5986	3128	6847	3754	23252	13753	6520	3321	1495	986	1979.13	642025.58	209.00	13853.20
郑州财经学院	2045	—	3285	1253	8371	2664	1806	—	576	471	711.70	319905.76	95.84	8348.82
黄河交通学院	1454	—	3992	1726	9519	3067	2205	—	633	456	1172.20	302131.74	87.25	11026.04
商丘工学院	3615	1326	5328	2718	13930	8095	4092	1851	867	662	1150.05	322120.94	111.64	7146.00
河南大学民生学院	3965	3965	3839	3839	15364	15364	4007	4007	962	783	1208.58	380242.00	190.06	8085.59
河南师范大学新联学院	4906	4282	5926	5237	20417	18465	5400	4771	1120	922	961.77	266192.00	204.19	10971.90
信阳学院	2847	2557	4249	3839	14769	13798	3770	3470	1074	826	—	—	149.16	10367.97
安阳学院	3864	3399	4549	3643	16896	14385	4907	3842	1176	873	—	7020.90	164.39	9082.50
新乡医学院三全学院	3865	3204	5265	4522	17844	15714	4315	3632	1394	1032	1799.43	632486.46	143.01	10478.84
河南科技学院新科学院	2653	2653	1869	1869	9933	9933	2716	2716	606	512	—	—	116.78	4272.28
郑州工商学院	8418	5122	7194	4963	29404	22508	9168	6258	1983	1653	—	—	217.52	11171.17
中原工学院信息商务学院	4322	3969	6425	5298	18268	16203	4555	3997	963	778	766.24	241693.00	184.00	6490.45
商丘学院	4838	3264	6466	4833	21949	14845	5922	3509	1558	1166	1899.26	523860.00	220.76	11337.10
郑州成功财经学院	4252	3387	5781	4287	18243	14612	4588	3515	1316	881	1387.51	306885.37	187.81	6908.40
郑州升达经贸管理学院	5921	4698	7260	5689	23658	19541	6316	5102	1740	1103	979.68	466771.24	238.89	7867.70
郑州澍青医学高等专科学校	1799	—	3471	—	8484	—	2088	—	736	493	585.00	—	87.20	7133.70
郑州电子信息职业技术学院	1666	—	2697	—	6719	—	1746	—	465	350	516.40	174240.30	55.55	5483.46

续表

学校名称	毕业生数 合计	毕业生数 其中本科	招生数 合计	招生数 其中本科	在校生数 合计	在校生数 其中本科	预计毕业生数 合计	预计毕业生数 其中本科	教职工 合计	教职工 其中专任教师	学校产权占地面积（亩）	学校产权建筑面积（平方米）	学校产权图书（万册）	学校产权教学、科研仪器设备价值（万元）
嵩山少林寺武术职业学院	875	—	2149	—	6303	—	2089	—	676	573	1687.60	178639.45	47.79	3350.04
郑州电力职业技术学院	2031	—	2143	—	7595	—	2555	—	462	344	527.21	167166.65	46.40	4239.44
周口科技职业学院	1535	—	1823	—	7082	—	2069	—	528	417	956.43	66060.59	56.99	10397.30
漯河食品职业学院	856	—	2918	—	6413	—	1194	—	505	409	913.95	125565.83	46.12	3293.47
郑州城市职业学院	1852	—	2150	—	5451	—	1985	—	409	283	371.98	130639.82	35.40	2200.00
焦作工贸职业学院	179	—	1364	—	2767	—	590	—	222	162	338.72	63652.34	15.60	1560.04
许昌陶瓷职业学院	79	—	254	—	348	—	36	—	72	29	440.32	97428.60	8.00	413.27
郑州理工职业学院	2047	—	2812	—	7902	—	2348	—	517	417	170.34	140054.90	51.97	3774.32
郑州信息工程职业学院	723	—	1536	—	3318	—	607	—	221	161	203.16	39642.80	24.05	1580.09
长垣烹饪职业技术学院	316	—	668	—	2025	—	539	—	248	187	518.56	107170.00	26.00	2461.70
信阳涉外职业技术学院	7	—	488	—	968	—	161	—	158	101	448.52	32583.93	23.88	2679.18
鹤壁汽车工程职业学院	159	—	593	—	1071	—	222	—	213	150	319.45	57034.11	18.84	3179.82
南阳职业学院	289	—	1242	—	3080	—	823	—	181	156	—	4133.10	18.85	1242.36
郑州商贸旅游职业学院	356	—	1141	—	1909	—	283	—	148	103	150.31	64214.00	18.07	930.70
郑州黄河护理职业学院	1083	—	2088	—	5304	—	1472	—	340	266	413.08	121355.81	31.86	2125.60
洛阳科技职业学院	190	—	1147	—	2235	—	349	—	575	501	1209.60	236426.48	60.51	6102.38
鹤壁能源化工职业学院	—	—	—	—	—	—	—	—	204	204	362.21	91072.36	18.36	2120.00
平顶山文化艺术职业学院	—	—	—	—	—	—	—	—	212	183	306.96	94747.00	18.43	1003.85

注：以上表格数据来源于河南省教育厅发展规划处。

万册，教学科研仪器设备总值 240307.34 万元。学校整体办学水平不断增强，黄河科技学院、郑州升达经贸管理学院、郑州科技学院等一批高校得到社会各界的广泛认可，正在朝着建设地方高水平民办大学目标不断迈进。

三 河南民办高等教育当前面临的主要问题

总体来说，河南省民办高等教育得到了快速发展，在很长一段时期内居全国民办教育领先地位。但不可否认的是，相对公办高校而言，民办高校获批实施本、专科学历教育大多在 1999 年以后，建校时间不长，再加上相关政策法律缺失、自身办学理念不清晰、各项管理不完善等因素，在民办教育发展过程中还普遍存在办学地位不高、办学层次不全、发展特色不明显、师资力量不强、人才培养不适用等诸多问题，急需得到解决。

（一）办学地位不高

目前，国家中央政府以及省政府已经出台了一些支持民办教育发展的相关政策、法律法规，但针对民办高等教育却还没有出台具体的政策和法律条文。在教育部出台的相关政策中明确指出，民办学校和公办学校享有同等待遇。但在国家教育部的行政范畴中却将民办高校排除在外，民办教育直到 2003 年才作为一项单独的教育事业被列入《全国教育事业发展统计公报》。河南省也没有建立专门的民办高校管理机构，有关教育行政部门在制定高等教育政策时，凡是与民办高校相关的，都会被特意注上"民办"字样。在资金资助等方面，民办高校也没有享受与公办院校平等的待遇，得到政策的财政支持非常少。因此，社会上对民办高校存在一定的偏见，对民办高校的认可度不高。

（二）办学层次不全

民办高校学历层次偏低一直是社会各界关注的热点话题，也是长期困扰民办教育发展的关键问题之一。2011 年初，教育部启动了"服务国家特殊需求人才培养项目"试点,北京城市学院等5所民办高校首批获得研究生招生资格,打破了当时全国797个研究生培养单位全部为公办高校、科研院所一统天下的局面。而目前,河南省37所民办高校办学层次还基本停留在本科、专科,没有一所具备研究生招生资格,河南省民办高等教育的首位度优势被打破,急需政府加大支持尽快提升民办高校办学层次。

(三)发展特色不明显

办学特色对高校尤其是民办高校而言,是发展的生命线。但目前,河南省还有一些民办高校没有很好地凝练自身发展特色,走的仍然是"以学养学、滚动发展"的老路子。部分高校虽然定位明确,但惯性发展,尚处于"自发自为探索阶段",尽管非常强烈地希望能够找准自身特色加快发展,但还未找到突破口,困难较多,在实际办学中仍然沿袭公办院校传统的办学模式,亟须指导和支持。学科专业设置趋同性过高,专业设置追求"大而全",专业集成度上考虑得不多,还不能很好地与地方经济发展和产业转型升级紧密结合。

(四)师资力量不强

对河南省民办高校而言,师资队伍建设已经成为学校发展中的瓶颈问题。长期以来,由于河南省高等教育薄弱,民办高校的师资选择非常有限,通常是由公办离、退休人员,外聘兼职人员、本校专职人员等组成,存在老龄化与年轻化并存、人员流动快、队伍稳定性差等诸多问题。近年来,虽然民办高校通过提高工资待遇、提供住房等招聘了一批博士、硕士,但这些青年教师基本上是出了校门(作为学生)又进校门(成为教师),而没有任何实践经历,还普遍存在重视理论水平,而轻视将理论转换为技术、将技术转换为现实生产力的专业实践能力的现象。此外,民办高校的教师承担着繁重的教学工作,不能很好地进行必需的企业实践,工程实践能力得不到提高。同时,一些具有丰富实践经验的企业高级工程技术人员、高技术技能人才又因为各种原因不愿意到民办高校中去。因此,高水平的师资队伍尤其是双师型教师队伍建设还存在很大的难题。

（五）人才培养不适用

目前，河南很多民办高校虽然定位于"应用型"和"技术技能型"人才培养，但实际培养效果并不理想。培养方案过于强调理论体系的系统和完整，实习、实训等工程实践类教学环节的比例还有待提高；课程设置缺乏整体设计，即使是不同类别、不同层次的高校，课程体系也几乎没有太大差别；教材也大多使用的是统一的"规划教材"，校本教材数量偏少；培养目标和规格的描述大同小异，追求"宽口径、厚基础"而缺少个性。培养的学生从事理论研究功底不深，在动手操作上又技能不足，以致就业时不能很好地被社会认可。

四 加快河南民办高等教育发展的相关对策

近年来，河南"六大国家战略"陆续获批，给河南省带来了前所未有的大好发展机遇。河南省民办高校作为河南高等教育的重要组成部分，担负着为河南培养大批高素质专门应用型创新人才的重要责任。因此，为破解河南省民办高校发展难题，服务河南经济社会发展提出以下建议。

（一）政策引导，提高民办高校地位

借鉴国外经验，政府应尽快出台《民办高等教育法》，将民办高等教育置于民办教育首位，并纳入国民经济体系和社会发展规划，将民办高等高校列入事业单位编制，对民办高校的职责、地位、产权、融资、管理等问题进一步细化，真正营造一个公办高校、民办高校公平竞争、健康发展的环境。同时尽快出台分类管理、差别化扶持的政策，河南省在相关部门设立民办高等教育的专门主管机构，以更有效地扶持和监管民办高等教育事业，满足老百姓对优质和多样化教育资源的需求。

（二）加大支持力度，不断提升办学层次

河南省要加大对民办高校的公共财政和金融扶持力度，建议县（市、

区）级以上政府设立民办高等教育发展扶持资金，同时在生均经费、建设用地、重点学科、重点实验室、项目立项、资金扶持等方面给予大力支持，不断提升河南省民办高校的综合实力水平。重点支持一批在国内同类高校中处于领先地位、办学基础好、发展后劲足的民办高校积极开展硕士研究生教育，争取在"十三五"期间，有3~5所民办高校取得硕士研究生学位授予权，提升河南省民办高等教育的整体办学层次。

（三）创新体制机制，凝练自身品牌特色

河南省民办高校要认真贯彻落实《国家中长期教育改革和发展规划纲要（2010~2020年）》，坚持"质量立校、人才强校、特色兴校"的办学理念，不断创新体制机制，改革创新，结合地方经济社会发展和产业转型升级凝练学科专业特色，建立专业动态调整机制，淘汰不适应专业，对部分专业进行整合，隔年招生或调整招生规模，形成一批特色学科专业集群发展，打造形成具有自身特色的品牌效应。

（四）坚持内培外引，打造高水平师资团队

一方面政府要切实保障民办高校教师的合法权益，建立起民办高校教师、公办高校教师定向流动机制。同时民办高校教师在教师资格认定、职称晋升、表彰奖励等方面，能够与公办高校教师享有同等权利。另一方面民办高校要结合学校发展定位，制订师资队伍建设规划，科学制定专、兼职教师比例。学校加大引进高层次人才和具有丰富工程实践经验的企业工程技术人员，定期组织集体培训，对参加各类职业资格和职称资格考试的教师进行奖励；河南省政府出台相关政策支持和鼓励民办高校聘请河南省相关企业的优秀管理人员、专业技术人员和高技能人才等担任民办高校二级学院副院长或兼职教师，支持民办高校选派优秀人才到市直有关部门、相关市（区）政府和地方企业挂职锻炼、提供科技服务。通过校内培养和校外引进，打造一支"校企互通、专兼结合"的民办高校高素质师资队伍。

（五）强化实践训练，培养高素质应用型创新人才

在当前国家大力推动"大众创业、万众创新"的时代背景下，民办高校要将深化创新创业教育改革作为建设高水平民办大学的突破口，开展面向全体学生的创新创业教育，将强化实践训练作为工作重点，重视基于真实生产场景的实践平台建设，建设创客工作室、众创空间和孵化器等创新创业载体，大力推广案例式、项目化、现场式教学，使学生在实践中发现问题、解决问题，实现动脑与动手的深度融合，不断提升学生的实践能力、创意思维、创新能力和创业意识，培养一大批满足河南省经济社会发展需要的专门人才。

当前，河南已进入集中释放国家战略叠加效应提升发展水平的新阶段，河南省民办高校要立足自身实际，开拓思路，创新机制，锐意进取，特色发展，培养出更多的高层次应用型创新人才，为河南经济的转型升级和"让中原更加出彩"做出更大的贡献。

参考文献

胡大白：《中原崛起视角下河南民办高等教育的发展研究》，《黄河科技大学学报》2010年第4期。

刘璐璐：《河南省民办高等教育发展中的问题及对策研究》，郑州大学硕士学位论文，2012。

别敦荣、陈艺波：《我国独立设置的民办高等学校的现实困境与前景展望》，《浙江树人大学学报》（人文社会科学版）2006年第4期。

B.9
黄河科技学院创新机制建设研究

豆晓利*

摘　要： 创新是高校发展的根本动力，构建有效激励创新的体制机制是高校长效发展的前提和保障。黄河科技学院不断改革创新人才培养模式，注重搭建创新平台，推出高水平创新成果，逐渐形成了汇聚创新资源加强创新动力、实施创新创业教育、突出创新人才培养、开放创新合作共享、营造创新文化氛围全体创新的创新机制。

关键词： 河南　黄河科技学院　民办高等教育

深入实施创新驱动战略是国家立足全局、面向未来的重大战略，高校是创新驱动战略的实施者与落实者，应该在创新人才培养、创新教育改革等方面发挥独特作用。黄河科技学院作为全国第一所民办普通本科高校，其发展史本身就是一部创新创业史，"敢为天下先"的创新精神深入全体师生心中，学校在创新人才培养、创新平台搭建、创新成果打造等方面先行先试，逐步形成了具有特色的学校创新机制。

一　创新发展历史及发展阶段

黄河科技学院创办于1984年，是全国第一所民办普通本科高校，获教

---

* 豆晓利，黄河科技学院中国（河南）创新发展研究院副教授，研究方向为区域经济发展与高等教育。

育部首批"应用科技大学改革试点""全国创新创业50强高校""深化创新创业教育改革示范高校"等，现有全日制在校生3万余人，设置有电子信息工程、机械制造、大数据等62个本科专业，拥有一支汇聚海内外创新人才的师资队伍，在实践基地、科研平台、资源保障等方面不断充实和完善。回顾学校的创新发展历程，大致经历了四个阶段。

第一阶段，创业阶段（1984~1989年） 1984年，在改革开放大潮下，胡大白30元起家，创立"郑州高等教育自学考试辅导班"。在一年多的时间内，学校就发展成有万人规模的成人教育基地，被《光明日报》赞誉为"全国自学考试的一面红旗"。可以说，学校从创立开始，就注入了创新的基因。

第二阶段，辅导班向高校转型阶段（1990~2000年） 1988年，学校率先提出要"创办一所中国特色社会主义民办大学"的战略目标。这是在自学考试辅导班已经非常成功，不少人认为办大学是自找苦吃的情况下做出的重要决策。1994年，学校顺利通过专家评审，成为改革开放以来国家教委批准的第一所独立设置的民办普通专科高校，实现了历史性跨越。2000年，学校成为教育部批准的全国第一所实施本科学历教育的民办学校，谱写了民办教育的新篇章。

第三阶段，实施内涵发展提升教育质量阶段（2001~2008年） 学校升本以后，更加注重质量、规模、结构、效益的协调发展。2008年在教育部普通本科教学工作水平评估时，评估组专家评价说："黄河科技学院的发展让我们很震撼、很震惊，你们走出了一条艰苦创业、滚动发展的成功办学之路。"学校以评促建，在基础设施、教学条件、人才队伍、科研水平等方面得到了全面的提升。

第四阶段，应用转型发展阶段（2009年至今） 自2009年以来，学校完善顶层设计，进一步锤炼办学指导思想，制订学校中长期发展规划，明确了地方应用型本科高校的办学定位和高素质应用型创新人才的培养目标。2013年被教育部批准为全国首批"应用科技大学改革试点战略研究单位"，并成为河南省首批转型发展试点高校。2014年，学校明确提出了"实现转型发

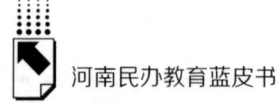

展,建设应用科技大学"的战略目标,探索应用科技大学人才培养新模式。

回顾黄河科技学院33年的发展历史,每一个阶段的"第一"都蕴含着学校敢于担当、敢于创新的精神,本身就是一部成功的创新创业史,尤其是2008年实施转型发展以后,学校改革创新的步伐加快了,人才培养中更加注重创新能力,创新平台更加多元化,创新成果层次不断提高,取得了较为显著的成效。

二 黄河科技学院创新做法及成效

(一)多手段培养创新人才

黄河科技学院定位于培养应用型、复合型、创新型人才,不断探索应用复合型创新人才培养的新模式、新方法,通过成立创新班、与企业联合培养、积极组织学生参加创新竞赛活动等多种方式培养与提升学生创新能力。

1. 成立创新班,创新人才培养模式改革先行先试

学校为探索创新人才培养新模式,选择临床医学专业作为试点,于2016年6月成立了临床医学创新班。创新班在河南民办高校中首次进行二本招生,实施全英教学、全额奖学金、全名师授课,凡被创新班录取的学生,还可以拥有50天的免费海外名校游学经历。创新班相当于学校的改革试验田,汇聚了有留学背景且长期从事双语教学的优秀教师组建教学团队,汇聚了学校最好的教学资源,在教学理念、课程整合、培养模式、培养重点及考核体系等方面全面改革创新,为学校复制创新人才培养模式积累经验。

2. 与企业联合,按需培养创新人才

高校培养的人才最终都要走向社会,走向各行各业,走向各个岗位,应该了解企业所需、社会所需,与企业联合培养,是实现人才供需匹配的最好方式之一。从2011年开始,学校就与郑州宇通重工联合举办了"宇通重工班",这是一种定制化的人才培养机制,选择一批符合宇通用人标准的大学生组建"宇通重工班",按照校企联合制订的培养方案单独授课,单独开班，班级学员在毕业前一年开始进入公司实习，实习考核合格并有意愿在宇通就业的学员，公司正式录用并签订劳动合同。"宇通重工班"从成立到现在，已经有134名学生在该班毕业，有超过一半的学生留在了宇通。2015年学校与中科院物联网研究发展中心合作建立"全国物联网技术应用型专业人才联合培养基地"，是教育部在全国范围内建设的六大实训基地之一，该基地的设立是国家推动物联网技术应用人才培养与培训的重要举措，在引入企业工程师联合开展项目化教学、设立工学交替校外实训实习基地、保障联合培养人才高薪对口就业等方面开展合作加强创新人才培养。学校加入阿里巴巴"百城千校、百万英才"项目，于2016年与阿里巴巴联合共建"跨境电商人才培育基地"，基地在电子商务、市场营销、国际贸易、物流管理等专业进行不同层级的人才培养和实战训练，并通过阿里巴巴线上培训后进行考核和颁证，直接为河南省跨境电商企业培养并输送跨境电商人才。如今，校企联合培养创新人才已经成为学校人才培养模式的一部分，学校与200多家企业签订了人才培养战略合作协议，覆盖了机械制造、电子信息工程、电子商务等近百个专业类别。

3. 组织学生积极参加创新竞赛，在实战中提升创新能力

学校倡导学生通过参加各学科领域的创新竞赛活动，以提升创新能力。2016年，在校学生共获各项省区级以上奖励1788项，其中全国级奖励235项。其中，"VR＋全景拍摄设备与虚拟现实内容开发"和"Vodka青春18°伏特加预调酒"项目在第二届全国"互联网＋"大学生创新创业大赛中分别获得1银1铜的好成绩；"系泊系统的模型分析与建立"等项目获全国大学生数学建模竞赛河南赛区二等奖6项，三等奖6项；"机械类三维建模"等项目在第九届"高教杯"全国大学生先进成图技术与产品信息建模创新大赛中获一等奖22项，二等奖18项；"单片机设计与开发"项目获第七届"蓝桥杯"全国软件和信息技术专业人才大赛三等奖，"河南嘉禾智慧农业科技有限公司"项目获2016创青春"挑战杯"大学生创业计划大赛三等奖。特别要说的是，2015年被哈佛录取后休学创业的赵杰，创办公司入驻学校科技园区，获得真格基金创始人徐小平投资1300万元，目前公司市值

1.5亿元。毕业生李威创办郑州飞轮威尔实业有限公司，企业产品远销全球50多个国家和地区，产值近亿元，即将在新三板上市。学生在竞赛活动的实战演练中得到了锻炼，就业以后顺利转化为创新能力，转化为创新成果，转化为公司效益。

（二）多途径搭建创新平台

1. 搭建科技创新平台，提升原始创新能力

学校建有省级重点实验室、管理科学院士工作站、博士后研发基地、省工程技术研究中心等8个省级科研创新平台，工业机器人视觉及其控制重点实验室等12个市级重点实验室。学校纳米复合材料与应用重点实验室是河南省民办高校中唯一一个获批立项建设的省级重点实验室。另外，学校获批郑州市医药创新科技服务平台，同时获得240万元经费资助。学校为了给师生提供更好的科研平台，成立了纳米功能材料研究所、民办教育研究所等16个科研机构。其中，成立于2007年的纳米功能材料研究所，拥有一支科研人员达67人的集聚海内外高端人才的科研队伍，设有纳米功能材料研究室、药物研发研究室、模拟计算研究室、超级电容器研究室、天然药物研究所和生物研究中心六个研究平台，配置有扫描电子显微镜、透射电子显微镜等总值达2000万元的大型仪器设备。近年来，基于该平台的研发，形成了国家自然科学基金、三大检索收录论文、发明专利等多项高水平研究成果，在纳米功能材料研究领域具有一定的影响力。另外，黄河科技学院作为教育部批准的全国第一所实施本科学历教育的民办学校，在不断总结办校经验的同时，更加关心河南以及全国民办教育的整体发展。早在1994年成立的民办教育理论研究室，后于2004年改名为民办教育研究所，主要开展民办高校理论研究、校本理论与实践研究等重点研究，为推动国家民办教育改革创新发展献言献策。学校科研机构以产生应用成果为导向，在研发过程中孵化了企业，例如新药研发中心设立3000万元基金，孵化了河南晟翔医药有限公司和美国升阳医药公司；纳米功能材料研发中心孵化的河南奥孚森高分子材料科技有限公司被认定为河南省高校工程技术研究中心；超级电容器研发中心孵化出河南华中星科技电子有限公司，为我国"神舟"号系列载人飞船、人造卫星等提供器件。

2. 打造"双创"载体，服务师生创新创业

学校为加快科技成果转化、孵化高新技术企业、培养创新创业人才，搭建更高层次产学研合作平台，于2012年创建大学科技园，学校为科技园投入配备了人才公寓、创客公寓、培训中心、学术报告厅、活动中心、图书馆等配套设施，经过几年的建设与发展，目前已形成了创客工厂—众创空间—孵化器—加速器—产业园全链条式的创新创业孵化载体，构建了公共服务、科技支撑、金融服务和创新创业教育四大平台。科技园接受孵化企业和项目申请300多家，已审核入驻企业和团队130多家，毕业企业27家，其中高新技术企业3家，形成了"科技载体高标准、服务体系可持续、创新创业体系生态化"的特色，全面推进科技成果转化、高新技术企业孵化、创新创业人才培养，被评为国家级科技企业孵化器。郑州市二七区人民政府与学校依托科技园资源共建"U创港"创新创业综合体，作为全市20个综合体中唯一一个校政共建综合体被列为郑州市重点建设项目。2014年，学校依托大学科技园建成黄河众创空间，众创空间定位于为海内外大学生和青年科技工作者创新创业提供良好的工作空间、网络空间、社交空间和资源共享空间。2015年5月，作为全国首批众创空间获得科技部授牌。学校还建设有专利产业化服务平台、生物医药创新服务平台等多个技术服务平台为学校"双创"活动提供技术服务。为鼓励大学生创新创业，学校于2009年建立了大学生创业园，2010年面向全体学生开展以学生创新创业、能力提升为重点的大学生素质教育工程，2011年设立了大学生创业一条街，2012年进一步筹建了大学生创业园区，园区经过四年多的建设与发展，于2017年3月被评为全国大学生创业示范园，是河南省唯一入选的高校。

3. 成立高校智库，打造高水平思想产品

智库是现代国家治理体系的重要组成部分，是思想产品的创造者、提供者、集成者，黄河科技学院作为民办高校，服务现实，服务大局，成立中国（河南）创新发展研究院、新经济研究院、中华文化传承发展研究院等多个智库型研究机构。其中,中国(河南)创新发展研究院于2016年4月9日成立,突出创新时代主题,以河南社会科学院原院长喻新安为首席专家组建了一支汇聚海内外高层次人才的研究团队,研究院立足河南,在政府战略规划与发展、推进高校智库建设与交流、加强区域创新与合作等方面开展研究,初步形成了一系列在省内具有一定影响力的研究成果。学校与河南省人民政府发展研究中心合作共建的河南新经济研究院于2016年12月3日成立,研究院围绕河南决胜全面小康的目标,聚焦新经济、新动能开展系列研究,为河南经济发展,为实现省十次党代会确定的目标,献良策,出实招,做出积极的贡献。学校发挥文、史、哲各学科的整体优势,于2017年4月17日成立了中华文化传承发展研究院,推动中华优秀传统文化的传承和创新发展,为建设河南文化高地、弘扬中华优秀传统文化做出贡献。

(三)多形式丰富创新成果

1. 专利成果转化成绩不俗,科技创新能力不断提升

专利是体现创新发展的最重要指标之一。截至2016年底,学校共获专利授权1348件,其中发明专利授权45件,实用新型专利920件,外观设计专利127件,软件著作权226项,2014~2016年连续三年在河南省高校专利授权中排名第二位。为促进专利成果有效转化,学校设立了高校专利产业化服务平台,并基于该平台申报了"郑州市高校专利产业化服务平台建设"项目,于2016年8月获得奖补资金15万元,是全市唯一获批该项目的高校。得益于平台的不断建设与完善,学校30个师生专利成果在18个企业成功转化,6个科技园入孵企业专利实现产业化,利用专利成果孵化公司6个,专利实施率不断提高,已转化实施的专利技术,在众多企业中得到了良好的应用,为企业产品转型升级、经济效益提升,为河南省创新驱动发展战略深入实施做出积极贡献。

2. 高水平论文论著,思想影响力不断扩大

创新思想最终要转化为文字传播出去,著作可以说是最具分量的成果形式之一。近年来,学校组织编写出版了"区域经济研究"丛书、"教育教学理论创新与实践"丛书以及《民办高校内涵式发展战略研究》《民办高校品牌战略研究》等著作。其中，"区域经济研究"丛书荣获2016年河南省发展研究奖一等奖，《民办高校品牌战略研究》获2011年河南省发展研究奖二等奖。在论文成果方面，基于纳米功能材料研究所科研平台的11篇论文发表于美国《科学引文索引》（SCI）一区，代表着学校科研成果在国际上的影响力不断提升，《民办高校亟需进行三个转型》等论文发表在《中国高等教育》等权威期刊，代表着学校在民办教育转型与发展等领域的研究不断深入，中国（河南）创新发展研究院课题组撰写的《建好河南自贸区助力中原更出彩》等论文发表在《河南日报》理论专版，代表着学校智库在诠释政策、资政启民方面更好地发挥着作用。

3. 科技创新作品丰富多彩，彰显文化创意魅力

创新要紧跟时代步伐，在互联网时代，学生以微电影、微视频、纪录片、短剧等作品形式，充分展示文化创意。例如，学生郭建文拍摄的纪录片 The taste of the sea 在2016年柏林华语电影节中获最佳提名奖；学生冯天琪的微电影作品《从江的诗·枪与歌》获2016年首届"养心圣地神秘从江"全国大学生微电影大赛一等奖；学生王成龙的微视频作品《孤岛》在第二届上海国际自然保护周微视频大赛中获得三等奖；由新闻传播学院和建筑工程学院学生集体创作的短剧《生命电波》和《真假贫困生》获2016年河南省大学生"诚信校园行"第二届校园短剧大赛三等奖；等等。学校每年对大学生科技创新竞赛优秀作品给予奖励，鼓励学生设计创新创意作品，锻炼创新能力。

三 黄河科技学院创新机制建设

（一）汇聚创新资源，增强创新动力

汇聚人才资源。学校自办校以来，一直坚持人才是学校发展的根本，制定《黄河科技学院高层次创新型人才引进聘任工作实施办法》等政策引进

高层次人才，在人才引进政策体系、人才评价机制、人才服务体系等方面发挥民办高校体制灵活的优势，不断改革创新，吸引和留住创新人才。中国工程院院士刘人怀、诺贝尔化学奖得主根岸英一、长江学者王志功、默克公司前主任研究员廖希斌等一批高层次专家学者、海外留学归国人员和创新创业人才汇聚学校，引领学校的创新发展。

1. 汇聚科技资源

通过黄河众创空间、大学科技园、创科工厂、"U创港"等双创平台，不断吸引电子商务、文化创意等130多家科创企业入驻。通过举办"国际（河南）新药研发交流与技术转移对接""2016中国创客大会暨第三届中国创客大赛"等活动，汇聚国内外知名学者、商界精英、创投大佬等，引领带动学校创新。

2. 汇聚创新平台资源

学校不断丰富和完善"创新创业教育平台""校园众创实训平台""科技能力提升平台""科技成果转化平台""文化创意产业平台""双创理论研究平台""信息技术服务平台"等创新平台，为学校师生集聚创新创业打造全要素、服务能力强的平台。

（二）实施创新创业教育，构建创新人才培养新模式

1. 构建"一体两翼四平台"创新创业教育体系

学校围绕创新创业，根据把创新创业教育融入人才培养全过程的思路，逐步形成了"一体两翼四平台"的创新创业教育体系。"一体"指的是创新创业服务体系，"两翼"指的是创新创业教育实践体系和创新创业教育理论体系，"四平台"包括公共服务平台、合作交流平台、技术支撑平台和创投融资平台。通过开设双创课程、双创讲堂、双创训练项目、双创竞赛、双创社团等多种方式不断丰富创新创业教育体系。

2. 创新创业植入人才培养方案

2016年，学校进一步修订培养方案，将创新创业教育植入培养方案的各个环节，新的培养方案实施创业、就业和考学分类培养，实施创新创业教

育与专业教育相结合,实施创新教育与创业教育相结合,开设"大一职业生涯教育,大二创新创业基础教育,大三专业创新创业教育,大四创新创业竞赛与实践"的全链条式的创新创业课程,在培养方案设计上植入创新元素,充分体现创新能力的培养。

3. 完善政策体系支持创新人才培养

学校制定了《黄河科技学院关于进一步加强创新创业教育工作的实施意见》《黄河科技学院关于提升学生创新创业能力培养的实施意见》《黄河科技学院关于修订本科专业人才培养方案的指导意见》等政策文件。今后,还会进一步在创新创业奖学金的评选与管理、创新创业课程建设等方面出台更具体的文件,不断完善政策体系,为创新人才培养提供各项保障。

(三)形成开放创新机制,实现合作共享

1. 人才流动的开放创新机制

黄河科技学院建立"学校—企业"教师队伍新体系,实现了创新人才的双向流动。一方面学校出台《关于专业教师到企业挂职锻炼的暂行管理规定》等政策文件,在保留工资职务的前提下选派教师深入企业挂职锻炼六个月甚至更长时间,和企业研发人员一起开展解决企业技术难题的项目研究,增强教师的创新能力。学校科研人员也可以到企业兼职,为企业实现技术成果转化、技术攻关等提供有偿服务,并获取兼职报酬。另一方面学校制定《企业体系人才队伍管理办法》、设置流动岗位,吸引来自企业的高级工程师等创新人才到学校任职。同时,学校每年选派教师到美国肖特大学、爱尔兰垂利理工学院、清华大学等国内外知名高校进行访问学习,开阔教师的视野,逐渐形成了人才流动开放创新机制。

2. 资源共享的开放创新机制

学校所有实验室对校内外企业开放,实验室诸如核磁共振仪、场发射扫描电镜、高分辨率透射电镜等一批性能处于国内先进水平的大型科学仪器设施均对外开放共享,并且已纳入河南省大型科学仪器协作共用网,为省内外高校、科研院所和企业提供测试等技术服务3000余次。

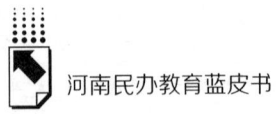

（四）营造创新文化氛围，带动师生全体创新

黄河科技学院在改革开放大潮下诞生，从胡大白董事长30元创业，创立自学考试辅导班，到成立全国第一所民办高校，如今又获批为全国第一批应用科技大学改革试点战略研究单位，成为中国应用技术大学联盟的首批成员，河南省首批转型发展的试点高校，学校的创立与发展本身就是一部充满创新精神的创业史，"敢为天下先"精神已经融入学校全体师生心中和日常行为习惯中。应该说，学校在发展过程中已经自然而然形成了鼓励创新的文化氛围，潜移默化地引导学生关注创业，积极创新。

参考文献

张男星、王春春：《民办高校的改革与发展之路——访黄河科技学院董事长胡大白》，《大学》2015年第5期。

马健生、黄海刚：《基于"双因素"模型的大学创新机制研究》，《教育研究》2013年第10期。

辜胜阻、李洪斌、王敏：《构建让创新源泉充分涌流的创新机制》，《中国软科学》2014年第1期。

胡大白：《民办高校法人治理结构初探》，《黄河科技大学学报》2015年第7期。

张忠迪：《论大学创新型人才的培养——从管理体制和运行机制视角》，《高教研究与实践》2013年第3期。

B.10
民办高等院校建设应用型大学研究

丁富云*

摘　要： 应用型大学的建设是社会经济发展转型对民办高等院校的强烈诉求，是教育改革的着重点和关键点，更是民办高校发展的前进方向。河南民办高校承担着培养高素质专门人才、创造高水平科研成果、服务经济社会发展和促进文化传承创新的历史重任。本文对河南民办高等院校建设应用型大学的实践进行回顾与梳理，对民办应用型大学现状和存在问题进行总结与分析，并在此基础上提出有针对性和可操作性的对策建议。

关键词： 河南　民办高校　应用型大学

一　民办高等院校建设应用型大学的意义

2017年1月10日，国务院发布《关于印发〈国家教育事业发展"十三五"规划〉的通知》指出，人才的发展目标是："创新型、复合型、应用型和技术技能型人才培养比例显著提高，人才培养结构更趋合理。"河南省国家战略规划实施和战略平台建设、"四个全面"战略布局和战略目标的实现、供给侧结构性改革的深化、健康中原建设的推进，都需要以科技创新为动力、以高素质劳动者和拔尖创新人才为基础。河南省委、省政府高度重视

---

* 丁富云，中国民办教育博物馆馆长。

教育工作，为高等教育事业改革发展创造了良好环境和氛围。2017年3月27日，河南省教育厅、河南省发改委发布《关于印发〈河南省教育事业发展"十三五"规划〉的通知》，提出"高等教育内涵建设和服务经济社会发展能力明显增强"的主要目标。

河南高等教育经过多年的发展，尤其是在实现高等教育大众化过程取得了突出成就。民办高等教育是河南高等教育的重要组成部分。《2016年河南省教育事业发展统计公报》显示，河南民办普通高等学校37所，其中本科17所，占全省普通本科院校总数的30.91%；专科20所，占全省普通专科院校总数的27.03%。普通本专科在校生41.72万人（本科26.50万人，占全省普通本科在校生总数的25.62%；专科在校生15.22万人，占全省普通专科在校生总数的18.11%），占全省普通本专科在校生总数的22.25%。[1]

当前，河南正处在加快经济发展方式转变、推动产业结构战略性调整、构建现代产业发展新体系的关键时期，急需从人口大省走向人才强省，这就必然要求高等教育向现代服务生产、管理一线培养既掌握现代科学技术知识又接受系统技能训练的应用型人才。河南民办高等院校作为高等教育体系的重要组成部分，承担着培养高素质应用型人才的历史重任，在服务河南三大国家规划战略、"四个河南"建设进程中具有重要作用。因此，河南民办高等院校建设应用型大学势在必行。

二 应用型大学发展概述

（一）命题的提出

早在2002年7月29日~8月1日，教育部高教司就曾组织召开"应用型本科人才培养模式研讨会"，来自全国29所工程应用型本科院校的相关

---

[1] 河南省教育厅：《2016年河南省教育事业发展统计公报》，河南省教育厅网站，http://www.haedu.gov.cn/2017/03/17/1489720664881.html，2017年3月17日。

负责人共计62人参加了会议。① 此后，教育行政部门、教育研究机构及高等院校等持续展开对应用型大学和应用型人才的探索与研究。此外，多次组织专家远赴欧洲考察应用科技大学建设。2012年11月17日，在教育部党组学习贯彻党的十八大精神扩大会议上的发言中，鲁昕副部长在谈到不断优化高等教育布局结构时强调，要"引导近年地方已设立的高等学校重新定位，向培养应用型、技术技能型人才转型""重点培养服务区域经济发展、地方产业转型升级、企业技术创新所需的应用型、技术技能型、复合型人才"。

随后，教育部发展规划司启动"应用科技大学改革战略研究试点"工作，并于2013年1月25日召开应用科技大学建设研讨会。发展规划司副司长陈锋提出了地方本科院校转型发展、独立学院定型发展、高职院校整合发展的观点。会议决定建立四个专门研究应用科技大学建设的小组，提出组建应用科技大学联盟的倡议。6月28日，中国应用技术大学（学院）联盟和地方高校转型发展研究中心在天津成立。

2014年2月26日，国务院召开常务会议，特别提到"引导一批地方新建本科高校向应用技术型高校转型"。6月，国务院在《关于加快发展现代职业教育的决定》中首次提出通过"采取试点推动、示范引领等方式，引导一批普通本科高等学校向应用技术类型高等学校转型，重点举办本科职业教育"。并强调"独立学院转设为独立设置高等学校时，鼓励其定位为应用技术类型高等学校。"

河南为引导部分高等院校向应用型大学转型发展，于2013年1月启动了本科学校转型发展试点工作，确定5所本科学校作为第一批试点高校，并于2014年9月对试点学校进行中期评估。② 2014年9月，在学校自愿申报、专家评审的基础上，确定10所高校作为第二批试点高校，分为整体转型和

---

① 《教育部高教司应用型本科人才培养模式研讨会纪要》，《南京工程学院学报》2002年第3期。
② 第一批试点高校是黄淮学院、许昌学院、安阳工学院、黄河科技学院和洛阳理工学院。

专业（集群）转型两个类别。① 最终，共确定15所本科院校作为试点高校，占全省地方本科院校数量的27.3%，其中公办高校14所，民办高校1所，即黄河科技学院。

2014年1月9~10日，教育部在黄淮学院召开部分省市地方本科高校转型发展座谈会，副部长鲁昕在讲话中指出，这次会议既是一次现场经验交流会，也是推动地方本科高校转型发展的动员会和部署会。4月25~26日，以产教融合发展为主题，探讨"部分地方本科高校转型发展"和"中国特色应用技术大学建设之路"的首届"产教融合发展战略国际论坛"在驻马店召开，参加会议的178所高校共同发布了《驻马店共识》，强调应用型大学因时代而生，地方本科高校转型发展势在必行。

2015年11月，河南省教育厅、省财政厅联合启动示范性应用技术类本科院校建设计划。明确提出2015~2018年，遴选确定10所左右普通本科学校进入示范性应用技术类本科院校建设计划。根据河南省教育厅专家组对15所转型发展试点本科学校评估情况，确定黄淮学院、许昌学院、周口师范学院和黄河科技学院4所学校为第一批示范学校。2016年7月20日，为贯彻教育部等三部委联合印发《关于引导部分地方普通本科高校向应用型转变的指导意见》，河南省教育厅、河南省发展和改革委员会、河南省财政厅联合印发《关于引导部分本科高校向应用型转变的实施意见》，指导本科高校建设应用型大学。

2017年2月4日，中共河南省委高校工委、河南省教育厅印发《2017年工作要点》，指出重点工作是："统筹推进一流大学、一流学科建设，推动中外合作建设高水平大学取得实质性进展，推动一批普通本科高校向应用技术型转变。"

河南民办高校在快速发展、取得瞩目成绩的历程中，依然面临着较多的矛盾和问题。目前，国家制订了高校要转型发展的重大战略规划，要求高等

---

① 第二批试点高校中整体转型试点有河南工程学院、南阳理工学院、南阳师范学院、周口师范学院、商丘师范学院、平顶山学院和河南牧业经济学院；专业（集群）转型试点有安阳师范学院、郑州轻工业学院和信阳师范学院。

教育要以创新驱动发展为抓手，调整体制结构，加快转型发展的步伐，为提升人才培养的质量做好升级准备。结合当前河南经济社会发展的背景，探讨河南民办高校在转型发展过程中面对的机会与困难，找出解决转型发展的路径，对河南民办高校的进一步发展具有重要而深远的现实意义。

（二）基本特征

应用型大学是中国经济建设现代化和高等教育大众化的产物，区别于研究型大学和教学型大学。参照联合国教科文组织《国际教育标准分类》，广义的应用型教育包括本科教育和高职教育两个层次，狭义的应用型教育主要指本科层次教育。依托学科、注重专业、突出应用的以本科教育为主的高等院校，即为应用型大学。[1] 潘懋元的研究认为，应用型大学应具有以培养应用型人才为主，以培养本科生为主，以教学为主，以面向地方为主等基本特征。[2] 民办应用型大学是指以应用型为办学定位的民办本科高等院校，结合最新研究成果具体分析，民办应用型大学的基本特征如下。

1. 办学定位：面向行业或地方经济

我国经济发展呈现东、中、西和东北几个大的区域经济结构的特征，在此基础上，各省份针对本省的资源优势和省情，提出自己的发展目标，而实现此目标的人才保障是需要建设一批为实现这一目标服务的应用型大学。河南民办高等院校建设应用型大学应跟踪中原经济区、郑州航空港经济综合实验区和国家粮食生产核心区建设进程中产业结构调整和转型升级，特别是新型装备制造业、汽车产业、新一代信息技术产业、新能源、新材料产业和新型文化产业等战略性新兴产业对人才培养和技术创新的需求。

2. 培养目标：应用型人才

党的十八届三中全会全面深化改革的核心问题是处理好政府和市场的关系，使市场在资源配置中起决定性作用。地方经济以及行业、企业的生产一

---

[1] 孔繁敏：《建设应用型大学之路》，北京大学出版社，2006，第32页。
[2] 潘懋元：《什么是应用型本科》，《高教探索》2010年第1期，第10页。

线需要什么样的人才，应用型大学就要提供什么样的人才。其应用型集中体现在两个方面：一是学术、技术和职业三者的结合，二是学生社会适应能力和工作能力的提高。应用型人才是具有良好的品格，深厚的理论基础，很强的知识应用能力和组织管理能力，主要在研究和生产领域从事试验研究、设计制造、工程应用、技术开发和组织管理工作的人才。应用型人才大致可以分为三个层次，即技术应用型、知识应用型和创新应用型。[①]

3. 专业设置：以新兴专业为主体

应用型大学培养的人才要适应社会需要，不仅在办学定位上应坚持应用型的方向，而且在专业设置上也应以社会经济发展急需的新兴专业和新的专业培养方向为主体，主要培养工程应用型、技术应用型、服务应用型、职业应用型、复合应用型等专业应用型人才。2015年，全国大数据市场规模达到1047亿元，同比增长达38%，专业机构预测，未来三年该专业人才缺口至少有150万人。在深入调研的基础上，黄河科技学院考虑到，河南信息技术产业水平处于中上等级的现实，预估河南省每年大数据学科的人才需求量很大，大数据分析与挖掘专业的毕业生就业前景良好。[②] 为此于2016年黄河科技学院新增数据科学与大数据技术专业。

三 民办应用型大学实践

应用型大学作为一种独立的教育类型，要求以体现时代精神和社会发展要求的人才观、质量观和教育观为先导，在新的高等教育形势下培养满足和适应经济与社会发展需要，具有较强社会适应能力和竞争能力的高素质应用型人才。民办应用型大学的转型发展实践要求民办高等院校重新探索办学定位、人才培养模式、学科方向、专业结构和课程体系，更新课程设置和教学管理理念，注重师资队伍和校园文化建设，全面提高教学水平和科研水平。

[①] 刘国钦等：《高校应用型人才培养的理论与实践》，北京大学出版社，2007，第90页。
[②] 董黎丽：《全省高校首个数据科学与大数据技术专业落户黄科院》，黄河科技学院网站，http://www.hhstu.edu.cn/news/contents/78/25458.html，2017年3月20日。

（一）民办高等院校建设应用型大学路径

民办高校建设应用型大学的路径，不同院校应根据学校特色选择不同的发展模式。从河南民办应用型大学建设的实践探索分析，大致有六种模式。

第一，本科院校和独立学院、民办高等院校整体转型成应用型大学。例如，郑州工商学院（原河南理工大学万方科技学院）、郑州成功财经学院、新乡医学院三全学院、黄河科技学院等。

第二，部分优秀高职院校升格为应用型大学（学院）。例如，郑州交通职业学院于2014年5月29日升格为民办普通本科高等院校，定名为黄河交通学院。

第三，直接以工程和技术命名的大学（学院）。例如，郑州华信学院直接更名为郑州工业应用技术学院，是新形势下国家实施技术技能型人才培养战略和推进新建地方本科院校转型发展以来，首批更名为"应用技术学院"的应用型本科高校。

第四，依托本科院校"应用型"特点鲜明的专业，根据应用型大学建设的要求设立应用技术学院。例如，根据教育部"应用科技大学"改革试点建设要求，分别设立的黄河科技学院应用技术学院、商丘学院应用科技学院等。其中，黄河科技学院应用技术学院由黄河科技学院与济源市政府合作建立，遴选6个本科专业，开展人才培养模式的综合改革、深度改革，推进应用型大学试点研究项目工作。

第五，新建应用型大学。根据地方经济发展需要，合并组建新的应用型大学。

第六，专业集群转型。

（二）办学定位

办学定位是指高校根据社会政治、经济和文化发展的需要及自身条件和所处的环境，从学校的办学传统与办学现状出发，参照高校类型与层次的划分标准，对自身某一时期在高等教育系统内部分工和协作关系中所处位置和角色特征的选择。① 具体包括办学目标定位、办学类型与层次定位、人才培养目标定位以及服务面向定位。民办应用型大学的办学定位即以培养应用型人才为目标，以本科应用型教育为主体，以少数研究生或高职高专为示范或辅助，以为所在地的经济和社会发展为主要服务对象。例如，黄河科技学院始终以建设"具有地方特色的高水平应用型本科院校"作为基本的办学定位和发展目标。

（三）人才培养模式探索

人才培养模式是在一定的教育思想和教育理论指导下，为实现特定的培养目标，培养学生掌握系统的知识、能力、素质的结构框架和运行组织方式，包括人才培养目标定位、课程体系改革和重构、实践教学体系改革、课程建设和教学内容改革、教学模式创新和多样化、质量评价体系建设等。

在服务河南三大国家规划战略、"四个河南"建设的大背景下，河南民办高等院校结合自身的学科优势和专业特长建立了自己的应用型人才培养模式。例如，黄河科技学院结合中原经济区建设和郑州航空港经济实验区建设对人才的需求，深入推进和创新发展"本科学历教育与职业技能培养相结合"的人才培养模式。郑州财经学院坚持开门办学，主动贴近市场，深化校企合作，推动高水平就业，突出应用型大学办学特色。郑州科技学院坚持"实基础、重实践、强能力、会创新"的应用型人才培养目标，创新实施"学历证＋技能证＋综合素质证"的人才培养模式，不断深化产教融合、校企合作，注重培养大学生的实践能力与综合素质。黄河交通学院实施"三学期制"人才培养模式和"学生中心、能力中心"的现代教学模式。郑州工业应用技术学院遵循应用型人才培养规律，着力推进教学改革，依据地方产业发展需要，构建了先进制造、现代服务、康复养老和城乡建设等4个专业集群；依托企业集团办学优势，搭建了产学研一体化发展平台，强化了基

---

① 夏建国：《技术应用型本科院校办学定位的特征分析》，《中国高教研究》2008年第6期，第58页。

础技能训练、专业综合实训、企业实战训练三层对接的实践教学体系，开展了应用型人才培养的系列改革，取得了一定成效。

河南民办应用型大学在探索人才培养模式的过程中，要从以下几个方面着力。一是开展应用型人才社会需求调研，把握市场和人才的双向需求；二是加强对应用型人才培养规格的研究；三是加强校本研究，制定符合高校自身特色的人才培养方案和保障体系研究。

（四）学科专业建设

学者在对郑州升达经贸管理学院、郑州大学西亚斯国际学院和黄河科技学院三所民办高校的调查研究中发现，影响民办高校毕业生就业的主要因素有以下几类。一是专业设置缺乏特色。目前河南大部分民办高校专业设置复制公办高校，特色不明显。二是培养模式僵化。人才培养不能与社会需求一致，具体表现在专业结构、人才素质等与用人单位的产业结构和人才需求不适应。三是竞争性矛盾。具体表现在学历层次之间的竞争、冷热专业之间的竞争、高校品牌之间的竞争、学生素质之间的竞争等。[①] 民办高校的学科、专业建设影响毕业生的就业，毕业生的就业情况直接影响民办高校的生源，而生源对民办高校的存续与发展至关重要。

民办应用型大学的学科、专业建设要紧密结合地方经济发展的需要，以面向应用为基本指导思想，大力发展高新技术支柱产业、新兴第三产业的相关学科专业。改革专业建设机制，将服务于同一产业链的相关专业组织作为专业集群统筹管理；建立健全行业、企业、专家及用人单位参与的新专业设置评议制度；制定行业学院建设支持政策，利用科技园资源为行业学院出资企业提供优惠政策。例如，黄河科技学院根据中原经济区和郑州航空港经济综合实验区建设对人才的需求，新设了材料成型与控制、轨道交通与营运管理等专业，整合了物流管理、电子商务、物联网等专业；调整了信息与计算

---

① 赵晓理：《河南民办高校可持续发展能力研究》，《合作经济与科技》2016年第4期，第70页。

科学等专业；重点培育电子信息类、生物医药类、文化创意类、机械材料类和经济管理类五大专业群，实现专业群与区域产业链的紧密对接，提升专业集群服务经济社会发展的贡献度。郑州成功财经学院为共享优质教育资源，借鉴台湾高校职业教育的经验，与台湾育达科技大学合作举办了工商管理专业、会计学专业豫台本科课程合作项目，积极开展两岸文化交流，促进学科专业建设。

此外，在政策扶持方面，河南省教育厅大力支持民办高校加强品牌专业建设。2013年5月12日，河南省教育厅发布《关于加强2013年民办高校品牌专业建设的通知》指出："申报专业应具有鲜明的专业特色和先进的教育教学理念，人才培养目标紧密结合社会发展需求和学校发展定位，注重知识、能力、素质的协调发展，注重创新精神、实践能力和创业能力的培养。"河南省教育厅对"每个批准立项的品牌专业建设点给予100万元的专项建设经费，学校按照1∶1的比例落实配套建设资金。品牌专业建设经费（包括学校配套资金）由学校项目负责人负责，专款专用，单独立项管理"。① 自此，河南省教育厅每年都开展民办普通高等学校品牌专业建设点工作，对河南民办高等院校整体或专业集群向应用型大学转型有极大的激励作用。

（五）课程建设

民办应用型大学的课程建设以培养应用型人才为目标导向，密切结合理论与实践，重构课程理念，吸纳以学科教师为主的具有多元成分和结构的人员参与，建设知行融合的教材体系，构建面向实践能力的学业成就评价。此外，充分利用毕业生对现有课程建设的评价及各种反馈信息。

注重应用型特色教材的编写，对于应用型大学来讲，推动教材编制从理论体系向知行体系改革，构建适合学生发展需要的教材体系，更加符合应用

---

① 河南省教育厅：《关于加强2013年民办高校品牌专业建设的通知》，河南省教育厅网站，http：//www.haedu.gov.cn/2013/05/13/1368426719171.html，2013年5月13日。

型人才的培养要求。黄河科技学院机械设计制造及其自动化专业与郑州宇通重工联合编写了《装载机教程》《垃圾转运车教程》等5门特色教材。注重理论知识与实践的密切结合。黄河科技学院先后与苏宁电器集团、黎明重工集团、河南交通建设、洛阳牡丹通讯联合开发融企业岗位技术和专业基础理论为一体的特色课程。

（六）教学管理

高校的教学管理包括多个方面的内容，一是制订教学工作计划，明确教学工作目标。二是建立健全高校教学管理系统，明确职责范围。三是加强教师的教学质量和学生的学习质量管理。四是组织开展教学研究活动，促进教学工作改革。五是深入教学第一线，加强检查指导，及时总结经验，提高教学质量。六是加强教务行政管理工作。民办应用型大学的教学管理在此基础之上，还需要从以下三点加强实践。

1. 教学体系

实践教学是民办应用型大学教学工作的重要组成部分，是发展应用型教育的重要环节。黄河科技学院通过能力结构倒逼分析，构建了普通教育、学科核心、专业核心和创新性选修四大课程平台，以及与此相贯通的实践教学体系，与企业共同开发以实务、案例、问题、标准和流程为主的实践性课程，注重教学内容与职业资格标准的对接。近年来，黄河科技学院学历证和职业资格证"双证"获得率均达到80%，在工学院2014届840名毕业生中人均获得职业资格证书为1.97个；护理执业资格证通过率95%，比全国平均通过率高出45个百分点。[①]

2. 教学方法

可以利用大型开放式网络课程（MOOC）等平台，学科专业核心课程可以利用国内外优质的课程资源，教师要转变身份，更多地去研究如何与学生

---

① 罗煜：《创新人才培养模式加快学校转型发展》，《黄河科技学院发展道路研讨会文集》，2015。

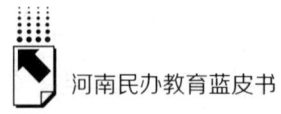

互动,引导学生自我教育。例如,黄河科技学院应用技术学院实行项目驱动下"学中做,做中学"学做结合的教学模式,推行"课程设计、真项目实训、创新设计、毕业设计"前后贯通的改革思路,着力提升学生的动手操作能力和岗位发展能力。

3. 管理制度

探索弹性学制、学分制等教学管理制度,支持学生以创业项目置换学分,参与企业实践置换学分,以致自主创业,创新应用型人才培养模式。

(七)师资队伍建设

民办高等院校建设应用型大学,必须注重师资队伍建设。具体到民办应用型大学的办学定位和人才培养模式,建设一支理论知识过硬、工程实践能力强的双师型教师队伍就显得至关重要。一是在课堂教学过程中,双师型教师不仅具备较高的专业理论水平,还具有丰富的相关工作经历,因此他们可以将书本上的理论知识充分与实践相联系,深化学生对知识的理解,增强课堂教学的生动性和有效性。二是在课堂之外的实践训练过程中,双师型教师可以充当实践导师,凭借自己的工作经验对于学生的实践给予很好的指导,更好地帮助学生提升实践应用能力。黄河科技学院现有专兼职教师1844人,拥有工程师暨教师、律师暨教师、会计师暨教师等各类双师型教师759人,占教师总数的41%。完善适应学校体系、企业体系的人才引进、管理及考评办法,修订教师工作量核算办法,对教学型师资、教学科研型师资、教学实践型师资、科研实践型师资制定不同的工作量核算办法。黄河交通学院现有专任教师450人。其中,双师素质教师169人,具有副高级以上职称的180人,具有硕士以上学历的208人。建立健全民办应用型大学师资队伍的专项考核机制,明确考核标准和考核办法。推进分类设岗和分类管理,改革职称推荐和评聘办法,强化对实际贡献度和创新性成果的考核。

(八)科学研究

应用型大学的科学研究更注重学术和技术积累,更强调科研成果的应用和转化,更强调应用型科学研究。民办应用型大学科研的重点不是理论研究和基础研究,而主要是应用研究和开发研究,注重科技成果转化和直接服务于地方经济社会发展,服务于行业企业的技术更新与改造,服务于应用型人才的培养。这反映的是应用型大学特色发展、创新发展的核心要素。同时,具备"应用型"特征的科学研究不仅能推动、促进应用型大学整体办学水平和办学层次的提高,还能通过产学研合作等方式服务地方经济和社会发展。因而如何以科学研究为突破口,不断提升创新能力,将自身建设成地方高水平应用型大学,自然成为许多地方应用型大学迫在眉睫的根本任务。

四 黄河科技学院模式

黄河科技学院是河南省地方本科高校转型发展试点单位,转型发展走在河南民办高校的前列。黄河科技学院创立于1984年,是中国改革开放以来第一所民办普通本科高校,1994年经原国家教委批准实施专科学历教育,2000年经教育部批准实施本科学历教育,2003年正式提出构建"本科学历教育与职业技能培养相结合"的人才培养模式命题,2006年人才培养模式改革项目被批准为中国高教学会"十一五"规划重点课题,2008年通过教育部普通本科教学工作水平评估,2013年被教育部批准为全国首批"应用科技大学改革试点战略研究单位",并成为河南省首批转型发展试点高校,也是河南唯一的试点民办高校。2015年11月,被省教育厅、财政厅批准为首批"河南省示范性应用技术类型本科院校"。

黄河科技学院明确地方性和应用型的办学定位,坚持以内涵提升、创新引领为核心的转型发展,走出了适合自身发展之路。紧紧围绕郑州的主导产业、特色产业和战略性新兴产业,调整优化,增强学科专业结构与区域产业结构的契合度,打造专业集群;突出问题导向,突出成果应用,以高水平的科技创新成果支撑区域产业转型升级。目前,学校正在全力以赴创建高水平应用技术大学,力争把学校建设成为高素质应用型人才培养基地、政产学研协同创新基地和先进技术转移基地,为地方产业转型升级和经济社会发展提供强有力的支持。

黄河科技学院远期发展目标是把学校建成培养创新型技术技能型人才的世界一流应用型大学。为实现上述目标，学校制定的措施是，通过全面深化改革，构建与区域经济转型和产业升级充分融合的高素质技能人才培养体系，建成与中原经济区和郑州航空港经济综合实验区形成良性互动的特色专业集群和技术积累创新共同体，形成对现代职业教育体系建设起重要支撑的应用型大学运行机制。其中包括十五项具体措施。

①建立新型办学体制和学校治理结构；②构建协同创新综合体；③加快特色骨干专业和优势专业集群建设，打造骨干专业，加快专业集聚；④稳步推进行业学院建设；⑤提升大学科技园建设层次；⑥持续创新"本科学历教育与职业技能培养相结合"的人才培养模式；⑦系统优化立体式课程体系；⑧搭建三维度实践教学体系；⑨完善全程立体化质量评价体系；⑩形成阶梯式创新创业教育体系；⑪初步形成人才队伍新体系；⑫在国际合作交流中取得新突破；⑬探索开展专业学位研究生教育；⑭着力推进信息化校园建设；⑮大力推进弹性学制、学分制等教学管理制度。①

五 问题与建议

河南民办高等院校建设应用型大学已经取得初步成绩，但仍存在许多问题亟待解决。例如，民办高校向应用型大学转型发展不平衡，转型发展有待深化，机制建设不够成熟等。今后，要继续以党的十八大和十八届五中、六中全会以及全国职业教育工作会议精神、河南省高等教育工作会议精神为指导，抢抓国家和河南省推进地方高校转型发展的新机遇，以建设高水平应用型大学为目标，以深化创新创业教育改革为突破口，进一步解放思想，深化改革，努力推进河南民办高校向应用型大学转型的跨越式发展。建议重点做

---

① 杨雪梅：《黄河科技学院的发展历程和体会》，《黄河科技学院发展道路研讨会文集》，2015。

好以下工作。

第一，更新观念，深化认识。广泛深入地开展宣传学习，使民办高校师生充分认识应用型大学建设的重要性和紧迫性，形成一致的思想、理念和行动。

第二，加大教育行政部门的政策倾向，特别是财政支持，政府购买服务等。对实践教学环节必要的财政投入，逐步健全实践与教学环节必备的教学设备与设施，以满足现代化教学手段的推广应用和立体化教学模式的改革和实施。

第三，寻求与行业、企业的长远密切合作。强化校外实习基地建设，鼓励、资助并考核各学院校外实习、实训基地建设工作，使校外实习基地真正成为培养学生走向社会的起点和摇篮。

第四，加强国际交流与合作，积极引进国外先进的教学理念、课程体系、教学模式，学习和研究欧洲应用科技大学的办学经验。

第五，多措并举拓宽双师型教师来源。鼓励教师到企业挂职锻炼；定期组织集体培训，对参加各类职业资格和职称资格考试的教师进行奖励；实行双向培养，学校为企业技术人员提供学习理论知识的平台，企业为学校教师提供实习场所，通过产学结合等方式组织教师参与工程实践。

第六，目前河南民办高校对硕士学位的培养还是空白，对此政策的扶持力度应进一步加大。

B.11
民办学校章程建设的探索与实践

岳德常*

摘　要： 建立现代学校制度，实现科学管理，促进学校又好又快发展，是每个民办教育机构都在着力追求的目标。由规模扩张到质量提升，河南民办教育的转型发展已经取得了阶段性成果。但是进一步地发展，要求有实力的学校和有远见的教育家建立现代学校理念，从经济社会发展的战略高度构建学校发展的制度框架。章程是民办学校实现依法自主办学、建立现代学校制度的重要内容和发展基础，是学校管理纳入规范化、法治化发展框架，从而实现健康快速发展的基本保证，于国、于民、于学校自身都显得十分必要。黄河科技学院在这方面做了有益探讨。

关键词： 民办学校　章程建设　依法办学

建立和完善学校章程，实现学校依法自主办学，是民办高校推进依法治校、建立现代大学制度的一项重要内容。黄河科技学院根据国家法律法规的要求和各级政府主管部门的部署，高度重视学校章程建设，以修订学校章程为抓手，进一步确立现代教育理念，推进学校内部治理结构的规范与完善，为建立现代大学制度奠定良好的制度基础和长效机制保障。

＊岳德常，河南民办教育研究院研究员，研究方向为中华传统文化。

一 修订《黄河科技学院章程》的背景

经过 30 多年的发展，民办高校经历了非学历教育、准学历教育和学历教育等三个发展阶段，已成为我国教育组织的主要成员。在每个阶段的发展历程中，大都经历了一个先发展、后规范，先规模、后质量的过程，随着民办高等教育事业从实践到理论、从初级到高级的不断发展过程，迫切需要纳入法治化、规范化的发展道路，章程建设也日益彰显其重要性和必要性。

大学章程作为学校依法办学的基本规范性文件，是大学依法自主办学、实施管理和履行公共职能的基本准则，是制定内部管理制度及规范的文件、实施办学活动、建立现代大学制度的重要基础。对于民办高校来说，作为独立法人实体，章程建设则更加急需。制定章程可以明确和维护学校举办者、办学者、教育者和受教育者等各方面的合法权益，并对学校的办学宗旨、内部管理体制及其他关乎学校发展的重大性、根本性问题做出规定，确保其有效地拥有独立的法人自主权，实现学校自主办学和依规管理。

对于民办高校来说，制定章程也是法律法规的强制要求。在 1995 年颁布施行的《教育法》和 1999 年颁布施行的《高等教育法》中明确规定，申请设立高等学校，应当向审批机关提交章程，学校按照章程自主管理。在 1998 年颁布施行的《民办非企业单位登记管理暂行条例》和 2003 年颁布施行的《民办教育促进法》中也明确规定民办高校在申请登记时，须提交章程草案。为进一步规范高等学校章程建设，教育部于 2011 年颁布了《高等学校章程制定暂行办法》，为高校章程建设提供了指导性的意见和办法，并于 2012 年 1 月 1 日起施行。相关法律法规的不断健全和完善，不仅对民办高校制定学校章程提出了强制性的要求，也为民办高校制定章程提供了依据。

黄河科技学院在 2000 年专升本时，根据教育部的要求，起草了第一部章程，共九章三十七条；2007 年，在第一部章程的基础上形成了第二部章程，对于理顺学校内部关系、优化学校内部治理和保持学校稳定发展来说，这两部章程都发挥了重要作用。但根据教育部有关文件要求和学校深化改革、创新发展的实际，章程的一些内容又需要进一步修订完善。

2014年，正值黄河科技学院举办了30年校庆、全面总结了30年发展道路和办学成果之际，黄河科技学院组建了现代大学制度课题组，开始章程的修订工作。

二　修订《黄河科技学院章程》的意义

黄河科技学院从1984年创办以来，在党和政府的亲切关怀和各位领导及专家的关心支持下，艰苦创业，开拓创新，闯出了一条中国特色社会主义民办大学的科学发展之路，也在民办高等教育理论上进行了有益的探索。1984年，因公烧伤致残、在病榻上躺了三年的胡大白教授怀着"为国分忧，为民解愁"的愿望，在同为教育世家出身的丈夫杨钟瑶先生的支持下，以敢为天下先的勇气，白手起家，创办了"郑州市自学考试辅导班"；在国家对民办高校学历教育还没有明确规定的情况下，率先提出了"创办一所中国特色社会主义民办大学"的战略目标，1994年成为国家教委批准的第一所民办普通专科高校。从1995年开始，又一次征地建设改善办学条件，从各方面按照公办本科设置标准，于2000年顺利通过专家评审，成为教育部批准的全国第一所实施本科学历教育的民办高校。经过30年的发展，黄科院已经成长为一所国家认可、社会赞誉、家长放心、学生满意的大学。在民办高校发展过程中发挥了积极引领的作用，胡锦涛同志在接见学校创办人胡大白时说："你们对学生很负责任，为国家培养了几万名大学生。"国务院总理李克强在视察学校时赞誉说："你们用较短的时间走完了可能是很多学校走不完的历史。"概括黄河科技学院的发展历程，有几个突出特点。

（一）具有"敢为天下先"的创新精神

黄河科技学院是我国改革开放以来民办教育事业发展的领头羊。回顾学校30年走过的历程，从实现历史突破成为全国第一所独立设置的民办普通专科学校,到成为全国第一所实施本科教育的民办高校,再到入选第一批教育部应用科技大学改革试点的战略研究单位,黄河科技学院以"敢为天下先"的精神,开拓、拼搏、实干、奉献,始终走在我国民办高校的前列。此外,学校还构建了"本科学历教育与职业技能培养相结合"的人才培养模式,形成了"以党建为核心,全面加强思想政治工作"的工作模式,保障了学校各项工作健康稳定发展。

(二)具有自己的特色

黄河科技学院走的是一条自我积累、滚动发展、不断成长壮大的成功之路,成为我国最早一批创办的民办高校的典范,形成了自己的特色。在学校的规划战略与运营上,校领导核心前瞻性强,有"敢为天下先"的意识,善于把握民办高等教育发展的制高点,决策稳重,发展稳健,尤其是非常重视财务健康,学校采取逐步积累、滚动发展的经营方针,使学校避免了融资风险。我国民办高校的发展,尤其是在高等教育大扩招后设立的民办高校,多数是靠着银行贷款或者是大企业投资发展起来的,黄河科技学院则代表了我国普通民办高校发展的另一条路径,即通过艰苦创业、逐步积累,保持良性循环,不断成长壮大。黄河科技学院紧紧围绕培养社会主义事业合格建设者和可靠接班人这个根本任务,认真贯彻党的教育方针,既有为国为民、勇于担当的奉献精神,又有始终坚持社会主义办学方向的定力,始终以提高教育质量为中心,为社会培养了15万多名"下得去、留得住、干得好"的毕业生,为社会主义现代化事业做出了积极贡献。在搞好教学科研的同时,黄河科技学院还认真履行大学的社会职能,始终坚持民办教育事业的公益性,在服务社会与传承文化等方面发挥了积极作用。

(三)学校管理上独具特色

黄河科技学院紧贴时代主旋律,旗帜鲜明地提出了"为国分忧、为民解愁,为社会主义现代化建设服务"的"三为"宗旨,回答了为什么办学和为谁办学的问题,与我国的制度环境保持了高度一致。此后,学校经历了

"十年找党",终于在校内建立了党的系统,这一过程可谓锲而不舍、矢志不渝。在黄河科技学院的发展历程中,学校始终坚持育人为本,德育为先,坚持把加强党建工作作为办学、兴校、育人的根本保证,在此基础上形成了有自己特色的组织文化,"三为宗旨""敢为天下先""开拓拼搏、实干奉献",以及要办一所"对学生最负责的大学"的办学理念,这些构成了组织文化的核心内容,这套组织文化既与我国的制度环境相适应,也与学校处于创业阶段的内部环境相适应,这套组织文化很好地处理了组织与外部的关系,使学校更容易得到社会的认同,对内也很好地凝聚了人心。使得学校管理体系日益完善,组织机构和人员得到了锻炼,无论是教师队伍、管理队伍,还是领导班子,均稳步实现了人员更替与能力提升,特别是成功地实现了核心领导班子的更替,这为学校的发展提供了强有力的保障。

在黄河科技学院纪念建校30周年之际,深入总结其在开拓中国特色社会主义民办高校发展道路上所取得的成功经验,将其形成制度规范,有利于保障学校继往开来,进一步开拓民办高校科学发展的新境界。一方面对学校自主权范围内的事项,以章程条文形式得到明确,取得主管部门的认可,成为推进和保障校内改革发展的依据;另一方面经过校内广泛的民主协商和讨论,章程所确定的改革事项也会得到广大教职工的认可,形成改革共识,凝聚各方面力量,推动学校改革发展,同时还可以进一步明确目标定位,为未来改革发展勾画出清晰可见的战略图景,回答将建设一所什么样的大学和怎样建设这样一所大学的重要问题。所以,在学校建校30周年之际开展《黄河科技学院章程》的修订工作,这既是对自身发展道路的一次自我总结和全面反思,也是对民办高校发展规律的一次深入思考,同时还是对有关法律法规和政策的一次深入学习和贯彻,其意义非常重大。

三 《黄河科技学院章程》的修订过程

从2014年8月开始,学校成立了由胡大白董事长牵头的现代大学制度课题组,开始了章程修订工作。董事长亲自负责章程建设工作的组织领导,协调解决章程修订过程中出现的重大问题。学校主要领导都亲自参与到章程的框架确定、内容讨论、条款修改中来。课题组认真学习了《高等教育法》《民办教育促进法》《民办教育促进法实施条例》《高等学校章程制定暂行办法》等法律法规和相关政策规定，收集整理了关于大学章程的各类资料和论著，同时又全面深入总结学校 30 年发展的成功经验，根据法律法规和有关政策的规定，参考其他高校的章程，紧密结合学校实际，在深入开展调查研究的基础上，起草了《章程（修订草案）》初稿。在修订草案的起草过程中，坚持了以下原则。

（一）合法性原则

章程作为学校依法办学的基本规范性文件，上承国家教育方针和政策、法律法规，下启学校内部的教育理念和具体规章制度，它是国家教育方针和法律法规在学校的具体体现。因此，章程的制定必须坚持遵循合法性原则。民办学校在制定章程过程中，除遵循《教育法》《高等教育法》《高等学校章程制定暂行办法》外，还必须严格按照《民办教育促进法》《高等学校章程制定暂行办法》等法律法规的规定，写入应当写进章程的各种事项；与此同时，全面总结黄科院 30 年来探索形成的治理体制，将成功有效的治理体制固化为章程条款，巩固学校开拓创新的办学经验和制度成果，为学校今后办学提供了制度保障。

（二）规范性与可操作性相结合原则

章程作为民办高校内部的最高"宪章"，必须对学校办学宗旨及根本使命、管理体制及议事规则、资产来源及财务活动、学科设置及师生权益等重大事项做出原则性、基础性规定，是学校制定其他一切规章制度必须遵循的"母法"，对校内教育教学管理和其他各项工作具有普遍指导意义和约束力。章程的这种地位决定其必须具有很高的规范性、严肃性和相对稳定性。因此，章程的制定要体现规范性和科学性统一的原则，严格遵循民办高校的办学规律、教育教学规律和人才成长规律；凡涉及学校生存与发展的重大问题,以及学校主要组织管理部门的职权、有关议事规则和相配套的运行程序,均应在章程文本中给予明确规定,以保证章程具有可操作性。由于章程是民办高校制定其他各类制度的基本依据,修订草案应当"宜粗不宜细",只对重大事项进行规定,对程序性事项和某些具体事项仅做原则性规定,为学校改革发展保留了必要的制度空间。

经广泛征求意见,反复进行修改,课题组形成了《章程(修订草案)》后,学校三次召开校党政联席扩大会议进行讨论,提出了很多修改意见,课题组认真研究吸纳,反复进行推敲修改,于 2015 年 8 月 25 日提交学校第三届教职工代表暨工会会员代表大会第九次会议审议,得到了与会代表的一致好评,认为《章程(修订草案)》观念先进、结构合理、语言规范,一致通过了《关于同意〈章程(修订草案)〉的决议》。会后,课题组对教职工代表所提意见进行梳理吸纳后,进一步完善了《章程(修订草案)》,于 8 月 28 日上午提交校长办公会议审议通过,随后又提交学校董事会审定,然后报送省教育厅,于 2015 年 12 月通过了核准。

四 《黄河科技学院章程》的框架结构与特色

《黄河科技学院章程》共 9784 字,分为序言和正文两个部分。

序言分为三个自然段,第一段概括了黄河科技学院的创立与发展历程;第二段概括了黄河科技学院在民办高等教育发展中所取得的主要创新成果:一是构建了"本科学历教育与职业技能培养相结合"的人才培养模式,二是创立了"以党建为核心,全面加强思想政治工作"的德育工作模式,三是培育了由办学宗旨、办学愿景、办学方针、黄河科技学院精神和校训组成的独具黄河科技学院特色的办学理念;第三段明确了黄河科技学院的发展目标。

章程正文采用"章、条结构",共十四章七十二条,主要规范校内外各种权力关系、彰显师生权利和确保学校正常运行、保障权利实现的各项规则。在《章程》起草过程中,课题组既注意充分借鉴省内外、国内外其他大学章程的有益成分，同时又注意避免千篇一律、千校一面的情况，立足本校实际，形成独具黄河科技学院特色的章程。

（一）吸纳了黄河科技学院30年发展的成功经验

从1984年创办以来，黄河科技学院人以敢为天下先的创新精神，白手起家，开拓拼搏，审时度势，抢抓机遇，在党和政府的关怀和社会各界的支持下，闯出了一条中国特色社会主义民办大学的科学发展之路，也在民办高等教育的理论上进行了积极探索，在当代中国民办教育发展史上发挥了开拓者和引领者的作用，本次修订《章程》是对学校开创的发展道路和成功经验的全面总结，将其上升为章程规定，必将进一步加强对黄河科技学院发展的道路自信、理论自信、制度自信和文化自信。

（二）完善了学校内部法人治理结构，规范了学校的各项制度

办学30年来，黄河科技学院逐步形成了以董事会领导下的校长负责制为主体、党委发挥政治核心作用、学术委员会统领学术事务、职工代表大会参与民主管理的法人治理模式，建立了一套适应民办高校管理需要的科学合理的组织机构。实践证明，学校的治理体制是合理的、适用的，在《章程》起草过程中，按照教育法律法规和《高等学校章程制定暂行办法》的规定，对现行有效的治理体制进行概括总结，明确学校行使办学自主权相关事项的基本规则、决策程序与监督机制，明确学校内部各种权力的运行规则，进一步明确实行校院两级管理体制和民主管理与监督的机制，《章程》内容明确具体，具有可操作性，符合学校发展实际需要。

（三）高度重视黄河科技学院的办学理念

办学30年来，黄河科技学院形成了由办学宗旨、办学愿景、办学方针、学校精神和校训组成的办学理念，这一套自成体系的办学理念"把为国为民、勇于担当的奉献精神和审时度势、敢为天下先的创新精神与民办高校的特点有机地结合起来，既符合党的教育方针和社会主义现代化事业的需要，

又为广大师生员工提供了明确的人生目标和行为规范;既体现了民办高校自身的特点,又易于被广大师生员工所接受;既体现了中国特色社会主义现代化事业的现实需要,又吸收了西方大学制度的长处,同时也继承弘扬了中华文明'自强不息,厚德载物'的优秀传统,从而把三者有机地凝聚在一起,使中华优秀文化传统具有了蓬勃旺盛的生命力"①。这一套办学理念是黄河科技学院在长期艰苦创业过程中形成的精神财富,是学校的内在品质、文化精髓和独特风格的浓缩,也是学校赢得社会声望、形成稳定特征的标志,必须细心看护,继续保持下去。《章程》把它专门作为一条明确下来,并把它体现、渗透在《章程》内容之中,在董事会、校长、党委、教职工的职责中都增加了培育和践行学校办学理念的内容,其目的就是要使其继续保持下去,进一步发扬光大,推进学校治理体系和治理能力的现代化,保障学校的科学发展。

(四)以人为本,突出了教师与学生在办学活动中的主体地位

《章程》明确规定了教职工与学生的民主管理与监督权,突出对教师、学生的权益和地位的确认与保护。体现在《章程》结构上,把学生和教职工这两章放在董事会之前;在对学生权益的保护上,黄河科技学院一向关心照顾困难学生,帮助他们完成学业。为坚持这一传统,《章程》把"学校建立扶贫济困机制,扶助困难学生完成学业"写进第十七条;《章程》不仅重视物质层面的权益,还关注学生心理、人格上的健康成长,根据当前教育教学工作的现实需要,以及党和国家领导对加强高校宣传思想工作的最新要求,在教师应当履行的义务中写上了"传道授业解惑,促进学生在品德、智力、体质等方面全面发展"的要求;在学生应当履行的义务中也相应地写上了"尊师重道"的要求。

总而言之,《黄河科技学院章程》的修订工作遵循了合法性原则、规范

---

① 胡大白:《开拓拼搏的动力,科学发展的保障》,《黄河科技大学学报》2016年第3期,第5页。

性与可操作性相结合原则，全面总结了黄河科技学院30年艰苦创业、开拓创新所取得的成功经验，修订后的《章程》结构合理，用语规范，条文明确具体，具有可操作性，并得到了广大师生的认可，它的核准实施，为黄河科技学院依法自主办学、实施管理和履行公共职能提供了基本准则和依据，对于学校进一步树立现代教育理念、完善法人治理结构、健全内部管理体制和运行机制、规范办学行为、提高教育教学质量和履行社会职能等都将发挥积极作用，必将为黄河科技学院建设现代大学制度、推进学校治理体系和治理能力现代化奠定良好的制度基础和长效机制保障，在黄河科技学院的发展历程中具有里程碑的重要意义。黄河科技学院在国内民办高校的发展历程中一直是勇敢的先行者和积极的探索者，这部章程对其他兄弟民办高校来说，也应当具有重要的探索意义与借鉴价值。

B.12
河南民办高校适应当地经济和社会发展需要研究

袁 伟[*]

摘　要： 河南民办高校通过促进经济发展、培养优秀人才、扩大就业岗位、振兴地方科技等方面服务地方经济和社会发展。在中原经济区、郑州航空港综合实验区、郑洛新国家自主创新示范区和河南自由贸易区建设的新形势下，对河南高校提出了急需培养高素质的复合型人才、急需引进培养高水平的创新型教师、急需引入现代化的大学管理理念等新要求。本文提出，民办高校通过建设高端一流学科、开设独具特色专业、提升创新创业能力、经营生命常青大学等对策，以更好地适应并助推河南经济和社会快速健康发展。

关键词： 河南　民办高校　创新型教师

截至2016年，河南民办高校共有37所，其中民办本科17所、民办专科20所。民办高校在校生41.72万人，其中民办本科学生26.50万人，民办专科学生15.22万人。为缓解河南人口众多、高校稀缺的升学压力，为服务河南经济和社会发展做出了应有的贡献。

---

[*] 袁伟，黄河科技学院副教授，博士后，研究方向为教育政策与法律。

一　民办高校适应河南经济和社会发展的成效

民办高校适应当地经济和社会发展的成效突出表现在促进经济发展、培养优秀人才、扩大就业岗位和振兴地方科技等方面。

（一）促进经济发展

民办高校运营过程中，产生了很大的正外部性，所释放的往往是多极的正能量，主要表现为通过投资和消费拉动当地经济增长。全省37所民办高校在迅速发展的过程中，首先是校园规模的扩大和基础设施的建设。每所民办高校教学楼、实验室、体育馆、宿舍楼、餐厅等后勤服务设施都应有尽有，这是一笔巨额的投资。另外，大学还需配备服务教学科研的仪器设备、图书资源、办公用品、学习用具等，这仍然是一项不小的投资。目前，大多数民办高校的基础设施建设比较完善，甚至在一些方面已经走在了公办高校的前面。同时，40多万名民办高校学生的消费，对拉动当地的经济增长具有相当重要的作用。研究发现，学生直接消费与其带来的间接消费的比例为1:5，40万名在校生每年带来的间接消费为20.5亿元。以饮食业为例，民办高校2016年每增加一个学生，对饮食业的额外需求增量为1万元，河南民办高校饮食业最终需求的总量大约为4.1亿元。另外，学生的衣食住行消费远远不限于校园内部，几万名学生很容易带动一所学校附近餐饮、商业、娱乐、住宿等协同发展。

（二）培养优秀人才

截至2016年7月，河南民办高校共培养人才99.79万人，为现代化建设提供了强大动力支持和人才保障，成为向国家和社会输送人才的重要渠道，成为我国高等教育事业的重要组成部分。民办院校每送出一个学生，就是幸福一个家庭，稳定一个家庭，稳定一个社会细胞。可想而知，数千万青年人如果没有接受高等教育，而是成为"自由发展"的流动大军，遍布在社会的每个角落，将会是一种什么样的状况。国家监狱管理机构公布的数据显示，我国犯罪主体普遍存在年轻化的趋势，其中70%是青少年，其中大约80%是应该在学校接受教育而没有接受教育的人。国家有关部门调查数据显示，超过50%的青少年罪犯没有接受相应的义务教育。这些流浪儿童游离于学校之外，多数表现为在校成绩不太好。其中，流浪未成年人大部分是农民工子女。司法行政部门公布的情况显示，在我国仅刑罚执行而言，每年就需为每一个狱中改造的罪犯拨款一万元财政经费，相比而言，远远超过一个学生占有的财政经费。所以，教育落后的后果很严重，必然要付出巨大而惨痛的经济和社会代价。如果没有民办教育的应运而生、蓬勃兴起，就必然有更多的流浪儿童，就会有更多的年轻文盲，就可能会有更多的罪犯，而且在一个民众文化素质不高的国家不可能有民主政治，更不可能有国家的崛起和民族的复兴。

（三）扩大就业岗位

现在的大学在很大程度上就是一个小型的社会。学生不出校门就可以在大学里接受医疗、购物、交通、印刷、酒吧、维修、物流、健身、理发、洗衣等各式各样的服务。可以说，只要社会上有的服务在大学里基本上都可以找到。可想而知，一所上万人的高校必将提供上千人的后勤服务岗位。在目前就业竞争压力很大的背景下，民办高校的发展壮大无疑创造了很多就业岗位。让一批年轻的教师走上教育工作岗位，开启教育生涯；让一批热爱教育事业的离退休教师继续在教育岗位上发挥余热；让一批劳动力在学校食堂、商店、基建、维修等后勤部门就业。据不完全统计，截至2016年12月，在全省民办高校里就业人员突破了4万人，就业一个人就幸福一个家庭，幸福一个家庭就稳定一个家庭，就和谐一个家庭，为社会的稳定，尤其是构建和谐社会做出了重大贡献。

（四）振兴地方科技

由于民办高校的发展战略普遍从规模数量型转向内涵质量型，追求内涵式发展的民办高校的工作重心,从昔日的教学一个中心转向教学与科研两个中心,以科研促教学,以科研促升级。所以,科研自然成为民办高校创造文化的一个重要生长点。一批民办高校不仅取得了承担国家自然科学基金、社会科学基金、省部级等重大纵向科研项目的突破,而且承担了很多社会企业的横向项目;同时在国内外学术刊物上发表了大量科研文章,出版了众多教材、专著、科技发明专利等。民办高校通过承担科研项目创造了前沿的科学技术成果,很好地带动了当地科技的发展。例如,河科技学院主动融入中原经济区、郑州航空港综合实验区、郑洛新国家自主创新示范区、河南自由贸易区等国家战略部署,成功研发一批服务当地社会经济发展的应用型科研项目。同时,民办学校与河南一些地方政府构建了"政、研、产"为一体的学术联盟机制,学校负责研发,政府搭建平台,企业转化成果。

二 河南经济和社会发展对高校提出新要求

近年来,中央把实现中部崛起置于前所未有的高度,先后批复了中原经济区、郑州航空港综合实验区、郑洛新国家自主创新示范区、河南自由贸易区建设等一系列国家战略层面的决策部署,河南终于迎来了发展的春天。这些仅是一个良好的开端,一切工作都需要有人把它做好,这就对河南高校如何培养适应当地经济和社会发展需要的人才提出了新要求。

(一)急需培养应用型、创新型、技术技能型人才

中原经济区、郑州航空港区综合实验区、郑洛新国家自主创新示范区、河南自由贸易区的建设不同于传统意义上的经济建设,不言而喻,需要大量应用型、创新型、技术技能型人才。这些人才的培养一方面有赖于省外高校的培养,而更多地依靠本区高校有针对性地培养,让大学服务于地方建设。为了加快河南地方经济建设,培养出高层次创新杰出人才是整个河南高校义不容辞的责任。河南省内高校具有地域优势,更熟知河南区域经济建设的现实急需,能结合现实所需培养优秀的毕业生。当前,中原经济区建设以新型

工业化、城镇化建设为主，郑州航空港建设需要大量航空专业和国际营商人才，郑洛新国家自主创新示范区需要大量高科技创新人才，河南自贸区需要大量精通国际贸易规则的人才等。区域经济建设的快速发展，教育是基础、人才是根本，高等教育培养的人才对其起着基础性、战略性和先导性作用。提高人才培养质量应是各高校工作任务的重中之重。这就要求本区域的高校从专业建设的实际出发，培养学生的动手能力和创新意识，健全和完善教育质量评估机制，提高人才培养质量，为地方经济和社会建设提供多样化高质量的人才储备与支撑。

（二）急需引进培养高水平的创新型教师

一流的大学需要一流的师资，优秀的师资队伍是办好大学的基础，是保障大学可持续、内涵式发展的前提，也是进行科技创新和社会服务的重要力量。以往，高校教师侧重理论研究与创新，在书斋中做文章，对社会急需的科技与服务关注不够。当下，河南区域经济发展需要高校教师在科研中更多地关注如何为推动中原经济区、郑州航空港实验区、郑洛新自主创新示范区、河南自贸区的建设提供理论支持，回应地方经济建设实际需求，发挥河南民办高校的科研基地及科技人才的先导作用，将河南经济和社会发展的现实需求作为自己研究领域的试验田。河南自主创新能力的提升在很大程度上依靠知识创新、科技创新，这些创新需要科研人员的加入，有针对性地开展基础性研究、应用性研究、综合研究、工程技术创新研究，以及提升人文素质的地方文化研究。河南省民办高校教师针对此开展科学研究具有不可比拟的优势，河南民办高校需要不断培养和造就大批具有开拓创新精神与能力的学术团队、学术带头人，瞄准中原经济区、郑州航空港实验区、郑洛新自主创新示范区、河南自贸区建设重大战略需求和企业重大技术攻关课题。从事高水平科学研究和技术开发，并促进科技成果有效转化，为地方社会发展、经济建设提供决策咨询服务。高端创新型教师能够为河南的快速发展提供实用型的科技创新支持，推动科技化与信息化的融合、产学研的有效结合、制造业与服务业的融合、新科技与新产业的融合，通过知识创新推动区域经济可持续发展。

（三）急需引入现代化的大学管理理念

英国教育家迈克尔·夏托克指出，应该采取这样一种管理方式，使大学能够促使所有的教职员工和学生去实现自己的潜力，而不是用过时的、管理者说了算的或者控制管理的方式去扼杀人们的主动性。大学的管理者应该知道如何创造性地、支持性地、卓有成效地促进大学的成功。一流的管理造就一流的大学。原复旦大学校长、英国诺丁汉大学校长杨福家院士讲到，知识分子需要一定的生活待遇，但比生活待遇更重要的是政治环境和学术环境。只有优秀的管理干部才能哺育出一个尊重知识、尊重人才的环境，只有能使人感到自身价值的时候，人的潜能才能发挥出来。在当下到处讨论"引进人才""筑建人才高地"的背景下，不要忘记，"人才"包含管理人才。没有优秀的管理人才，就难以有和谐的环境，即使引进了人才也难以发挥他的作用，或者他也会远走高飞。由此可见，引进管理人才，提高管理水平对高校的发展是多么地重要。管理人员在高校虽处于幕后，却非常重要，高校的科学化管理、良性运行需要凭借管理人员高水平的工作智慧和能力的运筹。好的管理人才能充分发掘学校现有的人、财、物的优势，很好地调动学校全体教师员工、学生的积极性，形成强大的前进动力，使学校的发展呈几何级增长。反之，违反教育规律，外行指导内行，舍本逐末，会成为阻碍高校前进的历史罪人。

三　新形势下民办高校适应河南经济和社会发展的对策

高等教育研究学者刘献君讲到，学科发展水平是一所大学在国内外地位的主要标志，没有一流的学科，绝不可能建成一流的大学。学科是大学的基本元素，教授们成长活动的土壤。可见，一所大学立足于世的根本在于拥有特色的学科。以黄河科技学院为例，在学科建设方面，学校具有多学科的优势，根据本校学科发展的基础、国内外发展的趋势和自己的特点以及现实需要，确立工科与商科为学校的重点学科方向。学校采取一系列措施加强重点学科建设。一是加强学科带头人和师资队伍建设。譬如，聘任重点学科专业的学术带头人，遴选优秀中青年骨干教师，派出一批青年教师赴国内外进修学习。二是加强实验室、实习基地和图书资料建设。三是争取重大攻关项目。

（一）建设高端一流学科

重视学科带头人的作用，是学科建设的重要方面。一般学科带头人都具有宽厚的理论基础，开阔的学术视野，渊博的知识储备，前瞻的学术思维。国内外教育的发展实践告诉我们，一流的大学得益于一流的学科，一流的学科得益于一流的学者。可见，大师级的学者、学术和学科带头人对于学科发展是极端重要的。他能告诉我们地（理论基础）在哪里，天（前沿高度）在哪里，否则极有可能步入只见树木、不见森林、盲人摸象、低水平重复、小打小闹的误区。黄河科技学院围绕工科、商科等重点学科从国内外引进了一批教授、博士、博士后等学科、学术带头人，壮大了教师队伍的力量，增强了学科的科研实力，形成了新的学科生长点。重视学科带头人的作用，为学科带头人尽早融入学科、学校发展，在工作和生活方面，为学科带头人开辟绿色通道，创造一切便利条件积极支持他们开展研究工作。譬如，简化学科带头人办事审批程序、学科带头人优先分配住房等。学校在使用学科带头人方面，扬长补短，扬长避短，扬长护短，充分发挥他们的长处、优势，让其心情舒畅，充分展示其才华。对于其缺点、不足，及时给予帮助；在工作中，用其所长，避其所短；学术带头人目光敏锐，追踪前沿学科，组织和依靠广大教师，共同争取大项目，真正把学科建设带动起来。

（二）开设独具特色专业

从战略的高度办出特色的大学，就是要追求与众不同，寻找办学的差异化。国外一些著名大学之所以形成鲜明的办学特色，首先是因为这些大学具有独到的办学理念。譬如，牛津大学"求实、辩证和以人为本"的教育理念，奠定了牛津大学办学特色的基础；麻省理工学院"理工与人文相通，博学与专精兼顾,教学与实践并重"的教育理念,是其办学特色形成的依据;斯坦福大学的"实用教育"理念,影响着斯坦福大学的发展,决定着斯坦福研究园区和硅谷的成功。刘献君教授认为,一所特色大学应该主要体现为四个方面的内涵:一是独到的教育理念,二是学校成员认同的规章制度,三是独特的优良传统和校风,四是良好的社会影响和效果。一所有特色的大学除了以上四个方面外,最核心的当数高校应具备特色的学科与专业。特色的学科彰显一所学校的科研能力,特色的专业告示一所学校独特的人才培养能力。在中国并非仅有北大、清华这样的名牌大学才能够建设特色大学,其他高校也能建设自己的特色学科。例如,徐州医学院,规模比较小,没有地域优势,但它们在发展中大胆创新,走一条前人没有走过的路,创办了第一个麻醉学专业,集中精力发展专业,走在了全国前列,《有中国特色的多层次麻醉学专业教育的研究与实践》获国家级教学成果一等奖。麻醉学科的发展,又带动了医学影像学等学科专业的发展。河南科技大学依托洛阳的重工业基地,该校学科以机械为主,该校选择轴承作为重点优势,在这方面成为全国第一,独树一帜,不仅发展了机械学科优势,而且带动了学校的发展,毕业生在全国各地很受欢迎。当下,河南民办高校要适应区域经济发展的现实背景,嵌入中原经济区、郑州航空港综合试验区、郑洛新自主创新示范区、河南自由贸易区等战略发展建设之中,开设适应河南发展需要的特色专业,助推河南经济和社会快速健康发展。

(三)提升创新创业能力

创新是一个民族的灵魂,是一个国家兴旺发达的不竭动力。在当下全球经济一体化的背景下,创新成为所有国家、民族、人民、企业以及任何组织共同追求的战略目标。创新的重要性无以复加不言而喻。创新对任何主体都是公平的,谁敢于创新、勇于创新、善于创新、成功创新,谁就抢占了竞争制高点;谁漠视创新、逃避创新,谁迟早就会被社会和市场所淘汰。高校的生存与创新息息相关。在信息化时代的今天,创新是保持一个企业、一所大学基业长青的源头活水。任何一所高校,无论是民办还是公办,如果仅仅满足于现状，不思进取，注定要被市场淘汰。以黄河科技学院为例，为加快科技成果转化、孵化高新技术企业、培养创新创业人才，2012年初，学校整合科技人才资源，集聚创新创业要素，创新运行和服务机制，筹建大学生创业园区，经过四年的建设和发展，创业园区现已成为集大学生创业、科技企业孵化、高层次人才建设与服务于一体的科技服务机构。目前，全链条创新创业生态体系建设已初见成效。学校建设的"U创港"综合体，规划面积10万平方米，已投入使用57560平方米，集聚了"中国风投""秉鸿资本"等一批金融资源；组建了"校内+校外+校友"三位一体的导师团队；为创客提供工商、税务、融资等"一站式"服务。创客工作室、众创空间、孵化器、加速器等可以满足不同阶段、不同学生的需求。"U创港"入驻企业和团队130余个，培育高新技术企业3家，获"全国首批众创空间""国家级科技企业孵化器"等称号。

（四）经营生命长青大学

美国学者顾伊诺认为，古老的大学会产生一种基于历史声誉而产生的光晕效益，由此而吸引更出色的教员和最优秀的学生。而正是两者的结合互动才产生杰出的知识分子群体，从而推动广泛而深入的前沿研究，培养训练有素的优秀学生，促进旷日持久的自我强化教育。更重要的是，这些大学随着历史的沿革创立了某种工作环境、某种行事方式、某种运作机制和某种独特的组织文化。这些合成因素经得起时代变迁的考验，能够一如既往地应对外部环境所带来的剧烈变化。一所大学如何经营才能做到经久不息基业长青，在笔者看来，大学要想在高校如林的竞争中始终保持领先地位，做到与时俱进，应该基于一种战略的管理。所谓战略管理，是指站位于全局高度，制定、实施、评估跨部门跨领域决策的智慧，以保证组织顺利实现其既定目标。大学战略不是一成不变的，而是随着办学环境的变化不断做出调整的行动纲领。高校战略对外关注外部环境和世界发展的变迁，适时调整学校发展的战略布局，以使高校的发展步伐适合社会需求的变化，做到供需平衡。高校战略对内又涵盖以下几个维度：一是学科专业发展布局。高校要鼎力支持一流学科的发展，需要及时砍掉没有市场和社会需求的学科专业，以聚精会神支持发展前沿学科专业，始终领先于时代的前列。二是大学财务管控。高校要实现学校财政收入的多渠道，涵盖政府财政支持、非政府支持、学费收入、科研经费、校友及社会捐赠等。稳健的资金保障是学术成功的关键因素之一，优秀的师资和先进的教学科研设备都需要有良好的财政保障，任何资金来源萎缩的迹象都会引起大学的不稳定和骨干教师流失到竞争对手院校。三是大学管理战略。一流的大学仰仗一流的管理水平。现代化的大学管理机制，能够激发学校现有的人才、设备、资源等优势，实现学校的跨越式发展，使大学的教学科研始终走在同类院校前列。四是大学文化战略。大学文化是一所学校的灵魂，流淌着大学教师、员工、学生的共同血脉，是教师、学生的心灵家园，作为一种无形的磁场，在学校生存发展、生死存亡关键节点，往往起着凝聚人心、攻坚克难的作用。大学的战略管理目标是实现和保持大学的成功。管理大学是一个整合的过程，需要各个相关部门齐心协力。如果只注重学术成果而不注意有效的财政管理是不可持续的；同理，只侧重校园建筑设施而不重视学术业绩的提升也是短视的。

参考文献

〔英〕迈克尔·夏托克：《成功大学的管理之道》，范怡红译，北京大学出版社，2008。

杨福家：《中国当代教育家文存》，华东师范大学出版社，2006。

刘献君：《大学之思与大学之治》，华中科技大学出版社，2002。

刘献君：《高等学校战略管理》，人民出版社，2008。

B.13
民办高等院校党建工作研究

成迎富*

摘　要： 坚持党的领导，加强党的建设，是民办高校实现持续健康发展的根本保证。虽然民办高校党建工作取得了一定成绩，但举办人还不同程度存在认识上有偏差、工作力量不够足、党建活动欠规范、党员管理有难度、作用发挥不充分等问题。面对从严治党的新形势，必须充分认识加强和改进民办高校党建工作的重要性，强化使命担当，采取得力措施，不断开创民办高校党建工作新局面。

关键词： 河南　民办高校　党的建设

民办学校的党建工作与整个民办教育发展紧密相连，民办学校的发展壮大推动着民办学校党建工作的进步，党建工作水平的不断提高也有力地促进了民办学校的发展。实践证明，民办高校要获得持续健康发展，必须在政治上和思想上坚定不移地依靠党的领导，贯彻党的教育方针，坚定社会主义办学方向。

一　河南省民办高校党建工作现状

（一）民办高校基本情况

至2016年，河南省共有独立设置的民办普通高校32所（不含独立学

---

* 成迎富，硕士，黄河科技学院党委办公室副主任，讲师，研究方向为民办高校党建与思想政治教育。

院），其中本科学院12所，高职学院20所，均建立了党委。在党组织关系隶属上，归省委高校工委管理的16所，省辖市党委管理的5所，县级党委管理的7所，企业党委管理的1所，另外由独立学院刚转设的3所民办本科高校尚未明确党组织的新隶属关系。在校生规模5000人以下的11所，5000～10000人的11所，10000～20000人的4所，20000人以上的6所（见表1）。

表1　2016年河南省32所独立设置的民办高校基本情况

高校名称	办学层次	所在市县	党组织隶属关系	在校生人数
黄河科技学院	本科	郑州市	省委高校工委	27953
郑州科技学院	本科	郑州市	省委高校工委	21294
郑州工业应用技术学院	本科	郑州市	省委高校工委	23252
郑州财经学院	本科	郑州市	省委高校工委	8371
黄河交通学院	本科	焦作市	省委高校工委	9519
商丘工学院	本科	商丘市	商丘市委	13930
商丘学院	本科	商丘市	商丘市委	21949
郑州成功财经学院	本科	郑州市	省委高校工委	18243
郑州升达经贸管理学院	本科	郑州市	省委高校工委	23658
信阳学院	本科	信阳市	尚未明确	14769
安阳学院	本科	安阳市	尚未明确	16896
郑州工商学院	本科	郑州市	尚未明确	29404
郑州澍青医学高等专科学校	专科	郑州市	省委高校工委	8484
郑州电子信息职业技术学院	专科	郑州市	省委高校工委	6719
嵩山少林武术职业学院	专科	郑州市	省委高校工委	6303
郑州电力职业技术学院	专科	郑州市	省委高校工委	7596
周口科技职业学院	专科	周口市	周口市委	7082
漯河食品职业学院	专科	漯河市	漯河市教育局党委	6413
郑州城市职业学院	专科	郑州市	省委高校工委	5451
焦作工贸职业学院	专科	焦作市（沁阳市）	沁阳市委	2767
许昌陶瓷职业学院	专科	许昌市（禹州市）	禹州市委	348
郑州理工职业学院	专科	郑州市	省委高校工委	7902
郑州信息工程职业学院	专科	郑州市	省委高校工委	3318
长垣烹饪职业技术学院	专科	新乡市（长垣县）	长垣县委	2025

续表

高校名称	办学层次	所在市县	党组织隶属关系	在校生人数
信阳涉外职业技术学院	专科	信阳市（新县）	新县县委	968
鹤壁汽车工程职业学院	专科	鹤壁市	鹤壁市委	1071
南阳职业学院	专科	南阳市（西峡县）	西峡县委	3080
郑州商贸旅游职业学院	专科	郑州市	省委高校工委	1909
郑州黄河护理职业学院	专科	郑州市	省委高校工委	5304
洛阳科技职业学院	专科	洛阳市	洛阳市委	2235
鹤壁能源化工职业学院	专科	鹤壁市	鹤煤公司党委	—
平顶山文化艺术职业学院	专科	平顶山市（宝丰县）	宝丰县委	—

注：以上表格中的在校生数指普通本专科生人数，来源于河南省教育厅发展规划处。

（二）党建工作开展情况

1. 向民办本科高校选派党委书记

2010年以来，中共河南省委组织部和省委高校工委按照中共中央组织部和教育部党组关于向民办高校选派党组织负责人的有关精神，先后向8所民办本科高校选派了党委书记（副厅级）。2010年10月，丁松林任黄河科技学院党委书记，开启了河南省向民办高校选派党组织负责人的先河；与此同时，岳修峰和吴廷伟分别任郑州科技学院和郑州工业应用技术学院的党委书记。2012年7月，李成军任商丘学院党委书记。2015年11月和12月，刘兵和张德伟分别任商丘工学院和郑州升达经贸管理学院的党委书记。2016年，省委组织部和省委高校工委进一步加大选派力度，3月和6月，由于原党委书记退休和调离，第二次向黄河科技学院和郑州科技学院选派了党委书记，李森和刘新华分别接任；6月和9月，张树军和李国强分别任郑州成功财经学院和郑州财经学院的党委书记。这为进一步加强民办高校党的建设，促进民办高校的改革发展提供了强有力的组织保障。

2. 部分民办高校召开党员代表大会

党代会作为党员政治生活中的一件大事，是全面加强和改进民办高校党的建设的有力抓手。2016年，省委高校工委和部分地市党委按照省委组织部

《关于民办高校召开党代会（党员大会）有关工作程序》的文件精神，成功指导部分民办高校召开党代会，依照规定选举学院党的委员会和纪律检查委员会。1月5日，周口科技职业学院召开第二次党代会。3月12日，商丘学院召开第一次党代会。10月18日，黄河科技学院召开第四次党代会。10月19日，郑州科技学院召开第二次党代会。11月18日，郑州升达经贸管理学院召开第一次党代会。成功召开党代会，既为民办高校加强基层党建工作、坚持民主集中制、保障党员民主权利积累了经验，又对进一步加强党对民办高校的领导，增强民办高校党组织的凝聚力、创造力、战斗力具有重要意义。

3. 民办高校党务干部队伍建设进一步加强

从民办高校本身来讲，不管是数量还是质量，党务干部的整体水平都在持续提升。如黄河科技学院，根据学校实际和党建工作需要，建立了一支素质优良、精干高效、专兼结合的党务干部队伍。就专职党务干部而言，除党委书记和副书记外，所有二级学院都配备了专职党总支书记和组织员，党委职能部门的专职干部达到10人，走在了全省民办高校的前头，为学校党建工作有效开展提供了坚强的人才保证。从省委高校工委来讲，持续把民办高校党务干部纳入全省高校干部教育培训规划，同公办高校一并实施。充分利用河南省委党校、河南省高校干部培训中心等教育培训机构有计划地培训民办高校党务干部，使民办高校党务干部的整体素质和综合能力有了较大提高，推动了民办高校党建工作水平的有效提升。

4. 民办高校党的各项工作得到持续推进

（1）党委领导班子建设得到加强。贯彻民主集中制原则，积极推进"双向进入、交叉任职"，健全民办高校党委参与学校重大问题决策的体制机制。有的民办高校党组织领导班子成员通过法定程序进入学校决策机构和行政管理机构，学校决策机构和行政管理机构中的党员进入党组织领导班子。有的民办高校逐步建立起党委书记与校长沟通机制、党政领导联席会议机制，学校党委负责人、行政负责人形成工作合力，党组织负责人在学校决策和管理中的作用得到进一步发挥。

（2）学生思想政治教育得到加强。积极建立健全思想政治教育工作机构,逐步形成党组织统一领导、有关职能部门各司其职、密切配合、齐抓共管的良好局面。高度重视思想政治课教师、辅导员、班主任等大学生思想政治教育工作队伍建设,严格选聘标准,加大配备力度,注重培养培训,逐步建立起一支政治强、业务精、纪律严、作风正的思想政治工作队伍,为深入开展大学生思想政治教育奠定了坚实基础。通过开展形式多样、丰富多彩的各类校园文化活动,充分发挥"第二课堂"的思想政治教育功能,积极开辟学生网络思想政治教育新阵地。

(3) 基层党组织建设得到加强。全省32所独立设置的民办高校都建立了党组织,并基本实现了基层党支部的全覆盖,同时积极而慎重地做好党员发展工作,坚持和完善发展党员工作的标准和程序,吸收了一批优秀的师生加入党组织。全省高校党内信息统计数据显示,截至2016年底,上报统计数据的27所民办普通高校共有基层党组织754个,其中党委27个,分党委及党总支127个,党支部600个;在职教工党员5719人,占在职教工(21013人)总数的27.22%;在校学生党员8567人,占学生总数(390038人)的2.20%;申请入党112101人,占师生总数的27.27%;确定入党积极分子37800人,占师生总数的9.20%。

(4) 校园安全稳定局面得到加强。各校积极开展平安、健康、文明、和谐校园建设活动,建立科学有效的利益协调机制、诉求表达机制、矛盾调处机制、权益保障机制,综合运用法律、政策、行政等手段和教育、协商、疏导等方法,统筹化解矛盾纠纷,维护教职工合法权益,切实解决师生工作、生活、学习中遇到的困难,有效维护了校园和谐稳定。2016年,在庆祝中国共产党成立95周年之际,黄河科技学院、郑州科技学院分别被中共河南省委授予"全省先进基层党组织"称号,表明省委对民办高校党建工作取得成绩的肯定。

二 民办高校党建工作存在的问题

(一) 工作认识上存在偏差

与公办高校相比,民办高校党建工作受到学校领导体制、办学形式、办学条件等诸多因素的影响。有的学校举办人虽然认同党对民办高校的领导，但总认为：民办高校实行的是董事会（理事会）领导下的校长负责制，不是党委领导下的校长负责制，坚持党组织在学校的政治核心地位和作用，特别是党委书记进入董事会，会冲击董事会的最高决策地位，不利于民办高校的办学，这种认识值得深思。

（二）党组织工作力量不足

有些民办高校为节省办学成本而精简机构，党委职能部门、党务干部配备不足，一人多岗现象比较普遍。以河南省12所独立设置的民办本科高校为例，有的学校设置了相对独立的党办、组织部、宣传部、统战部、党校等党务工作部门，并按上级文件规定配备了较为充足的专职党务干部，而有的学校党的工作机构不健全，专职人员配备不足。在12所民办本科高校中有3所是党政办合一，有4所只设党办，有1所只设一个党务工作部。在这些高校中，几乎都达不到省委高校工委规定的按照在校生数配备党委职能部门专职人员的比例，有的只有1名专职党务工作人员。另外，院系一级的党务工作者大多是兼职，由于事务多、工作量大，难以集中精力抓党建，影响了党组织活动正常开展，挫伤了党员参加组织活动的积极性。

（三）党组织活动和发展党员欠规范

河南省32所独立设置的民办高校中，除了12所本科院校外，20所专科院校中大多数办学时间较短，学校内部管理体制机制和运行机制还不够完善，党的工作也不同程度地存在不规范现象。有的学校党组织生活存在随意性，时有时无，时紧时松；有的学校党组织活动缺乏创新性和时代感，方式简单，内容陈旧，导致工作实效不明显，难以得到党员的认可，不利于提高党组织的凝聚力和战斗力。发展党员工作还不够规范，有的学校存在重发展、轻培养的现象，在入党积极分子培训、教育、考察等方面达不到规范要求。另外，民办高校师生的党员比例，远低于公办高校。2016年，河南省高校党务信息统计的数据表明，全省高校教职工的党员比例为62.58%，学

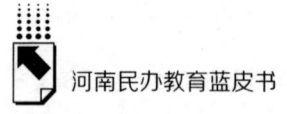

生党员的比例为6.02%,而民办高校教职工的党员比例只有27.19%,学生党员的比例只有2.20%。

(四)党组织作用发挥空间有限

有的学校对加强党的建设和思想政治工作没有给予足够的重视。甚至有的学校举办者认为民办学校党组织可有可无,抱有"无所谓"的态度。因此,党组织在学校中的地位、活动、经费和人员都得不到保障,甚至有的学校党组织的办公条件、宣传阵地、活动场所、活动时间也没有保障,这直接制约和影响了党组织工作的有效开展。

(五)党员管理难度比较大

在民办高校的一些教职工中,既有退休后来民办高校工作的,也有种种原因转调过来的,有些虽然是党员,但大多数不愿意把组织关系及时转到学校来,在一定程度上影响了党建工作开展。有的党员认为民办高校教职工流动性较大,自己说不准能在这里工作多久,转不转组织关系无所谓;有的党员担心组织关系迁出来会与原单位疏远甚至脱离了关系,而享受不到原单位的一些待遇,不想把组织关系转过来;也有一些党员不愿让学校知道自己是党员,可以不受所在学校党组织的约束。对流动党员管理已成为民办高校党建工作的一个薄弱环节。

三 我国民办学校党的建设面临的新形势

党和国家高度重视民办学校的党建工作,将民办学校党建工作摆上重要位置,列入重要议程,精心谋划、周密部署,促进民办学校党建工作再上新台阶。2016年,对我国民办学校党建工作来说,必将是载入史册的重要一年。

2016年4月18日,中共中央总书记、国家主席、中央军委主席、中央全面深化改革领导小组组长习近平主持召开中央全面深化改革领导小组第二十三次会议，审议通过了《关于加强民办学校党的建设工作的意见（试行）》。会议强调："支持和规范民办教育发展，要坚持和加强党对民办学校的领导，设立民办学校要做到党的建设同步谋划、党的组织同步设置、党的工作同步开展，确保民办学校始终坚持社会主义办学方向。"

2016年4月27日，《中共教育部党组关于巡视整改情况的通报》中强调："加强党对民办高校的领导。要求民办学校党组织落实全面从严治党主体责任、确保学校全面贯彻党的教育方针。"

2016年11月7日，第十二届全国人大常委会第二十四次会议通过的新修订的《中华人民共和国民办教育促进法》第九条规定："民办学校中的中国共产党基层组织，按照中国共产党章程的规定开展党的活动，加强党的建设。"

2016年12月29日，《中共中央办公厅印发〈关于加强民办学校党的建设工作的意见（试行）〉的通知》强调："各级党委（党组）要充分认识做好民办学校党建工作的重要性紧迫性，按照全面从严治党要求，加强党对民办学校的领导，加强社会主义核心价值观培育，确保学校按照党的要求办学立校、教书育人。"该意见从加强民办学校党建工作的重要性紧迫性、充分发挥民办学校党组织政治核心作用、推进党的组织和党的工作有效覆盖、选好管好民办学校党组织书记、建立健全党组织参与决策和监督机制、做好发展党员和党员教育管理工作、抓好思想政治教育和德育工作和加强对民办学校党建工作的领导八个方面，提出了具体要求和措施。

同日，国务院印发的《关于鼓励社会力量兴办教育促进民办教育健康发展的若干意见》强调，要"加强党对民办学校的领导"。特别指出，要"切实加强民办学校党的建设"。

以上表明，以习近平同志为核心的党中央高度重视加强民办学校党的建设。不仅以法律的形式对民办学校加强党的建设做出了明确规定，而且从战略上对民办学校党建工作提出了原则要求和具体措施。这既为新形势下加强民办学校党的建设提供了最根本的法律遵循，又指明了进一步做好民办学校党建工作的前进方向。民办学校作为我国教育事业的重要组成部分，必须不折不扣地接受党的领导，严格落实从严治党的各项要求。

四 加强河南民办高校党建工作的对策

（一）充分认识加强和改进民办高校党建工作的重要性

改革开放以来，我国民办高校快速发展，有效满足了人民群众接受高等教育的需求，为促进经济社会发展做出了积极贡献。在中国，"党政军民学，东西南北中，党是领导一切的"。习近平总书记在全国高校思想政治工作会议上强调，"我们的高校是党领导下的高校，是中国特色社会主义高校""办好我国高等教育，必须坚持党的领导，牢牢掌握党对高校工作的领导权"。这表明，作为中国特色社会主义高等教育事业重要组成部分和重要推动力量的民办高校，也必须坚定不移地坚持党的领导，全面加强党的建设，紧扣"培养什么人，如何培养人，为谁培养人"这个根本问题，充分发挥党委的政治核心作用、基层党组织的战斗堡垒作用和党员的先锋模范作用，积极探索党建新思路，不断开创党建新局面，确保民办高校按照党的要求办学立校、教书育人，努力培养社会主义合格建设者和可靠接班人。

（二）进一步加大民办高校党委负责人选派工作力度

党组织书记队伍建设是民办高校党建工作的重中之重，必须按照信念坚定、为民服务、勤政务实、敢于担当、清正廉洁的好干部标准，突出讲政治的教育家要求，选优配强民办高校党组织书记。在河南省，民办高校党委书记的产生主要有组织选派、创办人选聘和创办人兼任三种形式。实践证明，组织选派党委书记有利于民办高校党建工作的规范化、科学化，有利于学校对外交流和沟通，有利于学校持续健康发展。河南省委书记谢伏瞻在全省高校思想政治工作会议上强调："我省现有民办高校32所，虽然已向其中8所选派了党委书记，但这一领域的工作还比较薄弱。下一步要延伸工作手臂，建立健全党组织，全面推行上级党组织选派党委书记，建立党组织参与决策和监督机制，探索党组织发挥政治核心作用的有效途径，确保民办高校党建和思想政治工作全覆盖、无死角。"省委组织部和省委高校工委及所在市、县党委要不断完善组织选派党委书记制度，进一步加大选派工作力度，在现有已选派8所的基础上，争取早日覆盖所有民办本科高校，再逐步实现民办专科高校的全覆盖。

（三）建立民办高校党建工作指导与监督机制

一是及时完善民办高校党建工作政策。要按照中共中央办公厅《关于加强民办学校党的建设工作的意见（试行）》，紧密结合实际，修订河南省《关于加强民办高校党的建设工作的实施意见》，与时俱进地出台开创河南省民办高校党建新局面的政策措施。二是建立党务工作者培训制度。在把民办高校党务工作者培训纳入省委高校工委干部培训计划的前提下，要定期举办民办高校党务干部、党支部书记等党建工作专题培训班，使培训既具有民办高校党建工作特点，又更有针对性和实效性。三是建立联系交流制度。建立上级党组织领导干部联系民办高校制度，定期到民办高校走访调研，指导党建工作；同时，搭建诸如河南省民办高校党建论坛、研究会等平台，加强民办高校党建工作研讨交流，推动民办高校党建工作水平共同提升。四是建立党建工作检查督导机制。在把民办高校党建工作纳入全省高校基层组织党建目标管理的基础上，至少每年定期深入民办高校检查督导一次党建工作，把工作开展情况作为学校注册登记、年检年审、评估考核、管理监督的必备条件和必查内容。

（四）健全和完善民办高校党建工作保障机制

一是加强党建工作经费保障。教育行政管理部门要建立专项党建资金，每年拨付一定的经费支持民办高校党组织开展工作；同时，民办高校举办者要积极支持党组织开展活动，把党组织活动经费列入学校年度经费预算，或者做到合理又必需的党建经费随用随批。二是加强组织机构和工作人员保障。当前,在未出台新政策的情况下,要认真落实河南省委组织部、河南省委高校工委、河南省教育厅党组《关于加强民办高校党的建设工作的实施意见》,按照"学校党委职能部门应配备必要的专职人员,在校生规模5000人以下的,不少于3人;5000~10000人的,不少于5人;10000人以上的,不少于7人""院系党组织应至少配备1名专职组织员"的规定,把组织机构和人员配备情况列入民办高校党建工作和人才培养工作评估的重要内容,在民办高校评优工作中列入重要考核指标,实行一票否决,确保民办高校党建工作机构健全、人员配备相对合理。三是加强政策保障。凡是国家和省里给高校的优惠政策,要对民办高校一视同仁,享受同等待遇;各项优惠政策需要学校配套的,民办高校必须认真落实。

(五)进一步加强党员发展和教育管理工作

一是做好党员发展工作。上级主管部门要适当增加民办高校发展党员数量,学校要重视发展优秀大学生和青年教师入党。严格按照发展党员标准,从培养环节、政治审查、规范程序等方面严格把关,切实保证发展质量。二是规范党员组织关系。学校要从聘用环节开始全面掌握教职工党员身份,定期排查党员组织关系,纠正和防止"口袋党员""隐形党员"现象发生。三是严格党员教育管理。充分利用"三会一课"等形式,开展经常性教育活动,提高教育效果。凡是在学校工作半年以上的专职教职工,只要能证明党员身份,不管组织关系是否转入,都要编入党的支部,参加党的组织活动,以促进党员队伍建设,激发党员保持先进性的内在动力,增强党员队伍的生机活力。

参考文献

张亚伟:《加强和改进民办高校党的建设是民办高等教育事业科学发展的根本保证》,《河南教育》(高教版)2013年第1期。

新华社：《习近平主持召开中央全面深化改革领导小组第二十三次会议》，《人民日报》2016年4月19日。

中共教育部党组：《关于巡视整改情况的通报》，中纪委网站，http：//www.ccdi.gov.cn/yw/201604/t20160425_78091.html，2016年4月27日。

中共中央办公厅：《关于加强民办学校党的建设工作的意见（试行）》，2016年4月。

《国务院关于鼓励社会力量兴办教育促进民办教育健康发展的若干意见》，2016年12月。

《中共中央政治局常务委员会召开会议》，《人民日报》2016年1月8日。

《习近平：在全国高校思想政治工作会议上的讲话》，《人民日报》2016年12月9日。

谢伏瞻在全省高校思想政治工作会议上的讲话，2017年3月24日。

职业教育篇
Vocational Education

B.14
河南民办职业教育的现状与发展对策

唐琪 王公博*

摘　要： 民办职业教育是教育事业的重要组成部分，是国民教育体系的重要一环。随着中原经济区、中国（河南）自由贸易实验区等建设战略叠加效应，河南省已经步入决胜全面小康、实现中原崛起、河南振兴、富民强省的关键时期。河南经济社会发展急需大量技术技能人才，而公办职业院校数量不足，人才培养不能完全满足社会经济发展的需求，这给河南省民办职业教育发展带来许多新的机遇。在全省民办职业教育整体发展较好的同时，也存在许多问题与挑战。本文从规范内部管理、优化外部发展环境、强化内涵建设、推进改革提升、增强核心竞争力等方面，探索河南省民办职业教育的发展

---

* 唐琪，黄河科技学院讲师，研究方向为中等职业教育教学管理；王公博，郑州机电工程学校讲师、副校长。

路径。

关键词： 河南　民办教育　职业教育

　　2016年，对中国职业教育来讲是个特殊的年份，《中华人民共和国职业教育法》实施20周年，中国近代职业教育发轫150周年。从马尾船政学堂建立于福建省福州，职业教育经历了从救亡图存、建设新中国到改革开放，再到实现两个一百年宏伟目标的150年发展历程。职业教育伴随国家的成长壮大，在经济和社会发展中发挥着不可替代的重要作用。党的十八大以来，党中央、国务院高度重视职业教育发展，习近平总书记对职业教育发展做出重要指示，国务院召开全国职教工作会议，2014年5月印发《关于加快发展现代职业教育的决定》，确定了到2020年基本实现职业教育现代化的发展目标。

　　近年来，河南省紧跟全国职业教育发展步伐，出台多项政策支持和鼓励、促进职业教育事业发展。2014年9月，河南省人民政府颁布《关于加快发展现代职业教育的意见》；2015年12月，颁布《河南省人民政府关于进一步优化中等职业学校布局提升办学水平的意见》和《河南省人民政府关于加快推进民办教育发展的意见》。河南省当代职业教育从20世纪80年代起步，经历了规模扩张的快速发展期，到2010年，逐渐进入理性发展期，由规模发展逐渐转向注重内涵发展上来。

　　河南民办职业教育作为职业教育的一部分，与全国总体情况相似，也经历了由规模扩张到内涵提升的发展历程。在这个过程中，河南民办职业教育作为全省职业教育的主要组成部分，体现了自己的社会价值，实现了自己的社会职能，成就显著，贡献巨大。但是在发展中还存在一些问题，主要表现在发展相对缓慢、地区发展不平衡；办学条件和教学质量等方面还有待进一步提高；外部缺乏相对完善与稳定的政策支持和理论支持；政府与社会环境支持还不到位；社会认可度和美誉度不高；教学条件弱化，内部管理还未完

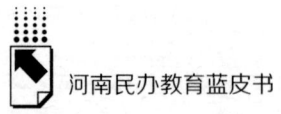

全理顺等。各方面对民办教育的研究都持有不同的观点,难以形成定论,这些不利因素都需要在发展中不断改进与完善。

一 河南民办职业教育的现状

(一)概念界定

职业教育是一种教育现象,给予在职人员或学生进行某种工作所需要的技能、态度和基本知识的教育。即培养和提升受教育者职业素质的教育,以培养技能和技术型人才为目标,以实践学习为主要特征,以传授职业岗位所需的知识、技能、态度为主要内容,以满足受教育者个人终身职业发展、满足社会经济发展为导向,由企业、学校和各类职业培训机构等共同实施。

职业教育从层次上分,主要有中等职业教育和高等职业教育;从培养机构分,主要有高职院校、中职学校、技工学校、成人教育和社会培训。这些机构从不同方面形成了职业教育的立体结构,为经济社会的发展做出了具有鲜明时代特色的贡献。

民办职业教育是和公办职业教育相对应的一个概念,其举办者是国家机构以外的社会力量;办学方向高度以市场为导向,办学存在高度灵活性与自主性,因此也存在相对的盲目性。

(二)基本规模

2016年,河南省共有各级各类职业学校874所,在校生共计186.66万人;其中高职高专74所,在校生58.41万人,民办高等学校37所,在校生41.72万人;中等职业学校800所(统计含技工学校),在校生128.25万人,其中民办中等职业学校190所,在校生19.62万人。

(三)河南民办中等职业教育基本发展情况

从统计数据来看,2011~2016年,河南民办中等职业教育的学校数、在校生数呈逐年递减的趋势（见表1），全国民办中等职业教育也呈回落的走向（见表2）。到2016年，河南民办中等职业学校的学校数和在校生数比2011年分别减少了64所和6.27万人；全省中职学校数和在校生数分别减少了161所和56.47万人。从数据分析来看，2011～2016年整个河南的中等职业教育与民办中等职业教育整体规模均有不同程度的缩减。

表1　2011～2016年河南民办中等职业教育发展情况

单位：所，万人

年份	全省民办中等职业教育		全省中等职业教育	
	学校数	在校生数	学校数	在校生数
2011	254	25.89	961	184.72
2012	234	24.48	920	173.87
2013	218	18.61	899	147.19
2014	215	16.72	885	137.58
2015	205	16.89	875	131.48
2016	190	19.62	800	128.25

资料来源：2011～2016年《河南省教育统计年鉴》。

表2　2011～2015年全国及河南省民办中等职业教育发展情况

单位：所，万人

年份	全国民办中等职业教育		河南省民办中等职业教育	
	学校数	在校生数	学校数	在校生数
2011	2856	269.25	254	25.89
2012	2649	240.88	234	24.48
2013	2482	207.94	218	18.61
2014	2343	189.57	215	16.72
2015	2225	183.37	205	16.89

资料来源：2011～2015年《河南省教育统计年鉴》和《中国教育统计年鉴》。

（四）河南民办高等职业教育发展情况

从统计数据来看，从2011～2016年，河南民办高等教育的学校数和在校生数均呈现稳步增长的趋势（见表3），全国民办高职的发展规模也呈上升趋势（见表4）。到2016年，河南民办高等职业学校的学校数和在校生数比2011年分别增加了4所和15.83万人。

表3　2011～2016年河南省民办高等职业教育发展情况

单位：所，万人

年份	河南民办高等教育		河南高职高专	
	学校数	在校生数	学校数	在校生数
2011	33	25.89	70	53.0600
2012	34	28.98	73	53.5163
2013	35	33.04	73	47.4208
2014	37	35.51	77	50.7738
2015	37	38.65	77	54.8240
2016	37	41.72	74	58.4082

资料来源：2011～2016年《河南省教育统计年鉴》。

表4　2011～2015年民办高等职业教育发展情况

单位：所，万人

年份	全国民办高等职业教育		河南省民办高等职业教育	
	学校数	在校生数	学校数	在校生数
2011	308	183.33	33	25.89
2012	316	191.94	34	28.98
2013	307	195.85	35	33.04
2014	307	212.28	37	35.51
2015	310	227.52	37	38.65

资料来源：2011～2015年《河南省教育统计年鉴》和《中国教育统计年鉴》。

（五）河南职业教育发展走向

从河南省教育厅统计的数据来看，河南中等职业教育学校数在2009年达到一个峰值，当年全省共有中职学校1180所，之后开始逐渐减少；在校生总数在2010年达到一个峰值，为189.31万人。河南高等职业教育从1998年开始则呈现稳步增长的趋势，其中民办高等教育从1998年的1所，逐年增长到2014年的37所，2015年和2016年数量未变。

（六）河南民办职业教育的经费来源构成情况

河南省公办职业院校办学经费以国家投入为主，而民办职业教育经费则主要来源于学费与举办者投入。其中，民办中职学校的收入主要来自学杂费，民办高职的收入来自学费，办学经费主要来自举办者的投入。值得注意的是，近几年来，尤其是党的十八大以来，国家大力实施发展现代职业教育，从国家到地方不断出台有利于职业教育发展的政策法规。《民办教育促进法》的实施，在一定程度上提升公共财政预算对民办职业教育的支持力度，占总投入的比重逐年提升。其中普惠性国家对中职生的资助政策在河南各地市都已先后出台，对每个中职在校生每年2000元的资助保障了贫困家庭的孩子有在职业学校就读的机会，这些款项按各校在册人数及时拨付，有效促进了学校发展。

二　河南民办职业教育发展的成就

民办职业教育在教育改革中占有十分重要的地位。2010年，国务院颁布《国家中长期教育改革和发展规划纲要（2010～2020年）》，明确提出"民办教育是教育事业发展的增长点和促进教育改革的重要力量"。

河南民办职业教育迅速发展，在很多方面都取得了很大进步。社会地位有所上升，改革了职业教育体制，使得教育内容日益多样化。这一方面解决了公办职业教育数量不足的问题，在一定程度上缓解了政府公共财政投入不足的难题，填补了社会教育资源短缺的局面，完善了职业教育体系；另一方面也为广大人民群众提供了多样化的教育选择，体现了教育公平。

（一）良好的发展机遇

2014年5月，国务院发布《关于加快发展现代职业教育的决定》；2014年9月，河南省人民政府发布《关于加快发展现代职业教育的意见》；2015

年12月，河南省人民政府发布《关于进一步优化中等职业学校布局提升办学水平的意见》。连续两年中央和河南省政府高密度就职业教育发布政府文件，表明政府发展高水平职业教育的鲜明态度。

河南发展现代职业教育的目标任务：到2020年，形成适应发展需求，高教深度融合，中职高职衔接，职业教育与普通教育相互沟通，体现终身教育理念的现代职业教育体系。为了加快民办职业教育的发展速度，政府加大了扶持力度，促使民办职业学校承担了更多的职业教育内容，在一定程度上缓解了职业教育发展不足的问题。一些知名高校想向研究型大学迈进，所以特别重视科研及高水平研究人才的培养，以实现提升自我的目的，开始不招收高职生，这在无形中扩大了民办高职的招生对象，生源得到相对提升。

（二）职业教育体制展现新格局

河南省出台多项加快职业教育改革、促进职业教育发展的政策法规和文件，引导全省职业教育不断在人才培养、组织管理、教育教学等方面走向标准化和制度化。经过一个时期的发展，全省基本形成了布局合理、集约发展、区域联动、中高本相衔接的职业教育体系和多元化办学格局。围绕主导产业及新兴产业开设了装备制造、电工电子、财经商贸、旅游服务等门类齐全的专业，基本形成了重点突出、全面覆盖的专业布局。

（三）涌现出一批办学质量高、社会声誉好的民办职业学校

河南省民办职业教育在发展的过程中，逐渐涌现出一批办学质量高、社会声誉度好、社会贡献大的职业学校。例如，黄河科技学院附属中等专业学校、郑州城轨交通中等专业学校、郑州商业中等专业学校、登封少林中等专业学校等中职学校，以及黄河科技学院应用技术学院、郑州澍青医学高等专科学校等高等职业学校等。这些民办职业学校办学条件好、人才培养质量高、生源好，为区域经济发展输送了大批职业技术技能人才。

三 河南民办职业教育存在的问题

河南民办职业教育在快速发展的同时也存在许多不容忽视的问题。一是职业教育对经济社会发展的重要性还未被充分认识,办学条件也有待改善;二是职业学校师资队伍建设,不能很好地适应职业教育快速发展的需要;三是职业学校的办学体制机制还不够灵活,企业没有充分地参与到人才培养的过程中;四是职业教育层次结构还不够合理、区域布局有待优化;五是职业教育服务经济社会的能力还有待进一步增强。而河南民办职业教育除了以上普遍性问题外,还存在生源压力大、师资力量不强、特色不突出、教学管理不规范等问题。

(一)客观条件

1. 传统观念对民办职业教育存在歧视

在人们传统观念中,普遍认为学习成绩不好、升学无望的学生才会选择职业学校,它是家长和学生在走投无路时最后的选择,相对于普通教育来说,民办职业教育在地位与社会声誉等方面都无法与之比拟;企业进行招聘时也对高学历的毕业生高看一等,民办职业学校走出的学生失去竞争优势;一些媒体很少正面宣传民办职业教育,在客观上影响了人们对民办职业学校的认识。

2. 经费投入不足,制约民办职业学校发展

经费短缺依然是制约职业教育发展的主要问题之一。近年来在职业教育发展方面,政府加大了投入力度,在《河南省人民政府关于加快发展现代职业教育的意见》中,明确提出"进一步加大职业教育专项投入,对公办职业院校实行'以补促改',对民办及企业办职业院校实行'以奖代补'。逐步提高职业院校生均经费标准。教育费附加和地方教育附加用于职业教育的比例均不低于30%",这在很大程度上推动了职业教育的发展。但是,职业教育不同于基础教育,特别强调学生的实践能力,需要投入更多的经费去购置设备，布置场地，营造真实的生产环境。要实现高质量的培养目标，必然会加大成本投入，但民办职业学校在公共财政预算中大多不占优势，依靠学费投入的现状势必制约学校教学设备、生产实训基地建设、师资队伍建设等的投入，进而严重影响学校教育教学水平，降低了人才培养质量。

3. 民办中等职业教育对社会资金吸引力不强

从河南省的教育统计数据来看，民办中等职业教育每年新生招生数及在校生数连年下降，学校规模持续降低。横向比较，从河南省教育厅发布的2016年河南教育统计公报来看，2016年全省民办幼儿园、民办小学、民办初中、民办高中的数量都在增长，如民办幼儿园14743所，在园幼儿268.75万人，比上年增加919所和15.62万人；民办小学1748所，在校生129.00万人，比上年增加96所和10.86万人；民办普通初中758所，在校生74.08万人，比上年增加42所和5.16万人；民办普通高中242所，在校生33.10万人，比上年增加23所和3.85万人；民办中等职业学校190所，在校生19.62万人，比上年减少15所和2.73万人。从数据来看，只有民办中职规模在降低，这一现象值得反思。职业教育本来是一种与企业和社会联系最为密切的教育类型，本应更具社会资金投入的吸引力，但却呈现资金进入职教领域吸引力不足的现状，反而是义务教育领域对投资者的吸引力在持续增强。

4. 生源减少与毕业生就业矛盾突出

当前，人口红利消失，中职生源锐减；高校扩招政策，使升学难度大大降低，民办高职学校无法与之抗衡，生源受到很大冲击；近年来，由于毕业生就业压力增大，就业难问题一直未得到真正有效的解决，导致学历优势被淡化，一些学生主动或被动选择放弃学业，提前进入社会。在生源减少的同时，毕业生就业难在民办学校也普遍存在，造成这种结果的原因有多重，一方面是用人单位多倾向高学历人才；另一方面学校教育教学质量不高，影响人才培养质量，导致民办职业学校毕业生自身竞争力不强。

（二）自身原因

1. 内部管理与教学不规范

一部分民办职业学校存在招生不规范现象。由于生源减少，民办职业学校大多存在依赖学费生存，招生成为其重中之重的大事。每年4～5月，个别办学质量不高的学校，由于自身缺乏吸引力，开始投入大量的招生费用，争抢生源，导致招生费用超额支出。用于招生的费用增加，势必使用于教育教学的资金减少，少数民办学校教学仪器设备陈旧、实训场地与设施不健全、学生动手操作能力不强，重理论、轻实际操作严重影响职业教育人才培养的质量。人才培养质量不高导致民办学校毕业生就业质量不高，出口不畅，影响学校在社会上的美誉度，导致自身吸引力不足，逐渐形成恶性循环，最终导致部分职业学校尤其是民办中等职业学校走向衰亡。

2. 师资紧缺影响教育教学质量

职业教育不像普通本科教育那样有着相对完善的学科体系，也不像基础教育那样有着成熟的知识体系，它是涉及经济社会发展各行各业、各个层面的教育，专业种类繁多。这样的培养范围在一定程度上决定了职业教育师资的短缺，而职业教育的社会职责又要求必须适应发展，经济和社会发展需要什么人才就要及时培养，而需要的必然是紧缺的，在紧缺人才中，高学历、高职称的双师型人才必然更加紧缺。近年来，河南省通过政府购买等方式，从企业聘请专业兼职教师，送学校专业教师下企业实践，以提高专业教学水平，用以解决职业教育的师资队伍不足问题。但是这些政策尚未涉及民办职业教育，因此师资紧缺成为制约民办职业教育发展的一个绕不开的难题。

3. 专业设置盲目跟风，同质化倾向导致缺乏核心竞争力

就开设专业方面来看，一些学校往往一哄而起，一拥而上。笔者对30所有学历教育资格的高职院校的专业考察发现，其中20家开有空中乘务专业，重复设置的还有计算机类、会计类、管理类、营销类等专业。结合郑州航空港和国家中心城市建设的需要，培养未来急需的人才，这说明河南职业教育对当地经济发展的敏锐反应，也体现了职业教育对发展的远见。但是专业同质化必然导致其中一部分学校竞争力不强，缺乏鲜明的发展特色。

不少民办中等职业学校，由于受实训设备不足的制约，在专业设置时偏向文科类专业，而具有市场竞争力的工科类专业开设得少，导致部分民办学校社会贡献力不大，核心竞争力不强。

四 发展对策

随着全球经济一体化的深入推进和国家"一带一路"建设的实施，互联网、智能制造和航空运输的广泛应用带动产业变革、产业转移明显加快。中原经济区、郑州航空港经济综合实验区、郑洛新国家自主创新示范区、河南自贸试验区等国家战略在河南省形成的政策叠加优势，全省经济社会发展进入一个新的阶段。产业结构升级调整随之步入加速期，现代化、工业化、城镇化并进互动，对生产、服务一线的技能型人才和高素质劳动者的需求进一步扩大，这些给民办职业教育带来了新的发展机遇。

而民办职业教育要想抓住机遇，实现《国家中长期教育改革和发展规划纲要（2010~2020年）》中提出的使民办教育成为教育事业发展的重要增长点和促进教育改革的重要力量，就需要下大力气，从提高管理水平、协同创新能力、教育教学改革、打造特色品牌、增强内涵建设等方面实现突破。

（一）政府层面

1. 营造职业教育发展的良好社会氛围

近几年，政府采取了一些措施加大宣传力度，多次举办"职业教育活动周""全民终身学习周"等大型职教活动，通过多种新闻媒介着重宣传职业教育政策、职业教育成果、优秀事迹和典型经验，引导广大民众树立正确职业教育观念，从根本上更新民众对职业教育的认识。大力宣传"行行出状元"的人才观和优秀技能人才的先进事迹，大力倡导尊重人才、尊重技术、尊重劳动、尊重创造的社会风尚，营造了良好的社会氛围。

2. 创新职业教育体制机制

鼓励社会力量兴办职业教育。落实民办与公办职业院校同等法律地位和扶持政策，健全政府补贴、资金奖励、购买服务、助学贷款、捐资激励等制度。鼓励行业企业与职业院校以股份制形式举办专业和实习实训基地和研发中心，允许以资本、知识、技术、管理等要素参与办学并享有相应权利。推动政、校、行、企积极参与职业教育集团化发展模式，逐步组建专业化程度高、特色鲜明的各类现代服务职教集团，形成资源汇聚、互利共赢的发展优势，推动全省职业教育发展。

3. 拓展职业教育国际交流合作渠道

加强全省职业教育的对外开放，促进职业教育国际交流与合作，积极探索职业学校到职教先进国家和地区研修学习的路径，搭建职业教育国际交流与合作平台，在师生交流、课程体系对接、课程标准设置等方面开展全方位合作，积极发挥职业教育在服务"一带一路"建设中的重要作用。

（二）学校层面

1. 坚持依法办学、依规治校，规范经营管理

深入研究办学模式、办学条件、办学特色等方面的内容，探索建立学校、行业、企业、社区等多方参与的学校理事会或董事会，完善学校治理结构。深化内部分配制度改革，建立健全体现职业院校办学和管理特点的绩效考核内部分配机制，时刻把提高人才培养质量放到学校发展建设的首要位置，要切实加强学生的生产实习和社会实践，实现学校健康良性的发展。

2. 强化内涵建设，以特色提高核心竞争力

面向服务、面向生产、面向基层和管理第一线，根据经济和社会需求设置专业，为社会培育技术技能型人才，为社会培养实用型人才。这就是办学特色。对民办中等职业学校而言，要对学校合理定位，坚持育人为本、德育为先，主动适应经济结构调整和就业市场的变化，面向河南重点发展先进制造业、生产性服务业和现代农业的需求，利用自身灵活的特点，与公办学校错位发展，及时调整专业和课程设置，力争在某一专业上构成优势、形成

品牌。

3. 加强师资队伍建设

教师是民办教育质量的保证，学校没有一支优秀的教师队伍，就不可能有良好的发展动力。对于民办职业教育而言，建设一支数量充足、素质优良、结构合理、专兼结合的"双师型"教师队伍尤为重要。学校应建立健全福利制度，吸引大批优秀人才到民办学校任职，通过学校内部教师管理改革，减少民办教师中存在的雇用思想，不断激发教师的工作热情，稳定教师队伍不流失或少流失。在稳定队伍的同时，还应注重对教师的培养，通过各种途径，不断壮大"双师型"教师队伍。

4. 深化产教融合、校企合作，协同创新能力

加强校企合作，推进产教融合，实行工学结合，开展教学、实习、实训相融合的教育教学活动。民办中等职业学校通过引企入校、学生下厂，不但可以学到相应的理论知识与技能，学生还可以学以致用。学校可以根据企业的需求，制订合理的人才培养方案，实行订单式教育模式，学生做到工学结合，企业得到适合的人才，真正实现校企双赢，将校企合作真正落到实处。

参考文献

刘晓：《低碳经济时代的职业教育变革》，《职教通讯》2011年第5期。
田凌阵：《公共教育改革——利益与博弈》，复旦大学出版社，2011。
马树超：《发挥科研在职业教育改革发展中的先导作用》，《教育与职业》2011年第19期。
关晶、石伟平：《我国职业教育体系存在的问题及其构建的思考》，《职业技术教育》2012年第2期。
施文姝：《地方政府民办高等教育扶持政策研究——以浙江省为例》，上海交通大学公共管理硕士学位论文，2010。

B.15
民营企业参与职业教育的探索和思考

孔令伟*

摘　要： 校企合作是职业教育实现人才培养目标的有效途径。由于体制机制的原因和实际存在的行业壁垒，企业和院校很难融合。民营企业如何真正介入职业教育，实现社会、学生、学校和企业的共赢，真正培养出经济社会发展需要的技术技能型人才，华夏星博教育科技（北京）有限责任公司在与河南部分职业院校的合作中做了有益的探讨。

关键词： 民营企业　职业教育　校企合作　人才培养

我国当代意义上的职业教育，主要由高职院校、中职学校和技工学校承担。近年来，技工学校多数改称为技师学院。职业教育是面向生产、面向生活、面向学生发展的教育。在职业教育的发展过程中，必然要与经济社会发展产生直接的联系，行业企业介入职业教育本来就是题中应有之义。

一　职业教育发展存在的短板

具有一定规模、一定办学条件且被国家批准设立的、有学历教育资格的职业院校，是目前我国职业教育的主体。要承担为经济社会发展培养高素质的技能技术人才，这些学校至少有两个方面的短板。

---

* 孔令伟，郑州星星建筑装饰公司董事长，华夏星博教育科技（北京）有限责任公司总经理。

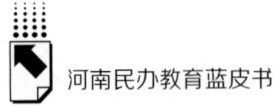

（一）设备和工艺落后

教育本应走在生产的前列，引领生产和工艺不断更新升级，但是由于我们传统教育思想的影响，学生读书的终极目的是"入仕"，而教育就不断迎合这种需要，长期以来重人文，轻理工。即使在工科类的学校，也是重理论，轻实践。

20世纪80年代初，我国当代意义上的职业教育实现复苏，经过近40年的发展，其教育理念和人才培养模式正在一步步贴近经济社会发展实际。但是由于传统观念的影响，职业院校的教育理念、教材教法特别是人才培养模式还没有实现根本的变化。更为实际的是，由于社会生产和工艺革新的步子快，而职业院校在认识滞后的情况下又面临经费短缺的困难，所以用于师生实习实训的设备就严重缺乏。职业教育主要培养学生的动手能力，仪器设备的缺乏使得实习实验开出率远远不够，实训的设备和场地也远远无法满足要求。先进的工艺和科学的生产流程也无法在学校学习到。

（二）专业教师或双师型教师严重不足

多年来，我们的学校是事业单位，在计划经济条件下，只有师范类院校的毕业生才能分配到学校，而师范学校很少有非师范专业。改革开放后这个局面有所好转，但是没有根本解决。近年来，这个壁垒已经打破，但是新的问题随即出现。职业院校进入的门槛越来越高。中职学校要求硕士，非本科不要。高职院校要求博士，非硕士不要。职业教育的社会职能要求，经济社会发展需要什么人才，就要培养什么人才。经济社会的发展日新月异，新经济状态会生发一系列新的职业，新的职业要求职业院校设立新的专业。而这种新的职业往往并不是成熟的职业，哪里会有硕士、博士？职业院校师资队伍的建设就这样走进了怪圈。

这些问题，在我国短期内不可能得到彻底解决。目前，最好的方案是行业企业介入职业学校的人才培养。利用行业企业的设备仪器和先进的工艺流程，特别是行业企业的专业人才，来实现职业教育的培养目标。

二 行业企业的发展需要职业教育

毫无疑问，人才是行业特别是企业发展的关键因素。所有进入良性发展的企业无一不是优秀的人才和团队在运作和担当。当然，单凭这一点就说明企业离不开职业教育，虽然有理，但毕竟单薄。现代企业对于职业教育的需求，至少还有以下两个方面的内容。

（一）企业转型的需求

当人均 GDP 达到 2000 美元以后，经济社会发展面临"中等收入陷阱"。经济的新常态给企业发展带来了一系列新的问题和困难，特别是传统产业，如不及时适应调整，必将面临萎缩甚至破产。有远见的企业家往往会未雨绸缪，提前谋划，抢占发展先机。在传统生产面临经营迟缓的情况下，及时获得行业发展的前沿信息和先进的工艺流程，并把这些用于本行业的人才培养，实现"跨界"发展，与职业院校合作，也是企业特别是民办企业不错的选择。

（二）行业自身发展的专业需求

职业院校的专业设置，因为没有企业的实践而与需求脱节。要想培养真正适应行业需要的人才，企业必须从人才培养方案的制订开始，通过改革课堂教学模式，将自己的设备设施和专业人才优势应用到人才培养的全过程，在企业文化、人文素养，专业教学，特别是实习实训方面发挥自己独有的优势，使得职业院校培养的人才不但能够直接上岗，而且能在短期内引领行业发展。

三 企业与职业院校合作的实践

2007 年，郑州市星星建筑装饰公司（以下简称"星星装饰"）对自身发展和职业院校需求进行了认真的分析论证后，决定主动与职业院校合作，

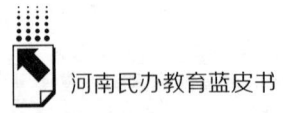

投身职业教育，希冀能为自己的公司乃至河南省建筑装饰行业充实受过系统训练的高素质员工，促进企业及行业的健康发展。这在当时需要克服许多困难。一方面职业院校需要大量的专业教师，受体制机制的制约无法解决，校企合作"学校热，企业不热"；另一方面学校虽然希望合作，但主动寻找的是大企业、国有企业。星星装饰虽然积极，但是学校热度不高。

在这种情况下，公司一方面积极了解国内国际建筑装饰行业发展前沿技术；另一方面在人手紧、资金不足的情况下，千方百计挖掘潜力，筹集资金兴建了3000多平方米的专业实训基地，为学生提供实际生产条件。这样的努力获得了广大职业院校的认可。郑州职业技术学院、河南应用技术职业学院、开封文化艺术职业学院等院校相继与公司签订合作协议，使校企合作进入了实质性实施阶段。

校企合作规模的不断扩大及合作关系的不断深入，尤其是在国家对职业教育史无前例的重视和对校企合作办好职教寄予厚望的感召下，公司经过反复论证和精心准备，决定组建一支专门从事校企合作的队伍，建立一个专门从事校企合作的机构，全心全意承担校企合作的使命，力争工作上台阶，上水平。2014年华夏星博教育科技（北京）有限责任公司应运而生，同年河南省教育厅将公司实训基地命名为"河南省高校专业示范实训基地"，次年公司在上海挂牌上市。

事业在发展，认识在提高，"铁肩担道义，人人发展；赤心连国运，发展人人"成为公司矢志不渝的教育理念。在实践中企业清醒地认识到，职业教育是人人成才的教育，是将人口大省转化为人力资源强省的重要保证。在这种认识的指导下，公司由参与职教初期的单项、局部合作，发展为现在的全程融合；由原来的操作示范，发展为现在的师徒制过渡；由原来的"上手快"，发展为现在的工匠精神传承与弘扬；由原来的"瞄准专业就业"，发展为现在的培养职业人，让学生将来有能力自由选择职业，在自己钟爱的岗位上奉献社会的同时，实现自身的发展，过幸福而有尊严的生活。

为了唤起全社会对教育的关心与支持，在公司的倡导下，"河南省建筑装饰行业校企合作联盟"隆重成立，百余家资质高、业绩优、影响大的企业积极参与。联盟的成立，实现了河南省建筑装饰行业人才培养、学生就业和行业发展的共赢。

四　合作形式

（一）专业共建

合作院校有郑州职业技术学院、开封文化艺术职业学院、河南应用技术学院等高职院校。目前有在校生2000余名。

（二）接纳学生专业实训

合作院校有郑州电力职业技术学院、郑州工业应用技术学院（建筑学院）、山西晋中职业技术学院、郑州理工职业技术学院等。每年接纳2200余名学生进行实训。

基地建立以来，累计接纳实训学生逾万人次。

五　运行方式

企业实训融入职业教育的全过程，不懈努力，不断完善，取得了良好的教学效果。

（一）师资队伍选拔与培训

教师水平的高低，决定了教学质量的优劣。打造一支数量足、水平高、能力强且相对稳定的企业师资队伍，不仅关系到校企合作的前景，而且直接维系职业教育的声誉。

第一，精心选拔品德高、业务精、热爱教育事业的一线技术人员和具有多年生产经验的能工巧匠参加岗前系统培训。

第二，聘请职教专家授课，既讲师德和教育的一般规律，更讲职业教育的特征和教学方法。

第三，每位受训人员必须在认真准备的基础上进行试讲，试讲未通过者，绝不允许走上讲台。

第四，每学期考试后，在全面总结教学优劣得失的基础上，教师要接受"再教育"，逐一改正自己教学中存在的问题。

（二）师资队伍管理

第一，建立教师档案。每位教师的基本资料、教学评估等次及定性意见、教学评优结果均收入教师个人档案。公司教学部有专人负责此项工作。

第二，制定《课堂教学要求》《教师管理条例》《企业教师角色转换事项注意》等文件，人手一份，既是培训内容，也是自我反思依据。

第三，出台奖惩制度，优劣皆与课时费增减挂钩。

第四，制定《企业教师职称评定办法》，任教连续两年以上，并被学生评为优秀的教师可以提出职称晋级申请，由专家委员会进行评定，结合教育工作表现聘任。此举不仅激励了广大教师的积极性，而且使优秀教师更加稳定。

（三）教学管理及教育特色

第一，企业组织行业专家、公司业务领导、一线技术人员，在反复推敲、潜心论证的基础上，编写建筑装饰和建筑工程造价专业所有核心课程的教学大纲，鲜明的企业特色是大纲的一大亮点。要求任课教师树立强烈的大纲意识，以大纲规范、统领教学活动。

第二，每学期至少组织三次听课活动，把问题解决在萌芽时期。对教师因工作忙而迟到、早退，甚至缺课现象实行零容忍。

第三，鼓励教师与学生在建立正常师生关系的前提下，交朋友，结对子，探索推行"现代师徒制"。个别任课的公司负责人，已提前考虑接纳一些学生毕业后到其公司就业。

第四，严格按照课程实训大纲组织实训活动。每次实训均举行开班和结业仪式，颁发结业证书，表彰优秀个人和先进模拟公司。实训期间，在自愿结合的基础上,组成10人左右的模拟公司,让学生体验步入社会生活的感受。学生自己选出公司领导,诸如总经理、市场部总监等角色。自己设计公司标志,自己确立公司理念,自己制定公司规范。"员工"对公司业绩的责任感,对公司成就的自豪感,表现得异常生动。从而把培养时间观念、规则意识、质量观念、竞争意识、团队精神以喜闻乐见的形式落到了实处。

第五,将职业人素养培育纳入课程体系之中。职业人素养与工匠精神一脉相承,工匠精神包含六个要素,即家国情怀,社会责任感的境界;敬畏职业,忠于职守的修养;精益求精,一丝不苟的态度;钻研技术,追求极致的目标;终生学习,积极进取的意志;乐观向上,快乐生活的信念。以企业家进校园等形式,特别是通过生动活泼的活动,潜移默化地内化为学生的品质。

六 几点思考

校企合作是国家积极提倡的人才培养模式,各个职业院校都在尝试。但是企业直接介入人才培养过程还是个新生事物,在许多方面还需要完善。

第一,这是一个适合中国国情、河南省情的技术技能型人才培养的模式,既能盘活现有的职教资源,又能促进企业的发展,为社会培养急需适用的人才。

第二,政府要出台政策,鼓励、扶持、促进校企实现真正的合作。

第三,企业要主动发挥自己的优势,积极与职业院校合作,实现学生、学校、企业和社会的共赢。

参考文献

王建庄:《求正归真》,光明日报出版社,2005。

王建庄:《河南职业教育发展报告》,载《2017年河南社会形势分析与预测》,社会科学文献出版社,2017。

B.16
职业培训的优势与困难研究

杨 许*

摘 要： 我国迫切需要培养大量高素质的技能型和实用型技术人才，职业院校在承接职业技能培训项目中发挥了积极的作用。为了保证职业培训的可持续发展，需要企业介入职业培训活动，从企业应用角度设置课程，从企业专家角度培养技术型教师，结合企业特征创新教学方法，从而提升职业培训的质量。同时对目前职业培训校企合作存在的问题进行了分析。

关键词： 职业培训 双元制校企合作 创新创业

产业结构优化升级是我国现阶段经济发展的主要目标，培养高素质的技能型和实用型技术人才是职业教育发展的主要目标。《教育部关于全面提高高等职业教育教学质量的若干意见》中提出，在"当前新形势下高校的办学目标是以服务为宗旨，以就业为导向"。当前，职业院校是职业技能培训项目的主力军。针对职业培训的特点，企业需求和职业培训内容密不可分，企业介入职业培训对提升培训质量与效益具有现实意义。

一 职业培训在国民经济发展中的作用

职业是指个人所从事的作为主要生活来源的工作。培训的定义是培养和

---

* 杨许，硕士，黄河科技学院教师，研究方向为机电一体化与就业政策研究。

训练，使体力和智力得到延伸发展。为适应经济和社会发展的需要，对要求就业的和在职的劳动者进行必需的教育和训练活动，从而提高素质及职业能力，就是职业培训。

在2014年召开的全国职业教育工作会议上习近平总书记明确指出："职业教育是国民教育体系和人力资源开发的重要组成部分，是广大青年打开通往成功成才大门的重要途径，肩负着培养多样化人才、传承技术技能、促进就业创业的重要职责，必须高度重视、加快发展。"

（一）实施更加积极的就业政策需要职业培训

积极就业政策是指有效促进就业的政策。其内涵包括帮助失业者重新就业，或者为在职人员提供其他职业培训，提升他们就业适应能力。

为了实施积极就业政策，《国务院关于进一步做好新形势下就业创业工作的意见》指出："加强职业培训和创业培训。加快发展现代职业教育，大规模开展职业培训，顺应产业结构迈向中高端水平、缓解就业结构性矛盾的需求。"《人力资源和社会保障事业发展"十三五"规划纲要》提出："推行终身职业技能培训制度，构建适应劳动者和市场需求的职业培训制度。"

劳动者终身职业培训体系离不开职业培训这个关键环节，职业培训通过培养主体的跟进，培训方式的创新，通过企业、职业院校和培训机构广泛开展，构成积极就业政策的重要环节。

（二）就业和再就业人群需要职业培训

《国务院关于加快发展现代职业教育的决定》指出："建立有利于全体劳动者接受职业教育和培训的灵活学习制度。面向未升学的初高中毕业生、残疾人、失业人员等群体广泛开展职业教育和培训。利用职业院校资源广泛开展职工教育培训。"职业培训的大力发展，是促进就业和再就业的重要措施。

职业培训为企业特种岗位提供有资质的劳动者，推进了劳动就业。完善

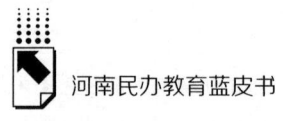

职业教育和职业培训体系，可以全面提升劳动者素质，促进劳动者的二次转型，实现再就业。完善的就业和再就业培训体系能够起到维护社会稳定，保证社会长治久安的作用。

（三）应用技术型高等教育的发展需要职业培训

高等教育为了适应社会及经济的发展需要，在传统型高校发展的基础上，为了实现"数量向质量"的发展转变，形成了有中国特色的应用技术型高等教育理论。

在应用技术型高校的教学过程中，往往渗透着职业培训的思路。应用技术型高校强调在理论知识够用的基础上，要突出对学生实际操作能力的培养。职业培训直接纳入学历教育课程体系，学生要拿到与专业相关的职业资格证书，实现"双证书"毕业，或者在学生毕业前进行前置性培训，即特定岗前培训。

同时，应用技术型高校往往采用职业培训模式，参照订单式培养，校企合作，利用自己的优势教学资源，重新对学历教育的课程设置、教学内容和评价体系进行修改，按照行业企业实际岗位对知识技能的要求制订培养方案，修订教学计划，改进教学方法，使学生掌握的知识技能更符合企业实际需要，实现学生直接就业。

引入职业培训模式的教学改革不仅促进了高校的转型发展，而且促进了社会生产力的提高，促进了资源的合理利用。

二 国内外职业培训的经验

（一）国外职业培训突出企业的作用

1. 双元学徒制模式

"双元制"职业培训是德国成为制造强国的可靠基石。"双元制"突出企业的参与，在双元制模式中，学生是先有两天在学校学习，随后三天在企业根据学校学习的理论知识进行实践操作；或者按照模块化教学的方法，在学校集中学习理论知识，随后去企业集中锻炼实践技能，独立完成某项工作。保证理论与实践有效地结合。学校和企业的有效对接是通过国家机关实现的。此外，为了更好地整合资源，克服企业为了保证生产，不能按照培训大纲的要求实施实训的片面性，以及解决生产专门化所带来的学生知识广泛性不足等问题，德国建立了许多跨企业的培训场所，以达到国家对职业培训设定的初衷。

2. "TAFE"学院模式

澳大利亚政府的"技术与继续教育"学院（Technical And Further Education，TAFE）。政府从引导职业培训服务地方经济的角度出发，制定出职业培训标准，标准包括国家认证框架和培训包两部分。在国家认证框架中，首先制定出国家行业职业能力标准，将学员的职业能力分为八级标准。前六级职业能力与资格证书制度相互对应，成为全国统一的职业技能认证框架模式。

"培训包"是根据国家资格认证框架制定出本行业职业技能认证的具体标准，是开展职业教育和培训的依据。根据不同岗位、不同技术等级的技术要求，各TAFE学院职业培训教学活动要围绕培训包展开与拓展。全社会和相关行业均认可学生的职业培训成果，培训成绩的表现形式是证书，而证书是学生就业的重要凭据。在TAFE学院模式中，政府只是提出培训标准，具体实施细节需要学校和企业合作共同完成。

3. 社区学院模式

美国通过社区学院开展职业教育与职业培训。首先依据本社区经济发展的实际需求，由企业根据自身发展及长远规划，决定培训对象、主要内容，按照企业质量标准制定出考核标准。随后企业与社区学院之间签订培训合同，社区学院与企业共同设计培养方案并开展培训，职业培训的课程要依据社区的地域特点、符合本地文化需求，与未来社区就业趋势相呼应。培训服务会根据个人知识掌握的层次，接受新知识的能力合理区分，分组教学。学生通过在社区学院的课程学习过程，能够学习到与社区经济发展相关的各种知识,适应本社区的独特社会环境,达到在社区内部高质量就业的目的。

(二)国内职业培训的探索与经验

1.国内职业培训的实现模式

广东省高级技工学校采用集团化培训的模式。集团层面的1~2所学校集中财力与物力建设专业实习和实验教学场地,开展专业实训课程教学;各成员单位利用原有教学设施承担基础性教学活动,如文化基础课和专业基础课教学。集团内部分工明确,集团化优势明显,资源配置合理,整体培训实力得以提升。

天津中德职业技术学院在国内院校中较早采用订单式职业培训模式,学院校内实训中心和知名企业共建,实训中心在管理上引进国外专家智库,共同制定实践教学规章制度和实践教学内容,部分核心岗位操作讲解由外国专家直接传授;学院依托天津滨海新区的航空航天产业发展规划,与大型国有企业和外资企业专业对接,实行订单式培养教学模式,学生入学后即接受定向专业技能培养,缩短学生在企业的就业适应期。

江苏采用社区化职业培训模式。江苏的中小企业发展迅速,对于人才需求旺盛,江苏省构建以省辖市为中心的三级社区就业培训体系,社区就业培训服务窗口分在市、区、街道三级,街道级别的延伸进社区。培训体系以就业训练中心、街道办、社区企业和社会团体共同参与社区职业培训,切准社区企业发展脉搏,培养社区急需人才。

2.国内职业培训的需求方及成功案例

从目前我国的职业培训供需关系来看,为达到顺利就业的目的,职业培训的需求方掌握适应岗位的能力需要是参与培训的主要动力。职业培训的需求方主要由以下几类人群构成。

(1)失业人员特别是妇女的知识技能很难适应其他企业岗位的要求,必须对其进行知识技能的提升。1998年4月,郑州市妇联为了扶持下岗女工就业,决定免费培训下岗女工。黄河科学院主动联系郑州市妇联,承接该项职业培训任务，联合创办"郑州市下岗女工再就业培训基地"，每期培训时间40天。据统计，自培训基地成立以来，共举办培训班20期，有近5000名下岗女工参加培训学习。2010年，内乡县第一期女村干部能力建设培训班在黄河科技学院开班，共有来自内乡县16个乡（镇）的妇联主席和部分优秀女村干部共计140人参加学习。

（2）农村富余劳动力指农村长年富余的劳动力和农闲时富余的劳动力。农业富余劳动力转移有三种形式，一是由种植业劳动力向农副业生产转移；二是向乡镇民营企业转移；三是加快农村城镇化建设，向小城镇转移。农村富余劳动力需要转变生产方式，掌握相应知识技能，提高自身素质，才能实现再就业的目标。1998年，省会城市郑州外来务工妹培训基地在黄河科技学院成立。作为"打工妹之家"，黄河科技学院在农村劳动力转移的职业培训模式上做出有益探索。2006年，郑州市"新农村建设百个示范村妇女骨干素质教育培训班"在黄河科技学院举办，该项目由郑州市妇联牵头，利用黄河科技学院教学资源，对来自100个示范村的近800名妇女免费培训，目的是提升妇女职业能力，实现妇女劳动岗位的转移与提升。

（3）高校在校学生在学习过程中理论内容多于实践，而且课程的设置和教学内容一成不变，造成学生实际操作能力弱，并与行业企业所需脱节。企业在招聘中提出要有工作经验就是这一矛盾的体现。在校生为提升就业率也需加强岗位技能培养。各高校开设的职业能力测试中心就是为了补齐这个短板所做的努力。黄河科技学院为了提升学生的综合素质，重点培养学生的创新精神和实践能力，从2009级普通本科生开始实行创新性选修课程学分制度。根据专业情况，将含金量高、不容易获得的证书适当提高学分。依托黄河科技学院设立的培训中心，面对全体在校生开展专业工种初、中、高级的技能鉴定工作，从而成为学生获取资格证书、取得创新学分的主战场。从另一个角度而言，学生通过职业资格证书的考试，提升了自身就业的综合竞争力。在这一政策的引导下，学生积极投身于双创工作，2016年黄河科技学院荣膺全国创新创业典型经验高校，成为"全国高校创新创业工作50强"。

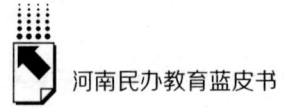
河南民办教育蓝皮书

三 企业介入职业培训存在的主要问题

企业在校企合作职业培训中也存在一些困难,主要表现在以下几个方面。

(一)职业培训相关法律没有明确企业与学校的责权利

德国于1969年颁布了《职业教育法》,此后又颁布了配套的法律法规,如《企业基本法》《培训员资格条例》《青年劳动保护法》《职业教育促进法》《手工业条例》《实训教师资格条例》等,使职业教育真正做到有法可依、违法必究、依法治教。

我国现行的《职业教育法》《教育法》《高等教育法》等以原则性、概括性的规定来规范职业培训,缺乏具体的可操作性。例如,我国1996年颁布的《职业教育法》,对职业教育的法律地位定义不明确,管理体制不顺畅,存在对职业教育保障力度不够等种种缺陷。

在企业介入职业培训的过程中,曾经出现过学生在实习过程中,由于违规操作造成人身伤害事故。由于法律规定存在不确定性,学校、企业与个人责权利不明确,在伤情鉴定、责任划分及事故处理过程中只能参照工伤程序进行。给学校教学、企业生产造成极大影响,也影响了企业介入职业培训的积极性。

(二)职业培训标准没有体现出企业参与的程度

学校在制订教学方案时,对于形成和完善职业技能、技巧的教学任务比重过小。应用传统教学方法过多,忽视了利用实验、调查等方法培养学生的描述能力,忽视了利用练习或训练的方法培养学生的技术能力,忽视了利用"做中学,学中做"的方法培养学生的综合能力水平,从而造成企业参与职业培训的接入点过少。

企业在学生成绩评测中话语权太小。一些企业虽将学生"教学做一体"

训练中的表现和实训成绩以一定的比例计入个人期末成绩，但在综合技能考核中所占比重过低，不能引起学生的高度重视。使学生在进入企业参加职业培训的过程中，没有按照企业各岗位的实际标准来要求自己，对自身责任心、吃苦耐劳的精神以及敬业奉献品质培养不够，影响了企业介入职业培训的效果。

总之，按照教育部对应用技术型高校转变办学定位的要求，为了更好地服务中原经济区的区域经济发展，为我国经济转型培养更多的适用人才，需要学校积极、广泛、创新地开展职业培训工作。但在实际培训工作中会遇到很多难题。只有学校加强与企业的联系，广泛吸收企业的意见，积极引进企业介入职业培训，才能更好地开展这项工作。

参考文献

崔晓杰：《我国高等职业学院职业培训问题研究》，天津师范大学硕士学位论文，2012。

黄卫平、刘一姣：《竞合：经济全球化发展的一种新格局趋势》，《中国人民大学学报》2012年第2期。

田丰：《当下"以服务为宗旨，以就业为导向"的高职教育教学改革再思考》，《岳阳职业技术学院学报》2012年第6期。

余芝轩：《解读高职教育就是就业教育》，《承德石油高等专科学校学报》2012年第1期。

周艺菁：《中国梦引领下的职业教育改革与创新》，《职业教育》2015年第5期。

张丽宾：《我国积极就业政策存在问题的原因及下一步的政策需求分析》，《人事天地》2016年第1期。

国务院：《国务院关于进一步做好新形势下就业创业工作的意见》，2015年4月。

人力资源和社会保障部：《人力资源和社会保障事业发展"十三五"规划纲要》，2016年7月。

国务院：《国务院关于加快发展现代职业教育的决定》，2014年6月。

贺修炎：《论高职院校的职业培训功能及实现的路径选择》，《辽宁高职学报》2007年第2期。

张建荣：《"校企合作"模式下高职"双师型"教师队伍建设探索与实践》，《教育教学论坛》2015年第22期。

马宇：《德国"双元制"职业教育发展特点新论》，《教育评论》2012年第6期。

翟海魂：《发达国家职业技术教育历史演进》，上海教育出版社，2008。

关晶：《职业主义与能力本位：两种职业教育范式的比较》，《外国教育研究》2013年第10期。

陈红兵、许亚东：《农民职业教育的供需矛盾及其解决路径》，《职教论坛》2014年第25期。

B.17 分类管理背景下民办职业教育机构路径选择

谢留枝*

摘　要： 新修订的《民办教育促进法》对民办教育机构实行非营利性和营利性分类管理，是理顺我国民办教育机构创办主体法律属性模糊、合理回报无法律依据又缺乏评估标准、产权归属不明朗、国家扶持政策无可操作性、行政监管体系不健全等长期悬而未决的问题，从源头上解决长期制约我国民办教育事业健康发展的瓶颈，促进我国民办教育事业继续健康发展的法律和制度保障。职业教育作为促进经济社会发展的重要力量，是社会教育事业中举足轻重的一部分。随着全国教育事业的发展，河南民办职业教育也发展到了新的阶段。在我国正式从法律层面明确对民办教育机构按照是否取得办学收益，实施营利性和非营利性分类管理的改革背景下，河南民办职业教育事业在面临良好发展机遇的同时也面临着严峻的挑战，可在职业教育发展社会氛围、配套政策法规、职业教育机构内涵建设以及师资力量等方面探索民办职业教育发展新路径。

关键词： 分类管理　民办职业教育　非营利性　营利性

---

* 谢留枝，硕士，黄河科技学院教师，主要从事中国近现代史研究。

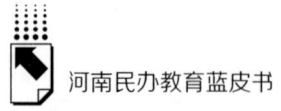

民办教育是我国社会主义教育事业的重要组成部分，民办学校分类管理是党中央、国务院根据我国当前民办教育的实际情况并借鉴国外先进教育管理经验而进行的重大改革，是完善我国民办教育管理体制、保证我国民办教育持续健康发展的重要举措和贯彻落实《民办教育促进法》修法精神的重要法律保障，更是深化我国教育领域综合改革的重要切入点和突破口。

近年来，我国逐步并不断推进分类管理改革。在2010年《国家中长期教育改革和发展规划纲要（2010～2020年）》中规定，要积极探索适合我国国情的营利性和非营利性民办教育分类管理道路。随后开始在上海、深圳等一些地区逐步开展分类管理试点工作。2014年，《国务院关于加快发展现代职业教育的决定》明确指出："引导支持社会力量兴办职业教育，创新民办职业教育办学模式，积极支持各类办学主体通过独资、合资、合作等多种形式举办民办职业教育。"2015年，《中华人民共和国民办教育促进法》修正草案以立法的形式规定，民办教育机构可以自主选择法人属性，既可以选择营利性，也可以选择非营利性。

经过几年来广泛征询各阶层意见和深入全面的调研分析，最终在2016年的第十二届全国人大常委会第二十四次会议上，审议并通过了《关于修改〈中华人民共和国民办教育促进法〉的决定》（以下简称新《民促法》）。新《民促法》对民办教育机构依据是否取得经营收益，实行非营利性和营利性分类管理，现有民办教育机构可以自主选择登记为非营利性或者营利性法人。实行非营利性和营利性分类管理是理顺我国民办教育机构创办主体法律属性模糊、合理回报无法律依据又缺乏评估标准、产权归属不明朗、国家扶持政策无可操作性、行政监管体系不健全等长期悬而未决的问题，从源头上解决长期制约和困扰我国民办教育事业健康发展的瓶颈，促进我国民办教育事业继续健康发展的法律和制度保障。

职业教育是促进经济社会发展的重要力量，是教育事业的重要组成部分。我国十分重视职业教育的发展，国家相继制定了《国务院关于加快发展现代职业教育的决定》《现代职业教育体系建设规划（2014～2020年）》《高等职业教育创新发展行动计划（2015～2018年）》《职业院校管理水平提升行动计划（2015~2018年）》《关于推进职业院校服务经济转型升级面向行业企业开展职工继续教育的意见》等文件，从法律层面保障和支持职业教育的发展。党的十八大以来，党和国家提出要大力发展职业教育，把职业教育发展与发展经济、促进就业、建设和谐文明的小康社会结合起来，达到建设适合当前经济社会发展的现代职业教育体制的新要求。近年来，河南民办职业教育取得了很大的发展。在我国正式从法律层面明确对民办教育机构按照是否取得办学收益，实行非营利性和营利性的差别性分类管理的背景下，河南民办职业教育事业在面临良好发展机遇的同时也面临着严峻的挑战，本文结合河南民办职业教育发展现状，研究探讨民办职业教育差异性分类管理的实施路径与策略，如民办职业教育发展社会氛围、配套政策法规、职业教育机构内涵建设以及师资力量等方面探索民办职业教育发展新路径，以期为中国特别是河南民办职业教育发展提供一些建议和参考。

一 我国民办教育实行差异性分类管理的必要性

（一）从源头上破解长期困扰和制约我国民办教育健康发展的瓶颈

长期以来，我国对民办教育机构包括民办职业教育机构的财产所有权并没有清晰的界定，一直悬置在对民办教育机构剩余资产返还问题的探讨上。法律上产权界定的模糊不清导致目前社会各界对民办教育机构财产的所有权分歧很大，难以达成一致意见，而国家把民办学校身份定为"非企业法人"这一模棱两可的身份不仅造成了行政管理上的混乱，更加剧了各界人士对民办教育机构财产所有权分配的争议。所有争议问题的出现直接影响了我国民办教育机构长期健康发展。新《民促法》的颁布标志着从立法层面用分类管理的统一标准规范了我国民办教育长期存在的创办主体法律属性模糊、合理回报无法律依据又缺乏评估标准等长期悬而未决的问题、从源头上解决长期制约我国民办教育发展的瓶颈，其作为航标为民办教育改革发展指导迷津。特别是这次新《民促法》删除原有相关民办教育法律上不清晰的"合理回报"的规定,简单清晰地按照是否取得经营收益把我国民办教育机构明确划分为营利性和非营利性两种类型。

(二)便于真正贯彻落实国家对民办教育的扶持和优惠政策

《民办教育促进法》规定"县级以上各级人民政府可以设立专项资金,资助民办学校发展",也可以用经费资助的方式帮扶民办教育机构发展。但直到目前为止,我国政府对民办教育机构的帮扶政策并没有切实落实下去。公办学校享受到政府的财政优惠政策,民办教育机构不仅没有同样享受到,反而却要缴纳繁多的税费。同样是发展教育事业却面临不同待遇的根源就是民办教育机构的属性不明,虽然当前国家审批设立的我国现有民办学校都属于非营利性学校,一方面是一些民办教育机构以民办教育法规定的"合理回报"为借口,打着非营利的名义进行营利活动,致使政府无法对所有民办机构进行资助和政策优惠;另一方面在实际操作过程中,民办教育法规定的"合理回报"的具体办法及标准没有具体规定,导致"合理回报"无法实施,出现了部分民办学校举办者在实际办学过程中只好以隐性手段取得"合理回报",政府部门对其合理性也难以评估。民办教育法中的"合理回报"与非营利性法律规定的矛盾,阻碍了国家和政府对民办教育机构各种优惠和扶持政策的落实。实行差异性的分类管理,以营利和非营利为标准清晰界定了民办教育机构的属性,确立了两类学校所使用的不同国家扶持政策体系,便于切实落实政府对不同类型民办教育机构在土地、税费等方面的差异性优惠和扶持政策,促进民办教育健康发展。

(三)利于吸纳更多社会资源转化为教育资源,拓展民办教育事业发展空间

我国决定对民办教育实行差别化分类管理后,将督促和推动各方面分别出台不同的相关扶持和优惠政策,而贯彻落实差别化的优惠和扶持政策将敦促非营利性和营利性民办教育机构各尽其责,各司其职,健康发展。非营利

性民办教育机构可以在立法层面上在财政、基建、信贷和税收等方面和公办学校一样享受同等的政策支持和国家优惠政策，明确了国家鼓励的方向，一方面促进非营利性民办学校进一步提升办学效益，同时激发社会上兴起更多个高水平的民办教育机构；另一方面营利性民办教育机构可以自主、合理科学地利用更广大自由的市场空间和制度体系开发新的教育产品，丰富和扩大教育供应形式，创设高等教育、幼儿教育、高中教育以及非学历教育等营利性教育机构，不必再像以前那样遮遮掩掩地去营利，而是光明正大地开拓发展资本空间，一方面更好地满足人民群众日益多样化的、有选择的教育需求，另一方面也可以进一步调动社会各方面兴办教育的积极性和主动性，吸纳更多闲散社会资源转为教育资源，拓展民办教育发展空间，促进我国教育快速健康发展。

（四）保障民办教育机构师生权益，体现教育公平

《民办教育促进法》规定："民办学校应当依法保障教职工的工资、福利待遇，并为教职工缴纳社会保险费。"但是现实中，因为民办教育机构属于非企业性质所实行的社保政策，与公办学校的事业单位性质不同，导致为教职工缴纳的社会保险费远远低于公办学校，而且教师的工资福利待遇也较低。实行分类管理，明确指出民办教育机构与公办学校具有相同的法律地位，非营利性教育机构和公办学校一样在性质上属于事业单位，也就意味着非营利性教育机构的教师和公办学校教师一样将纳入事业编制。规定民办教育机构应依法保障教职工的薪资待遇、依法为教职工足额缴纳社会保险和住房公积金等合法权益，鼓励民办教育机构改善教职工退休后待遇，按国家规定为教职工缴纳补充养老保险。同时规定民办教育机构教师在职称评定、在职培训、评优评先、教师职业资格认定等方面与公办学校教师一样享有同等的权利和待遇。教师福利待遇由政府与教育机构共同承担，使非营利性教育机构的教师工资福利待遇达到公办学校教师同等水平。营利性教育机构的教师虽然不纳入事业编制，但必须保障教师的福利待遇达到公办学校同等水平。在民办教育机构学生权益方面，规定民办教育机构培养的学生具有与公

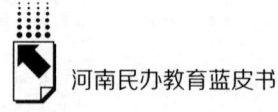

办学校学生同等的就业政策及升学深造、评优评先、助学贷款、医疗保险等权利。分类管理有利于维护和保障民办教育机构师生合法权益，切实落实教育公平理念。

二 民办教育实行分类管理的主要内容

（一）明确了非营利性和营利性民办教育的分类标准

按照分类管理的规定，现有的民办教育机构可以视自身情况自主决定选择营利性或者非营利性。非营利性民办教育机构主要是指机构举办者不能取得经营收益，经营盈余全部用于机构发展教育；营利性民办教育机构主要是指创办者可以按规定合理取得经营收益，机构发展盈余根据有关法律法规进行分配。两者的区别在于，教育机构存在期间创办者能否取得经营收益、机构退出即终止时，创办者能否随意分配经营结余。规定现有的民办教育机构退出即终止时，创办者可以按照法律规定取得相应的补偿或者奖励。非营利性民办教育机构与营利性教育机构相比较而言可以获得政府更多相关的财政支持，营利性民办教育机构将按市场体制运行。

（二）准入禁区

为了使我国义务教育得到均衡发展，也为了实现教育公平，《民办教育促进法》规定："不得设立实施义务教育的营利性民办学校。"这表明我国现有义务教育阶段民办学校均为非营利性学校。义务教育是国家必须提供的基本公共服务，也是公民必须履行的义务，它体现党和国家的责任和意志，也是教育公平性的最基本体现。义务教育不仅仅是义务性，也具有法律强制性，而且在国际上得到公认。

（三）现有和新设民办教育机构如何重新进行分类登记

已经存在的民办教育机构决定登记为非营利性民办教育机构的，对机构章程进行修改，按照修改后的章程继续运行。决定登记为营利性民办教育机构的，要根据法律进行财务清算，明确机构财产权属，依法缴纳有关费用后办理新的办学许可证重新登记，继续发展。

经审批正式设立并获得办学许可证的民办教育机构，符合《民办非企业单位登记管理暂行条例》等民办非企业单位相关规定的非营利性民办教育机构，到民政部门依法登记为民办非企业单位；符合《事业单位登记管理暂行条例》等事业单位登记相关规定的非营利性民办教育机构到事业单位依法登记为事业单位。按规定本科及其以上层次教育的非营利性民办高职院校，由省级人民政府相关部门办理登记手续；专科以下层次职业教育的非营利性民办职业教育机构，由县级以上人民政府相关部门办理登记。选择设立营利性的民办职业教育机构则到工商行政部门登记。

（四）分类管理改革的平稳过渡时间

我国各地区教育发展的不平衡决定了分类管理改革不能一刀切，要视各地区情况而定。同时，为了保证分类管理改革平稳有序进行，为了给各地留有足够的空间使各地根据本地实际情况解决本地区问题，本次修改决定对现有民办学校选择营利性或者非营利性没有规定统一的过渡期，各地区进展可以不同、也可一校一策、视情况处理。

现有的民办教育机构可以自主选择举办非营利性或营利性。新《民促法》出台前设立的民办教育机构，按照有关法律政策重新履行新的登记手续，学校的性质可以变更。

（五）两类学校的退出机制

民办学校在终止即退出时按照各自的性质对剩余财产进行不同处理。新《民促法》出台前由社会力量捐资兴办的民办教育机构退出时，机构的所有盈余财产继续用于教育或其他社会事业。由出资者举办的民办学校退出时，综合考虑原始出资和办学效益等因素，按照国家有关规定清偿债务后剩余资产，一部分可以补偿或奖励的形式返还给出资者，另一部分资产继续用于教育事业；新《民促法》出台后创办的民办教育机构退出时盈余财产依据相关法律法规和本机构所制定的章程处理。营利性民办学校在清偿债务后剩余财产按照《公司法》处理。

三 河南省民办职业教育路径选择

技术技能型人才是实现中华民族伟大复兴梦最基本的技能支撑，职业教育是以培养技术技能型人才服务社会经济发展以及我国经济社会转型升级的主阵地。在我国对民办教育实行营利性和非营利性分类管理背景下，结合河南省中原经济区建设的新机遇和新挑战，探索适合河南省职业教育发展的路径是逐步优化民办教育固有的教育结构和人才结构，创新我国民办教育制度，建设更加符合当代社会多元诉求和多样化教育需要的现代教育体系的根本保障。

（一）营造职业教育发展的健康氛围

当前发达国家一个普遍特征是全社会重视职业技能型人才的培养，重视职业技能教育，把职业技能教育看得和普通教育同等重要。我国无论是政府层面还是社会层面向来偏重于普通教育而轻视职业教育，大多数人认为只有普通高中、本专科毕业的大学生才能成为真正的人才，认为职业学校是在无学可上或者无更好出路情况下的无奈选择。在相当长一段时间内国家层面上虽然认识到职业教育的重要性，但仍然重视普通教育而忽视职业教育。

职业教育若要得到健康发展，就需要营造职业教育发展的健康氛围。国家和政府部门可以加大职业教育相关发展政策的宣传力度，多报道优秀模范职业技能人才的先进事迹，营造职业教育同样出人才、职业教育和普通教育同等重要的舆论氛围，引导广大人民和社会改变传统的对职业教育认识的误区，从思想上转变观念，提高职业教育的认同度。

积极推进职业院校和普通院校考试和招生制度改革，在现有的考试项目中加大技能考试项目和比重。改变我国现有不科学的人才评价机制和考核机制,提高职业院校毕业生薪资待遇和社会地位,增强技能人才的社会认同感。

(二)完善民办职业教育分类管理的相关法律、法规

完善相关法律、政策是民办职业教育分类管理切实执行的有效保障。我国在确定了对民办学校进行分类管理后,虽然从顶层设计上出台了分类管理的政策,但一方面国家层面分类管理配套的具体措施尚不完备,另一方面各地区相关政策尚处于空白状态。对此,无论是国家还是地方政府都需要尽快制定分类管理配套的详细而具体的措施条例,形成一套完善的差异性管理体系。很长一段时间以来,许多民办学校对分类管理持观望态度,就在于分类管理的发展政策不明朗,办学者看不到具体的可依靠的法律保障,更没有完善的政策法规作为向导,只有完善了分类管理相关政策,才能使民办职业教育机构看到翔实的具有可操作性的制度保障,从而保证分类管理政策的真正落实。加快完善民办职业教育分类管理的立法,营造全社会关心、支持、鼓励民办职业教育发展的政策氛围,是今后一段时期民办职业教育发展的前提。

(三)重视内涵建设

职业教育机构要想在日益激烈竞争中获得一席之地,进而异军突起,发挥一枝独秀的作用,作为职业教育机构自身,就要抛弃拼规模赢发展的道路,加强自身实力。要根据国家要求和社会发展形势的要求重视学校内涵建设,创建自己的品牌,创新职业教育理念,赢得日益广阔的发展空间。一是一手抓职业技能教育,一手抓职业道德教育,两手都要抓,两手都要硬,全面提高学校教育质量,提升自身竞争实力。二是创新培养模式。突破传统的人才培养模式,实行校企合作,遵循职业教育实用性和针对性的特点,积极探索和实施订单式培养、委托培养和定向培养等多种人才培养新模式,突出职业教育的可操作性和技能性,培养符合企业和市场发展需要的技术型人才。三是职业教育是与市场需求最紧密相关的教育形式。当前职业院校存在

着专业设置和课程体系与社会市场脱节的现象。要培养符合社会需求的人才,作为技能型人才培育者的职业教育机构要利用我国"一带一路"、自贸区建设以及河南中原经济区建设的难得机遇,在密切调研市场需求的基础上,结合自身办学资源,调整优化专业结构和课程体系,开设区域性经济社会发展急需的特色专业与品牌专业,不断完善专业随产业发展动态适时调整的灵活机制,为新常态下我国经济快速健康发展培养优秀的技术技能人才。

此外,作为领导者和决策者,政府要扮演好宏观调控的角色,完善法律法规、加大资金扶持力度等扶持职业院校的品牌专业和具有强大发展前景的新专业等,加强对职业学校的引领。

(四)加强师资队伍建设

教师是教育事业的最基本执行者,也是人才的引导者和铸造者。师资力量决定着教育发展的未来。随着我国社会经济的快速发展,时代对当代教师提出了更高的要求。同时,职业教育的属性要求职业院校必须保证"双师型"教师的数量。但是,当前职业教育机构教师队伍知识结构、素质结构还不能完全满足社会和时代的要求。

政府要进一步改善职业教育师资的培育体制,确保职业教育机构教师的供应。作为职业教育执行者的职业教育机构可以打破常规多渠道引进教师,聘请行业或者企业中的技术标兵或者高级技术人员到校任教。同时,要加大教师培训力度,鼓励教师积极到企业挂职锻炼、进修培训和企业顶岗等实践活动,创新各行业人才在企业和职业教育机构按需流动机制,建设结构合理又相对稳定的适应社会发展需求的高质量的"双师型"职业教育教师队伍。

参考文献

鲁昕:《加快发展现代职业教育,助力实现伟大"中国梦"》,《中国教育报》,2013年4月1日。

鞠光宇：《民办高等教育可持续发展战略分析》，《国家教育行政学院学报》2010年第7期。

刘莉莉：《中国民办高等教育发展的研究》，吉林人民版社，2002。

陈宝瑜：《进入21世纪我国民办高等教育展望》，《教育管理研究》1999年第1期。

谢新利：《内涵建设是高职院校发展的唯一途径——以西安铁路职业技术学院为例》，《新西部》2010年第10期。

于洪才：《构建开放性的职业教育办学体系》，《教育与职业》2001年第6期。

择一涛：《论公益性民办高校产权制度的构建》，《中国高教研究》2010年第9期。

潘懋元、别敦荣、石猛：《论民办高校的公益性与非营利性》，《教育研究》2013年第3期。

杜鹏娟：《河南高职教育服务中原经济区的路径选择》，《决策探索》2013年第2期。

彭聚凯：《职业学校社会化办学的新尝试》，《职业教育研究》2011年第3期。

黄聪英：《新常态下我国职业教育的发展困境与路径选择》，《教育探索》2015年第12期。

马庆发：《职业教育发展路径的选择与反思》，《上海教育评估研究》2013年第6期。

陈建超：《分类管理背景下福建民办教育发展研究》，《教育评论》2016年第12期。

中等教育篇
Secondary Education

B.18
河南民办中等教育的现状与发展预测

吴德亮*

摘　要： 河南是内陆经济欠发达的人口大省，省内各区域经济社会发展水平呈现不平衡、多层次的特点，人口素质参差不齐，平均水平偏低。近年来，河南省提出了中长期战略目标，即实现从人口大省到经济强省的历史性跨越。在这个过程中，民办中等教育在实现快速发展的同时也暴露出诸多亟待解决的问题，影响民办中等教育的健康良性发展。本文着眼于河南民办中等教育的现状，通过政策环境、办学情况、自身建设等方面指出了河南民办中等教育存在的问题，并分析了河南民办中等教育未来的发展走向。

---

* 吴德亮，黄河科技学院讲师，研究方向为思想政治教育。

关键词： 河南 民办中等教育 教育转型

伴随经济社会的发展，河南作为经济欠发达的内陆人口大省，虽然人均国民生产总值不高，但是由于各级政府和社会各界的重视，教育在生源规模巨大、经费投入不足的情况下，实现了事业的不断发展。民办中等教育作为全省中等教育的重要组成部分，也经历了从小到大的发展过程。到2016年，全省民办普通高中242所，在校生33.10万人；民办中等职业学校190所，在校生19.62万人，已经具备了一定的规模。但是健康有序的发展趋势仍未完全形成，民办中等教育发展过程中还存在诸多亟待解决的问题。

一 河南民办中等教育的发展现状

（一）政策环境

为了鼓励和规范民办中等教育的发展，国务院、河南省政府相继出台重要文件，支持公民个人或社会组织独立办学或联合办学，并为民办学校发展提供相应的政策支持，主要体现在办学资金筹措、办学土地征用、教育行政管理等方面。

1. 办学资金筹措

经费是学校运行发展的重要支撑，筹措办学资金是民办学校生存和发展的一项主要任务。为保证和促进民办学校健康发展，河南省出台各项政策，鼓励和支持民办学校通过多种渠道筹集办学资金。支持银行金融机构积极为民办学校融资提供必要的支持，严禁在民办学校筹措资金时设置不必要的限制，民办学校可以享受信贷优先和贷款利率优惠等服务。鼓励金融机构采用灵活多样的形式，结合各地实际情况开发适合民办学校发展的信贷品种和服务项目，使民办学校在融资方式和渠道方面得到便利。同时，各级政府及社会组织多措并举筹集资金，设立民办教育发展专项资金，通过政府财政拨款

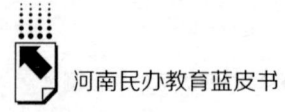

的带动和示范效应，连同社会融资、社会捐赠等渠道筹集的资金，用于支持和鼓励民办中等学校的发展，并引入激励机制，奖励和表彰在民办中等学校发展过程中做出突出贡献的集体和个人。

2. 办学土地征用

在办学场所的土地征用方面，河南省要求各级政府统筹全局、统一规划，将民办学校的教育用地纳入城市土地利用和城镇建设规划之中，做到办学用地优先规划，为民办学校发展所需土地提供了相应的政策保障。同时，也规定民办学校的建设规划与城市总体规划应当协调，与民办学校建设的整体要求保持一致。鼓励和支持农业用地转用指标、新增用地指标适当向民办学校倾斜。民办学校基本办学场地所需的办学用地，可以采取租赁、出让、划拨等多种方式提供，其中国家规定需要收取相关费用的，一律按下限标准收取。

3. 教育行政管理

在国家出台的各项教育管理制度中，都要求给予民办学校公平的发展机会，要求依法给予民办学校教师和学生同样的工作学习环境，各级教育主管部门要为民办学校教师在教师资格评审、职称评定、劳动纠纷等方面提供法律和政策上的支持，并提高服务的质量和水平。同时，还为民办学校教师在培训、职称评定、科研立项和社会活动等方面提供政策保障，保证民办学校在这些方面能够得到公正的待遇，有公平的发展平台。为有效调动民办学校办学的主动性与创造性，在不违背大原则的前提下，各级教育主管部门还依法给予各民办学校相应的办学自主权，这都为民办学校的蓬勃发展提供了有利的政策环境。

（二）办学情况

河南省民办中等教育的出现是在20世纪80年代，到20世纪末和21世纪初，进入快速发展时期，这一时期出现了多种形式的合作办学，其体制机制灵活多样，从办学模式来看大致有三种。一是个人合伙共同出资办学，办学者一般是有一定教育教学经验的教师合伙办学；二是在技校和培训机构建制的基础上，进一步整合资源，利用现有的优势，通过内部强化管理，提升办学质量、扩大办学规模，寻求更大的发展；三是企业办学，这类学校主要由企业所有人出资，聘用教育教学管理人才来创办学校，其中中等职业教育，能够将学校专业设置与企业需要紧密结合。[1]

在办学理念上，有部分学校教育功利化、短时效化，用功利主义、实用主义的思维评价学校，将企业经营理念搬到学校的机制运行之中，主要表现为"以最小的投入在最短的时间内获得更大的收益"，忽视了教育自身规律，是片面追求办学经济效益的表现。这种把教育变成纯商业功利市场行为在民办中等学校中比较突出，这一问题的存在不仅破坏了民办中等教育的形象，而且还影响了民办中等教育的可持续发展，也是民办中等教育健康良性发展过程中亟待解决的问题。

（三）自身建设情况

1. 师资管理

新修改的《民办教育促进法》第四章第28条明确规定："民办学校的教师、受教育者与公办学校的教师、受教育者具有同等的法律地位。"但实际情况是民办学校教师不仅在工资待遇方面无法与公办教师相比，而且在政策上也得不到相应的保障。比如，有些地方规定外来民办教师不可以参加当地教育部门组织的民转公考试，评职称、考教师资格证等必须回原籍所在地；有些地方政策规定可以在当地办理，但当地政府或教育部门会出台多条款加以限制，最后还是不了了之；还有些地方政府或当地教育部门在举行相关竞赛活动时，对民办学校存在歧视和偏见，经常性出现评委不公正、不公平的现象，导致竞赛结果的不公平。[2]

数据统计显示，河南省民办中等学校专任教师在学历要求上几乎都可以

---

[1] 李云飞：《民办中等职业学校现状与发展对策研究——以郑州市为例》，华东师范大学硕士学位论文，2009。

[2] 崔立华、马芳平：《试论民办教育面临的困境及解决路径》，《教学与管理》2013年第12期，第9~11页。

达标。但是因为诸如工资待遇、职业成就感等原因，造成教师流动频繁（见表1和表2）、师资结构不合理等问题。在民办中等学校的筹划阶段，特别是办学的前几年，在学校教职员工的构成中，外聘教师占比较高，形势所迫不得已还大量聘用没有教学经验的高校毕业生。同时这些刚刚走上工作岗位的年轻教师很少有外出学习培训的机会，这就造成了民办中等学校师资发展出现瓶颈。

表1　民办中等学校教师流动时间和比例统计

单位：%

时间	1年内	1~3年	3年以上
所占比例	38.5	32.1	29.4

数据来源：《河南教育年鉴》。

表2　民办中等学校教师流动因素和比例统计

单位：%

原因	工作变动因素	经济因素	学校管理因素	学校位置因素	其他
比例	62	33	32	17	28

数据来源：《河南教育年鉴》。

2. 教学情况

对于教学质量，学校内部的不同主体有不同的态度（见表3）。

表3　民办中等学校从业人员对教学质量的重视程度调查

主体	思想观念	实践行为
学校领导	重视	重视
教职员工	弱化	重视
学生	不重视	不重视

调查显示，部分依托公办学校创办的民办学校，对教学管理、教育教学质量高度重视，生源质量相当好，大多已经成长为省内乃至全国名校。当然也有的学校其教学过程与人才培养目标的要求存在较大差距。部分学

校不能打破传统观念的束缚,不能及时更新教学设备,严重地影响了教学质量。

3. 招生情况

国家教育部门明确规定:在义务教育阶段学校不准通过招生考试,选拔优质生源。但是仍有部分公办学校违反规定,在招收外来户籍学生时仍采取考试的方法选拔优秀学生。很多通过这一渠道未能进入公办学校的学生最终在万般无奈之下选择民办学校,客观上造成民办学校的整体生源素质参差不齐。

然而中等职业教育发展快、规模大。随着河南省支持民办中等学校政策的出台,返乡农民工也可以报考中职学校,民办中职学校更是抓住机遇,采取切实可行的措施,加大招生宣传力度。目前,省内各学校招生工作每年分春季和秋季两次进行,招生过程中有的学校甚至出现买卖招生指标的现象,这些措施在某种程度上鞭策了在校教师,客观上调动了老师招生的积极性,也为民办学校生源提供了相应的保障。

有统计资料显示,截至2016年底,河南省有普通初中4557所,在校生415.83万人,教学班76845个,班均54.11人;其中有民办初中758所,在校生74.08万人,教学班13385个,班均55.34人,学生人数占全省总数的17.81%。全省共有普通高中792所,在校生199.60万人,教学班31074个,班均64.23人;其中有民办高中242所,在校生33.10万人,教学班9827个,班均33.68人,学生人数占全省总数的16.59%。全省有中等职业学校800所,在校生128.25万人;其中民办职业学校190所,在校生19.62万人,学生人数占全省总数的15.29%。

二 河南民办中等教育发展面临的问题

作为人口大省,河南的民办中等教育已经具备了一定规模,但是健康良性有序的发展趋势还未完全形成,无论是外部环境还是自身的内部运行都存在诸多亟待解决的问题。

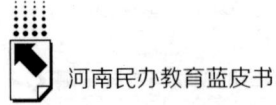

（一）主观方面

1. 政策落实不到位

河南省和各市政府出台了若干促进民办中等学校发展的有力措施，这些措施虽然具有较强的针对性和可操作性，但是在执行过程中往往会出现很多问题，各个不同的教育主管部门之间缺乏有效的沟通协调，造成民办中等学校与同类公办学校不能在公平的环境下竞争、发展。比如，在财政资金和学校设备等方面的支持上，政府财政资金能够进入民办学校的占比较低；在教师技术职称评审方面，民办中等学校的教师远远没有获得与公办学校平等的待遇；少部分学校因缺少自有办学场所，规模较小，通过银行贷款筹措办学资金也会受到歧视；等等。

大部分民办中等学校认为：社会公众对民办学校的评价存在偏差，人们往往认为民办中等学校的办学者投资办学，难免会将企业经营的理念搬到学校的运营过程之中，会将营利作为办学的目的，甚至对民办教育有一定程度的抵制心理，对民办教育培养人才、缓解我国教育资源压力、解决就业等作用缺乏客观的评价。部分教育主管部门在政策的制定和执行过程中未能做到具体问题具体分析，造成各个部门意见的沟通不畅，客观上造成了政策无法有效地贯彻落实。

2. 思想认识有偏见

《国家中长期教育改革和发展规划纲要（2010～2020年）》指出：教育公平关键是机会公平，重点是均衡发展，措施是加强统筹，合理配置教育资源，思路是以改革发展促进公平，以制度创新保障公平。要促进教育公平，制度保障是重中之重，要创新教育公平制度设计和机制。① 当前歧视民办教育的现象还比较普遍，尽管国家倡导"大力支持民办教育"，全省的民办中等教育发展呈蓬勃之势，然而社会对它的误解和偏见却从未淡化。不少人总

---

① ①章洪波、陈文静：《发展民办教育：我国教育体制创新改革的必由之路》，《湖南教育》2013年第3期，第12～15页。

把它和"管理乱""多挣钱""质量差"联系在一起；相关部门对民办学校的教学和管理不放心、不信任，甚至在制定相关政策时，对民办学校不能一视同仁。这些，都让走在民办教育一线的工作者颇感不解、深感无奈。教育实践的发展证明，民办教育已成为我国教育事业发展的重要增长点和促进教育改革的重要力量。在中等基础教育领域，都有一批办学规范、质量过硬的民办学校，为普通高校输送了大批后备人才，赢得良好的社会声誉。河南省有很多民办中等教育机构，能够紧跟国家经济社会发展的前沿，为满足社会公众对教育资源的需求，提供相应的教育资源，与公办教育互相取长补短，共同解决社会教育问题。

3. 理论研究相对滞后

任何教育类型都有其产生、发展和不断壮大的过程，这就必然要求该教育类型的理论研究要紧跟教育实践，并进行科学的多视角的纵横比较，借鉴该领域里的先进做法，针对教育实践中出现的新情况、提出的新问题，进行比较研究与理论验证，以期在试点工作的基础上循序渐进地推广运用。河南的民办中等教育是在理论研究并不充分的情况下起步，其间还走过一段重规模扩张、忽视内涵建设的发展历程，形势上虽然发展速度较快，但是在教育教学实践中却存在不少问题，理论研究工作与教育实践的发展不完全同步，客观上造成了河南省民办中等教育理论研究工作相对滞后。

（二）自身因素

在全省民办中等教育发展过程中，由于发展速度过快，师资问题、教学管理问题、招生问题一直是制约其自身健康平稳发展的重要因素。

1. 师资问题

（1）教师招聘、考核问题。民办中等学校教师招录和考核存在不科学现象，甚至招录规则就存在问题，导致学校教师整体素质还有较大的提升空间。比如，在选聘教师过程中，有在校教职工引荐的、有人才市场公开选聘的、也有通过社会人际进入的，而合格教师理应经过教学部门的考核才能走上教育教学岗位，这就造成了教师素质参差不齐。

(2) 教师流动性比较大。在教师管理过程中，存在奖惩制度设置不科学，有效的激励机制尚未形成，部分民办中等学校惩罚往往多于奖励，而且惩罚的程度也远远大于奖励。最常用的惩戒方式就是扣工资，客观上挫伤了教师的积极性，导致教师的职业幸福感不断降低，职业期望与实际情况存在较大差距，心理压力负担较大。民办教师的流动性大也就在所难免。

(3) 教师成长比较困难。教师从业者必须具备优秀的师德品质、较强的教育教学能力和良好的行业职业素养、知识技能以及实际操作能力。[1] 这已经成为民办中等学校教师队伍建设的必然趋势。调查发现，许多学校只是在组织教师集体会议中讨论到教师培训的问题，专门的教师培训相对较少，导致教师很难获得再培训的机会。有些规模较小的学校在发展初期更倾向于向其他学校挖教师和外聘教师，而不是自我培养，结果导致教师成长比较困难。

2. 教学管理问题

(1) 规章制度不够健全。规章制度是为了实现学校管理目标，是对学校全体师生提出的系统化的工作流程和行为准则，也是学校依法执教的重要举措。这就要求规章制度的制定必须符合党的方针政策、法律法规，必须尊重学校发展的实际情况。调查发现，部分民办学校规章制度的制定过程缺乏民主性和科学性，在执行过程难免会有困难；制度执行不能一视同仁，缺乏平等性，造成制度在执行过程中的权威性降低。这些问题的存在也在一定程度上制约着全省民办中等教育的健康发展。

(2) 教学设备投入不足。中等学校特别是普通中学，其功能就是为高校输送品学兼优的新生，为国家现代化建设培养劳动后备力量。工欲善其事，必先利其器，这就要求学校必须完善配套的教学设备，并做到及时更新，而许多民办中等学校教学设备严重缺乏，使用频率很低，特别是部分民办中等职业学校甚至出现设备购置后几乎闲置的现象，学校也很少更新这些教学设备。大量教学仪器设备耗资巨大，对资金实力欠缺的民办中等学校来说，设备严重缺乏和陈旧，教学设备相对不足，学校无法保障科学严谨的教学安排。

---

[1] 姚贵平：《解读职业教育"双师型"教师》，《中国职业技术教育》2003年第6期。

(3) 教学质量管控不严。许多民办中等学校内部质量评估和监控机制尚不完备，教学质量督导评估机制缺失，这显然会影响民办中等学校教学质量的提高。调查发现，有的教师测评缺乏科学依据，规章制度在考核的过程中形同虚设，流于形式。学校承载的使命在客观上要求学校的管理者必须重视教学质量。在教育教学实践中，民办中等学校的管理者缺乏质量至上的原则，直接导致了一线教师的心理松懈，工作缺乏积极性与创造性，很难高质量地完成目标任务。同时由于生源素质参差不齐，教师在教学质量上因为学生素质导致他们在教学实施过程中不重视教学，造成对教学过程缺乏有效的监督和制约机制。

3. 招生问题

招生问题一直是民办中等学校发展的核心问题，随着经济社会的发展，社会公众对教育需求选择呈现出多样化、多层次的特点，公办学校的实力雄厚，内外因素的综合作用，使得民办中等学校与同行的竞争变得更为激烈。

(1) 生源数量逐渐减少。虽然河南省人口基数不小，但是随着社会经济的快速发展，生活成本不断上升，人们思想观念的变化，河南人口的出生率并没有提高，适龄入学人数反而有所减少。同时，同一教育类别的公办学校具有先天优势并快速发展，也挤压了民办学校的生源空间。

(2) 生源质量不高。人才培养质量是衡量学校办学水平的重要标志。然而生源质量一直是困扰民办中等学校发展的重要问题，也是社会公众对其产生偏见的原因之一。近年来，很多民办中等职业学校实行注册入学的招生方式，使得中等职业学校的生源质量参差不齐。

(三) 现代化趋势

教育的现代化，要求对旧的教育模式进行辩证的否定，并利用先进的现代物质技术手段和创新性的教育方法，探索创造现代文明的过程。它需要在现有基础上汲取人类文明一切有益的成果，浓缩各种变化与进程，推进教育发展达到最先进的层次，崇高的事业正呼唤着每一位中国人的智慧、勇气和责任。展望未来，结合河南省民办中等教育发展的实际情况可以预见，未来全省民办中等教育的现代化发展会在以下方面得到呈现。

1. 办学条件将明显改善

伴随河南省"建设经济强省"目标的贯彻落实,受益于河南的国家战略规划和平台的叠加效应,继粮食生产核心区、中原经济区、郑州航空港经济综合实验区之后,河南拥有了第四个"国字号"战略规划——郑洛新国家自主创新示范区,目前全省经济发展呈现"总体平稳、稳中有进、稳中向好"的发展态势。人才需求的联动效应会倒逼政府加大财政性教育经费的投入,必将为民办中等教育的现代化提供物质基础。财政性教育经费的投入,会不断改善办学条件,如校舍校园的改造扩建、教育教学仪器设备的更新、教具和图书资料的完善等。

2. 管理制度将更加健全

河南民办中等教育要想在竞争中立于不败之地,必须走改规模扩张为注重内涵建设的必由之路。教育实践的发展会让民办中等教育的践行者深刻地认识到,社会公众并不缺乏为接受教育所支付的高昂费用,也不缺少受教育的机会和平台,需要的是令其满意的教育模式及效果,这就迫使机制灵活的民办学校必须建立健全适应时代需要的各项教育制度,采用先进的教育手段,向受教育者传授符合时代发展潮流的教育内容。通过学习借鉴同行的先进经验、依据客观需求和先进理论去探索等途径,积极主动地顺应时代的需求,必将促使全省民办中等教育不断地推陈出新,开拓前进。

3. 教育思想和观念不断创新

近年来,河南省各地不断推进教育理念的改革,省会城市郑州市更是走在教育教学改革的前沿,以"道德课堂"建设为依托,大力发展素质教育。"道德课堂"建设以学生为主体,遵循学生身心发展和教育教学规律,使学生在学习中体验到愉快和幸福,享受学业与身心全面发展的课堂。改善教师的教学生态和学生的学习生态,让教师和学生在课堂生活中享受到幸福和快乐,提升教师和学生的生命质量和生命境界。[①] 民办中等教育机构在日常的

[①] 田保华:《"道德课堂":内涵、实践与思考——郑州市基于新课程理念的创新行动》,《基础教育课程》2011年第5期。

交流学习过程中可以共享教育教学改革的成果，形成科学先进的教育思想和教育风格，促进教育理念的创新与发展，进而实现民办教育发展的现代化。

（四）国际化趋势

面对全球化进程，任何国家都不可能在故步自封的状态下求发展，整个世界已成为日益紧密联系的整体。最终能否适应全球化趋势，并在这种浪潮中实现中华民族的伟大复兴，对于中国人而言既是机遇又是挑战。抛开意识形态的因素，仅从人的素质方面来分析，必然要求我们在国际文化交流与合作的过程中，趋利避害，抓住机遇，扬长避短，重新塑造国人。

未来教育要重点关注学生五个方面的素养，即工具与技能、兴趣与特长、文化与传承、视野与境界和挑战与勇气。由此可以推断，作为具有承上启下作用的中等教育必须注重学生三个方面能力的塑造，即培养学生学会学习、学会合作、学会创造。河南的民办中等教育必将顺应时代的发展要求，面对机遇与挑战并存的现状，尽快融入教育发展国际化的时代潮流。

（五）信息化趋势

人类进入21世纪，新一轮的信息革命正在如火如荼地推进，表现为现代物质技术手段步和科技水平的提升，它大幅提高了人的能力，使人们的学习、工作和生活都发生着深刻的变化。总结这些变化，可归纳出以下特点：计算机教育全民化，教育过程的终身化，教育内容的智能化、综合化、多样化和软件化，教育目标的多样化，学生成长的个性化，教育手段的电子化，教育教学的高效化，评价考试的能力化和全面化等。[1]

河南民办中等教育的健康发展，必然要求整合现有资源，推广使用现代信息技术，解放思想，改变传统教育观念，借助现代物质技术手段，拓展师生视野，传授知识的同时注重培养智慧。因材施教，分层教学，让学生的各

---

[1] 孙煦东、韩丰：《未来教育的发展趋势》，《基础教育论坛》（文摘版）2015年第5期，第9~10页。

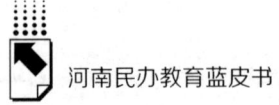

方面素质得到相应的提升,让学生的个性得到彰显。教学效率明显提高,实现用最少的时间使师生获得最大的发展和提高。

(六)市场化趋势

当前,我国经济发展适逢重要战略转型的机遇期,这也是我国教育发展的重大机遇期。社会主义市场经济体制的建立健全,我国经济社会的进一步改革、开放与发展,必然要求发挥人口素质提升在经济发展方式转变过程中的作用。

河南作为人口大省,城镇化发展趋势带来农村人口转移和教育的巨大市场,家庭生活水平的提高带来教育消费比重的增加,势必会促使民办中等教育如雨后春笋般迅速发展,民办教育机构会通过品牌建设,树立竞争优势,提供优质的教育服务,来分享全省中等教育的潜在资源。河南如果能在全面建成小康社会的重要机遇期中,重视教育和人力资源开发,给予民办教育合理的地位和更有力的支持,就有可能使河南从人口大省迈向人才资源强省,使得教育与人力资源总量更加充足、结构更加合理、质量更加提高、体系更加完善,人民的学习能力和就业能力更加提高。[1]

三 民办中等教育发展趋势预测

在未来的发展历程中,中国要实现"两个一百年的奋斗目标",全面建成小康社会、实现现代化的宏伟发展目标,必然要求探索出一条适合中国国情的发展道路,参照国际发展的历史经验来看,在自然资源、有形资本、人力资源三大要素中,只有人力资源的开发具有潜在的比较优势,教育是将这种潜在优势变为现实优势的有效途径。[2] 河南省作为人口大省,在人力资源开发方面具有先天优势,而中等教育担负着为高一级学校输送合格新生以及

---

[1] 王建庄:《求正归真》,光明日报出版社,2005。
[2] 王建庄:《求正归真》,光明日报出版社,2005。

为国家建设培养劳动后备力量的双重任务,民办中等教育的蓬勃发展在一定程度上会弥补公办教育的不足。因此,大力发展民办中等教育将是河南未来教育发展的必然选择,并不断推进其朝着现代化、国际化、信息化和市场化的方向发展。

参考文献

《郑州市人民政府关于促进民办教育发展的意见》,2005。

袁新文:《民办教育不该遭"白眼"》,《人民日报》2011 年 4 月 22 日。

吴林桧:《四川省民办高校教育转型中的政策研究》,电子科技大学硕士学位论文,2014。

李一梅、王赛:《〈中图法〉之中等教育类目演变的分析》,《现代情报》2014 年第 1 期。

云南大学附属中学教研组:《21 世纪教师面临的挑战与选择》,《教学研究》2000 年第 2 期。

何乃彦、于源华、熊光明:《21 世纪的中德教育比较》,《科教文汇》2012 年第 3 期。

孙新:《我国教育公平制度实施机制探析》,《价值工程》2011 年第 2 期。

B.19 高考改革背景下的民办普通高中教育研究

任艳丹 罗建涛*

摘　要： 本文概述了河南民办教育发展的状况及存在问题，高考改革背景下民办普通高中的发展趋势，并简单介绍了郑州市宇华实验学校教育教学改革的一些尝试，旨在给民办教育战线的同人提供材料，共同商榷民办教育的发展大计。

关键词： 河南高考改革　民办高中教育

一　河南民办普通高中的现状

（一）河南民办教育的发展和贡献

《民办教育促进法》颁布实施后，河南民办学校发展迅速，在校生人数大幅增加，呈现出前所未有的发展态势和新的特征。

五年来，近400亿元民间资本进入教育领域，省财政从2012年起设立2000万元民办教育发展专项资金，并逐年增加，2016年已达到5000万元。各地市也纷纷设立民办教育发展专项资金。其中，郑州市、洛阳市每年专项资金均达到5000万元。

2016年，全省民办学校数量为17772所，同比增长了6.37%。民办学

---

* 任艳丹，郑州市宇华实验学校校长；罗建涛，郑州市宇华实验学校副校长。

校在校人总数566.64万人，教职工总数43.41万人。河南民办教育已成为河南教育的重要组成部分。在全省大部分省辖市，中小学阶段的民办教育异军突起，有些市高中阶段的民办教育已经超过20%，在全国处于领先地位。

在发展过程中，河南民办学校经过竞争角逐，优胜劣汰，在教学管理、发展理念等方面都呈现越来越规范、越来越成熟、越来越健康的特征。教育教学质量的不断提高，灵活的办学机制和培养模式以及一校一策的办学特色，逐渐赢得家长和社会的普遍认可，涌现出郑州市宇华实验学校、河南宏力学校、开封求实中学等一批口碑好、升学率高的知名学校。

民办教育事业的不断发展，为教育事业带来了积极的变化。一是促进了教育多元化，为全省的幼儿教育、基础教育和普通高中起到了很好的补充作用。二是方便了外出打工人员和外来流动人口子女的入园上学，为公办学校缓解了部分压力。三是解决了一部分人的就业。四是盘活了社会零散闲置的教育资源，为社会经济发展注入了新的活力。

（二）民办普通高中存在的问题

1. 办学条件和办学水平差距悬殊，发展不平衡

目前河南民办高中的办学条件差距较大。地市以上城市的民办中小学的设施条件普遍较好，标准高、要求高、收费也较高。这些学校主要满足了社会择校需求和家庭富裕阶层子弟上学的需要。一些县镇和广大农村地区的民办高中，设施条件一般较差，收费也较低，既有补习性质的，也有类似职业高中的，办学条件多不达标。

从地区分布看，民办普通中学尤其是民办高中分布极不均衡。郑州、开封、濮阳、许昌、周口以及固始县民办高中教育所占比重较大；洛阳、漯河、三门峡所占比重相对较小。这种不均衡为民办教育的发展带来发展机遇。河南民办教育市场发展潜力巨大。

2. 管理水平不高，潜在矛盾不少

从民办学校管理的现状来看，管理模式相对单一。一般情况下，董事长掌管着学校的财权和人权，校长只有业务管理权。一些学校只追求利益，有

早投入、早回报急功近利的思想，对学校长远投入不够。个别学校办学品位不高，利益观念严重，不是把教育作为公益事业，而是以企业管理的方式经营学校，在设备、科研、师资队伍建设上不舍得投入，在招生宣传上夸大其词，搞不当竞争等，在一定程度上影响了民办学校的声誉。

中国民办学校多脱胎于中小企业，这就决定了家族式管理模式在学校不同发展阶段或多或少地存在着，在上层决策者和领导者当中有不少人不懂教学，不熟悉教育规律，如果执行层面的中下层管理者又多为聘用和兼职，就有可能影响甚至严重制约民办学校的发展。

3. 生源数量与质量得不到保证

生源是一个学校存在和发展的前提，是一切问题中最根本的问题，若生源的数量和质量得不到保证，则学校的发展也就无从谈起。造成民办学校生源问题的原因众多，如公众观念、民办学校自身的教学质量、社会客观环境影响等。

4. 师资力量欠缺，教师流动性大

教师是一个学校核心竞争力的体现，民办学校教师的稳定对生源稳定有着重要的影响。目前民办学校教师存大两大问题：一是能力和水平参差不齐，二是未享有和公办学校教师一样的待遇和社会福利。民办学校教学教研多是闭门造车，教职工享受不到培训、奖励和晋升福利等，还有医疗保险、养老保险等方面也不到位，存在着一些政策缺陷，使得民办学校教师的社会存在感不强，认为自己是"打工仔"，缺乏主人翁意识和工作责任心，如另有高枝或稍不顺心就不辞而别，造成教师队伍稳定性差。解除民办学校教师成长和后顾之忧是各地教育行政部门民办学校迫切需要解决的问题。

（三）产生问题的原因

1. 思想观念有偏见

少数政府部门工作人员和一些社会群众对民办教育认识不当，有的认为民办学校以营利为目的，有的认为民办学校教育质量不高，生源构成比较复杂，学风不正等，对民办学校存有偏见。

2. 政策扶持不到位

政府支持力度不够。一些法规、制度仅仅停留在纸上或嘴上，没有落到实处。在征地、建校、银行贷款方面，民办学校受到不公正的待遇，尤其在制度上早已不是问题的有关民办教师晋级、医疗、养老、住房公积金等社会福利保障在一些民办学校长期得不解决，而政府对此熟视无睹。

3. 师资队伍堪忧

民办学校老师教学水平参差不齐，而且队伍不稳定，流动性大。这有两方面的因素：一是民办学校普遍实行的是教师聘用制，而且不少教师是兼职，他们普遍存在"打短工"的思想，教师责任意识不强，奉献意识不够。二是教师的业务成长得不到保障，缺乏规范的指导和培训，教师医疗养老等后顾之忧长期存在。各地教育行政主管部门对民办学校的业务指导基本处于放任的状态，民办学校教师在继续教育、年度表彰、职称晋升、教研课题、教法改革等方面常常被忽略。

4. 教育教学水平不高

民办学校自身管理力量薄弱，管理水平不高。一些民办学校教学质量不高，利益观念严重，在招生宣传上夸大其词，搞不当竞争等，长此以往，破坏了民办学校在人民群众中的形象，严重影响民办学校的发展。

目前，民办学校数量增长趋缓，区域内的学校间形成相互竞争的格局，如何提高教育教学质量和管理水平，使学校办出特色，并获得社会、家长与学生的认可，已成为所有民办学校共同关心的话题。

二 高考改革背景下民办教育将面临的变化和挑战

（一）高考改革的形式和内容

2016年8月23日，河南省教育厅召开新闻通气会，通报了《河南省深化考试招生制度改革实施方案》的有关情况。

1. 完善高中学业水平考试

考试分为合格性考试和计入高校招生录取总成绩的选考科目考试（简称"选考科目考试"）两项。合格性考试范围覆盖国家规定的高中所有学习科目的必修内容。选考科目由考生根据报考高校要求和自身特长，从思想政治、历史、地理、物理、化学、生物等科目中自主选择3科。学生在校期间，可以参加同一科目的两次合格性考试、一次选考科目考试。

2. 进一步规范高中学生综合素质评价

建立全省规范统一的高中学生综合素质档案，完善学生综合素质评价电子化管理平台，客观记录学生成长过程中的真实表现，确保程序严格、公开透明、内容真实可信。

3. 推进高职院校分类考试

高职院校（含高等专科学校）考试招生与普通高校相对分开，实行"文化素质+职业技能"评价方式。中职（含技校）毕业生报考高职院校，参加文化基础和专业技能相结合的测试。普通高中毕业生报考高职院校，参加职业适应性测试，文化素质成绩使用高中学业水平考试成绩，参考综合素质评价。

4. 深化考试内容改革

依据国家高中课程标准和高校人才选拔、培养要求，科学设计命题内容，增强基础性、综合性，突出能力和创新导向，着重考查学生独立思考和运用所学知识分析问题、解决问题的能力。

从2018年秋季入学的普通高中一年级学生开始启动普通高校考试招生制度综合改革。

（二）高考改革方案将给民办学校带来的变化

格局决定结局。高考的格局发生了变化，那么很多把高考作为检验结果的高中组织形式也将发生变化。

1. 学生在班级间的流动将成为必然

学生在固定的教室上课，老师流动教学。这已经是延续几十年的教学模式。随着高考的改革，这种模式将被打破。每个学生选考科目不同，在上选考科目的时候不可能还在原来的教室，因而学生的流动就成为必然。

每天学生对选考科目要求不同，流动也就成为常态，在这样常态的流动中，就会出现很多新的教育问题。新的班级座位怎样安排，师生关系怎样处理，同学关系怎样处理。原来的教学模式学生经常接触到的学生也就50多人，而在这样的模式下，教师可能会面临200多名学生的大班，这样倍增的人数，会对学生的交友有什么影响？会对学习有什么影响？进而怎样形成积极向上的人生观、世界观？

2. 学生的管理由集中式管理变为方向型引领

"班级"这个词在高考改革的大背景下也将有新的变化。原来的班级管理是以班主任为核心，学生参与管理，班主任全面指导监督。班主任既是班级的警察又是班级的保姆。有些学校甚至让班主任全天候陪着学生，更是把班主任对班级的管理发挥到了极致。

但随着学生的流动，班主任再不可能随时随地监管到每个学生。学生只能在有限的节点集中在固定的教室当中，这时管理就要由细化的制度管理或者粗放的行为管理，转变为深入的思想管理。学校可以根据不同阶段的学生设置不同的德育主题，比如高一上学期重在适应和纪律教育，下学期重在习惯养成教育。高二上学期重在树立目标，下学期重在培优补弱。高三上学期重在反思总结，下学期重在拼搏梦想。

这种思想引领是在宏观上做文章，对个性化的教育就该设置学生导师，设置心理咨询室，让学生能够相互交流，相互教育。方式可以多种多样，目的是及时解决学生成长中的问题，进而抓住教育契机，促进学生成长成熟。

3. 教学层次将会更加细化

学生的选择不同，决定了学科在教学中的不同位置。除了语文、数学、外语之外，其他六门学科将分为学考科目和高考选考科目，这至少会有6个层次；如果在选考科目中还有原来的快班、慢班，那就将有12个层次。这样多的教学层次怎样分班，分班的标准和学生的意愿能否完美结合，这些都是存在的问题。

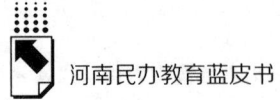

另外，从事教学管理的教务人员的工作重点和工作方式也将发生变化，原来教务处就是安排教学进度，进行教学监督评定，指导教学方法这些任务。在高考改革的大背景下，教务处还要从事教学分班、教室调度和分层考核等新的工作任务。

学校在进行教学分层之前还要对学生进行客观评定，告知学生适合选择什么样的科目，还要帮助学生进行职业规划，告诉他们所喜欢的职业需要什么样的知识背景，等等，这些思想引领的内容都是属于教务处规划的内容。

4. 综合素质评定将更加务实客观

高考改革方案规定：高中学生综合素质评价将成为高校录取的参考。这项规定的重要意义就是打破了唯分数论的录取模式。那么综合素质评定怎样能做到公平和客观又是一个社会和教育问题。在推行综合素质评定的过程中推动学生的道德素质建设，将对学生起到重要的作用，这是本项改革的出发点和落脚点。

学生综合素质评价是一个系统性工作，强调的是"综合"，所以学校将尽快建章立制，以便对学生的状况进行客观动态的观察、记录和分析。新的评价模式，势必需要构建新的工作团队，统筹学校内教学、德育、艺体、团委、学生会等传统业务部门，并明确与相关社会机构沟通联系的负责人员。需要打破既有的人员管理框架，以便综合素质评定工作稳健而有效地推行。

（三）高考改革方案将给民办学校带来的挑战

1. 增加教师将成为应对高考改革的首要任务

民办学校的教师分为几种情况，一是公立学校兼职的老教师，这类教师经验比较丰富，但是身在曹营心在汉，只是在民办学校挣一份高工资，随时都有撤退的可能。二是新聘的大学生老师，这种老师有热情，也有干劲儿，但是没有经验，是教学和管理上的新手。三是公立学校退休的老师，这种老师比较稳定，但是精力跟不上，只能做一些宏观上的指导。四是在不同民办学校来回漂流的自由人员。民办学校构成人员的复杂，这使民办学校的教师队伍存在先天的不足。

高考改革方案要求对学生进行分层，必将增加教师的数量。公立学校的老师也会紧张，老师出来"兼职"的机会将大大减少，新招聘的老师对教学和管理不够熟悉，对学生的培养和提升也会造成一定的影响。

然而，民办学校灵活的招聘和用人制度，也为应对师资紧张问题提供了便利，如果学校能够统筹安排、诚信待人，也许会更快解决教师的问题，成为师资上的优势。

2. 办学成本增加将会降低利润

民办高中毕竟面临一个利润问题，特别是比较大的教育集团，校长要对董事会负责。高考改革要增加教室、班额、师资等。改革之后的教学成果和社会效益暂时得不到保证，因此这将是一个比较大的挑战。

如果办学者有长远眼光，以学生的利益为重，那么就会主动降低让利，度过适应期。这就可以在改革的大背景下，应势而上，成为新的领军力量。如果办学者只考虑眼前利益，恐怕就会有诸多连锁反应，将会处处掣肘，最终影响学校发展。

3. 家族式管理将会约束学校的发展

家族式管理是民办学校的胎记。家族式的投资，都对自己的投资效益很关心，就要参与管理；但其又不会管理，甚至形成管理上的阻力，让聘任的管理者无法施展手脚。

在高考改革的大背景下，学校的组织结构将会发生相应的变化，对学生的管理、教育、评定会更灵活，要求也更细化、更及时。对此，学校必须与时俱进，及时调整，如果还是因循守旧，将无法跟上高考改革的步伐。民办学校的服务意识要更强一些，学生如果有全面的刚性的要求，办学者必须认真考虑，并认真落实，这对管理变化的紧迫性也许是一个很好的推动力。

4. 教育主管部门是否重视将会影响学校的发展

高考改革是自上而下推行的，全省上下一盘棋。教育主管部门是改革的首先领会者、首要推动者，学校是具体的执行者。相比公立学校而言，民办学校的被重视程度似乎要弱一些，如果主管部门指导不到位或者不及时，将会出现教育教学的偏差，而后再去修正，恐怕就很被动了。因此，教育主管

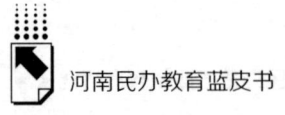

部门要一视同仁，关心支持民办学校对高考改革的推行和落实，毕竟学生是祖国的学生，并不分公办还是民办。

三 民办高中教学改革和高考备考的做法

高考改革的目的是促进每一个学生的个性发展，为每个孩子提供适合自己的、多样化的升学途径。因此，特色化、多样化是民办高中教育发展的必由之路，是学校所有工作改革的指南针。

郑州市宇华实验学校在这方面做了一些有益的探索。

（一）转变教师职业观念

观念是行动的先导，教育观念指导着教师的教学实践。先进的教学改革都是从先进的理念中生发出来的，教学改革的阻力也是来自旧观念的束缚。学校把确立新的教育观念当作教学改革的首要任务。在全校教师中开展教育观念的"启蒙运动"，用素质教育和新课标的理念来纠正以往的陈旧思想。通过学习，教师们认识到将来整个高中教师的角色会面临转变：以往是老师选择学生，新的高考制度之后，将会出现学生选老师的局面。老师要从学科教师转变为育人导师，每个老师都要承担导师育人的任务；从重教学到重管理，教师的管理职责会大幅度提高、增强。教师角色向多样化发展，每一个老师教一门课的时代行将结束，有可能要带一个实践教学课程，还可能要指导若干个社团，要求教师都要有复合能力。

（二）推进教学方式和学习方式的改变

新的高考制度要求教育教学变单一知识传递过程为师生互动、共同发展的过程。传统的教学理论认为老师教学生学习是天经地义的，教学是以教师为中心，而不是以学生为中心，教师教、学生学是恒久不变的模式。而新课程把教学过程看成是师生交往、积极互动、共同发展的过程。宇华实验学校综合各地先进经验，规定了自己的课堂模式教学过程必须体现师生互动，体现学生学习过程，改变过去教师一言堂的局面。交流、沟通、质疑、启发贯穿整个教学过程。这一要求体现了深刻的思想转变，交往昭示着教学不是教师教、学生学的机械相加，而是教师指导，让学生互教互学。要求师生在课堂教学中，既重视结论，更重视过程。不可否认，教学的重要目的，就是使学生理解和掌握前人总结的大量的间接知识，也就是正确的结论，但如果不重视过程，学生学习的乐趣将被剥夺，学生真的变成了接受知识的容器。因此，重视过程，看似浪费时间，实则对学生长远发展有重要意义。

（三）开设众多选修课程

新高考推行依据高考成绩和学业水平考试成绩，参考综合素质评价考试成绩的模式来招生录取。以前是一次高考成绩决定录取顺序，现在"两依据、一参考"打破了以分数为主的录取模式，除了文化课的成绩之外，学生的艺术素养、科技素养、人文素养等综合素质都将成为高校在录取过程中考查考生的重要因素。在新高考改革方案出台之前，宇华实验学校先人一步，大力推行素质教育和技能教育。学校储备了大量的美术、音乐、体育、心理等素质专业教师，还要求文化课教师都要主持一个兴趣小组，开设一门校本课程，比如围棋、军事、演讲、朗诵、游戏、烹饪、手工、地方史、生涯规划等。宇华实验学校的艺术高考多年来已经取得了骄人的成绩，为应对今后高考改革积累了丰富的经验，至少在分层和走班上课两个方面，已经具备充足的教室和活动场地、高水平的实验室、专业化的体育基础设施等硬件，并且已经有成熟的操作模式。

（四）通过生涯规划让学生提前明确未来的职业方向

目前的多批次的录取方式，使得各地把重点高校本科录取放在第一批。分批次高考录取制度，当考生为报个好学校"差"专业还是差学校"好"专业纠结时，绝大多数考生会因为"名校情结"选择了前者。但部分高分学生进入大学后，由于缺乏学习的兴趣和动力，表现平平，有的为就读自己不喜欢的专业而痛苦，有的甚至后悔一辈子。2017年，即将开始多批次合并的录取方式,就是为了突出学生的专业兴趣,而不再纠结学校的位次。宇华实验学校根据自己的学生实际,开展了生涯规划课程,让学生提前明确专攻方向,并通过校园招聘会等形式让学生体会学习与将来工作的内在联系,让学生明白技能型人才和学术型人才的区别,找到自己合适的定位,促进了学生学习的积极性。

(五)创新管理评价制度,调动教师工作积极性

走内涵发展道路,狠抓管理,向管理要质量、要效率、要成绩是广大学校的共识。民办学校具有比公办学校更大的人权和财权,具有更大的管理自主性,宇华实验学校充分利用利益导向机制,落实岗位目标责任制,激发老师的高度责任感和忘我的工作热情。在教学方面,采用捆绑评价方式,对教学效果实行以备课组和班级整体评价为主的捆绑式评价。避免了传统的"同行是对头"等自私狭隘观念和"业务封闭、专业保守"等不良现象在教育领域内的滋生,某些业务拔尖的教师不再视同事为对手,而是伙伴。教师之间更加真诚,人际关系也更和谐,以往在内部业务上画地为牢各自为战的局面得以打破。强化了大家协同作战的精神,形成了人人争先的氛围,发挥了集体智慧,最终形成合力,大大提高教学成绩。

(六)科学备考,全力提高高考成绩

高考改革,不是不要成绩,而是在兴趣方向明确的前提下提高成绩,因为成绩代表着质量。宇华实验学校要老师们先做教育家,再做任课教师,高屋建瓴,以新高考的理念指导备考。通过班会介绍"通法",养成良好习惯,特别培养审题、做题细致的习惯,将"三维目标"(知识、方法、思维)转换成学习方法,教给学生把厚书读薄(归纳)和薄书读厚的(演绎)的方法。老师们结合学科特点指导学生记忆方法、知识网络建立的方法、听课法、做题法、纠错法、反思法、审题法等;开展学法交流,推广优秀学生好的学习方法和经验,为学生总结、提炼不同题型的阶梯模板。在抓学习的同时,不忘解决学生心理问题。帮助学生用毅力去克服"高原现象";教育

学生重视过程看淡结果，以克服厌学情绪和浮躁心理；按时作息，换取好心情和高效率。针对不同层次的学生，因材施教，分层推进，对升学群体优先发展，中等学生充分发展，差生群体加强管理。不同层次学生制定适合他们自己的备考方案，比如在冲刺阶段，对优等生采取密集考试的方式，对差生就采取继续基础练习的方式，使他们各有所得。学生练习有练必收，有收必批，先批后评有的放矢。重视练习，但不搞题海战术，杜绝就题论题、面面俱到和满堂灌，使学生有充分消化的时间。

高考改革是国家大计，是提升民族竞争力的必由之路，教育界人士责无旁贷。民办教育作为中国教育的有机组成部分，自然应该担当起改革重任。既要关注学习、发展智力、培养技能，也要重视学生作为社会人的发展；既要丰富学生的情感，也要熏陶学生的道德和人格。这是基础教育的基本性质和神圣使命。顺应时代发展要求，办出得到社会广泛认可而又有鲜明特色的学校，是民办教育的出发点和归宿。民办教育这个古老又年轻的生命体理应也能够为建设强大的中国梦做出更大的贡献。

B.20
河南民办高中教育特色建设研究

郑丽娜 孙 涛*

摘 要: 民办教育是促进教育改革的重要力量。民办教育供给侧改革的核心在于在办学过程中做好教育特色建设工作。河南省民办高中存在供需不平衡的现状和同质化竞争的倾向。本文深入研究了河南民办高中的市场需求,总结了省内优秀民办高中教育特色建设的实践经验,为民办高中加强教育特色建设、避免同质化竞争提供了参考。

关键词: 供给侧改革 教育特色 同质化竞争

一 民办教育供给侧改革的核心在于做好教育特色建设

(一)做好教育特色建设,是民办教育供给侧改革的本质要求

教育领域的供给侧改革,核心在于优化教育资源配置,进一步激发教育活力,改变单一结构供给,形成丰富、多元、可选择的供给侧结构,从而为受教育者提供多样化、高质量的教育服务,满足人民群众多层次、多样化的教育需求。这正是民办教育的优势所在,其体制灵活,贴近市场,嗅觉敏锐,对满足市场需求更有积极性、效率更高、创新意识和服务意识

---

* 郑丽娜,宇华教育集团文宣部部长,主要从事民办教育管理及政策研究;孙涛,郑州市宇华实验学校团委书记。

更强。可以说,"公办教育提供公平,民办教育提供选择"是对两者的合理定位,也将成为社会的普遍共识。完成这一历史使命的关键,在于民办学校能否做好教育特色建设工作。《国家中长期教育改革和发展规划纲要（2010~2020年）》指出:"民办教育是教育事业发展的重要增长点和促进教育改革的重要力量。"并要求各级政府要"大力支持民办教育。支持民办学校创新体制机制和育人模式,提高质量,办出特色,办好一批高水平民办学校"。

（二）河南民办高中发展状况及主要矛盾

2014~2016年,河南省民办高中在民办教育中占比重较低,规模及发展速度仍有待提高（见表1）。

表1 2014~2016年河南省民办高中在全省民办教育中基本情况

年份	民办高中数量（所）	占当年全省民办学校总数比重（%）	在校生人数（万人）	占当年全省民办学校在校生总数比重（%）	学校数量增幅（%）	学生人数增幅（%）
2014	208	1.35	25.91	5.50	5.77	5.29
2015	219	1.31	29.25	5.56	5.29	12.89
2016	242	1.36	33.10	5.84	10.5	13.16

数据来源:河南省教育厅2013~2016年《河南省教育事业发展统计公报》。

当前,河南高中教育领域存在的主要矛盾是供需不平衡:不同收入人群、不同地域人群等不同群体对高中教育服务存在越来越个性化的需求,仅靠现有的公办高中资源已远远不能满足人民群众的教育需求,而民办高中有效供给结构相对单一,质量相对不足。究其原因有二:一是普通高中是非义务教育领域,与公办高中相比,民办高中缺乏资金扶持,学费相对较高,招生政策支持不足,整体生源质量和师资力量往往难以与同一区域内的公办高中抗衡。二是民办高中呈现出同质化倾向。由于临近高考,家长对教学成绩有更为紧迫、现实的要求,竞争更激烈。在应试的环境下,与具有先发优势的公立高中相比,民办高中要承受更大的教学压力。不少民办高中选择走应

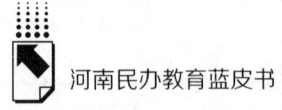

试教育的老路,民办学校之间、民办学校与公办学校之间同质化倾向较为普遍,严重削弱了学校竞争力,限制了自身发展。

(三)河南民办高中实现突破的关键在于做好教育特色建设工作

河南民办高中要想突破上述困境,避免与公办高中开展同质化竞争,避免"千校一面"、丧失特色和优势,必须增强供给侧改革意识,进一步解放思想,在"办出特色、提供选择"上做文章,充分发挥民办高中的天然优势,实现可持续发展。

《中国教育发展报告(2017)》显示:家长对民办学校的教育评价高于公办学校。无论是硬件环境、学校管理,还是课程体系、课外活动,民办学校更能赢得参与调查的家长好评。在"最希望您孩子目前所在的学校能做哪些改变"的问题中,呼声最高的是"培养学生全面发展","提升教师素质、教学质量、教学方法等软件"排在第2位;"真正平等对待每一个学生"居第3位。这一调查结果在一定程度上反映了社会教育需求的痛点。

结合长期在民办教育一线的观察与实践,笔者总结了河南省民办高中市场领域内,受教育者的主要需求。

1. 教学成绩

高中是基础教育与高等教育的衔接阶段,面临高考的巨大压力,在这一阶段,对教学成绩的追求是绝大部分家长和受教育者的刚性需求。但由于每个区域内优质高中的教育资源都非常稀缺,往往集中在历史悠久、规模较大的公办高中里,难以满足所有受教育者的就学需求。因而部分成绩达不到理想的公办高中录取分数线的初中毕业生选择花费高价进入升学率较高的民办高中。

2. 升学途径

随着社会经济发展,除了高考升学之外,高中生升入大学接受高等教育的途径也越来越多,升学需求也越来越个性化、多样化,包括但不仅限于艺体高考、自主招生、国际教育等。一方面留学低龄化、赴境外求学人数持续上升,艺体高考培训、自主招生培训野蛮生长;另一方面公办高中对这些

"非主流"需求并不重视或者没有条件解决,为民办高中在相关领域留下了发展空间。

3. 全面发展

时代的发展、家长素质的提高,也促使家庭对子女品质习惯的养成、身心健康和谐发展、综合素质全面提高更为重视,然而公办高中往往在教学方面集中了更多精力,无暇顾及其他非智力因素。

4. 服务意识

教育具有很强的公共产品属性,随着社会发展进步,教育工作者的服务意识也越来越为公众所看重。越来越多的学生希望在学校获得平等、亲密、和谐的师生关系,越来越多的家长也希望孩子受到公平均等的关注与照顾,对师风师德的要求也越来越高。家长希望了解孩子在校的详细情况以及更多的教育专业知识,希望与教师能有更多反馈和互动。这些需求在公办高中未得到普遍重视和回应。

以上需求,受教育者和家长往往难以从现有公办高中获得满足,因而给民办高中的发展留下了大有可为的空间。河南民办高中应当针对这些需求深入研究,找准市场定位,差异化竞争、多样化发展,做出一定的成绩,办出自己的特色,给家长提供更丰富的选择、更优质的服务,才能在高中教育领域抢得一席之地。

二 河南民办高中教育特色建设的实践研究

(一)河南民办高中的类型

河南民办普通高中从办学主体和办学模式来看,主要分为两大类。

1. 公办高中参与举办的民办性质的分校,大部分属于"名校办民校"

这类民办高中办学主体大多是公办学校,一部分也有企业和社会力量等参与。许多学校虽然已经在政府要求下更名,但在校址、师资、办学模式等各方面仍与母体公办学校保持着密切的联系(见表2)。这些学校往往由于母体公办学校的"名牌效应"而占据招生、招聘方面的优势，生源质量和师资力量较好，教学成绩整体强于其他民办高中，但总的来说，其教育特色与公办学校相比区别并不明显。这部分民办高中所占比例并不大，不具有典型性。

表2 郑州市部分公办高中名下的民办"分校"

更名之后的校名	原校名
郑州爱中学校	郑州市第二中学外国语分校
郑州市京广实验中学	郑州市第四中学分校
郑州慧民外语学校	郑州市回民第六中学分校
郑州树人中学	郑州市第七中学分校
郑州博爵国际学校	郑州第九中学国际学校
郑州市为民高中	郑州第十一中学分校
郑州领航实验学校	郑州第十一中学领航校区
郑州市明德中学	郑州市第十六中学分校
郑州市陇海中学	郑州市第十九中学分校
郑州市思齐实验中学	郑州市第四十七中学国际学校
郑州市桃园中学	郑州大学第一附属中学分校

2. 纯粹民间资本运营的民办高中

其办学主体完全是企业、私立性质的民办高中。这类学校是河南民办高中的主体力量，由于受到学费较高、招生批次靠后、建校时间短等因素影响，生源、师资质量受限，但也不乏资金力量雄厚、教学成绩突出、办学成果丰硕的办学案例。这类民办高中没有财政扶持，往往是在与公办教育的激烈竞争中独辟蹊径生存下来的，具有鲜明的办学特色和独特的优势。这一类学校是本文讨论的重点。

（二）河南民办高中教育特色建设实践

近年来，河南民办高中积极响应民众多层次、多样化的教育需求，积极开展特色办学实践，涌现了一批有特色、有质量、有口碑的优秀民办高中。这些学校根据自身历史、区域特点努力探索学校教育特色内涵，表现出了丰富多彩的生命力和多元追求。

1. 狠抓教改创新，提升教学成绩

结合民办高中生源质量、师资力量的实际情况，开发适合自身生情、师情、校情的教学模式。以沁阳永威学校为例：沁阳永威学校聘请江苏省洋思中学校长蔡林森担任校长，在永威学校开展"先学后教，当堂训练"的教改实验，中学数、理、化、政、史、地学科经常采用的操作方法是，一节课搞一次"先学后教"+"当堂训练"（见图1）。

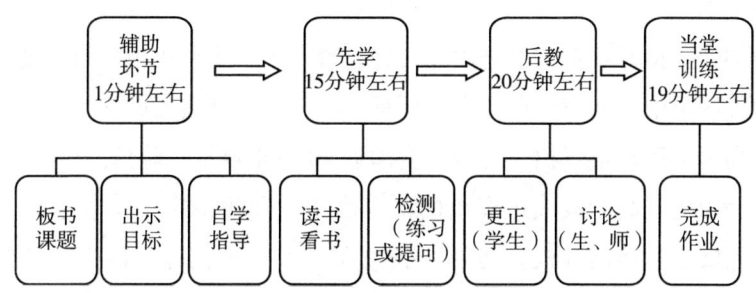

图1　沁阳永威学校"先学后教，当堂训练"课堂结构示意

资料来源：蔡林森著《河南省永威学校教改记——掀起"先学后教，当堂训练"的盖头》，《中国教育报》2015年4月16日。

在"先学后教，当堂训练"的教改经验基础上，形成了永威学校高中部"自主—合作—自主"的教学模式，坚持"堂堂清""日日清""周周清""月月清"管理，学校教学质量在焦作市领先，被河南省教育厅授予"高中课改先进单位"荣誉称号。

2. 注重因材施教，拓展升学途径，提供多元选择

升学是高中阶段的刚性需求，随着社会经济的发展，受教育者的升学需求也变得越来越多元化。为了满足这一市场需求，河南许多民办高中都在积极努力拓宽学生的升学途径，为学生提供更加多元的选择。

河南枫叶国际学校致力于为有留学意向的学生开辟国际化的升学途径，并为其设计了国际化的课程体系：高中学习中国加拿大课程，文科以中方课程为主，由中方教师任教；理科以加方课程为主，由持教师资格证书的加拿

大教师授课。枫叶高中生参加中加两国高中会考，合格者同时获得中加两国省教育部门颁发的高中毕业生证书，枫叶高中毕业证书被全球英语国家大学认可。2016年4月，河南枫叶国际学校首届高中毕业生全部被国外大学录取，平均每名学生至少获得3份录取通知书，其中3名被多伦多大学录取，近30%的学生被世界排名前20位的大学录取，70%的学生获得世界排名前100位的大学录取通知书。

除了枫叶这样的国际学校之外，许多以国内高考为主要升学途径的民办高中也在积极开发新的升学渠道。河南省宏力学校设立国际合作部，与国外教育机构建立良好关系，引进国际文凭教育，为学生出国留学打开通道；河南建业外国语中学开设专业棒垒球课程，参加棒垒球运动的学生可参加高校单招、高水平运动员特招，可报考全国近20所重点本科院校。

作为河南省高考成绩最突出的民办高中，郑州市宇华实验学校（原北京大学附属中学河南分校）也逐步树立了"高考—艺体—留学"三足鼎立的升学格局。该校在2004~2016年高考中，共培养出12名省、市高考"状元"，200多名毕业生考入北京大学、清华大学等名校，其高考成绩与省内诸多老牌公办高中相比毫不逊色。自2008年起，该校逐步建设起"高考课程—艺体高考课程—国际课程"三大课程体系，在保持高考成绩领先优势的同时，着力创建了公共教学部与国际部。公共教学部拥有艺术、体育专职教师40余人，以文化课、专业课双轮驱动的模式发展学生艺体特长，艺体生专业课省统考过关率连续多年保持100%，大批学生通过艺体特长考入清华美院、中国传媒大学、北京电影学院、上海音乐学院、北京体育学院等艺体院校和高校艺体专业。国际部与国外知名高校合作，开设中美精英班、中澳（澳大利亚）预科班、中韩直升班，为学生留学提供课程和服务支持，毕业生遍布麻省理工学院、加州大学伯克利分校、悉尼大学、多伦多大学、高丽大学、梨花女子大学等世界知名高校。

值得一提的是，在建设高考、艺体、留学等各种升学体系的同时，一些具有前瞻意识的民办高中敏锐地捕捉到高考改革大势下学生升学规划的必要性，并自主研发开设了相应课程。例如，郑州宇华实验学校开设了升学规划指导系列课程，包括理想励志、国内外知名大学概览、志愿填报指导、中西方文化比较、留学生活指南等课程；河南省枫叶国际学校高中阶段实施理想教育，使学生在第一阶段树立如何使自己的成绩和表现满足未来大学专业要求的理想，在第二阶段树立更高的理想追求，即如何成为政治家、科学家和各行各业的领袖人物，学校还自编领事课程教材，对学生的理想和人生规划给予指导，领事课程起到保障作用，取得了良好的效果。

3. 重视德育工作，注重全面发展

河南由于人口众多、区域内优质高等教育资源匮乏，省内高中生的高考压力非常沉重。在应试重压之下，公办高中往往将主要精力放在教学方面，对学生的身心健康、习惯养成、个性发展关注不够。近年来，河南相继发生郑州高中生不堪学习压力杀害陪读母亲、周口高中生雇凶谋杀父亲和姐姐、濮阳第一高中学生在宿舍杀害室友等多起震惊全国的未成年人严重刑事案件，这几起事件都发生在当地教学成绩卓著的公办名校，背后原因引人深思。

以"00后"为主体的高中生群体是互联网环境下成长的一代人，有着更张扬的个性、更突出的自我意识、更优秀的信息化能力和更强烈的质疑精神，对教育的需求也更个性化、多样化、时尚化。传统学校相对刻板、单调的教育方式和校园生活已经很难满足这些受教育者的心理需求。

相比之下，民办高中则从应试教育的罅隙中腾出更多的空间，通过多种特色课程和项目，加强德育工作力度，改进德育方式方法，力求在尊重学生个性特征的基础上，促进学生全面发展。在这一领域，宇华教育集团旗下的郑州市宇华实验学校的做法较有代表性。一是坚持德育先行。学校注重培养"四商"（体商、德商、情商、智商）兼备的学生，并将"德"放在首位，开展孝敬教育、诚信教育、感恩教育、明理教育、励志教育和生存教育。在严格执行"校园七项禁令"的同时，实行"全员育人、全程育人"，安排教师担任学生的"德育导师""代理家长"，对学生进行照顾、督促与指导，将纪律约束、心理疏导、人文关怀相结合，培养学生良好的学习和生活习惯，塑造阳光、健康、积极的健全人格。二是注重全面发展。实行"封闭式管理、开放式教育",开展"孝敬教育五个一工程""素质教育十个一工程",开设了演讲与口才、交际礼仪、跆拳道、街舞、摄影摄像、播音主持、烹饪、驾驶等50余门校本课程供学生自由选修,定期举办校园模拟招聘会、周末文化广场、校园歌手大赛、电子竞技大赛等学生喜闻乐见的活动,为学生提供展示才华、发掘潜能的平台。三是实施自主管理。建设班级、年级、校级"自主管理"网络,从日常班务管理到组织大型活动,从维持校园秩序到拍摄原创电影等都由学生自主策划、组织、运营,力争创造"人人有事做、事事有人做"的"自主校园",在鲜活的实践中培养学生的责任感、大局观、实践精神、沟通能力、合作意识等,让学生学会做人、学会做事。

另一所因高考成绩而著称的民办高中——河南省宏力学校也非常重视学生全面发展。在体育教育方面,宏力学校致力于让每个学生掌握一项终身喜好的体育运动,养成良好生活习惯;在音乐教育方面,让每个学生都能够演奏一种乐器,提高音乐欣赏、鉴赏能力,通过播放课间音乐、餐厅音乐、休闲音乐、广场音乐,营造浓郁的音乐氛围,培养学生高雅的生活情趣;在美术教育方面,除开设国家规定的美术课程外,还加强学生的美术书法鉴赏教育,培养学生的审美能力。

位于驻马店的北大公学驻马店实验学校开设了创新实践类、个人成长规划类、专题研究类、俱乐部活动类和海外拓展课程类五大类别课程,在学生学习领域的广度和深度上进行进一步拓展,旨在使学生成为知识渊博、视野开阔、能力全面、特长突出的人。

开封市立洋外国语学校将钢琴、陶艺、网球设为学生必修课,舞蹈、书法、播音主持等设为学生的选修课,并于每月开展丰富多彩的主题活动挖掘学生潜能、提升生活品质,让学生快乐成长。

许多民办学校将课堂不仅从教室延展到了图书馆、报告厅、剧场、体育场馆、俱乐部活动室、校园服务设施等课外空间,还延伸到校园之外以及海外,为学生在校外活动和实践基地、海外留学和游学基地开展课程的拓展学习、专项学习和强化学习。

4. 尊重学生个性，重视家校合作，增强服务意识

民办高中既要遵循教育规律，又要遵循市场规律。与公办学校不同，民办学校任何一个学生的流失、任何一位家长的不满，都会给学校带来直接的损失。如何降低学生的流失率，提升学校社会声誉和口碑，是每所民办高中必须要面对的课题。因而民办高中会更重视学生和家长的感受，力求实现"学生人人进步，家长个个放心"的目标。

例如：沁阳永威学校坚持"没有教不好的学生"的教育理念，坚持面向全体学生，从"成绩最后一名"的学生抓起，不放弃一个学生。永威学校实施教书育人责任制管理，将"包"字请进校，项项工作承包到位，均以竞赛促发展，明确学校所有岗位的职责权利，通过竞赛调动师生积极性，教学成绩有了大面积提升，被河南省教育厅评为"2013年度河南省教育干部培训优秀科研成果一等奖"。位于新乡市长垣县的河南省宏力学校则将"关注每一位学生、每一位教师的发展"作为学校精神层面文化建设的永恒追求；平顶山宝丰红星高中坚持"严管理、高质量，让每一位学生进步，使每一位家长满意"的办学思想，取得了良好的社会信誉。

而在公办高中普遍大班额的情况下，有条件实施小班教学的民办学校往往会更注重与家长的互动、合作，并致力于为学生提供更加个性化的服务，因而家长满意度也相对较高。例如开封市立洋外国语学校，每月组织主题家长会和亲子成长沙龙系列课程，推进家园共育，倾听学生和家长的声音，不断完善教育教学服务；实施分层教学，做到班级教学与个体辅导相结合；制定学生发展手册，每月进行学科测评，动态跟踪学生的学习状况。濮阳建业国际学校则推行导师制，为每个学生指定一名导师担任"职业家长"，用比父母更理性的师生亲情关注孩子，对学生实施积极的正面管教，并通过师生共写心灵日记的形式，促进师生开展真实有效的心灵沟通，建立亲密和谐的师生关系，重塑学生的内心世界；同时，该校还为每个学生量身定做学习方案，实施VIP测评，开展个案分析，根据学生阶段性发展需要，班主任、导师、任课教师、辅导员、家长和学生共同进行分析交流，制定阶段性教育方案，受到家长的广泛认可。

三 2017年河南民办高中教育特色建设趋势预测

第一,《民办教育促进法》修正案实施在即,在新法环境下义务教育阶段无法实现营利性办学,而高中阶段允许开设营利性民办学校,届时资金会大量涌入民办高中。河南民办高中将有机会借此提升教师待遇,改善办学条件,在软件、硬件各方面实现升级,为做好教育特色建设工作提供更坚实的基础。

第二,从2016年起,河南省取消了公办普通高中择校生政策,并同意民办高中跨省辖市招生(跨省辖市招生名额不超过总名额的20%)。这一新政策有可能为民办高中带来新的发展机遇。部分初中毕业生将因无法通过择校生政策花高价进入公办高中而转向选择民办高中。可以预见的是,公办学校通过与企业和其他社会力量合作举办分校的积极性也会因此而增强,"名校办民校"可能会进一步加剧民办高中领域的同质化竞争。

第三,目前在河南省民办高中中,走高收费、高端化办学路线的学校并不太多。但随着河南经济的高速发展,区域内民众教育消费能力和意愿会逐步增强,将会有更多的民办高中提升办学层次,转向高端发展。从国内经济发达地区民办高中办学的大趋势来看,在拓宽了升学渠道、提升了整体升学率之后,区域内会有相当比例的优质民办高中选择学习借鉴美国私立高中办学经验,走小班化、精英化、多元化发展之路,以满足区域内高端消费群体的教育需求。

第四,近年来河南获得国家战略支持较多,各种国家战略的叠加将快速提升中原城市群的国际化水平。这将为河南带来更多的国际化人才,在一定程度上缓解河南国际教育普遍面临的师资和生源困境,从而提升河南民办高中国际教育教学质量和办学水平。另外,也会有更多的社会力量参与兴办国际高中,有更多的民办高中开展国际合作办学项目。

参考文献

《国家中长期教育改革和发展规划纲要（2010~2020年）》，2010。

黄胜利、杨东平、杨旻：《中国教育发展报告（2017）》，社会科学文献出版社，2017。

蔡林森：《河南省永威学校教改记——掀起"先学后教，当堂训练"的盖头》，《中国教育报》2015年4月16日。

B.21
河南民办初中教育特色建设研究

职鹏瑞 黄培进*

摘　要： 民办教育是我国教育事业的新起之秀，已逐步发展成为当代中国教育的重要组成部分。经济社会发展的迫切需求，对民办教育的发展起到了促进的作用。师资队伍建设、内涵建设、管理理念等是每个民办学校都十分重视的问题，我国民办教育的特殊性，使民办学校在这些方面的短板显得尤为突出。本文从民办教育的内外部环境入手，分析了河南民办初中教育的现状和特色，发现民办学校在内涵建设、师资队伍发展中存在的不足，并提出了发展对策。

关键词： 民办初中　师资队伍　内涵建设

一　引言

2010年颁布实施的《国家中长期教育改革和发展规划纲要（2010～2020年）》（以下简称《纲要》）明确指出：教育事业快速发展的重要增长点归功于民办教育。民办教育在自身发展的同时，也在很大程度上促进了教育的改革。《纲要》的颁布对我国民办教育发展起到了促进作用，明确了民办教育的地位和作用。近年来，我国教育事业呈多元化发展态势，民办教育

---

* 职鹏瑞，心理学硕士，黄河科技学院附属中学团委书记，主要从事职场中不当督导及相关研究；黄培进，硕士，黄河科技学院附属中学年级长，主要从事中学化学教学创新研究。

起了很大的作用。民办学校的成长和运行，在一定程度上减少了国家教育经费支出，同时也适应了人民追求优质教育的迫切需求，对我国办学体制改革起到了推动作用。河南的民办教育与经济和社会发展同步，在规模和质量方面已经走在全国前列。在初中教育层面，河南的民办学校占比不高，但也有了一定的规模。至2016年底，河南省普通初中4557所，在校生415.83万人，76845个教学班，班均54.11人。其中民办初中758所，在校生74.08万人，13385个教学班，班均55.34人。

教学和管理质量是民办中学生存和发展的基本保障，是民办中学可持续发展的重要因素之一。在提倡以教师为主导，学生为主体的今天，如何引导学生轻松、高效地达到设定教学目标，提高学生的核心素养，教师扮演着重要的角色。因此，具有稳定、高水平的教师团队是确保民办中学创品牌、发展特色的重要前提。有研究表明，教师团队的综合素养能提升学校的竞争力，教师在学校中的地位特别是举办者心目中的地位已逐渐由"客体"变为"主体"。民办学校教师队伍的强弱，与学校的长远发展及学校特色的塑造有着直接的影响。

二 外部环境急需优化

外部环境是影响民办中学发展的一个至关重要的因素，政府教育行政部门是创造良好外部环境的重要机构。相关部门必须转变思想，积极发挥其重要职能，为河南省民办中学的发展创造良好的外部环境条件。

（一）充分认识发展民办中学的重要意义

作为国家教育体系的重要组成部分，民办学校的作用已经得到社会共识。在初中教育层面，除了在教育资源方面是公共教育服务资源的有效补充外，还提供了公办教育所不具备的多样化教育。政府对民办教育发展的重视程度不断增强，虽已加大投资力度，但经费不足仍是民办教育一个显著特点。政府相关部门和社会方面要继续提高对发展民办教育意义的认识，要把发展民办教育作为重要的战略任务之一，要认识到民办教育在减轻政府财政压力的同时，还满足了社会教育发展多样化等方面的要求。进一步更新观念，制定更加开放的政策推进各教育机构的运行机制、管理体制的改革，提高民办中学在河南省教育体系的地位，扩大民办中学的规模，真正形成民办和公办中学共同繁荣发展的局面。

（二）建立和完善相关政策体系

在管理民办中学方面，应比公办中学建立更加完善的法律和政策体系。目前，在国家层次上为规范和发展民办教育已出台了很多相关的制度保障，但还存在一些问题，需要进一步健全和完善。

1. 健全完善民办教育法律规范的配套措施

一是教育行政部门应在《民办教育促进法》等基本法律框架内，重视并制定保证实体法实施的程序性法律法规。二是制定并完善可操作性更强的细则性法规政策，保证法律法规的畅通实施。三是在国家民办教育法律法规基本原则的基础上，实事求是地制定适合河南省的地方性法规。

2. 制定更多实质性政策规范

目前，虽然出台了很多鼓励和扶持民办学校的措施，但更多还是局限于行政上的规范化管理，而对于如何促进河南省民办教育快速、可持续发展没有实质性的政策。民办教育政策在制定与变更时，应充分考虑社会和民众与时俱进的教育需求，顺应民办教育发展的一般规律。为保证民办中学有一个公平合理的竞争环境，全省相关教育行政部门应根据民办中学发展情况制定与之相适应的政策，促使民办中学在市场竞争中能可持续发展。

有一些基本原则在制定政策时必须充分考虑，例如有利于民办中学的自主化管理，有利于学生核心素养的提升；同时还要考虑人民群众对教育多样性的渴望，保证在具体实施操作时科学可行。在此基础上对具体问题进行详细的阐述。比如，支持民办教育发展的优惠政策有哪些，如何确保民办中学的合法权益和自主权；应明确肯定投资人对民办中学的财产归属和相应的合理回报；还有民办中学教师和民办中学学生的合法权益的保护等相关问题。

（三）健全和完善政府对民办中学的管理体制

目前，要想提高教育机构运行效率，政府部门必须减少对教育的干预。应站在为民办中学服务的角度上，以相关的民办教育法律法规为依据进行管理。同时应定位好角色，进一步调整教育管理的观念，变革现行教育管理制度和管理方式，与国际教育接轨，建立顺应国际形势的教育管理和运行管理机制。一是转变教育行政部门的管理职能，建立现代化公共管理机制。以前很多相当具体、细致的管理都是政府直接管理，现在应该把办学的微观职能归还给民办学校本身。二是进行分级管理，加强区县级政府对民办教育的监管责任。三是继续完善对河南省民办中学的专项评估，提高河南省各类民办中学校舍条件、管理水平、办学质量和社会声誉，促进民办学校的良性发展。例如，省会城市郑州市每年进行一次十佳民办中学的评比活动，该活动不仅促进了民办学校的进一步发展，同时也提高了民办中学的社会声誉。

三 加强民办中学内涵建设

河南省民办中学尽管发展迅速，但也面临着诸多不利的因素，要想实现可持续发展，必须加强民办中学的内涵建设。内涵式发展之路的前提是，要深刻认识什么是内涵式发展概念，学校的文化建设是当前最根本的任务，发展教师是关键问题，基本策略是做到精细化管理。

（一）把握内涵式发展的概念

内涵式发展是以事物的内部因素作为动力和资源的发展模式。内涵式发展强调的是从内部进行结构优化，从而达到质量提高、实力增强。内涵式发展不是盲目地强调数量增长、扩大规模和拓展空间形式的外部扩张，而是强调注重提高质量，进行精细化管理，打造品牌，追求不断创新。

（二）根本任务是学校文化建设

1. 民办中学文化建设一定要把握本质，体现科学性

学校文化一般包括两个部分，一是学校长期发展历程中积淀而形成的全校性的教育实践活动，二是具有代表性的成果。它们既有在物质层次上看得见的表现形式，例如宣传文化墙、历史建筑等；也有精神层次上师生的言行举止和社会活动中正能量的展现情况，并且这也是学校文化建设中必须重视的方面，以此可以树立正确的价值观和人生观，同时还可以展现民办中学的教育思想和办学理念。

2. 学校文化建设一定要实事求是，正确定位，展现其特色

学校管理层要认真反思三个问题，即"我们要建设什么样的学校文化？""我们的校园文化到底要怎么建设？""我们怎么验证文化建设取得了何种程度？"现在的民办学校一定要充分展现国家倡导的因材施教方针，同时还要兼顾核心素养的教育改革方向。因此，学校文化建设首先要突出个性、特色办学、特色快速发展学校。其次在进行文化建设时要有系统性，各项制度建设要全面考虑，务必结合教育部提出的核心素养要求。

（三）以精细化管理模式进行管理

进入 21 世纪以来，管理学得到快速的发展，要适时适度地把现代管理学中好的方法引用到民办学校的管理中去。例如，现代管理学中的精细化管理理念就可以运用到学校中，将各项管理措施细化并责任到人，已取得好的效果。

实施精细化管理，构建科学管理系统工程，让管理保证民办中学的科学发展。一是加强细节化管理，强化细节决定成效的管理理念。二是在思想观念上要有所更新，精细化管理注重的不是追求形式，而是遵循规律、循序渐进、求真务实地解决管理的细节问题。三是管理的条块根据不同部门实际划分清楚，层次分明，充分展现精细化管理的要求。四是凡是有精细化安排，狠抓落实情况，重视检查结果，逐步形成精细化管理的激励机制。例如，河南建业外国语中学就是采用精细化管理模式，学校各部门管理划分清楚、分工明确细致、强抓实效，目前，采用科学管理方法的学校得到了快速发展。

四　民办学校教师队伍存在的问题及解决对策

（一）存在的问题

近年来，民办教育发展迅速，民办学校的教师管理问题日益严重，这一问题严重制约着民办学校的发展。薛伯钧在关于民办学校师资队伍建设的文献中用"不够（编制不够）、不高（整体素质不高）、不稳（流动性、随意性大）、不齐（水平参差不齐）、不顺（教师心态不顺）"对民办教师队伍建设的现状做了归纳。

1. 教师队伍不稳定，存在流动性

近年来，民办学校处于蓬勃发展的态势，但是教师流动性大的问题依然存在，流动量远比公办学校大。教师流动量大直接扰乱了日常教育教学秩序，对学校的教学质量造成影响，尤其是对民办初中教育，教师流动量大，家长不满意，随之而来的可能就是招生质量下滑，招生数量减少。青年教师、老年教师和兼职教师在民办学校占有很大部分，他们本身存在的不稳定因素使得民办学校的教师队伍流动性比公办学校大很多，存在稳定性差的情况。邱立姝在《民办高校专任教师队伍建设有关问题的思考》中也论及，许多新毕业的青年教师，由于人事关系、职称评定、住房、医疗保险、养老保险等方面的后顾之忧，很难安心在民办高校长期执教，一旦找到更理想的工作，就会弃之而去。徐绪卿在《师资队伍建设：民办学校可持续发展的根基》中指出，兼职教师的稳定性、流动性都极其不稳定，没有形成稳定的模式，教学质量提升举步维艰。

2. 教师梯队不合理

对于民办学校来说，无论是高校还是中学，都存在教师结构不合理、不稳定现象。突出表现在职称、年龄学历、专兼职等方面。民办学校工作的教师年龄以青年和老年为主，缺少中青年学科带头人。很多年轻老师有激情、有创意，但缺少经验、无人带；年龄长的教师虽经验丰富，教龄长，但是很难接受新事物，知识更新能力滞后，出现教师年龄结构断层的现象。兼职教师较多，造成了教师流动性大。教师队伍建设不完善，严重束缚了民办教育的发展。席成涛等在《民办高校教师队伍建设存在的问题及其对策》中指出，民办学校教师由四部分组成，一是从公办学校返聘过来的退休教师，二是从社会公开招聘的，三是高校应届毕业生，四是公办学校的兼职教师。

3. 教师的待遇难以得到保障

无论是民办教师还是公办教师，最为关心的问题包括社会保障、工资待遇。普遍认为，民办教师在社会保障方面不如公办教师，参加外出培训受限制，职称评定困难重重，这就对民办教师的工作积极性和稳定性造成了很大影响。此外，民办学校所承诺的工资待遇问题更难兑现。有研究表明，政府机构对于民办教师外出培训、职称评定、晋升等方面给予的支持力度不够大。

现阶段，教师工作任务重、压力大、积极性低。大多数民办学校与教师采用聘任制，教师认为与学校是雇佣关系，对学校的理念、文化不了解，不认同，在学校没有归属感。在民办初中中，教师升学压力较大，加之民办学校教师工作强度大，造成了民办教师工作积极性不高。大部分民办高校对教师采用聘任制，教师和学校之间的临时关系容易使一部分缺乏教学事业心、责任心和敬业精神的教师教学积极性不高，影响了学校的发展和学生的培养质量；同时，很多民办高校考核评价的结果并没有起到激励的作用。这些年来，民办高校教师人数迅速增加，质量相对比之前有所提升，但是依然存在很多问题，在一定程度上制约了民办学校的发展。一些专家在论述民办学校师资时用"不够（编制不够）、不高（整体素质不高）、不稳（流动性、随意性大）、不齐（水平参差不齐）、不顺（教师心态不顺）"对我国民办学校教师队伍做了有力概括。

综上所述，民办学校的师资队伍建设存在诸多不完善的地方，多元化的教师来源是造成队伍不稳定的重要因素，年龄的两极化使教师结构出现断层，教师的薪资待遇无法得到满足使得教师积极性受挫，办学压力较大。

(二) 解决对策

1. 创建宽松、和谐的外部环境

大环境对学校教师队伍建设非常重要。有研究表明，民办学校师资队伍建设体系，应依据《民办教育促进法》，根据民办学校发展的特点，建立独特的运行机制。采用相应的教师聘用制度、薪酬制度、给予教师再学习的机会，关注教师职称评定与晋升问题。如今，民办教师的地位远不及公办教师，政府应允许民办学校通过媒体等手段进行宣传，改变社会舆论对民办学校及其教师给予肯定，让社会上更多的人能够接受民办学校及教师。林芳洁在《对民办高校师资队伍稳定问题的思考》一文中指出，教育部相关部门和社会舆论的导向，都在努力提升民办学校在社会上的地位。

2. 学校本身的管理制度有待加强，维护教师的合法权益

此项工作关系教师个人利益，是教师队伍建设的重点。

(1) 完善学校内部管理制度，民主与集中相结合，将学校的管理理念与学校文化同教师分享，以达到与教师个人需求相一致，增加教师的归属感。根据以人为本的政策进行管理。民办中学更应该体现以人为本的管理理念，在日常的管理中，最大限度地使教师参与进来，调动教师的积极性与创新性，制定科学合理的管理框架，使教师实现自我突破，快速发展，从而实现学校预先设定的目标。新时期下的民办学校管理的明显特点就是强调教职员工的自我参与意识，充分挖掘教职工的主人翁意识，民办中学应把职员当作战略合作伙伴，从而达到双赢。想要进一步加强民办教职员工的主人翁意识，一是承认并尊重教师的知情权，二是让教师参与进来，三是提供参与的平台和机会，四是提高参与的质量与水平。薛伯钧在《加大民办学校师资队伍建设力度的若干对策与建议》中提出学校应注重内部管理体系和人文环境的建设，建立有效的激励机制，激发教师的创造活力。如目标激励、科研项目激励、知名度激励、情感激励以及物质奖励、精神奖励等。

（2）以合适的策略选聘教师。民办中学选拔教师应注意以下四点。一是对所任教师的素质要求，该教师是不是最适合此工作岗位。二是适合教师自身的发展。聘用教师要采用双选制度，民办学校和教师要达到共同发展。三是考虑用人的效益。大多数民办中学一味追求县级、市级、省级骨干等高名声的教师，代价肯定不小，但并不代表教学质量和效益就能成正比。以"名师工程"策略促进教师成长。近年，公办学校"名师工程"在很大程度上促进了教师们的快速成长，民办中学也应该积极参与进来，当然政府行政部门应给予一定的政策倾斜。全省民办中学管理层应积极采取措施，为民办教师提供充电学习机会和施展才华的舞台，帮助他们走进"名师工程"。同时，民办中学促进教师成长的有效措施就是在内部建立学习型组织，以及联合一些公办名校优质师资加强学习。另外，教学校长和教科研主任既要成为学习组织的带头人，同时又是教育培训的专家，根据学校实际情况积极开展校本培训。目前民办中学的核心竞争依然是教师团队的创新性，因此还应考虑整个学校教师队伍的创新性和可持续发展。常淑芳在一篇关于民办学校教师师资队伍建设的文章中指出，民办中小学对新招聘的教师要进行分析，确定其适合的岗位，并对其任职的工作做精细的描述，编写任职说明书。

（3）形成教师培训体系，对年轻教师加强培养，保证教育教学质量，使教师结构层次趋于合理化。学校教育教学成绩的提升是保证民办学校可持续发展的前提。郑先俐在重庆高校师资队伍建设的文章中建议，民办学校要根据学校不同年龄、层次结构教师的实际情况，根据不同教师的个人职业生涯制订行之有效的培训计划。使教师培训工作有针对性、有计划、有步骤开展。

（4）以发展策略进行教师评价。全省民办中学师资队伍的不稳定是一大共性问题，究其原因是对民办教师的评价体系不够科学合理，采用科学合理的方式进行评价可以有效地稳定教师。因此，全省民办中学应采用发展的眼光评价其教师队伍的综合素质。当然，发展性评价的最终目的不是奖励和惩罚，而是促进教师专业素养的提高和发展，更不是以此作为教师评价的唯一依据。民办中学的教师在很大程度上是刚毕业的"新老师"，这些教师的专业素养不可能很高。发展性评价目的在于发现自身在专业素养方面的优劣势，督促并引导学生进行有针对性的培训和学习，在专业素养方面起到扬长避短的效果，最终起到提升教学质量的效果，提升学校的整体竞争力。

2017年9月，新的《民办教育促进法》将开始实施。新法明确了民办教育的分类管理问题，同时明确规定义务教育阶段不得设立营利性的学校，这就意味着所有初中阶段的民办学校都是非营利性质的教育。这样的法律规定，符合义务教育法的精神，顺应国情、省情，同时也对民办的初中教育、小学教育提出了一系列新的问题。如何贯彻落实新的《民办教育促进法》，适应教育新常态，政府、社会和民办学校都在积极应对，采取积极措施，为民办教育的发展创造良好的环境，促进民办初中教育形成鲜明的特色，实现又好又快发展。

参考文献

刘华：《国内外私立院校师资队伍建设经验借鉴》，《民办教育研究》2007年第6期。

吕桂珍：《对民办学校师资队伍建设的思考——从学校文化的视角》，《民办教育研究》2008年第1期。

厉以宁：《厉以宁北京大学演讲集》，经济科学出版社，2003。

杜育红：《教育发展不平衡研究》，北京师范大学出版社，2000。

叶澜：《试论当代中国学校文化建设》，《教育发展研究》2006年第8期。

薛伯钧：《加大民办学校师资队伍建设力度的若干对策与建议》，《民办教育研究》2006年第3期。

邱立姝：《民办高校专任教师队伍建设的有关问题的思考》，《黑龙江教育》（高教研究与评估）2008年第1期。

徐绪卿：《师资队伍建设：民办高校可持续发展的根基》，《中国高等教育》2006年第8期。

席成涛、赵小琴：《民办高校教师队伍建设存在的问题及其对策》，《中国西部科技》2009年第3期。

黄东昱：《民办中学师资稳定性问题与对策》，《教育发展研究》2006年第12期。

赖爱春：《民办高校师资队伍建设问题与对策》，《教育发展研究》2005年第4期。

丁荣良：《民办学校师资管理刍议》，《教育发展研究》2001年第8期。

陈兴德：《从陕西看我国民办高等学校师资队伍建设》，《西北大学学报》（哲学社会科学版）2005年第3期。

林芳洁：《对民办高校师资队伍稳定问题的思考》，《海峡科学》2008年第3期。

常淑芳：《民办中小学师资队伍建设：问题、原因与对策分析》，《中国教师》2007年第11期。

郑先俐：《重庆市民办高校师资队伍建设的现状及对策》，《理工高教研究》2007年第4期。

初等教育篇

Elementary Education

B.22
河南民办初等教育的规模、地位与发展预测

李志华[*]

| 摘　要： | 河南民办初等教育近年来一直保持平稳发展的态势，正在进入内涵式发展阶段，其发展模式和经验对推动国家民办初等教育事业的整体发展具有典型的参考价值和借鉴意义。民办初等教育已成为充实河南省初等教育资源的有效手段，在补齐河南省优质、多元教育资源短板方面的能力不断增强。但办学定位尚不清晰、盲目跟风现象日益突出、理论研究滞后、运行管理机制需要进一步健全等仍然是民办初等教育发展过程中面临的主要问题。适应经济和社会发展需要，突出初等教育阶段的义务教育性质，提供人民群众需求的特色和优质 |

---

[*] 李志华，省级骨干教师，郑州市中牟外国语学校校长，主要从事教育教学管理研究。

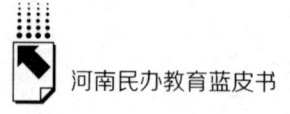

的教育服务,着力提升自身管理水平等都是河南民办初等教育发展中必须考虑的因素。

关键词: 河南 民办初等教育 民办小学

2016年11月,在社会和民办教育行业普遍关注下,修改后的《中华人民共和国民办教育促进法》(以下简称新《民促法》)由全国人大常委会正式审议并通过,将于2017年9月1日起正式施行。新《民促法》倡导民办学校的分类管理,并且明确规定"不得设立实施义务教育的营利性民办学校",同时,支持政府以拨付相应教育经费的方式,委托民办学校承担部分义务教育任务。可以预见,在新《民促法》全面实施之后,中国义务教育阶段的民办学校将会面临与过去几十年不同的发展环境。河南省作为我国的人口大省和人力资源大省,长期面临着教育资源短缺的难题,民办初等教育在河南省初等教育体系中的地位尤为重要。民办初等教育的发展在缓解教育资源匮乏,提供优质教育资源等方面都发挥着不可替代的作用。因此,认真梳理河南民办初等教育的规模和结构,认清其地位,对厘清新环境下民办初等教育的发展脉络,制定切实可行的发展规划,具有重要意义。

一 河南民办初等教育的规模和地位

在一般概念里,初等教育通常指一个国家学制中第一个阶段的教育,国内主要包含小学阶段教育。初等教育的主要目标是使受教育者进行中等教育的知识储备和社会生活的初步准备,对提高国民整体素质发挥极为重要的基础性作用,因此世界各国都会在有条件的情况下努力把初等教育纳入义务教育范畴。河南省于1986年8月出台《河南省义务教育实施办法》,明确初等教育的学制为六年或五年,并计划于1990年以前在全省普及初等教育。于是,在改革开放的推动和人民群众巨大的教育需求之下,河南民办初等教育开始萌芽并迅速发展,截至 2016 年已有民办小学 1748 所,在校生 129 万人,在河南初等教育体系中作用不可或缺,在民办教育的整体格局中也占有重要地位。

(一)河南民办初等教育发展的规模分析

民办初等教育仍处于良性发展阶段。在经过前期的蓬勃发展之后,河南民办初等教育近年来一直保持着平稳发展的态势,民办初等教育行业正进入内涵式发展阶段。

通过近三年的数据纵向比对我们可以发现,河南省小学总量在 2015 年和 2016 年连续两年分别减少了 900 所和 1900 所,但全省民办小学数量每年增加近百所,民办小学数量占比稳步提升至 7.67%,同时民办小学在校生数量占比也达到 13.36%(见表1)。由此可见,在河南初等教育阶段学校撤并减少的大趋势下,民办小学依然保持着稳定增长的局面,学校数量和在校生数量实现同步上升。

表 1 2014~2016 年河南省初等教育发展概况

年份	全省小学数量(万所)	民办小学		小学在校生数量(万人)	民办小学在校生	
		数量(所)	占比(%)		数量(万人)	占比(%)
2016	2.28	1748	7.67	965.59	129.00	13.36
2015	2.47	1652	6.69	937.05	118.14	12.61
2014	2.56	1550	6.05	928.60	111.54	12.01

数据来源:河南省教育厅《2016 年河南省教育事业发展统计公报》。

教育部发布的统计数据显示,2015 年全国共有小学 19.05 万所,其中民办小学 5859 所,占比为 3.08%。[①] 同时,河南民办小学数量占全国民办小学总数的 28.20%。无论在民办小学的绝对数量还是相对数量方面,河南民办初等教育与全国平均水平相比都存在明显的优势。另外,2015 年全国

---

① 教育部:《2015 年全国教育事业发展统计公报》。

民办小学同比增加178所，而仅河南一省就增加了102所，占全国民办小学增量的57.3%，增速远高于其他省份。

经过多年的发展积累，河南民办初等教育不但在全省初等教育体系中发挥越来越重要的作用，其发展规模和质量在全国民办初等教育格局中都具有重要影响，其发展模式和经验对推动国家民办初等教育事业的整体发展具有典型的参考价值和借鉴意义。

（二）河南省民办初等教育的地位

教育是国家实现社会经济繁荣兴旺的坚实基础，也是推动人类文明发展的基本条件。初等教育作为一个国家整体教育体系的基石，其发展水平更具有普遍意义，更能反映出整个社会对于教育的态度和认知水平。

1. 民办初等教育已成为充实河南省初等教育资源的有效手段

新中国成立以后，基础教育的发展受到党和政府的高度重视，初等教育事业得到了极大发展，全面普及了义务教育，小学净入学率达到99.9%，超过世界高收入国家的平均水平。① 河南省是中国第一人口大省，人口总量在2015年已经达到1.07亿人，小学适龄入学儿童数量连年超过150万人，实施初等教育的任务一直相当艰巨。改革开放以来，尤其是进入21世纪之后，中国经济体系中的城乡二元经济结构开始逐步解体，跨区域的人口流动日益频繁。教育部2016年的统计数据显示，全国义务教育阶段在校生中随迁子女共1367.10万人。而其中接受初等教育的就有1013.56万人，主要压力在于小学教育阶段。在这种情况下，基于户籍人口配置的义务教育资源结构性失衡情况趋于严重，如何有效解决随迁子女的受教育问题成为受社会广泛关注的热点话题。

与公办小学相比，民办小学的发展以市场导向，办学机制灵活，能更快地适应区域人口的教育需求，迅速填补区域内公办初等教育资源的不足。同

---

① 尚阳、袁贵仁：《"十三五"期间我国义务教育仍然为9年》，中国网，http://www.china.com.cn/lianghui/news/2016-03/10/content_37989894.htm，2016年3月10日。

时，民办小学办学资金主要来自民间资本和社会力量，其发展能够帮助政府有效减少教育支出，降低财政负担，缓解河南省地方政府教育资金投入的压力。鉴于民办小学在初等教育体系中对公办小学的补充作用，国家进一步提出了向民办学校购买教育服务的指导方针，并禁止设立营利性的民办小学，用以强化和规范民办初等教育在义务教育体系中的教育资源补充地位。民办初等教育在补齐河南省优质、多元教育资源短板方面的能力进一步增强。

从各项数据上看，河南省是中国的基础教育大省，初等教育的在校生数、学校数等指标基本都占全国总量的10%左右，教育规模庞大。但从办学质量上看，河南不是教育强省，质量短板以高等教育最为明显，河南省迄今仅有郑州大学一所211大学，没有985大学，这与总体经济水平不如河南的四川、湖北、湖南等省相比，差距依然明显，教育对河南经济社会的服务功能尚未得到充分发挥。因此，河南省各级教育事业发展的过程中仍然要着力解决由大到强的问题，尤其是在全面进入小康社会之后，人民群众对于高质量、多样化教育资源的需求更加迫切，这种教育格局的转变升级势在必行。

民办教育的发展主要依靠社会资金和民间力量，他们对于教育市场的深层次需求有着天生敏感和深刻认识，善于发挥自身机制灵活的优势，尽可能利用各种社会资源，在短期内创建优越的办学硬件，召集高水平的师资力量，在同公办学校的竞争中形成自身差异化优势，强化自身办学特色，能在很大程度上满足人民群众对于优质教育、特色教育的现实需求，进而为自己赢得了巨大的发展空间。在初等教育阶段，河南省内有一批优秀民办小学，如河南省实验小学外国语分校、建业小哈佛双语学校、艾瑞德国际学校等，它们在办学思路上以外语教育为特色，实行有别于公办小学的小班化教学，利用优良教学环境和优质师资的支撑，在学生的素质教育和全面发展上进行了大胆探索，取得了良好的社会效益，也得到了业内的广泛肯定。这种发展路径值得进一步关注和探索。

2. 民办教育的办学实践对国家初等教育的发展有积极意义

综观世界范围内的初等教育体系，在经过漫长时期的演化后，公办为主、公办民办并存是当今各发达国家普遍采用的模式。美国在19世纪末逐步确立了免费公共基础教育体制,目前其国内有公办中小学约10万所,同时有民办中小学约3万所。公办学校强调公平,主要目标是让国民享受到大众化的基础性教育内容,而民办学校则主要向有条件的教育对象提供更加优质和全面的教育服务,公办和民办初等教育并行发展,互为补充。除了民办初等教育具有更悠久的发展历程之外,小众化教育模式的优势和对公办学校形成竞争都是其存在发展的重要原因,通过这种竞争,初等教育领域的活力才能被激发。

2017年1月,国务院印发了《国家教育事业发展"十三五"规划》,提出要进行教育的结构性改革,激发学校办学活力。得益于国家政策支持,民办学校拥有更多办学自主权,很多省内民办学校更是引进了发达国家的先进教育管理经验,其中有很多值得公办学校借鉴。认真对待初等教育领域民办教育所进行的创新和实践,促进公办和民办初等教育的平衡发展,对构建符合我国国情的初等教育体系有着重要意义。

二 河南民办初等教育存在的问题

尽管河南民办初等教育的发展势头持续向好,但在发展过程中积累的一些问题也正在逐渐暴露,如果这些问题不能得到正确解决,就有可能对河南省民办初等教育的健康发展产生阻碍。

(一)办学定位不清晰,盲目跟风现象日益突出

近年来,国家政策层面的大力支持和市场需求的不断扩大,河南民办初等教育一直在良好的行业环境中发展,成长较为顺利,这使行业受到了大量社会资本的青睐,但同时也引发了盲目发展的乱象。对于市场需求反应迅速是社会资本投资的优势,但资本的逐利本性和投资过程中的短视和盲目也是其固有缺陷。在追求短期效益心理的刺激下,很多初入民办初等教育领域的资金忽略自身条件和客观教育规律,盲目跟风教育热点,为学校进行不切实际的定位和规划。学校特色不明确,定位不科学已成为河南民办小学发展中

不容忽视的问题。如对照河南省实施初等教育的学校名录，可以发现很大一部分学校含有外语、国际、双语等词汇，并在办学理念中突出"让孩子熟练掌握英语"等类似内容，办学定位大同小异，这不但降低了优质特色民办小学的辨识度，还增加了民办小学之间恶性竞争的风险，降低了行业的抗风险能力，同质化跟风现象的危害在今后一段时期将逐步显现。教育是长期系统的工程，需要一代甚至几代人长期不懈的努力积累，如果一味驱动办学方向去片面迎合市场短期需求，忽视初等教育办学规律和长期社会效益，则必然会对河南省整个初等教育行业的长期发展产生不利影响。

（二）民办小学的运行管理需要进一步探索和完善

在经历近30年的摸索和努力之后，虽然河南民办初等教育事业有了可观的办学规模和较丰富的办学经验，但同有国家财政和人才支持的公办学校相比，很多民办小学在学校运行和教学管理等方面仍不占优势。客观来说，河南民办初等教育行业中存在这种问题的原因是多方面的，总结起来有以下几点。一是民办小学大部分为引入社会资源和民间力量兴办，投资者行业背景较为复杂，自身对于民办初等教育的认识有一定限制，这导致他们在学校运行过程中并不总能依照教育教学规律做出科学决策。二是与教育事业发展水平更高的地区相比，河南社会及初等教育行业的观念和认识都相对落后，既缺乏成熟的民办小学投资运行管理模式，又缺少高水平的民办小学经营管理人才，大部分民办小学的发展只能依靠自身辛苦摸索和积累经验，教育管理创新缺少正确有效引导。值得注意的是，为了弥补民办小学运行管理方面的不足，有部分民办小学投资方将学校日常运行托管给优秀公办小学，一方面能发挥硬件设施的优势，同时也从公办小学引入成熟管理模式和师资力量。从实践效果来看，这种模式基本能得到社会的认可，但其长期发展有待进一步观察研究。三是民办教育行业的人才吸引能力不足。与体制内公办学校相比，民办学校的社会地位和福利保障仍然有不小的差距，民办小学仍然不是优秀行业人才就业的优先选择，同时这种落差还导致民办小学优秀人才流失现象严重，校内师资结构难以稳定优化，教育教学管理受到干扰。从长

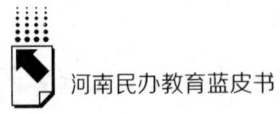

远来看,在民办初等教育事业由规模扩展进入内涵式发展阶段之后,尤其是新《民促法》正式实施之后,河南民办小学运行机制的不成熟势必会对学校的竞争力产生较大危害,急需民办教育行业寻找有效对策。

(三)对于民办初等教育的研究仍然欠缺

改革开放以来,人们对民办初等教育在我国教育事业中作用的认识已经由质疑转变为肯定,社会对民办教育的议题也已经从开始的"该不该发展民办教育"转变为当今的"如何发展民办教育"。虽然大环境对行业的发展空前有利,但仍然有很多阻碍民办教育发展的现实问题亟待我们深入研究和寻求有效对策。加强对民办初等教育的研究,能够有助于用理论指导办学实践,建立起扎实完整的民办初等教育研究体系,并以研究成果为依据提升办学质量,总结办学经验。但是,从现实情况看,对河南民办初等教育的研究还不够深入,研究力量也很薄弱,研究内容也不成系统。中国知网的搜索数据显示,以"河南民办初等教育"及"河南民办小学"为关键词进行检索,检索到的文献数量均为0,这与热门领域研究的差距相差十分明显,也会导致后继研究缺乏参照和成果支撑。同时,河南省民办初等教育的相关研究机构数量少,层次不高,影响力有限,与河南民办初等教育的发展水平极不相称。因此,有必要协调建立多层次、结构完整的民办初等教育研究队伍和研究机构,并引导学界和业界加强对河南民办初等教育的研究,充实民办初等教育发展的理论体系,这一方面可以增强民办初等教育在发展过程中的社会影响力,另一方面也能为国家和地方政府决策提供科学建议和理论参考,增强决策的科学性和针对性。

三 对河南民办初等教育发展的预测与建议

(一)国家宏观政策上要求凸显初等教育的义务教育功能

最近几年,国家连续出台了一系列关于国家教育事业发展的指导性文件和法律法规,河南省也配套制定了相关政策和措施,用以指导全省教育领域深入改革。可以预见,在这些改革措施贯彻实施之后,河南民办初等教育发展的宏观环境将会发生巨大改变。《国家中长期教育改革和发展规划纲要(2010~2020年)》(以下简称《纲要》)是中国近期教育事业发展的纲领性文件,在义务教育方面,《纲要》指出要在保障适龄儿童少年就近进入公办学校的前提下,发展民办教育,提供选择机会。此外,《纲要》规定要在大力支持民办教育的前提下依法管理民办教育,加强政府对民办教育的统筹、规划和管理工作。《国家教育事业发展"十三五"规划》指出,"学校办学活力不强,促进和规范社会力量参与举办教育的法律制度和政策体系亟待完善"仍然是目前我国教育领域存在的重要问题,同时进一步明确了民办教育的分类管理思路,鼓励社会力量和民间资本进入教育领域。新《民促法》是关于我国民办教育事业发展的专门性法律,其中对民办初等教育的发展出了更有针对性的规定。新《民促法》规定,"不得设立实施义务教育的营利性民办学校。非营利性民办学校的举办者不得取得办学收益,学校的办学结余全部用于办学",并由省级人民政府制定非营利性民办学校的收费办法。《国务院关于鼓励社会力量兴办教育促进民办教育健康发展的若干意见》要求,民办小学执行国家课程方案和课程标准,坚持特色办学优质发展,满足多样化需求。近年来,与河南民办初等教育发展相关的地方性文件还有河南省人民政府2015年制定的《关于加快推进民办教育发展的意见》和2017年公布的《河南省教育事业发展"十三五"规划》等。综合上述文件对于民办教育及初等教育的表述可以看出,非营利性、特色发展仍然是政府未来支持民办初等教育发展的主要思路,这也为河南民办小学下一步发展指明了方向。尽管现阶段民办初等小学在属性上均是非营利性学校,但在政策的再次强调下,民办初等教育的义务教育功能被放在更加重要的地位,接受来自政府和社会更严格的监督管理。基于对政策环境的这种预期,河南民办初等教育要主动提升学校的运行管理水平,调整办学思路,对政策进行深入研究和分析,进而抓住行业变革的有利时机,在办学特色和形式上实现创新和突破。

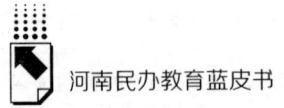
河南民办教育蓝皮书

（二）市场需求要求民办初等教育能够提供更加优质和富有特色的服务

差异化办学思路是河南民办初等教育事业取得如今成果的重要因素，它既是民办小学的教育服务定位，也是其主动满足市场需求的战略举措。随着河南省义务教育发展成果的不断巩固与提升，民办初等教育必须在差异化办学方面不断探索，才能达到激发河南初等教育办学活力，为人民群众提供更加丰富的优质教育服务的目的。

1. 民办小学办学质量向公办小学看齐能更好满足人民群众接受义务教育的需求

在国家向民办学校购买教育服务和办学补贴等财政支持政策落实之后，现有的以解决区域内人口入学难问题为办学导向的民办小学生存压力将会逐步降低，在政府公共财政定向支持下，这部分学校将有能力逐步优化办学环境，提升教学水平。这些民办小学也会有可能同优秀公办小学开展师资交流协作、教师学习观摩、学校运行管理研讨等活动，以此带动低层次民办小学教学管理能力向公办小学看齐，共同为地方普及和巩固义务教育成果发挥更大作用。虽然我们目前还缺少这种发展思路下的典型案例，但河南省内有部分与公办小学联合办学的民办小学取得了较好的办学成绩，影响力和社会美誉度不断提升。在弥补区域内初等教育资源短缺的同时，也有效利用了公办小学的剩余师资，并在此过程中逐步培养了自有师资力量，积累了管理经验。民办小学的这种发展模式是对未来河南民办初等教育发展的有益实践，可以为破解目前部分民办小学教学管理难题提供借鉴。

2. 特色化优质教育仍然是民办小学的主要发展方向

当今世界许多国家的初等教育阶段都是免费公立学校同高收费的私立学校并存，且这部分私立学校在属性上仍然属于非营利性学校，其收费的高低与其办学条件优越程度、师资力量水平、办学特色和办学成本直接相关，其存在和发展也是社会选择的结果。事实上，国家禁止在义务教育阶段办营利性学校并不是限制民办学校的发展规模,其目的在于限制过多投机资本进入义务教育领域,让学校将办学结余投入到学校发展中,避免营利导向对教育公平和义务教育政策形成伤害,这无疑有利于民办初等教育事业的长远发展。特色和优质作为民办学校差异化发展的重要路径,是人民群众对于教育需求的多样化选择,也已经得到了国家的明确支持。因此,民办教育工作者应该对特色化的高质量办学定位充满信心,在国家新政策的指导下进行更大胆的探索。

(三)创新管理模式是民办初等教育内涵式发展的必然要求

随着我国义务教育阶段受教育人口规模的稳定,河南初等教育的发展方向已经从办学规模扩大转向注重质量提升,学校数量连续下降,即已经进入了内涵式发展阶段。缺少了充足生源的支撑,民办小学的生存和发展压力会逐步加大,因此必须在优化管理体系和提升管理水平上有所创新。长期以来,民办小学的管理水平既受到社会的关注,也受到很多质疑,这与社会对民办教育的偏见有关,更与很多民办小学自身管理水平不高,先进教育理念得不到贯彻执行有直接关系。在国家和河南省关于民办教育发展的指导文件里,都着重提出要提升民办学校的管理水平,建立健全学校运行机制,加强对民办学校办学的监督,这也正是民办小学提升自身管理水平、打造核心竞争力的契机。

总之,在中国经济增长方式由粗放转为集约,人民生活幸福感不断增强的宏观环境下,民办初等教育仍然在为人民群众提供特色化教育服务,弥补公办教育的资源不足,激发初等教育领域办学活力等方面发挥着不可替代的作用。总结民办初等教育发展过程中存在的问题,寻求创新型发展路径,能够为民办小学的发展提供意见参考。河南民办初等教育事业在规模和质量上近年来都取得了令人瞩目的成绩,但也存在一些不可忽视的问题,应借助国家各领域教育改革深入和扩大的有利时机,将河南民办初等教育事业推向新的发展阶段。

参考文献

崔智敏:《当代美国初等教育的发展及其启示》,东北师范大学硕士学位论文,2010。

徐万山:《河南民办中小学发展态势分析》,《黄河科技大学学报》2008年第5期。

张英婕:《民办教育投资环境与投资方向研究》,同济大学博士学位论文,2006。

陈堇晓:《中国非财政性教育经费投入的影响因素分析》,济南大学硕士学位论文,2015。

吴华、胡威:《公共财政为什么要资助民办教育?》,《北京大学教育评论》2012年第4期。

别敦荣:《论民办教育发展的第三条道路》,《华中师范大学学报》(人文社会科学版)2012年第5期。

周海涛:《以深化综合改革增强民办教育发展活力》,《教育研究》2014年第12期。

B.23
义务教育背景下河南民办小学发展研究

刘桂梅 郑明礼*

摘 要： 《民办教育促进法》的颁布和实施，给小学阶段的民办教育带来了新的挑战，近年来河南义务教育事业的快速发展，小学阶段的义务教育日益规范化、便利化、多元化、特色化，给民办小学的发展带来了一定的压力。在新的教育环境下，对河南省民办小学教育的现状进行观测，总结以往的办学经验，深入分析存在的问题，制定科学的发展规划，有着重要的现实意义。

关键词： 河南义务教育 民办小学

自1986年国家颁布《义务教育法》以来，小学和初中阶段的义务教育在全国各地逐步落实和开展，河南作为全国的人口大省，在教育资源和教育条件上一直处于相对靠后的位置，加上适龄儿童与相应教育资源的比例失衡，直至2013年，河南省通过了修订后的《河南省实施〈中华人民共和国义务教育法〉办法》，才在全省范围内真正实现了义务教育阶段全免费。然而也正是这些原因，促使河南的民办教育事业起步较早，发展较快，规模较大，在全国具有较大的影响力。

---

* 刘桂梅，中小学一级教师，郑州市中牟外国语学校小学高级部校长，主要从事语文教育研究工作；郑明礼，中小学一级教师，郑州市中牟外国语学校工会主席，校办主任，主要从事教育教学管理研究工作。

2016年11月，全国人大常委会正式审议并通过了修改后的《中华人民共和国民办教育促进法》（以下简称新《民促法》），并定于2017年9月1日起正式实施。新《民促法》明确提出了对民办学校"分类管理"，规定"不得设立实施义务教育的营利性民办学校"。实施分类管理后，营利性的民办教育机构会享受更多的优惠政策，而义务教育阶段的民办教育机构则可能迎来新一轮的洗牌。小学阶段的教育是整个教育的基础，对后续教育和个人发展起着决定性作用。近年来，河南省民办小学异军突起，发展迅速，对河南省初等教育的发展起到了不容忽视的推动和促进作用。然而，新《民促法》的颁布和实施，也给小学阶段的民办教育带来了新的挑战，近年来河南义务教育事业的快速发展，小学阶段的义务教育日益规范化、便利化、多元化、特色化，这就给民办小学的发展带来了另一层压力。因此，面对新的教育环境，对河南省民办小学教育的现状进行观测，总结以往的办学经验，深入分析存在的问题，制定科学的发展建议和规划，有着重要的现实意义。

一 2016年河南省民办小学发展概况

河南省人口基数大，教育资源一直相对短缺，尤其是基础教育。相当长一段时间内，入学率成为小学教育要解决的主要问题。而入学率标志着教育的相对规模和教育机会，是衡量教育发展水平的重要指标。民办小学的创办，有效地解决了入学率问题。同时，多样化、机制灵活的民办小学在河南省的当代初等教育中担当着越来越重要的角色，发挥着越来越重要的作用。

（一）数量和规模

河南省教育厅公布的相关数据显示，截至2016年底，河南省共有民办小学1748所，比2015年增加96所，在校学生的数量达到了129万人，比上一年增加10.86万人。河南省民办小学的数量占全省小学数量总和的7.67%，民办小学在校生数量占全省小学在校生数量的13.36%，而同期河南省小学总量则比2015年减少了1900所。

可以看出，近年来，河南省小学的数量在逐年大幅度减少，然而民办小学的数量却在逐年以上百所的数量增加，在小学总数中占比越来越高。可见，民办小学在全省的小学教育中占据着越来越重要的位置。目前，民办小学数量占比只有民办小学在校学生数量占比的57.4%，这充分证明民办小学在有效解决学生入学，接受基础教育方面发挥着不容忽视的作用。同时，河南省教育厅公布的数据来显示，民办教育的教职工总数在2016年达到了43.35万人，这在一定程度上有效地缓解了就业难题，推动了经济发展，同时还为教育产业的发展注入了不同的活力与理念。

在办学规模上，简易办学模式的机构越来越少，集团化滚动办学的模式越来越多。也就是说，民办小学的办学规模在逐年加大，向更具规范性、更有影响力、更有竞争力、更具科学性的方向发展。一部分民办小学已经发展成为数量与质量并重、规模与内涵共举的新型教育集团，在全省的基础教育发展中，承担着重要的教育义务和社会责任。

（二）办学模式

近年来，河南省民办小学发展势头迅猛，增速极快。要想理清这些民办学校的发展现状，就必须关注其办学模式。目前河南的民办小学大概可以分成三大类型。

1. 集团式办学

一般由实力雄厚的企业或个人单独创办，或者是企业与具有一定影响力的公办学校合办。这种类型的民办小学，资金实力比较雄厚，硬件设施比较优越，有自身的教育理念和独特的教育模式，师资力量相对较强，容易形成社会影响力和竞争力。郑州建业小哈佛双语学校、郑州一八国际小学、河南省实验中学思达外国语小学等这些具有较大影响力的民办小学，均属于这种办学模式。

2. 滚动办学

这类学校是指原来只有某个阶段的教育，如仅办幼儿园，或者仅办小学等，后来随着办学实力的增加，教育条件的雄厚，建立健全了纵向的教育体系。这类办学模式一般前期办学条件单薄，经费投入不够，甚至租赁校舍等，基本靠学费维持发展。这类学校一般以突出教育质量形成影响和辐射，吸引越来越多的生源发展壮大。郑州市贝斯特教育事业机构是典型的代表，贝斯特前期是一个外语培训中心，后来逐渐创办了幼儿园、小学、中学，形成了具有一定规模的教育集团。

3. 简易办学

这类学校主要是满足特殊群体的需要，比如为城市里的外来农民工子女因户口或其他原因入学困难的子女，农村有特殊教育需求（就近上学、身体残疾等）的学生开办的民办教育机构。这类学校办学条件比较简陋，师资条件也比较落后，但由于收费相对较低，已然开辟出自己的生存空间。但从长远发展的角度来看，无论是教育质量本身还是其他辅助性条件，都无法形成持续的竞争力。

（三）办学特色

在相当长的一段时期里，公办小学在办学经费、教育资源、硬件设施、师资配备、教育方法和升学率等各方面占尽优势，且教育成本极低，成为家长在儿童入学时的首选，甚至是必选。这在各大城市小学生入学时表现十分突出。大量的城市农民工随迁子女，或是户口不在本地的生源，会千方百计甚至花费高额的"择校费"进入公办小学学习。然而，最近几年的变化却是，不少民办小学的品牌影响力越来越大，人才培养口碑越来越好，生源越来越足，入学门槛越来越高。他们办学机制灵活，特色纷呈，有些民办小学的影响力已经远远超过公办小学。研究中发现，这些民办小学的教学特色与教育理念值得关注和推广。归类而言，可以分成以下几种。

1. 以英语为特色，走国际化教育路线

这类学校一般在教育硬件设施上投入较大，强调校园环境的园林气息，教学设备的现代化，教学理念的现代化、多元化与特色化。条件更优越的学校还会引进美式学科英语课程，并配备外籍教师，有些还具备开展国际交流的条件。这类民办小学在省会郑州市较多，其他地市较少。知名的有郑州建业小哈佛双语学校、贝斯特教育事业机构、北京新学道洛阳国际书院等。此类学校收费一般较高，成为多数中高收入家庭儿童入学的首选。

2. 强调全科素质教育，走优质管理路线

这类学校在学校基础硬件设施上最优最全，不仅有风景优美的校园环境，一般还会设置微机房、琴房、体操房、画室和图书室等现代素质教育的专业场地，除了培养学生的文化素质以外，还注重学生艺术素质的培养和提升。有一整套特色教育理念和育人体系。在教学管理上，大多会实行封闭或半封闭管理，让学生在文化素质艺术素质提升的同时，提高自己的独立能力和交际能力。这类学校的收费比第一种稍低，受到的欢迎和认可程度也更广。如北大附中河南分校外国语小学、焦作龙源湖实验小学、平顶山长虹学校等。

3. 突出应试教育，走传统教育路线

这类学校注重儿童早期智力与记忆能力的开发，把传统的识字、计算、背诵等放在教学的重要位置。办学相对成熟的学校会同时会兼顾学生其他素质的提升，如英语学习、艺术素养的提升等。受到多数传统家长的喜爱。如郑州市二七优智实验学校、郑州市惠济鹤立学校、方城县红星学校等。

4. 以武术为特色的武校

河南作为武术之乡，传统武术文化在全国具有深远的影响力，因此以武术为特色的民办学校成了河南民办学校的重要组成部分。中国人讲究自幼习武，因此这类学校一般一定是先从小学阶段开始，注重基础教育。这些现代型的武校除了突出武术教育、武术文化之外，一般都会设置绘画、书法、古典乐器等传统文化素养课程，讲究身心共修。武校的生源，有的是因为身体较虚弱，需要强身健体；有的是问题少年，有的是孤儿，有的对武术有浓厚兴趣等。代表性的学校有少林寺塔沟武术学校、襄城县白塔寺武校、登封禅心居武校等。

（四）区域差异

民办小学虽然性质相同，但办学特色各异，同时还有明显的区域差异。这种区域差异不仅是源于办学主体的办学模式，同时也取决于生源家庭的教育需求，是两者在长期磨合中形成的契合。这种契合反过来又促进了学校的发展，形成了一种良性循环。民办小学的区域差异有以下几层表现。

1. 省会郑州

郑州作为河南省的省会，经济发展相对领先，教育体系更完备，教育理念和模式比较先进，加之人口众多，生源富余，因此，在民办学校的选择上，基本上是各取所需。既有倡导国际化教育的现代教育集团，也有强调全面素质教育的名校；既有突出传统应试教育的书院，也有简易灵活的学堂。有什么样的基础教育需求，就有什么样的民办小学。

2. 各地市

各地市的民办小学总体上呈现出两大特色，一是强调全面素质教育，一是强调传统应试教育。这与地市经济发展状况和教育需求也是一致的。

3. 县城

县城的民办小学总体上突出的是应试教育，个别经济发展速度较快的地区也有办学理念相对现代的学校。

4. 乡镇和农村

完全突出应试教育，农村的学生没有城市里丰富的素质教育途径和课程，更没有社会实践的机会和锻炼，学校依靠成绩来提升口碑，学生和家长也希望依靠成绩来改变命运。

总体上来讲，这些区域差异明显反映了教育需求与教育供给之间的关系，也是这些民办小学生存的基础、发展的动力。

二 2016年河南民办小学优势与问题

截至2016年底，河南省的民办小学承担了河南1/10还要多的小学生的教育任务，在河南的基础教育中发挥着重要作用。

（一）民办小学的办学优势

1. 机制灵活、特色多元化教育

虽然我国一直强调民办小学属于义务教育范畴，不得赢利。但是不可否认，民办学校本身就是市场行为，民办小学正是因为基础教育市场有不同的教育需求才应运而生的。这与河南省的整体教育情况是一致的，不仅是小学，中学、大学也是如此。河南人口资源丰富，教育资源供给却相对落后。民办学校就如同经济领域的供给侧改革一样，为教育产业提供了另外一种有效的思路和途径。这些民办小学办学机制灵活，提倡特色教育，看到了不同家庭对教育的需求，就提供了不同的教育产品。既有国际化教育的路线，也有素质教育的典范；既有应试教育的追求，也有基本需求的供给。这种多元化的教育供给为河南省小学教育注入了新的活力。以郑州市建业小哈佛双语学校为例，学校自1997年开始创办，一直以"精品教育、奉献社会"为理念，把学生往"高素质，个性化，国际化"的方向培养，强调学生综合素质的培养，突出英语课程，还引进了美式学科英语课程，并且常年聘请外籍教师任教，把中外籍教师有机地结合起来，让学生在学习语言的同时，接受东西方两种不同文化的熏陶，为今后成为国际化人才奠定了良好的基础。由于学校的教育成果口碑良好，这种模式的教育被郑州市的高端收入和教育理念先进的家庭看中，尽管学费昂贵，却生源不断，入学门槛越来越高。

2. 责任意识和现代理念

与公办小学相比，民办小学办学有一定的市场行为，既然有市场，就必须遵循相应的规则，承担相应的风险与责任。因此，民办小学在办学责任上就更加明确，自己属于哪种类型的学校，办学定位是什么，就会极力追求效果，给学生和家长一个满意的交代。同时，与市场相应的是现代理念，如果脱离了教育的时代需求，那么教育就无法继续进行。因此，多数的民办学校在校园建设、校舍安排、课程设置、师资配备、社会实践参与等各方面紧跟时代步伐，甚至走在前列。以焦作龙源湖实验小学为例，该校校内设施现代高档，高规格的微机房、琴房、舞蹈体操房、图书阅览室和医疗室一应俱全。教室里安装有柜式冷暖空调、多媒体班班通设备，公寓内装有柜式冷暖空调及其他生活设备；校园内设置有英语角、美术写生园地、手抄报和艺术天地文化墙以及书法、棋类训练场地，学生可在现代、高雅、浓郁、和谐的氛围中接受优质教育和熏陶。仅仅是硬件设施就能体现出其办学的用心程度。同时，由于其完整的教育教学与人才培养体系，人才培养质量多次受到河南省和焦作市政府的表彰。

3. 优质的管理和服务

民办小学最突出的特色还有优质的管理与服务。尽管河南省基础教育的入学率已经得到了解决，但由于人口众多，公立小学数量有限，因此一种普遍的情况就是，多数公办小学班额巨大，学生人数众多，少则50~60人，多则80人甚至90人以上，严重影响学生的学习和学校的管理，进行"因材施教"困难重重，成为令家长头疼的问题。而民办小学几乎都是小班制，能够结合学生个性特点有针对性地进行人才培养活动，方便开展教学活动。正是由于学生数量的原因，公办小学的学生学习除了教师教学之外，更多依靠家长的辅导和督促，这是现代公立初等教育的通病。而民办小学则同时注重教师的教学和作业辅导，有效减轻了学生家长的负担。此外，多数民办小学都实行封闭化管理，有周托或午托，上学放学有校车接送，在有效培养学生独立能力和人际沟通能力的同时，还为学生家长节省了大量的时间。以郑州启元国际小学为例，该校打出的宣传语是"若您事业忙不完，就把孩子送启元"，一方面强调学校是成功家庭的首选，另一方面想说明学校能够满足这些成功家庭的教育需求，提供优质的教育服务。

（二）民办小学办学中的问题

1. 经费投入

民办小学本身就是企业性质的学校，企业运转的首要问题是经费。尽管不少成功的民办小学都注重教育经费的投入，但多多少少都存在经费方面的问题。有的学校前期投入很大，无论是校园环境还是硬件配备都很完善，但在后期使用中，使用效率不高，缺乏合理的维护，甚至有的慢慢形同虚设，造成了严重的资源浪费。有的学校把钱更多地用于硬件提升，对于学生必需的教育需求和教师的工资福利待遇相对缺乏科学的投入。还有的民办小学各方面的投入都不高，租赁校舍，学生生活和学习环境都相对较差，教师待遇偏低。总之，不管是哪个层次的民办小学，多多少少都存在经费上的不合理投入和使用的问题。随着新《民促法》在全国即将实施,随着我国义务教育不断提升和改进,民办小学必须解决好经费问题,这是民办学校持续发展的根本。

2. 师资配备

教师是教育事业的灵魂,是保证教学成绩和育人效果的前提。在这一点上,民办学校和公办学校是一样的。尤其是基础教育,作为学生接受科学文化知识的第一站,小学教师的专业知识、职业素养、教育方法、人格修养等因素,直接影响小学生人生观、价值观、世界观的形成,也为学生将来的知识习得奠定基础。因此,对小学教师的从业要求,应该比其他任何一个阶段都要严格。据统计,2016~2017学年,全省有50.23万人从事初等教育工作,其中5.87万人在民办小学工作。这支队伍装备不好,待遇不高,但是勤恳敬业,责任心强。同时应该看到,民办小学教师队伍存在素质参差不齐,职业化程度较低;人员流动性大,稳定性差;工作量大,回报率小;职业压力大,社会声誉低;本职工作多,业务提升少等问题。这些都是形成科学合理的师资队伍的障碍。

3. 教育理念

这里的教育理念是办学宗旨、教育方法、教育目标等的综合。基础教育的根本作用就是奠基和启蒙,为学生的成人和成才打下良好的基础。无论是公办小学,还是民办小学,脱离了这个根本,教育就无从谈起。现阶段,虽然一些民办小学提出了这样那样的教育理念,然而这些理念在落实过程中存在不少问题。强调国际化教育、中外教育有机结合的,旨在让学生从小接受不同文化的熏陶,然而结果也可能是两者都不适应,或者无所适从;强调素质教育的,很多注重形式上的开展,忽视了本质上的提升;强调成绩的,忽视了现代社会的需求和人的成长规律。因此,教育理念的提出不单是一个概念问题,更多的是要结合现代社会需要,结合人的发展,结合学生的学习规律,结合规范科学的教育方法等。

4. 社会地位

一直以来,民办学校在中国社会都处于一个相对弱势的位置。这与发达国家的教育现状正好相反。究其原因，一方面是社会观念问题，另一方面也与民办教育自身发展的历史与轨迹有关。尽管河南省不少民办小学办学口碑极好，生源充足，甚至入学门槛很高，但依然可以看到家长在做选择时的反复对比。同时，在社会便利和行政性事务办理上，民办小学也的确还存在诸多不便。这也是阻碍民办教育发展的因素之一。

三 义务教育背景下河南省民办小学的发展建议

随着我国义务教育体系的日渐成熟，河南省义务教育也取得了长足的发展。现代化、特色化、多元化、科学化让学生尽享现代教育的利好。作为公办小学补充的民办小学，在当前的形势下，在新《民促法》颁布和实施以后，必然要面对新一轮的竞争甚至洗牌，大到发展策略和规划，小到教师的聘用和培养上都必须有所调整。在义务教育背景下，河南省民办小学的发展至少要从四个方面加以改进。

1. 经费投入

民办学校的经费投入既要讲究"物尽其用"，也要讲究"可持续发展"。首先，基础硬件设施诸如校园环境、教育场地、教学设备等是学生学习的基础，必须有效保证。租赁校区、简易办学必然带来极大的不稳定性，因此前期的投入一定要保证教学的稳定开展。其次，教育是一个持续的过程，后期资源的有效利用、设备维护、师资力量提升等都需要不同程度的投入，这就要求经费的规划和合理使用。最后，自身的经费投入和学费周转毕竟有限，民办小学还可以通过各种合法途径吸引社会投资或者企业捐助等。重要的是，政府要逐步缩小民办学校和公办学校在公共教育经费投入上的差距，保障义务教育阶段的民办教育健康发展。

2. 师资建设

师资建设是一个系统工程，从人员引进到培养再到合理使用，要尽可能发挥每个个体的作用，实现人尽其才。教师是一个看似都能从事但又不一定能做好的职业。加上民办小学教师队伍的精干，所以在教师的选拔上一定要严格把关，不仅强调其学识的专业性，还要注重其全面综合素质。在从业过程中，教师需要不停地自我提升才能跟上时代的要求，跟踪最新的学科前沿，掌握最新的教育方法，提供优质的教育服务。因此，必须加强教师的业务培训，给教师提供更多的成长空间。要通过学习和锻炼，培养出具有代表性的名师。在教师的安排和使用上，有的教师适合一线教学，有的教师适合综合管理，有的则更适合实践指导，对教师进行科学的分配，是有效提升整体教学和管理水平的直接途径。学校要全方位关注教师的发展，提高教师的精神和物质待遇，有效降低教学人员的流动性，减轻教师的工作量和工作压力，降低工作强度，实施人性化管理。

3. 品牌战略

现代社会的激烈竞争成就了一个品牌时代。品牌代表着价值和增值。教育产业也一样。随着人们对教育的要求越来越多元，越来越高，教育产业必然向品牌化迈进。民办小学要想继续生存并持续发展，必须走品牌化路线。这就要求民办小学在既往的办学基础上，更深入细致地研究教育市场需求，探索教育规律，明确自身的办学目的，规范办学行为，加强社会责任意识，具备社会担当。不断提升自身的知名度和美誉度，在广大群众中形成良好的口碑传播。

4. 加强对公交流与合作

这里的加强对公交流与合作有两层意思。一是加强与公办小学的交流与合作，二是加强与政府等主管部门的交流与合作。首先，民办小学和公办小学是一个互补的共同体，都是河南民办基础教育的组成部分，两者各有自身的优势与不足，加强与公办小学的合作不仅能有效补足自身的短板，还能与公办小学实现资源共享，扩大自己的教育资源。目前，企业或个人与公办学校合办的民办小学，就是一种很好的尝试。其次，加强与政府等主管部门的交流与合作，学会和管理部门有效沟通，将能更好地把握国家和地方的管理政策，合理享受更多的优惠和便利条件，并通过管理部门扩大自身的影响力。

参考文献

冯帮、卢华全:《"义务化"背景下我国学期教育发展策略研究》,《现代教育科学》2015年第1期。

王樨:《民办小学教师团队建设的实践研究——以Q小学为案例》,《南京师范大学硕士毕业论文》,2009。

吕贵珍:《北京民办中小学教师队伍问题与对策》,《现代教育科学》2015年第12期。

徐万山:《河南民办中小学发展态势分析》,《黄河科技大学学报》2008年第5期。

B.24
民办小学教育与公办初中教育衔接的研究

武建岭 姬彩虹[*]

摘　要：本研究根据对民办小学和公办初中的问卷调查，发现存在的问题，以中国学生发展核心素养和中国教育发展规划纲要为指南提出了民办小学与公办初中应如何衔接及在这过程中各方的具体责任。民办小学应把公益性作为办学的宗旨，依法办学，在不断提高硬件设施和师资水平的基础上，办特色学校，挖掘和培养学生个性特长，靠内涵求生存获发展，克服急功近利思想，走可持续发展之路。

关键词：民办小学　公办初中　公益性

河南教育统计数据显示，至2016年底，全省共有小学2.28万所，在校生965.59万人，258119个教学班，班均37.41人；其中民办小学有1748所，在校生129.00万人，31344个教学班，班均41.16人。普通初中4557所，在校生415.83万人，76845个教学班，班均54.11人；其中民办758所，在校生74.08万人，13385个教学班，班均55.34人。可以看出，民办小学在校生占比为13.36%，民办初中在校生占比为17.83%，初中的比例高于小学的比例。我国的民办教育在义务阶段有了长足的发展。民办小学的毕业生不一定都会

---

[*] 武建岭，郑州市中牟外国语学校教师；姬彩虹，郑州市中牟外国语学校初中部校长。

进入民办初中，相当一部分会进入公办初中就读。由于民办学校和公办学校存在一定的差异，这里就有一个衔接的问题。一些学生在民办小学毕业后，到公办初中就读，很长时间不适应，这种现象具有一定的代表性。

一 河南省民办小学和公办初中的问卷调查

针对民办小学和公办初中的一些问题，我们对部分学生、家长、老师进行了问卷调查。三类调查的对象各为100人，老师和家长都是对应年级的调查对象（见表1～表3）。

表1 学生问卷调查数据统计

单位：%

问题		年级及所占比例					
		一	二	三	四	五	六	七
你在民办小学学的知识扎实吗	非常扎实	94	44	53	49	45	38	15
你在民办小学阶段感觉作业量如何	非常多	5	10	2	56	15	32	25
你在民办小学阶段感觉班级规模如何	非常大	3	60	13	33	49	46	33
你在民办小学阶段阅读量如何	非常大	15	17	27	32	54	32	8
你在民办小学阶段课外活动丰富多彩吗	非常丰富	97	39	41	23	69	72	20
你在民办小学阶段感觉自己的特长和潜能得到充分挖掘培养了吗	非常充分	99	27	56	36	39	36	8
你在民办小学就读时老师关注你吗	非常关注	96	72	61	43	41	42	15
你在民办小学就读时老师能平等对待学生吗	非常平等	92	77	70	22	71	63	25
你在民办小学就读时学习积极性如何	非常高	90	23	46	60	30	30	11
平时爸妈和你交流沟通充分吗	非常充分	86	29	37	19	71	58	30

注：表中一、二、三、四、五、六为民办小学一年级到六年级，七为公办初中的七年级（即初一年级）。

表2 教师问卷调查数据统计

单位：%

问题		年级及所占比例		
		（1.2.3年级）	（4.5.6年级）	七
你的学生在民办小学学的知识扎实吗	非常扎实	95	89	49
你觉得民办小学的作业量如何	非常多	0	21	28
你觉得民办小学班级规模如何	非常大	31	65	80
你觉得学生在民办小学阶段阅读量如何	非常大	64	78	10
你觉得民办小学阶段课外活动丰富多彩吗	非常丰富	87	78	52
你觉得学生的特长和潜能得到充分挖掘培养了吗	非常充分	79	84	25
你参与了哪些学生特长培养项目	非常关注	98	95	66
你关注学困生吗	非常平等	97	94	87
你能平等对待学生吗	非常高	91	95	93
你的工作积极性如何	非常充分	98	81	45

表3 家长问卷调查数据统计

单位：%

问题		年级及所占比例					
		一	二	三	四	五	六	七
你觉得孩子在民办小学学的知识扎实吗	非常扎实	—	—	40	40	44	41	34
你觉得孩子的作业量如何	非常多	—	—	8	10	18	10	24
你的孩子所在民办小学阶段班级规模如何	非常大	—	—	63	54	54	61	34
你的孩子在民办小学阶段阅读量如何	非常大	—	—	28	27	28	30	25
你觉得民办小学阶段课外活动丰富多彩吗	非常丰富	—	—	53	51	45	46	20
你的孩子在民办小学阶段特长和潜能得到充分挖掘培养了吗	非常充分	—	—	36	43	33	31	16
你感觉老师关注你的孩子吗	非常关注	—	—	68	63	73	62	33
老师能平等对待你的孩子吗	非常平等	—	—	84	76	78	85	30
你的孩子现在学习积极性如何	非常高	—	—	32	33	26	33	34
平时你和孩子交流沟通充分吗	非常充分	—	—	39	43	39	32	36

注：表中一、二、三、四、五、六为民办小学一年级到六年级，七为公办初中的七年级（即初一年级）。

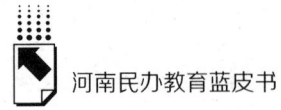

从调查情况看，民办小学注重办学质量，但存在有些学生基础知识不扎实、个别学科个别班级作业量过大、少数学校班级规模过大、学生阅读量小、课外活动不丰富、潜能没有充分发挥、学生受到不平等对待、办学条件滞后和家长关注孩子不够等现象。学生、老师、家长对待同一个问题的回答也存在差异，这和看问题的角度、对问题的认知程度和看问题的态度有一定的关系。教师和家长要深入了解学生的实际需求，因材施教，更多关注个性差异，找到科学具体解决问题的办法，而不能想当然或者一刀切地去对待不同学生面临的问题。家长的教育理念也需要进一步更新。

二 民办小学教育和公办初中教育衔接的对策

为把党的十八大和十八届三中全会提出的关于立德树人的要求落到实处，教育部颁布了中国学生发展核心素养，包括三大方面6个小项。民办小学和初中的衔接应从以下三个方面入手。

（一）文化基础的衔接

民办小学应从以下几个方面夯实文化基础。

1. 人文底蕴

主要是学生在学习、理解、运用人文领域知识和技能等方面所形成的基本能力、情感态度和价值取向。具体包括人文积淀、人文情怀和审美情趣等基本要点。

（1）人文积淀。课本知识的重要性毋庸置疑，绝不能轻视。如果过度重视课外知识而忽视教材上面的知识将会本末倒置，因为没有基础知识做支撑，课外知识的获取会变得困难。在获取知识方面，必须处理好课内和课外、校内和校外的关系。从小学一年级开始，由浅入深，由易到难，循序渐进，采用老师讲述、媒体播放、家庭熏陶、社会影响等多种方式，让学生接触喜欢的感兴趣的中外名著名篇，尤其是童话故事。大量阅读童话故事、名著名篇，将会让学生终身受益，学生的想象力、思维力会得到很大提高，学生的人格将更加健全，更容易成为创新型人才。在深圳明德实验学校，有一门课是语文老师和历史老师一起为学生上课，这就是"中国文化原典阅读"。这门课里，有女娲补天神话，有《论语》《史记》，还有梁启超、鲁迅和毛泽东。明德实验学校校长程红兵说："我认为，学科和学科之间，应该是有天然内在联系的，比如我们语文老师经常说的'文史哲不分家'。"程红兵认为，传统学校学科林立，学科之间缺少关联，建议打破学科壁垒，创建整合课程，实现基础课程的校本化重构。

（2）人文情怀。具有以人为本的意识，尊重、维护人的尊严和价值，能关注人的生存、发展和幸福等。积极帮助社会上的弱势群体，如到敬老院做公益活动，为灾区捐款捐物，积极帮助身边有困难的人。

（3）审美情趣。要立足课堂教学，结合学科特点，挖掘培养学生的审美情趣。学校要按照国家规定开全课程，尤其是体、音、美，还要开设书法课、阅读课，平时学校要开展一些文化艺术方面的活动，如歌曲比赛、绘画比赛、演讲比赛、征文比赛、摄影比赛，外出旅游、采风，观看画展、音乐演出等艺术表演。

2. 科学精神

主要是学生在学习、理解、运用科学知识和技能等方面所形成的价值标准、思维方式和行为表现。具体包括理性思维、批判质疑、勇于探究等基本要点。让学生参观博物馆、科技馆，听一些科普讲座，做一些小的力所能及的科学小实验。从小让学生不迷信权威、不迷信家长、不迷信老师、不迷信课本，大胆质疑，勤于思考，善于动手。保护学生的好奇心，不要认可绝对听话的孩子就一定是好孩子的判断标准。不是学生缺乏创新思维，而是老师家长有意无意地扼杀了学生的创新萌芽。

（1）理性思维。崇尚真知，能理解和掌握基本的科学原理和方法，尊重事实和证据，有实证意识和严谨的求知态度，逻辑清晰，能运用科学的思维方式认识事物、解决问题、指导行为等。

（2）批判质疑。具有问题意识，能独立思考、独立判断，思维缜密，能多角度、辩证地分析问题，做出选择和决定等。

(3) 勇于探究。具有好奇心和想象力；能不畏困难，有坚持不懈的探索精神；能大胆尝试，积极寻求有效的问题解决方法等。在课堂上我们要重视合作学习、探究学习，对开放性问题要鼓励学生提出开放性的合理答案。

（二）自主发展的衔接

1. 学会学习

（1）乐学善学。要给予学生展示自我的机会，尝试扮演各种角色，无论学生的展示精彩与否，教师都要抓住教育时机予以激励表扬，在激励和表扬赏识中，学生体验了成功的快乐，学生的自信心增强了，成就感增强了。身教重于言教，教师要敬业爱岗，积极进取，热爱生活，以身作则，感染学生。教师的专业知识要丰富，语言要幽默风趣，学习方式要多样化，把情景展现、角色扮演恰当地融入教学中。为了让学生乐学善学，就要树立大教材观，给学生更多的选择机会。明德实验学校校长程红兵在这方面进行了大胆的改革，他说："过去，人们把教材当作全世界。如今，我们应该把世界当作教材。"程红兵认为：大量开设选修课，就是要让孩子找到自己的天性。通过选择，可以多方尝试、广泛涉猎，找到自己的兴趣点和理想目标，顺应成长的规律来完成学业，"好的教育就是要给孩子充分选择的机会。"

（2）勤于反思。课堂上让学生总结自己学到了什么，收获了什么，有什么启发和感想，有什么不懂的地方，有什么需要质疑的。学生学会了反思，就明确了自己前进的方向。

（3）信息意识。主动适应"互联网+"等社会信息化发展趋势，具有网络伦理道德与信息安全意识等。信息技术和信息文化正在不断地改变社会形态、社会规范以及人们的生活方式和思想观念。学校要高标准建设计算机教室，配备专业的计算机教师，从小学二年级就开设计算机课，早些掌握和利用计算机，利用互联网。利用互联网可以方便师生交流、同学交流、学生与家长的交流。有些作业和调查可以在网络上完成和批阅反馈。教师平时要关注各种社会信息，做到及时合理地引导。否则就会以其昏昏，使人昭昭。

2. 健康生活

（1）珍爱生命。要告诉学生，人类的生命具有独特性，最具有智慧。每个人的生命都具有唯一性和不可重复性。人的个体生命的独特性更多地表现在人的个性品质、人生道路、实现人生价值的方式和途径的多样性。面对复杂多变的自然环境和社会环境，社会阅历和生活经验不足的中小学生有时会受到一些意外伤害。这主要包括两个方面：一是遭遇意外险情与伤害，二是遭遇不法分子的侵害。除了要做好社会保护、学校保护、家庭保护外，学生也要树立自护自救观念，掌握自护自救知识，锻炼自护自救能力，机智勇敢地处理遇到的各种意外伤害。学校要开设安全课程，进行消防培训、演练和检查。

（2）健全人格。具有积极的心理素质，自信自爱，坚韧乐观；有自制力，能调节和管理自己的情绪，具有抗挫折能力等。人生难免有挫折，挫折是人生的一部分。挫折既可能促使人们走向成熟，也可能成为人们成长的障碍，关键是能够战胜自己。2017年3月27日《人民日报》刊登了程红兵教学改革的事迹，他说："小浴缸培养不出游泳冠军，要拿金牌必须经过大江大海的历练。教育不但要画上一个个句号，更要让孩子产生一连串的问号。其最终目的，是促进孩子的自由思考。一天到晚做题是做不出自由人格来的。我国的教育，基本就是把学生关在教室里，在教师的带领下，从书本上寻找标准答案。这种去生活化、去情景化的模式，是中国教育的一大弱点。"在一个人的社会生活发展中，智商、情商和逆商相辅相成相得益彰。情商就是我们说的控制自己情绪的能力，逆商就是抗击挫折承受挫折的能力。学校要开设心理健康课，有心理健康教师，有心理疏导室。学生要保持乐观心态，必须掌握注意转移法、合理发泄法、理智控制法等，根据自己的情况和个人的特点灵活地加以运用。学校和家长都要适当地安排一些劳动、体育运动，让学生经受磨难，变得坚强。学校和家长都要树立"磨难是一种财富""磨难是一种教育"的理念。温室里的花朵经不起风吹雨打，经不起风吹雨打的树苗长不成参天大树。

（3）自我管理。能正确认识与评估自我，依据自身个性和潜质选择适合的发展方向,合理分配和使用时间与精力,具有达成目标的持续行动力等。每个人都要发现自己的优点和缺点,长处和短处,善于扬长避短。三百六十行,行行出状元。家长和学校要早发现并要善于发现孩子的潜能和特长加以培养。学生要树立长期目标和近期目标,找到适合自己的发展方向并持之以恒地努力。自己的事情自己做,克服盲目依赖的思想。民办小学在这方面往往容易走极端。

（三）社会参与的衔接

1. 责任担当

（1）社会责任。自尊自律,文明礼貌,诚信友善,宽和待人。孝亲敬长,有感恩之心。热心公益和志愿服务,敬业奉献,具有团队意识和互助精神。能主动作为,履职尽责,对自我和他人负责。能明辨是非,具有规则与法治意识,积极履行公民义务,理性行使公民权利。崇尚自由平等,能维护社会公平正义。热爱并尊重自然,具有绿色生活方式和可持续发展理念及行动等。学生在家要积极做家务劳动,帮父母做一些力所能及的事情。学校要组织一些社会实践活动,如志愿者活动、义务植树活动等,从而培养学生的公民意识、公共精神。

（2）国家认同。具有国家意识,了解国情历史,认同国民身份,能自觉捍卫国家主权、尊严和利益。理解、接受并自觉践行社会主义核心价值观,具有中国特色社会主义共同理想,有为实现中华民族伟大复兴中国梦而不懈奋斗的信念和行动。学校要有阅报栏,按时举行升国旗、唱国歌仪式。让学生多看红色书籍、看红色电影、进行红色旅游,进行爱国主义征文比赛,进行爱国主义讲座。积极开展诵读国学经典活动,让书法、武术、戏曲进教材、进学校、进课堂。不断增强民族文化认同感、自豪感、自信心。"哈韩族""哈日族"等盲目崇拜外来文化的现象必须引起我们的高度重视。学校、家长必须正确引导,让学生树立正确的社会主义核心价值观。

（3）国际理解。具有全球意识和开放的心态,了解人类文明进程和世界发展动态。关注人类面临的全球性挑战,理解人类命运共同体的内涵与价值等。平时让学生关注时政新闻,"风声雨声读书声,声声入耳,家事国事天下事,事事关心"。我们要树立平等、开放的意识,关注世界、关注和平、关注全人类。世界文明具有多样性,我们要学会包容。有条件的家长可以带孩子出国旅游,让孩子看万卷书,行万里路。民办小学和家长在这方面可以起步更早,走得更远。

2. 实践创新

(1) 劳动意识。要让学生尊重劳动,具有积极的劳动态度和良好的劳动习惯。具有动手操作能力,掌握一定的劳动技能。在民办小学就读的学生家庭经济条件一般都很优越,民办小学的办学条件往往也优越于公办小学。为了追求学习成绩,有些民办学校个别学生的家长不让学生洗衣服,不让学生刷碗,不让学生扫地,让学生全力以赴地学习,这个认识是不正确的。一个只知道学习而不会劳动不愿意劳动的学生将来很难有所作为。有很多创新思维是在社会实践劳动中培养形成的。劳动习惯的养成必须从小时候开始,从小事开始,从学生身边的事情开始。德、智、体、美、劳全面发展是党的教育方针。

(2) 问题解决。培养学生善于发现和提出问题,有解决问题的兴趣和热情。能依据特定情境和具体条件,选择制订合理的解决方案。具有在复杂环境中行动的能力等。书上得来终觉浅,绝知此事要躬行。教育不是要培养高级书呆子,而是要培养善于发现问题解决问题的人才。钱学森临去世前曾问道:"为什么我们的学校总是培养不出杰出人才?""钱学森之问"要想得到很好的解决,就必须从基础教育抓起。如开展夏令营,让学生自己排演节目,做矛盾调解员,开展辩论赛等活动。民办小学在这方面应该大胆探索。

(3) 技术运用。要让学生理解技术与人类文明的有机联系,具有学习掌握技术的兴趣和意愿。具有工程思维,能将创意和方案转化为有形物品或对已有物品进行改进与优化等。科技是第一生产力。科技进步和创新对发展生产力起决定作用,科学的本质是创新。增强民族创新能力关系中华民族的兴衰存亡。创新就要不断解放思想,实事求是,与时俱进。实践没有止境,创新也没有止境。未成年人要培养创新意识和创新精神,就要勤于观察,善于思考，培养想象力，勇于在实践中大胆探索。我们要鼓励青少年创新思维，发明创造，保护青少年的智力成果。学校可以举行小制作、小发明比赛及编剧比赛，自己编排节目。让学生经常参加科普讲座、阅读科普知识、参观科技馆，参加发明展览，培养创新发明冲动。

三　民办小学教育和公办初中教育衔接中各方的责任

（一）政府的责任

在民办小学和公办初中均衡发展方面政府有义不容辞的责任。如果民办小学和公办初中办学水平差异过大，就会出现衔接不到位的现象。政府要科学规划，超前布局，加大对义务教育的投入力度、监管力度。无论是民办学校，还是公办学校都必须依法办学，科学管理。政府必须要对违规办学人员予以问责，对严重违规办学的民办学校可以取消其办学资格。大班额现象突出，课程开设不全，学生课业负担过重，办学条件滞后，安全设施不到位，民办学校与公办学校无序竞争，学生兴趣特长得不到挖掘培养，片面追求文化课成绩等现象都必须引起政府的高度重视和监管，纠正不良的办学行为。河南省政府提出到2018年义务教育阶段要消除大班额现象，这不但是学校的责任，更是政府的责任。

（二）学校的责任

1. 依法办学

《民办教育促进法》第四条规定："民办学校应当遵守法律、法规，贯彻国家的教育方针，保证教育质量，致力于培养社会主义建设事业的各类人才。"民办小学应全面贯彻党的教育方针，促进学生德、智、体、美、劳全面发展，按照中国学生发展核心素养来安排教育教学活动，改善办学条件，更新教育理念，充分发挥学生的主体作用，以人为本，为学生终身发展服务，不过分强调考试成绩，减轻学生过重的课业负担。通过科学管理的手段来提高学生的成绩，靠内涵赢得威望和生存。树立长远眼光、大局意识，不把学生作为学校牟取名利的工具。始终把公益性作为办学宗旨和主线。如果把营利作为民办学校的主要宗旨，就必然会有很多违背教育规律的事情发生。最近，河北衡水中学在浙江某地办民办分校，提前招生让学生提前报到，在社会上引发争议。这说明民办学校必须依法办学。

2. 创建特色学校

学校要想可持续发展，赢得良好的口碑，就必须有生存的法宝，发展的利器。随着经济的发展，生活水平的提高，人们对健康的关注，民办小学的学生、家长、老师对住宿、餐厅、伙食和体育场地器材的要求也越来越高，学校就要不断满足这些需求。除了硬件建设和师资要过硬、基础知识扎实外，必须在学生个性特长的挖掘培养、各种能力的培养方面多下功夫，在某一领域比较出众。例如，在体育、音乐、美术、舞蹈、武术、写作、数学、外语等某一领域非常有特色，培养出不少的人才就会让家长刮目相看。现代社会是一个个性张扬，注重创新的社会，民办小学的发展也必须与时俱进，才能脱颖而出不被淘汰。程红兵辞去上海浦东新区教育局副局长，为办一所理想的学校南下深圳，当了深圳明德实验学校校长，他说："要大量开设选修课，就是让孩子找到自己的天性，多方尝试，广泛涉猎，找到自己的兴趣点和理想目标，顺应成长的规律来完成作业，好的教育就是要给孩子充分选择的机会。"

（三）家长的责任

家长平时要更多地关注孩子，陪伴孩子。树立正确的人才观。三百六十行，行行出状元。要尊重孩子的选择，孩子的兴趣，家长不能按照自己的愿望和标准去培养孩子，更不能强迫孩子。只要孩子德才兼备，发挥特长，推动社会的进步，为社会做出了贡献，就是人才。云南的马加爵案、西安的药家鑫案告诉我们，并不是考上大学就是人才，也可能是犯罪分子。家长不能只关注孩子的学习成绩。孩子上不上特长班、兴趣班、补习班要尊重孩子的选择，不可过重增加孩子的课业负担，否则可能会适得其反。让孩子有一个快乐的童年，健康的身体，乐学善学最好。身教重于言教，家长要以身作则。家长要善于营造良好的家风。中央电视台给妈妈洗脚的公益广告就很能说明这个道理。

参考文献

核心素养研究课题组：《中国学生发展核心素养》，《中国教育学刊》2016年第10期。

张烁：《别再让孩子们"压力山大"》，《人民日报》2017年3月11日。

吕绍刚、陈育柱：《改变一点点就能一点点改变》，《人民日报》2017年3月27日。

B.25
河南民办小学教育特色建设研究

李 萍*

摘 要： 教育是经济社会发展的基础，小学是教育发展的基础。河南教育在经济社会发展的过程中，得到了长足的发展，其中民办教育实现了快速发展。河南民办小学教育应运而生，不断壮大，改革开放之初由零起步，经过30多年的发展学校数量达到1748所，在校生超过129万人。2016年全省民办小学毕业生219258人，招生200765人，成为全省教育体系的重要组成部分。随着规模不断壮大，办学经验不断积累，河南民办小学教育由萌芽、出生到扩张、转型，已逐步实现了由内涵化纵向拓展取代规模化横向扩张的发展模式。本文分析了河南省民办小学教育发展的特色，并结合河南实际提出了建议。

关键词： 河南 民办教育 民办小学

河南民办小学自改革开放以来，从无到有、从小到大，在困难中实现了发展。河南民办小学教育具有自身的特点。但是怎么发展，如何做强？在发展初期如何扩大规模，在转型时期怎样提升质量？政府和社会应该如何支持扶持，学校自身应该怎样创新？这些都是当前河南民办小学教育亟待解决的问题。

---

* 李萍，中小学一级教师，中牟外国语学校初级部校长。

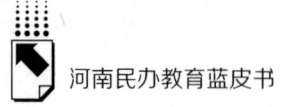

十年树木，百年树人，小学教育奠定了人一生的发展基础，而教育是经济社会发展的基础。河南的民办小学教育，在特色建设方面做了一些有益的探索。

一 河南民办小学教育发展情况

河南文化底蕴厚重，政府和民间历来十分重视教育，有着良好的民办教育传统。这种政府和民间积极兴办教育的风气，奠定了河南近现代教育发展的基础，既传承了有史以来河南重视教育的社会品质，也为以后的教育改革和发展提供了先期准备。在这个过程中，发展规模最大、发展速度最快、发展质量最好的，当数初等教育，也就是今天的小学教育。

新中国建立后，由于计划经济体制的制约，民办教育在我国一度受到影响而停滞。改革开放后，河南民办教育因为经济社会发展的需要应运而生。虽然发展时间不是很长，但是总体呈上升趋势。河南省民办教育最早因公办教育的补充而出现，成为通向教育均衡发展和教育公平的良好途径。20世纪90年代前后，在市场经济体制改革的浪潮下，进城务工人员增多，农民工自身及其子女的受教育问题很快成为社会关注的焦点。同时随着人民生活水平的提高，人们对教育的多样化的要求也越来越迫切。在这个大环境下，民办教育作为公办教育的补充迅速发展起来，成为全省教育事业中不可忽视的重要力量。民办小学教育虽然面临许多发展困难，但是在规模扩张和质量提升方面都实现了快速发展。尽管在政策、资金和社会偏见等因素影响下使民办小学在与公办学校的竞争中处于劣势，但是民办小学教育以自己的特色优势取胜，不但在竞争中有了自己的立足之地，而且在规模扩张的同时注重人的发展，注重凝聚特色，逐步打造出具有鲜明个性的品牌，一步步成为河南小学教育的重要组成部分。近十年来，在许多不利因素的叠加下，河南的民办小学教育依然实现了连续的规模扩张和质量提升。2007年，河南有民办普通小学807所，在校生47.38万人；到2016年，河南民办小学达到1748所，在校生129万人，分别增长116.6%和172.3%。

二 重在人的培养

在规模扩张的同时,民办小学重视教育质量,重视品牌建设。育人为先,以人为本,将德育教育放在学校工作的首位。许多民办小学根据自己的特色开展了符合学生身心特点的活动。树榜样,谈理想,定规范,制规范,学规范,懂规范,用规范。教育是唤醒,教育是激励,教育是发现,教育是鼓舞。德育目标四句话是指:有理想信念,有道德修养,有文明修养,有大家风范。

(一)在智力培养方面

在人的全面发展的基础上,重视学生智力的开发培养,不断改进课堂教学方法,更新育人理念,根据经济和社会发展大局,结合科技发展前沿,全力培养品德优良、心智健康、体能强壮的人才。

(二)在学校管理方面

创新管理模式,将管理的核心建立在为师生服务的基础上。以服务师生的成长为出发点来统领学校工作全局,在学生发展、教师发展的基础上,实现学校的科学发展。

(三)在办学机制方面

公办小学办学遵循更多的是整体性、规范性、统一性模式,它不能满足受教育者不同的教育需求。而民办小学是伴随着社会主义市场经济的产生而产生的,先天具有发展的活力。但是生存和发展中容易走入同质化、行政化的套路,影响品牌特色的形成。

三 特色建设中存在的问题

河南的民办小学发展快、规模大、质量高,但是在特色建设方面还有一些困难,主要表现在以下几个方面。

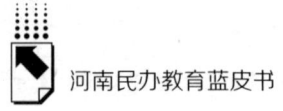

（一）办学经费不足

公办小学的运行经费主要源自政府定期的财政支出。而民办小学办学收入主要依靠自筹、捐款或企业出资办学，政府的财政支持有限。

（二）社会地位不高

长期以来，在计划经济体制下单一教育模式形成的认识惯性，加上个别民办小学办学上的疏忽，使得社会对民办教育产生偏见，导致民办小学的社会地位不高。

（三）内部管理机制不优

公办小学能够满足统一性、规范化的受教育需求。而少数民办小学在发展之初是以"家族化"或"依附性"管理形式出现的，管理制度尚不健全，使得在日常管理中出现不科学、不规范、不稳定、不合理等现象。

四 影响民办小学发展的主客观因素分析

（一）现代学校制度尚未完善

少数学校章程不完善，决策机构（董事会或理事会）、执行机构（行政班子）和监督机构（监事会）制度不健全，尚未形成决策、执行、监督相对独立、相互支持的法人治理结构。自我管理、自我约束、自担风险的良性循环尚未实现。

（二）教育理论研究滞后

河南民办小学教育在规模扩张的同时，一些有发展远见的教育家及时将目光投在了科学的可持续发展方面，注重教育理论的研究，重视发展的思考。但不可否认的是，不论是民办教育自身或是理论研究机构，都缺少结合河南民办小学教育实际的研究。

（三）师资队伍不稳定

承担民办小学教育教学和管理的教师没有事业编制，和公办学校教师相比，缺少评优晋职的机会和继续深造进修的条件，导致教师队伍容易出现流失等问题。多年来形成的师范院校毕业生由国家统包统分的毕业分配方式，使民办学校中中年骨干教师相对缺乏，还没有形成梯次结构。

（四）政策扶持不到位

目前，公办民办学校差异化的政策待遇还没有得到很好解决，民办学校应该享受的政策优惠还没有很好得到落实，民办学校的教师没有和公办学校教师一样享受同等的政治、经济和社会待遇等。这些问题在一定程度上影响了民办小学特色的形成，影响了民办学校的发展。

五 未来特色打造

新修订的《民办教育促进法》（简称新《民促法》）已于2016年11月7日由全国人民代表大会通过，将于2017年9月1日实施。对新《民促法》为中国的民办教育发展提供了新的机遇。河南民办小学教育要认真领会法律精神，充分利用法律赋予的责任和义务，乘势而上，实现新一轮的发展。

（一）加强师资队伍建设

根据新《民促法》的要求，政府会在资格认定、职务评聘、培养培训、科研资助、评优表彰等方面使民办学校教师与公办学校教师享受同等待遇。民办学校要充分利用这一政策利好，合理安排教师工资待遇，不断提高教师工资水平。引进合适的高学历、高职称人才，为他们的工作、生活、科研提供必要的条件。落实教师的工作知情权、管理参与权、发展监督权，保障教师参与民主管理和民主监督的权利。同时为献身教育事业的优秀教师创造优越的教学、进修和科研环境。逐步建立在年龄、职称、学历等方面形成梯次结构的师资队伍。

（二）服务和质量的建设

为学生服务、为家庭服务、为社会服务是教育作为社会存在的基本职能。必须把人的发展作为学校工作的中心。要结合学生和经济社会发展实际，在科学技术飞速发展的大背景下，瞄准行业发展前沿，重视内涵建设，注重核心竞争力的提升，同时要注意个性化、特色化培养，使每一个孩子在学校都能享受到优质的教育。

要创新服务体系。学校的管理就是服务，优质的、科学的、真诚的服务是提高人才培养质量的重要保障。在教育新常态下，教育就是服务。学校为家长服务，教师为学生服务，领导为师生服务。服务要作为一种重要的文化元素贯穿在校园每个领域和每个时段，贯穿在教育教学的全过程。

要更新教育观念，改革教学方法，选择适应孩子成人成才的培养方案并且认真实施。

（三）凝练特色

民办教育在发展初期先天不足，在发展过程中"营养不良"。正是由于全体民办教育工作者的不懈努力才有了今天的局面。不可否认的是，当前在少数民办小学中也出现了同质化现象。千人一面、千口一腔的教育不是民办学校追求的结果，民办学校的鲜明特色就是与众不同。只有形成了自己鲜明的特色，民办学校才会有持久的生命力。

（四）重视文化建设

文化是人类社会特有的现象，是人类在社会实践过程中所创造的物质财富和精神财富的总和。从这个概念出发，学校文化就是围绕学校发展而创造的一切物质文化产品和精神文化产品的总和。文化建设过程中要做到两个出发，两个尊重，即从学生的需要出发，从文化建设的规律出发；尊重学生的参与，尊重文化的多元。

（五）创新培育目标

学校最终要用育人目标的实现说话，办学目标彰显一个学校的价值追求和教育愿景。因此，河南省未来民办教育需创新培育目标，一改传统的目标模式，提出高质量目标体系。从学生综合发展上，既要有高分数，也要有高能力。从学校考试业绩上，既要建高原，更要铸高峰；既有拔尖人才夺取质量高地（如省市状元），也要重视全面发展。从学校绿色发展上，既要高效度，也要高速度，实现学校的又好又快的可持续发展。因此，河南省未来民办小学教育不能盲目追求规模扩张，而是要立足生命、关注心灵，着眼未来，实施稳步推进，循序渐进，紧锣密鼓，全力以赴，逐步打造地区的优质民办教育品牌。

民办小学教育作为河南教育的一个重要组成部分，已经并且正在河南大教育格局的形成中发挥着重要作用。用发展的眼光，用科学的态度，担当社会职责，实现又好又快发展，为人民群众提供更多的优质教育选择，是河南民办小学教育存在和发展的社会责任。只有不断凝聚特色，不断提升人才培养质量，才能真正实现自己的社会存在。

参考文献

李家成：《走向"关怀生命"的民办小学教育》，《人民教育》2004年第21期。
原青林：《英国公学的课程特色：全面设置与重点开发》，《外国中小学教育》2006年第5期。
秦虹：《国内外民办教育发展比较分析》，《临沂师范学院学报》2006年第6期。
吕艺生：《民办教育的生命力在于特色办学》，《中国西部科技》2006年第12期。
周久桃、谢利民：《英国私立民办小学的发展及其启示》，《外国中小学教育》2006年第3期。
易莉、杜学元：《大力发展民办教育是当今时代对教育的必然要求》，《当代教育论坛》2006年第3期。
朱俊杰：《关于现代民办教育的发展与管理》，《当代教育论坛》2006年第7期。

仁真古：《浅谈小学德育教育中存在的问题及对策》，《时代教育》（教育教学）2010年第7期。

杨子晚、杨天毛：《如何办好一所寄宿制民办小学》，《人民教育》2010年第2期。

严复伟：《民办小学教师发展现状及出路的点滴思考》，《教学月刊》（中学版）2009年第1期。

曾先：《浅析家庭、民办小学、社会三结合的心理健康教育》，载杨春茂、佟学主编《全国教育科研"十五"成果论文集》（第一卷），新华出版社，2005。

高建进：《共同探索适合中国人的办学模式》，《光明日报》2006年12月14日。

学前教育篇

Pre-school Education

B.26
河南民办幼儿园的现状与发展趋势研究

孙　敏[*]

摘　要： 十年来，河南民办学前教育在省委、省政府发展民办教育政策鼓励下，在各级教育主管部门的支持下，生源规模不断扩大，办园质量持续提升，各种特色百花争艳，总体在园生源规模稳居全国第2位，总体教育水平也得到社会广泛认可。

关键词： 河南　民办教育　学前教育

河南民办学前教育随着社会的需求与自身的发展，从低层次的办学补充，逐步成为学前教育的中坚力量，目前已经占据河南学前教育的半壁江

---

[*] 孙敏，河南民办教育协会学前教育工作委员会秘书长，主要从事幼儿教育发展研究。

山。特别是自2010年以来,国家颁布了一系列推动学前教育发展的政策文件和行动方案,从《国家中长期教育改革和发展规划纲要(2010~2020年)》到《国务院关于发展学前教育的若干意见》,再到各地紧锣密鼓地制订与实施的学前三年行动计划,学前教育迎来了前所未有的发展机遇和政策环境。

一 大数据分析占比全国地位

2010年全省有幼儿园7698所,其中公办幼儿园1112所、民办幼儿园6208所,在园幼儿1966700人,学前三年幼儿毛入园率为52.8%。截至2016年底,全省有幼儿园18695所,在园幼儿408.68人,其中民办园14743所,在园幼儿268.75万人,学前三年毛入园率达到85.14%。值得说明的是,已有3860所民办幼儿园被认定为普惠性幼儿园,占到民办幼儿园总数的26.18%。

2017年1月18日,教育部举办新闻发布会,解读国务院《关于鼓励社会力量兴办教育促进民办教育健康发展的若干意见》。会上教育部发展规划司司长谢焕忠发言披露,2016年全国共有各级各类民办教育机构17.10万所,比上年增加8253所,其中民办幼儿园15.42万所,比上年增加7827所,占全国学前教育的比例为53%~54%。

从上述统计看出,截至2016年底,河南省民办幼儿园数量占全省幼儿园的78.9%,在园幼儿数量占全省幼儿园在园幼儿总数的65.8%。呈现出的特点是总数数量大,个体规模小,与公办幼儿园动辄400~1000人的在园幼儿数量相比,民办幼儿园在园幼儿相对规模较小。与全国民办幼儿园数量相比,河南省民办幼儿园65.8%的比例,大幅度超出全国民办园53%~54%的占比,充分说明河南省民办学前教育走在全国的前列。

在国家大力发展公办幼儿园的政策下,民办学前教育受到一定影响,但是河南省的民办幼儿园依然显示出高速发展的特点,这与河南这个内陆省份巨大的人口规模有关,同时也说明河南民办幼儿园规模和质量也在与市场发展同步。在这个层面,河南民办幼儿园的口碑和办园质量得到了社会的广泛认可。

二 协会的地位和影响

在历史厚重、人才荟萃的中原大地上,有一支努力开拓不断进取的群体,在岁月更迭的年轮中,用心用情、举旗迎风,为一份执着的幼教事业,为河南幼教的发展做出了卓越的贡献。这就是走在智慧叠加、结网发展中的河南民办教育协会学前教育工作委员会(以下简称省民协学前工委)。

自2010年11月学前工委第二届理事会成立以来,在省教育厅等各级领导的关怀下,在省民办教育协会胡大白会长的正确领导下,积极向上、充满活力,本着服务社会、服务幼教,并以公益性为本,以协调沟通为基本工作方式,在全体理事会成员的共同努力下,做了大量的建设性工作,也奠定了河南省民办学前教育的基本格局和初步影响。

2015年4月,河南省民协学前工作委员会组织第三届换届选举,王国平续任理事长,乔鸿钧任名誉理事长,陶伟佳任常务副理事长,孙敏担任秘书长。至今,河南省民协学前工委在各项活动中已经展现出跨越性发展,在全国省级兄弟协会中,形成良好口碑,被中国民办教育协会学前教育专业委员会高度赞誉,被业界誉为最有活力、规模最大的省级民协学前工委。

(一)河南学前教育本土及跨省集团化发展

香港跨世纪教育集团(河南省民协学前工委副理事长单位)。在陶永良先生和王晓军女士的努力之下,历经20多年艰苦努力,在引进、推广和发展蒙特梭利教育的队列中,已经毫无疑议地站在了全国首位,统计表明,在跨世纪旗下聚集了近1000家民办加盟幼儿园。尤其面临竞争日益加剧的情况下,带起来一大批有品质、有影响的优秀特色园。

建业小哈佛教育集团(河南省民协学前工委副理事长单位)。在建业地产旗下的小哈佛教育集团已经创办20年,属于河南省民办幼教的早期样板作品，也是一直以来以规范管理著称的教育集团。如今，在稳扎稳打、步步为营、以品质赢未来的战略下，该集团立足全省，坚持直营，已经在全省各地布局发展了近70所民办幼儿园。布局在各地市的幼儿园都以内外兼修的教育品质成为所在地的旗帜园。

除了上述两大幼教集团之外，还有一些跨省内外发展的新兴幼教集团，也在国内形成了很好的品牌和影响。例如，陶伟佳常务副理事长创建的"七彩阳光教育集团"，中国民协学前专委副理事长刘亚琳女士创办的"爱弥儿幼教集团"，赵素霞副理事长创办的"小米尔顿幼教集团"，申易玄副理事长创办的"世纪星幼教集团"，陈晓霞副理事长创办的"希雅图幼教集团"等。

总之，从河南省民办学前教育的发展态势来看，无非有三种表现形态，一是有实力的教育投资机构继续领先拓展，二是有热情和能力的幼教集团趁势走向联盟合作，三是以课程推广为载体的实体加盟园所发展。省民协学前工委在民办教育集团化发展中所起到的作用，便是助推和媒介，这是业界的肯定。

（二）外来幼教品牌在河南省的生态情况

河南省据中原而接纳天下，各种幼教品牌的进入，在河南省都找到了发展契机。从目前来看，数量最多的是北京红缨幼教，这是以乡镇民办幼儿园加盟为主体的教育服务机构；北京红黄蓝幼教集团在河南也可谓遍地开花，几乎各地市都有红黄蓝加盟园。

近年来，加盟挂牌最多的还是"北大系"，包括"北大公学幼儿园""北大附属实验幼儿园"等；北京东方银座幼儿园在董事长赵春梅的领队下，在河南省内颇有影响力；北京幸福泉幼教加盟园的分布与影响，也在许多地市有其相应的地位。

（三）引进各种课程和服务产品的情况

当前，在国内基础教育体系中，应当说唯有幼儿教育课程属于百花齐放。包括世界三大幼儿教育品牌课程，如发源于意大利的蒙特梭利教育、瑞吉欧课程以及影响世界的德国华德福课程，不仅在河南省落地生根，而且，香港跨世纪教育集团力推的蒙特梭利教育已经做成国内最大课程连锁加盟的平台。华德福教育近几年来也在郑州崭露头角，目前正以理念落地的态势，出现在河南省民办学前教育体系的结构中。

除了上述的三大世界级别的品牌课程之外，国内的一些优质幼儿课程也纷纷抢滩河南。其中，有影响力和覆盖率最大的北京东方之星思维游戏课程，有男幼教阳光团队组合下的亚太体智能课程，有武汉亿童旗下的蒙氏数学课程，有东方娃娃绘本课程等。特别是，基于河南本土研究团队之下的生活课程，目前在侯炳轩、谢金的组织领导下，在7所幼儿园的直接参与下，课程研发的效果已经得以呈现，并在省内外引起关注。

（四）幼教专家阵列的组合形成

这是河南省幼教领域的智库，尤其是以研究和服务民办幼教的管理与服务方面，省民协学前工委自2015年开始筹划与组建了一支专家团队，并以河南省品牌影响国内。

王国平：中国民办学前教育三大卓越领军人物之一，中国好校长，国内最有影响力的讲师之一。

陶伟佳：七彩阳光教育集团创始人、董事长，亚洲幼教年会人气最旺的讲师之一。

李萍：原河南省军区幼儿园园长，国内著名学前教育专家，在国内讲座大处受到欢迎。

唐豫翔：原郑州教育局幼教专干，现为省民协学前工委特聘首席专家。

侯炳轩：国内单体投资最大幼儿园，索易儿童成长中心总经理，幸福心理学专家。

刘亚琳：中国民协学前专委副理事长，爱弥儿教育集团创始人，学前教育管理专家。

刘玉敬：原新乡一中校长，国内超前教育研究与实践专家，省民协学前

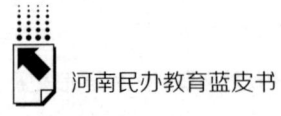

工委特聘专家。

王晓军：香港跨世纪教育集团总经理，国内外著名蒙特梭利教育研究及推广专家。

赵素霞：河南小米尔顿幼教集团总经理，幼儿园国际品牌管理专家。

谢金：郑州天泽幼儿园园长，省民协学前工委特聘专家，河南省生活课程教研中心主任。

张传霞：原郑州幼儿师专高级讲师，省民协学前工委特聘专家，国内著名幼儿保健培训师。

张锦娜：汝州西雅图幼教集团董事长，幼教专家，著名6S管理培训师。

王修平：济源小能人幼教集团董事长，省民协学前工委特聘幼儿园环境设计专家顾问。

王福平：安阳银杏幼教集团董事长，家庭教育专家，幸福建导师。

高建丽：河南省民协学前工委特聘专家，河南省生活课程特邀研究员。

刘振民：河南省民协学前工委特聘专家，著名幼教专家，开封市学前教育研究员。

郭玉凤：河南省民协学前工委特聘专家，著名幼教管理及课程研究专家。

张克勤：河南省民协学前工委特聘专家，著名教育学者，学校管理专家。

目前，省民协学前工委旗下的18名专家团队，以其团队形象和个人业务水平，已经在国内形成了优秀的口碑，被邀约讲座不断，为河南省民办学前教育的集体影响做出了优秀的贡献。

三 新政出台后民办幼儿园发展分析

2016年11月7日，历经三稿修订的《民办教育促进法》修正案（以下简称新《民促法》）审议通过（有关民办教育的法律法规见表1），并于2017年9月1日生效实施，其中明确提出：民办学校的举办者可以自主选择设立非营利性或者营利性民办学校。河南民办学前教育机构都面临着选择。

表1 民办教育相关法规

年份	事件	影响
1993	《中国教育改革和发展纲要》颁布	首次明确表述了国家关于发展民办教育"积极鼓励、大力支持、正确引导、加强管理"十六字方针。可以理解为官方允许民办学历教育
1997	《社会力量办学条例》	官方对民办教育由规章提高到地方法规、行政法规甚至法律层面
1999	第三次全国教育工作会议对民办教育重新定位	第一次从"对公办教育的补充"改变为"与公办教育并重量",各级教育管理部门甚至开始直接给予部分民办学校以资金支持
2002	《民办教育促进法》出台	2002年12月28日,第九届全国人民代表大会通过《中华人民共和国民办教育促进法》(简称《民促法》)
2002~2015	《民促法》不断修订和完善	相继出台《民办教育收费管理暂行办法》《国家中长期教育改革和发展规划纲要(2010~2020年)》《教育部关于鼓励和引导民间资金进入教育领域促进民办教育健康发展的实施意见》等文件,规范民办教育机构的收费行为,鼓励推动民力教育发展

（一）优质高端园：选择性教育，面向市场生存

任何社会都存在收入水平、入园取向、价值追求取向差异的社会阶层，所以多元化相互依存必将是学前教育结构化的应有生态表现。从古至今、从西方到东方，社会生活中都存在着为特殊群体提供必要服务的幼儿园。从目前高档民办园的消费群体来看，其具有以下几个鲜明的特点，即以高收入群体为主，追求现代教育思想，并以个性教育的发展为需求等。

对于地方政府而言，政府的首要职能是保底与普惠，建立起惠及大众的公共服务体系。至于高档民办园，则可采取引导与规范的市场法则来调控，即通过"引导"，使其提供的教育教学符合儿童身心发展规律，使其市场操作与市场竞争的手段符合伦理市场的秩序；通过"规范"，使其收费和竞争

透明化、公开化，各园公平、理性地参与市场竞争，形成市场调控下的理性秩序。至于其他方面，则可完全交给市场，以市场的金规则来自主调节。

在我国当下的社会生活中，高档民办园也有其存在的社会根基和现实土壤，有其指向性明确的服务群体与消费群体。民办园创办者最需要做的是把握市场规律、消费心理和儿童身心发展要求，以敏锐的前瞻性眼光及时开发紧贴各种需求的项目和课程，从而迅速发展自己，并提供高质量、有品位的学前教育。

可以预料，新政出台以后，尤其是资本的介入，高收费、高品质的营利性幼儿园必然要经历一场血拼和洗牌，最终为学前教育市场提供选择性教育。

（二）民办民管普惠园：政策引导下的普惠性运作

非营利幼儿园在普惠和稍高于普惠的两种生存状态下，获得政府购买服务下的普惠园将成为民办幼儿园份额主体。这就是2+1模式中的两种前期生态。随着形势的发展，将来还有一种新的生态，属于政府投资场地和硬环境之后，交由民间私人和机构来经营，这是大趋势，是国际一贯模式，也是新政系列文件中的双向购买服务的具体运作模式。

《国务院关于鼓励社会力量兴办教育促进民办教育健康发展若干意见》中除了强调民办教育的公益性之外，着重阐述了扶持性措施是面向普惠性民办教育而言，是面对大量的非高档民办幼儿园的措施，这是基于教育的社会性和导向性所在。

事实上，在政策未出台前，这类民办园基本上是依托市场自主生存，他们面广量大，自我生存能力强，有敏锐的市场嗅觉、快捷的反应速度、主动出击的勇气。同时，这类民办园又存在着规模小、质量低、分布散的弊端，呈现无序竞争的态势。在《国务院关于当前发展学前教育的若干意见》中，不仅明确规定了政府扶持民办园的类型，也规定了扶持方式。从扶持类型上来看，那些面向大众、收费较低、有一定质量的民办幼儿园成为政府扶持的首要对象；而从扶持方式来看，也是多种多样，各有侧重，如政府购买服务、减免租金、以奖代补、派驻公办教师等。

其中,"政府购买服务"是政府以现金或助学券的方式,补贴那些提供合格的、有质量教育的民办园,其目的是规范民办园的办园方向和办园质量;"减免租金"是指政府减免租用小区配套园的民办园的租金支出,以减少民办园的办园成本,从而在一定程度上改善民办园的办园条件,使有限的资金用于幼儿园的发展;"以奖代补"则是政府通过现金奖励或提供学习考察等方式,引导民办园提供高质量的、有品质的学前教育;"派驻公办教师"则是政府直接将有经验的公办教师派驻到民办园中,实现现场"一对一"的帮扶引导,提高民办园的办园质量和教育质量。

但政府的各项扶持性措施都是有条件的,也是有期待的。其条件是民办幼儿园必须面向大众、收费较低、有一定质量保证,并且愿意接受政府部门的财务审计,将其办园盈利的25%用于幼儿园的条件改善与质量提升;期待是通过政府的财政资助,在一定程度上降低老百姓送子女入园的费用,提升百姓的社会满意度与幸福指数,弱化民办园的逐利性动机,增强民办园的公益性责任,在一定程度上让利于民。

(三)公办民管普惠园

由政府出资建设幼儿园的硬环境,然后采用面向社会招标的方式,确定幼儿园由私人或机构来经营管理。此类幼儿园属于非营利模式,属于普惠式幼儿园。

具体说,这是一种未来期待的教育机制创新模式,也是我国基础教育机制与国际接轨的必由之路。本次民办教育修法的宗旨就在于此,在开放之下引导民办教育走向公益性的非营利组织。

四 影响河南民办幼儿园健康生态的四个因素

总体讲,河南省民办学前教育在各级政府和教育主管部门的领导下,在民办教育协会的协调下,在教育市场机制的作用下,发展态势良好,并在内部调节机制下优胜劣汰，呈现出一派生机勃勃的景象。目前，影响民办学前教育健康生态主要因素有四条。

（一）以超投资行为引发硬件比拼而轻视内涵发展

此类问题一般属于投资者在企业经营思维下的运作模式，具体讲就是重视园舍投资，轻视人力投资，其结果在办园之初可能会赢得市场，但竞争加剧后，因软件设置跟不上而被市场所淘汰。

（二）部分幼儿园过分运用商业手段经营，忽视了教育本质的发展

近年来，幼儿园的竞争加剧，一些社会上的非教育专业的培训机构抓住了商机，把一些并非健康的商业营销手段导入幼儿园，以致在幼儿园的经营上商业味太浓，管理上又类似于企业。这样的做法不适合教育管理，在思想上也有悖于做教育的根本，最终导致幼儿园教育品质下滑。

（三）过分依赖品牌效应，缺乏自身内在健康发展的基本功

这种情况很普遍，一部分属于提供办园环境的地产商行为，以投标的标的必须是品牌幼教为基本条件，逼迫幼儿园举办者到处购买品牌。

事实上，诸多来自北京或上海等品牌连锁，在幼儿园运营中并没有多少真正的品牌或管理植入，多数仅属于"穿马甲"行为。所以，但凡幼儿园做得很优秀，实质上都是依靠自身的内功，而不是外在的品牌包装。但是，这些"挂牌现象"却直接干扰了家长对幼儿园的选择，也直接影响了幼儿园之间的公平竞争。

（四）民办幼儿园相互之间的不正当竞争情况依然存在

这个问题由来已久，河南省也不同程度地存在这样的问题，特别是一些边远地区或农村，民办幼儿园相互之间视为竞争对手，相互拆台、攻击。从客观事实来看，在民办教育协会工作活跃的地区，此类问题就会好许多，而协会工作没有涉及的区域，问题就非常突出。

B.27
河南省民办幼儿园与公办幼儿园发展之比较

唐豫翔*

摘 要： 近年来，学前教育受到国家的高度重视，特别是计划生育政策的变化，二胎生育指标的放开，如何解决孩子的入园问题又一次摆在了政府的议事日程上。办好学前教育，关系人生起点的公平，关系国家和民族的未来，既是推动二孩政策落地、保障民生的迫切需要；也是从人生早期阻断贫困代际传递、全面建成小康社会的重大举措。河南省为了尽快解决幼儿入园难问题，根据国家学前教育三年行动计划的要求迅速调整战略、不断完善布局，使全省的公办幼儿园和民办幼儿园有了很大的发展。

关键词： 河南 公办幼儿园 民办幼儿园

河南省作为全国的人口大省，学前儿童的入园需求随着人口和经济的增长也不断提高。2010年以来，河南省学前教育如雨后春笋般迅速发展，办园条件不断改善，卫生保健和教育教学质量日益提升。2010年，全省有幼儿园7698所，其中公办幼儿园1112所，民办幼儿园6208所，在园的幼儿1966700人，学前三年幼儿的毛入园率为52.8%。截至2016年底，全省共

---

* 唐豫翔，豫杰格林阳光教育集团总经理，主要研究方向为学前教育管理和儿童发展与评价。

有幼儿园18695所，其中公办幼儿园3952所，民办园14743所；全省在园幼儿4086838人，学前三年毛入园率达到85.14%。综观国家第一期和第二期学前教育三年行动计划的实施，在幼儿园的发展数量上和质量提升上有了很大的提高，无论是公办幼儿园还是民办幼儿园，都如雨后春笋般蓬勃发展，各级各类、各种特色、名目繁多、精彩纷呈，令家长、社会及各界人士目不暇接。

一　公办园与民办园几分天下

2010年以前，河南省幼儿园教育无法与高等教育、中等教育乃至小学教育相提并论。

第一，无论是公办还是民办幼儿园数量严重不足，公办幼儿园比例占幼儿园总数极少，根本无法满足老百姓孩子入幼儿园的需求。

第二，农村幼儿园办园条件差，整体发展缓慢。

第三，各级政府对幼儿园投入的经费寥寥，杯水车薪，不够解决幼儿园发展的问题。

第四，幼儿教师待遇低、评先难、数量少，整体水平亟待提高。

第五，民办幼儿园需要在发展的同时一手抓管理一手抓规范。

2011年，《河南省学前教育三年行动计划（2011～2013年）》应运而生，提出"建立政府主导、社会参与、公办民办并举的办园体制，逐步形成以公办幼儿园和提供普惠性服务的民办幼儿园为主体，多渠道、多形式发展学前教育的格局"。这成为河南省学前教育三年行动计划的目标任务。

为了贯彻落实学前教育三年行动计划，第一，河南省成立了由省政府领导任组长，教育厅、编制委、发改委、财政厅、住建厅、国土资源厅、人社厅等部门负责人为成员的学前教育三年行动计划推进工作领导小组，研究、协调解决学前教育事业发展中的重大问题。建立健全了政府统筹协调、教育部门主管、有关部门分工协作的工作机制，努力形成推动河南学前教育发展的合力。第二，实行目标管理责任制，把发展学前教育、解决"入园难"

问题列入对各省辖市和县（市、区）政府目标责任考核范围，把三年行动计划的目标任务分解到各个年度，将具体项目落实到各市、县（市、区）、乡（镇、街道）、村（居委会），通过检查、问责、督导、创建、奖惩、交流经验等活动逐步落实到位。第三，各级政府落实各项财政支持政策，完善学前教育经费保障机制，实行政府购买服务、以奖代补、"教育券"等方式，加大政府资金支持力度；同时建立了政府投入、社会举办者投入、家庭合理负担的学前教育经费投入机制。第四，严格教师资格认定，各类人员持证上岗，通过公开招聘、转岗培训等多种形式解决幼儿师资不足的问题，加大对幼儿教师的培训培养力度。

由于各级政府的重视，公办幼儿园数量逐年增多，民办幼儿园也开始加强管理，在硬件条件、教学水平、师资队伍等方面的建设不断加强，公益、公平、普及、普惠的学前教育公共服务体系基本形成，学前三年毛入园率达到60%以上，有效缓解了"入园难"问题。到2013年底，全省涌现出6600所新建、改扩建幼儿园，其中4000所是公办幼儿园；培训了6.8万名幼儿园园长、专任教师和保育人员，其中专科学历人员达到1万人以上。

2015年，河南省第二期学前教育三年行动计划明确提出要求：完善幼儿园总体布局规划，统筹考虑经济社会发展、城镇化进程、计划生育和流动人口管理政策调整等对本地人口发展趋势的影响，合理确定幼儿园布局及建设规模。以发展公办幼儿园和普惠性民办幼儿园为主体，重点解决农村贫困地区、留守儿童集中地方学前教育资源总量短缺和城镇及城乡接合部学前教育资源总量不足问题。将建设重点放在新型农村社区、城乡接合部和城镇新增居民区等幼儿园空白点，努力实现就近入园、方便入园。于是，全省各省辖市和县（市、区）开始考虑安排公办幼儿园生均公用经费标准或生均财政拨款标准，引导和督促民办园依法保障教师工资待遇，逐步为民办教师缴纳社会统筹，提出民办园与公办园教师在职称评定、业务培训、表彰奖励等方面享受同等待遇。

经过两期学前教育行动计划的实施，到2016年底，全省独立设置的幼儿园达到18695所，在园幼儿4086838人，学前三年毛入园率达到85.14%。

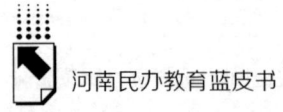

其中，民办园14743所，在园幼儿达到2687521人；公办幼儿园仅有3952所，民办幼儿园比公办幼儿园多了许多。民办幼儿园弥补了公办教育资源不足的问题，在一定程度上缓解了幼儿入园难的问题，满足部分家长差别化教育的需求。

二 民办幼儿园的生存与发展

（一）民办幼儿园生存现状调查

1. 自主设立，发展不规范

随着社会人才竞争的加剧以及孩子数量的增多，家长对优质学前教育的需求越来越强烈，许多其他行业的从业人员也看到举办幼儿园的好处，于是各种类型的幼儿园快速建立。民办幼儿园以快速反应、大量投资、举办特色等迅速占据了学前教育的市场。《2013年郑州市教育产业发展统计公报》数据显示，郑州市共有幼儿园1354所，其中民办幼儿园为1154所，占幼儿园总数的85.23%。

在民办学前教育事业发展过程中，由于相关政策法规不健全，民办园缺乏具体的指导意见和要求，各级政府扶持民办教育不够，教育行政主管部门多头管理，对民办幼儿园都管又都不管等的问题，违规审批、批管分离、长期不管不批、职能部门不负责任等乱象丛生。少数民办幼儿园各自为政、自以为是，有的以赚钱为目的、有的无证非法办园，出现了无视当地政府管理，发展不均衡，经营分散，行业集中程度低，散兵游勇、自由发展等问题。

2. 缺少师资，人员不稳定

办好幼儿园的关键是教师团队。但在民办幼儿园中，无编制、工资低、无保障、流动性大是严重阻碍民办幼儿园发展的致命问题。一般的民办幼儿园很难招到正规大学学前教育专业的本科生，更不用说学前教育专业的硕士研究生。民办园招聘到的幼儿教师一般是幼儿师范学校、高职高专和"3+

2"幼教专科等毕业生。这些学生的文化基础是初中毕业，底子薄，后期的学习培训注重了专业技能而不重视教育理论和教育理念的提升，再加上到幼儿园工作以后，由于大多数民办园教师工资待遇较低，社会认可度不高，导致一些老师频繁跳槽，稍不如意就离开了园所。对一些民办园教师的问卷调查结果显示，月薪在1000~2000元的教师占教师总数的68%，月薪在2000~2500元的教师占教师总数的26%，月薪超过3000元的教师占教师总数的6%，其中月薪3500元以上的教师只占到教师总数的2%。部分民办幼儿园不与教师签订劳动合同，有些民办幼儿园即使与教师签订了劳动合同，也不按照要求给教师上交"五险一金"，老师的合法权益无法得到保障。某教育集团对部分民办幼儿园的教师问卷调查结果显示，有50%的教师没有享受"五险一金"的福利待遇，只有12%的人拥有小教二级、小教一级职称，94%的人从未参加过职称评定。

3. 政策不完善，缺乏整体规划

近年来，虽然国家对民办幼儿教育发展给予了很多很好的支持性政策，但配套的政策法规仍不健全，政府对民办学前教育的扶持力度还很不够。尽管《民办教育促进法》规范了民办教育的发展，指引了民办教育前进的方向，以法律的形式保护、保障民办教育教学的正常开展，但是缺乏具体的指导意见和相关的配套政策。

4. 筹资较困难，教育成本上升

众所周知，教育投资是一个长期的过程，随着房租、教职工薪资待遇的提升、软硬件设施的不断投入与改善，教育经费不足已经成为影响民办幼儿园发展的头等大事。当然，现阶段对外资的引进、资本的涌入，是否会让民办学前教育向优质健康的方向发展值得政府主管部门思考和引领。

（二）对民办幼儿园现状分析后的思考

1. 抢抓机遇，加大对民办幼儿园的扶持力度

新修订的《民办教育促进法》将于2017年9月实施，民办幼儿园遇到一个前所未有的发展良机。

(1) 满足多元文化的要求。人类社会发展的一个趋势就是多元化。当今的世界是一个多元化的世界，从政府办学的单一主体向社会力量参与办学的多重主体转变，正是多元化的要求。民办幼儿园必须顺应教育多元化的要求，把这作为自身发展的良好机遇。

(2) 创造竞争性的环境。有专家认为，民办幼儿园之所以存在，一个非常重要的理由，就是为了挽救公办幼儿园，如果没有民办幼儿园的存在，公办幼儿园将形成垄断。教育存在的问题往往源于缺乏竞争性，而缺乏竞争性的教育体制是一种不健全、不成熟的教育体制。当然在公办幼儿园的包围之中，民办幼儿园的生存发展是极其艰难的，这就迫使民办幼儿园必须以规范的一日生活管理和高质量的教育教学水平，赢得家长和社会认可，否则就会被市场淘汰。民办幼儿园的创办和发展必须有一家之长、有办园特色、有课程特色、有公办园孩子多做不到、做不好的优势，创造竞争性的环境，这不仅有利于民办幼儿园的发展，也有利于给公办幼儿园施加压力，使公办幼儿园增强危机感和竞争意识，促进其进行教育改革，提高教育质量。

(3) 政府要有效帮扶民办园。国家对义务教育阶段全额免费上学的政策促进了我国义务教育的健康发展。但对义务教育以外的，诸如幼儿教育、职业教育、高等教育等，则采取放开搞活的市场运作政策。政策扶持为民办教育举办者带来了机遇，使民办教育得到了蓬勃发展，与此同时，民办教育也在增强教育投入、促进我国教育事业发展做出了重要贡献，也间接地弥补了国家财政投入的不足。目前，世界各国政府都在调整教育投入结构，加大对教育效益最高的幼儿教育的投入，这是诺贝尔经济学奖获得者海克尔教授所积极倡导的。在不断深化民办教育理论和实践的双重探索中，民办幼儿园要抢抓机遇，认清形势，坚持正确的办园理念、教育方针，把握好学前教育发展的新动向、新特征，在已有工作经验和成绩积累的基础上，坚定信心、开拓奋进，用民办教育从业者的激情和奉献以及不朽的业绩感动、感染社会和各级政府，从而获得更多的仁人志士和政府领导的关注、关爱、理解和支持。郑州市教育主管部门积极向市政府反映民办幼儿园的发展情况以及民办园在缓解郑州市入园难方面的贡献，郑州市政府就不断出台了一些对民办幼儿园的扶持政策。市政府在全市"十二五"发展规划目标中明确提出"未来五年，市区新建住宅区配套建设幼儿园公办园比例达到60%，农村乡（镇）中心幼儿园公办比例达到100%"。对民办园实施"每个在园幼儿补贴""达标升级奖励""十佳民办园奖励""各级政府普惠性奖补""百园扶百园硬件软件的扶持"等支持政策，为民办幼儿园的健康发展提供了有力保障，成为民办学前教育发展的助推器。

2. 认清形势，最大限度地发挥好自身优势

（1）越来越多的家长开始重视学前教育，一位难求的公办园无法满足现有孩子的入园需求，巨大的教育市场期待更多有特色、有品质的民办幼儿园。

（2）在市场机制的调节下，民办园能够发挥自主灵活的管理体制作用，比公办幼儿园有更多的自主权，能够按照家长的多元化需求，提高服务能力、提升教养质量、加强教育教学管理，不断促进儿童发展。

（3）与公办幼儿园相比，民办园具有较强的服务意识，能够以热情的态度对待家长提出的意见，尽量满足家长的不同需求，能够关注到每一个孩子等，这是民办幼儿园生存的一大优势。

3. 目前民办幼儿园存在的问题

（1）生存问题、等级评定、争抢生源使得一些民办园困惑不断。民办学前教育的发展缺乏规划和监管，制度不合理和管理不到位将会导致学前教育竞争的不公平。社会统筹、工资待遇问题，使得民办园教师的地位低，从而导致职业稳定性不高。

（2）民办园缺少长远规划和各种规章制度，在日常管理中存在随意性、盲目性。一些举办者或园长的非专业性，导致办园缺少专业引领，民办园教师对发展机遇和发展前景迷茫。

4. 迎接第三期学前教育行动计划

河南省政府在即将启动的第三期学前教育行动计划中将要求：到2020年，全省学前三年毛入园率达到90%，普惠性资源覆盖率稳定在85%左右，"广覆盖、保基本、有质量"的学前教育公共服务体系基本建成。实施普惠

性幼儿园建设工程,以发展公办园和普惠性民办园为主体,重点加强脱贫攻坚地区、城乡接合部、二孩政策实施后新增人口集中地区的幼儿园建设,着力保基本、补短板、促公平。继续加快公办园建设。有效支持普惠性民办园发展。每年新建改扩建一批公办幼儿园,每年认定一批普惠性民办幼儿园,逐年提高普惠性幼儿园数量占比和提供普惠性学位数占比。贯彻落实《3~6岁儿童学习与发展指南》,深化幼儿园教育改革,坚持以游戏为基本活动。建立健全幼儿园保教质量评估体系,推进幼儿园质量评估工作。完善幼儿园教师培养培训机制,提升师资队伍整体素质,力争到2020年,基本实现幼儿园教师全员持证上岗,园长和专任教师专科及以上学历比例达到80%以上。

三 未来民办幼儿园路在何方

2016年11月8日,新修订的《民办教育促进法》正式通过,国务院发布《关于鼓励社会力量兴办教育促进民办教育健康发展的若干意见》,教育部等五部门印发《民办幼儿园分类登记实施细则》和《营利性民办幼儿园监督管理实施细则》,标志着我国的民办教育将实现分类管理,这为中国民办幼儿园健康发展迎来了历史性的机遇与挑战。对此,提出如下建议。

(一)对政府和教育行政部门的要求

一是各级政府要按照国家的法律法规《幼儿园管理条例》《幼儿园工作规程》《民办教育促进法》等,进一步规范对民办幼儿园的管理,依法规定园长、教师的准入资格、教师和幼儿的比例、教育经费的投入、教师的福利待遇,指导民办幼儿园建立健全幼儿园内部管理机制,遵循《幼儿园指导纲要》和《3~6岁儿童学习与发展指南》的精神,尊重教育规律,以儿童发展为本,规范办园行为、科学教养儿童。教育督导部门要定期对民办幼儿园进行督导评估,帮助民办园科学、合法、有序、规范地健康发展。二是要进一步优化民办幼儿园的发展环境。在教育事业发展上,要做到民办园与公办园一同规划、一同部署、一同检查、一视同仁。要积极帮助民办幼儿园解决存在的困难和问题，切实为民办幼儿园做好服务工作。要加强对民办幼儿园周边环境的综合治理工作。三是对投资规模大、办学水平高的民办幼儿园按照投资额的一定比例拨付配套资金予以扶持，或给予所办幼儿园一定的资金奖励。四是教育部门应为教师提供赛课、教科研活动、外出培训学习的机会，以满足教师不断进取的需求。

（二）对于民办幼儿园的要求

一是依法依规举办幼儿园，按照国家的教育方针和正确的教育理念规范办园。二是积极与当地教育行政部门联系，积极争取政策性支持，以不懈的努力和为家长为孩子服务的精神赢得社会和家长的认可。三是采用"走出去，请进来"的方式组织全园教职工开展各种内训，不断提升教职工的道德修养和职业素养与专业能力。四是坚持特色办园，以独特的办园风格、办园品牌和特色服务在各级各类幼儿园中独树一帜，满足家长的多元化选择。五是要发挥自己的优势，外树形象、内强管理、服务先行，以质量求生存、走内涵式发展道路。六是与周边民办园强强联合、优势互补、抱团取暖、整合资源，打造民办学前教育的共同体。

B.28
民办幼儿园与小学教育的衔接问题研究

李 可*

摘 要： "幼小衔接"是指幼儿园与小学之间的衔接，一般是指幼儿园大班下学期至小学低年级阶段的有效衔接。幼儿园与小学由于教学目标不同、幼儿身心发育特点不同，双方在教学模式、教学时间、教学方法等方面都存在诸多差异，幼小衔接阶段幼儿园与小学相互关联又具有独立性和差异性。学前教育是教学系统中重要的组成部分，也是建设和谐校园的一个重要着力点，处理好幼小衔接问题，对于培养孩子正确的公德、行为意识，合乎公德的行为习惯，打下坚实的学习基础有着重要意义。本文从不同的角度综合分析目前学前教育中幼小衔接方面存在的问题，并以此提出有建设性的建设和策略。

关键词： 学前教育 幼儿教育 幼小衔接

从幼儿园毕业平稳过渡到小学阶段，很多年来都被许多家长和幼儿教育工作者所关注，但是有哪些方面或是有哪些问题应该怎样解决，一直引起高度的思考，但迟迟没有得到解决。在越来越重视幼儿和小学阶段的今天，很多一线老师和专业人士也越来越重视从幼儿园升入小学的幼小衔接的重要

---

* 李可，小学高级教师，熊孩子（郑州）森林学校教育总监，熊孩子森林幼儿园总园长，北大附属实验学校幼儿园福路贝尔分园园长，主要从事幼儿教育研究。

性。近年来，这项工作是否做得到位，是否顺应幼儿的发展，是否影响学龄前儿童入学后对环境的适应和今后的身心健康成长等问题都是值得深入探讨的。在幼儿园向小学的过渡时期，孩子合作意识的建立，学习方法的初步形成等，直接影响将来的九年义务教育的普及和质量的提高。

一 幼儿园教育和小学教育的方向及其对学前教育的作用和意义

幼儿在生理和心理特点上具有特殊性，但在实际的学前教育中片面注重文化知识，以文化成绩为教育的最终结果，而忽视了整个受教育的过程，培养了什么样的学习习惯、价值观念、品德品质等。① 在幼小衔接中过于重视文化知识的衔接而忽略了幼儿综合素质的培养和衔接，不注重在学习习惯、学习兴趣、社会适应能力、与人合作以及交往能力等方面的衔接，这势必会造成拔高幼儿期幼儿的实际能力，难以达到教学的目的。《幼儿园教育指导纲要》明确指出："幼儿园与家长、社会要保持长期有效的沟通和合作，与小学恰当衔接，保障幼儿的身心发展。"因此，在学前教育中，不仅仅是提高幼儿的小学文化知识，更重要的是对其价值观、世界观、学习生活习惯等都有着重要的意义。

二 对幼小衔接存在的问题分类

（一）来自幼儿园方面

1. 提前学习小学的课程

有部分幼儿园提前学习小学一年级的内容，如：学习拼音、汉字，提前

---

① 周蔓雪：《对幼小衔接工作有关问题的新认识》，《四川师范大学学报》（社会科学版）2005年第 S1 期。

书写，100 或是 200 以内的加减法等。其结果往往会出现孩子在入小学初期确实会感到轻松，老师一讲就会，没讲的也会，于是上课三心二意，不专心听讲，简单的作业会做，稍微有一点难度的就做不出来，做作业不认真，形成了不良的学习态度，随着时间的流逝，这种优势慢慢消失，但不良的学习习惯却悄然形成，这对于小学阶段的学习是十分不利的。在学前教育中提前学习小学阶段的知识看似有"先见之明"，但只重文化知识的短视行为无异于拔苗助长，从幼儿长期发展来看，这种做法不可取。另外，由于幼儿园教学环境、教学目标、教学方法、教学能力等方面与小学存在较大的差别，如果在幼儿日常教学中强制性加入孩子们并不熟悉的小学知识，很容易形成只是教会了，但学生并不理解的后果，如拼音教的不是拼读方法，导致声韵拼读错误；不注意书写的田字格占位和正确的笔画书写，导致笔顺颠倒等①。

2. 入学准备的形式化

目前来看，无论是学校还是家庭、社会，整体社会体系仍旧充斥应试教育观念，存在严重的重智轻德的观念，过分强调学习成绩而忽略了良好学习习惯的重要性，特别是对于马上要进入小学的幼儿园大班阶段的幼儿，无论是学校还是家庭都不可太急于求成，要先从培养孩子正确的学习习惯开始而非文化学习成绩。但很多家长认为孩子越小越应该加强教学，增加教学项目，不能让孩子"输在起跑线上"，于是填鸭式的参加名目繁多的培训班，选择学校的标准要看师资力量、教育资源、升学率等，过分强调教学，结果忽略了儿童成长发育特点和规律，这对于孩子的成长危害极大。

3. 思考不深入，往往"想当然"

有的幼儿园在幼小衔接时，只是一味按照幼儿园自己的想法去做，缺乏听取小学应有的要求，没有对幼儿的人生阶段发展进行科学的设计并落实，势必造成衔接的片面化。

---

① 陈景凡：《浅析我国幼小衔接中的问题与策略》，《当代教育论坛》（校长教育研究）2008 年第 11 期。

（二）来自家庭方面

第一，目前的孩子大多为独生子女，家长在生活中对孩子无微不至，过度溺爱，而将良好的习惯置之一边而不顾，在学习和生活中遇到一点困难就求助父母，缺乏必要的上进心和自理能力。在调查中发现，个别家长"过分"到替孩子做值日，替孩子做学校安排的活动，还有替孩子写作业的，养尊处优的教育方式对培养孩子良好的学习习惯是百害而无一利。

第二，很多家长不了解教育的过程部分，只关心结果，用孩子能认识多少汉字，会认识多少拼音，会做一些100以内的加减法算术题，掌握一些英语单词来判断孩子是不是具备了上小学的能力。这种重智商、轻能力的想法是最大的误区。还有部分家长认为自己的孩子很聪明，到了小学一学就会。还有部分家长没有想法，幼儿园老师说怎样做自己就要求孩子怎样做。以上这些都是不可取的。

（三）来自小学方面

处于幼小衔接阶段的孩子正是学习习惯、价值观、道德认知等形成的关键时期，这一时期的孩子大脑发育特点决定了其接收新鲜信息的能力强、塑造性强、好动、爱模仿等特点，他们像刚刚萌芽的种子，需要阳光的滋润和泉水的灌溉才能健康成长，而学校是他们获取"营养"的主要来源。目前，有很多小学虽然已经把"幼小衔接"工作重视起来，但并没有采取积极有效的措施，只是处于被动的地位——积极配合，更有甚者还组织一些所谓的入学测试，将家长引入一定的教育误区。

三　学前教育在幼小衔接导向上存在的问题分析

（一）教学模式不同，教学时间存在差异

小学阶段的学生正处于身体与心理成长的关键时期，这一时期的儿童大

脑发育特点决定了其接收新鲜信息的能力强、塑造性强、好动、爱模仿等成长特点，其道德意识、价值观、世界观等正处于萌芽的重要时期。[1] 幼儿园在教学内容设计上、教学方法中、教学时间上应更具人性化，学习时间短，课余时间长，更应注重幼儿学习习惯、价值观、道德认知等方面的发展。进入小学后，知识结构更加多样，教学内容以文化课程为主，学习时间延长，课余时间减少。小学的评价又是以书面考核为主要评价手段，以分数作为评价的标尺。这种与幼儿园阶段不同的教学模式和教学时间，让低年级小学生难以适应小学教学，进入小学后，学生虽然还保持着爱玩、喜欢游戏的天性，但学习活动逐渐取代游戏活动，成为在学校活动的主要内容。在小学虽然具备了基础的学习认知能力的条件注意力、观察力、记忆力能得到全面发展，好奇心强、模仿能力强，对教师教授的知识可以有了基本的理解意识和分析能力，但低年级的学生对不具体、抽象的内容仍然难以理解和记忆。如不能有效进行引导，很容易导致学生注意力不集中、缺乏行之有效的学习计划和学习习惯以及独立思考解决问题等问题。

（二）幼儿园和小学教学对学生的要求严重不匹配

幼儿园教育阶段除了基本的文化知识外，还包括日常生活习惯、学习习惯、品质品德等方面，如日常生活习惯中的饮食、洗涮、睡觉、游戏、说话，学习习惯中的拼音、识字、阅读能力，品质品德中的不随地吐痰、不乱丢垃圾等。幼儿判断能力较低，更容易受外界特别是他们眼中权威人士——教师的影响，因此教师要注重言传身教，具备钻研精神，根据幼儿的身心发育特点创新教学方法，以幼儿能欣然接受的教学风格进行教学，例如游戏教学法、情境教学法等。在小学阶段无论是教学时间还是教学方法，都与幼儿园有较大的差别，如果缺乏良好的幼小衔接，很容易导致孩子在各个方面的不适应，如幼儿园课余活动时间长，而小学则大大缩短了课余活动时间，延

---

[1] 刁丽娜：《浅谈幼儿园如何加强幼小衔接》，《科学咨询》（教育科研）2009年第6期，第19页。

长了课堂教学时间，教学内容更多，幼儿园和小学教学对学生的要求严重不匹配。

（三）家长教育观念错误

教育观念是家长进行家庭教育的内在基础，很多家长将自己的梦想寄托到孩子身上，"望子成龙，望女成凤"是大多数家长的教育观念，不能根据孩子的具体情况正确引导，而是把自己理解的教育观念强加到孩子身上。有家长反映："我把孩子送到幼儿园就是希望他可以学到知识，其他方面都是次要的，没有教出好成绩一切都没有意义。"家长的种种错误教育观念间接折射到孩子的心灵中，变成孩子的观念，这在很大程度上影响到学校教育的效果。此外，教育观念短视，终身教育观念匮乏。仅以教育结果定胜负，忽略了教育过程和终身教育观念，间接地忽略了培养孩子良好的学习习惯。如上完课要求幼儿做作业，在幼儿园里做不完还要回到家里继续做。一开始幼儿很新奇，但随着学习内容的深入，作业量的增大，游戏时间的减少都会使刚刚由大班升入小学的幼儿心理情绪受到影响，甚至还没有进入小学就产生厌倦心理。

四 幼小衔接学前教育的建议和对策

（一）合理安排教学时间

幼儿园和小学教学时间设置的差异是造成幼小衔接问题的主要因素之一。在幼儿教学中，特别是即将升入小学的大班，在教学时间的安排上要尽量向小学的教学时间靠拢，让孩子提前感受小学教学时间标准，以培养其时间观念和学习习惯，从而避免在因教学时间差异造成的幼小衔接问题。在时间安排中，幼儿园大班可以适当地延长集体活动时间，如将课堂时间延长至30分钟，和小学课堂时间的40分钟相接近，让幼儿在生理上和心理上慢慢适应这种时间上的变化，这会给小学的学习生活带来很大的便利。

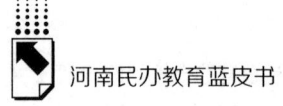

（二）开展幼小学生互动

小学方面也应到幼儿园来了解一下幼儿在幼儿园都学了些什么，多开展一些幼小学生互动的活动，在幼儿刚入学时，从幼儿的心理层面出发有意识将教学进度放慢，并在课堂上融入多样性的教学方法，如唱歌、律动、游戏等活动课程，将教学活动办得更加具有趣味性，并结合实际情况将一年级的上课时间做调整，在注重作业量的同时设计一些趣味作业，这更加吻合孩子的发展特点。

（三）根据幼儿身心发展特点科学设置教学内容

根据小学阶段的教学模式和要求，重点在幼儿园大班教学中加入小学教学的内容和形式，这一时期的孩子模仿性强，主要模仿的对象是教师和家长，教师的言行具有楷模作用，幼儿对于直观的、具体的感官刺激反应较大，对于模糊的、抽象的概念缺乏理解。因此，在教学中利用学生看得见、感受得到的榜样进行有效的激励，可以大大提高教学效率。教师需要以身作则，在日常教学中注重言行，种种学习细节在日常的教学中潜移默化地影响到学生的学习习惯，让学生形成良好的学习习惯。例如，正确的坐姿、正确的书写笔画和姿势、良好的课前预防、课堂积极发言的习惯等。

（四）注重良好习惯的培养

幼儿教学的目标在于培养幼儿的认知能力、意志品质、学习习惯、个性修养等多个方面。在幼儿教学中根据幼儿的成长发育特点，培养幼儿基本的自理能力和习惯，对基本的价值观念、沟通能力、基本礼仪、责任感等有良好的认知。在这一段时间培养良好的学习习惯是至关重要的。清代文学家刘开《问说》："理无专在，而学无止境也，然则问可少耶？"从小培养良好的生活和学习习惯尤为重要，良好习惯的养成并非与生俱来的，而是需要后天长期系统的培养，幼儿期是学习习惯养成的关键时期，是人的基础素质开始形成的阶段，这一时期的教学环境、教学方法、教学内容等都对学生的主体发展和身心素质产生深远影响。在幼儿教学中培养孩子的良好习惯，可以有效减少幼小衔接的问题。

（五）优化教学方法，提高教学效率

幼儿具有易动不易静，模仿能力强、学得快忘得也快，自制力较弱、上进心强、易引导等特点。根据幼儿的身心发育特点科学设计教学方法，有目的、有计划地提升幼儿知识储备，在幼儿时期学习文化知识虽然只是其中一项，但基本的文化知识是需要掌握的，如拼音、识字、阅读能力等。学习任何东西，都要以感兴趣为前提，俗话说：兴趣是最好的老师，最大限度激发学生的兴趣，促使学生主动学习，会取得事半功倍的效果。幼儿园孩子的学习特点是学得很快，但是转眼就忘了，这是教学中需要克服的难题。一定要根据儿童的思维特点，利用多种形式，调动学生学习兴趣。识字教学中可以利用儿歌识字法、字谜识字法、游戏教学法等多种识字方法，如"碧"字可编成："王老头，白老头，同坐一块大石头"这种朗朗上口的儿歌；"金"字编成："一个人，他姓王，口袋装着两块糖"这种有趣的字谜，多种形式的教学方法可以最大限度调动幼儿学习的积极性和兴趣，大大提高了学习效率，为升入小学后的学习打下坚实的基础。

（六）注重幼儿园与小学双方的配合

由于教学目标的不同、幼儿身心发育特点的不同，幼儿园与小学在教学模式、教学时间、教学方法等方面都存在诸多差异，这是造成幼小衔接出现问题的重要因素之一。因此，要加强幼儿园与小学双方的沟通与配合，针对双方差异取长补短，相得益彰。双方可以定期组织交流会，交流和探讨目前教学中存在的主要差异，在教学内容和教学形式上如何相互配合，互相促进。

信息化技术的快速发展，电子产品的普遍，在现代社会中每个人几乎都有手机，微信、QQ等社交软件覆盖了95%以上的手机用户，这为幼儿园与小学构建新的沟通平台带来了新的契机，如微信交流群、微信公众号、QQ

交流群等现代先进的教育网络互动平台，学校官方微博、网站等依托媒体平台的建设，大大提高了沟通的效率，这种跨时空的沟通，不再像过去信息闭塞带来的滞后问题，使交流成为常态化、动态化，推动幼儿园与小学的有效对接和相互促进，避免幼小衔接中不必要的问题发生。

五　结语

综上所述，在幼儿教学过程中培养幼儿良好的学习能力和学习习惯、基本认知能力、意志品质和个性修养是十分重要的，这些良好的品质可以保障幼儿升入小学后尽快适应小学的学习节奏和教学方法、时间安排。从长远来看，从小打下坚实的基础，对于提高我国国民整体素质有着重要意义。本文依据幼儿教学相关理论知识，基于幼小衔接存在的诸多问题，从不同的角度分析问题，提出完善对策，希望本文的浅显分析和讨论可以为学前教育中幼小衔接提供必要的理论依据。

参考文献

周蔓雪：《对幼小衔接工作有关问题的新认识》，《四川师范大学学报》（社会科学版）2005年第S1期。

陈景凡：《浅析我国幼小衔接中的问题与策略》，《当代教育论坛》（校长教育研究）2008年第11期。

刁丽娜：《浅谈幼儿园如何加强幼小衔接》，《科学咨询》（教育科研）2009年第6期。

陈士光：《浅谈怎样培养小学生良好的学习习惯》，《大观周刊》2012年第9期。

陈倩：《小学生学习习惯的差异与策略研究》，广西师范大学硕士学位论文，2011。

范文：《小学生学习习惯培养实践研究》，华中师范大学硕士学位论文，2010。

B.29
民办幼儿园特色建设研究

孙焕娜*

摘　要： 追求特色是现代学前教育改革与发展的必然要求。本研究结合近几年民办学前教育的发展和河南省民办园的实际情况，对现有的幼儿园特色进行了分析，提出了自己的观点，并总结出了幼儿园在进行特色建设时必须遵守的四个原则，从理论层面阐述了如何进行幼儿园特色建设。同时，从"国学""蒙氏混龄教育""科学"三个实例出发，对幼儿园特色建设必须和社会需求对接进行了论证。分享现今河南省最具有代表性的蒙氏教育代表——香港跨世纪国际教育集团，以及全国科学特色幼儿园的引领者郑州高新科学幼儿园在进行特色创建时所做的本土化工作和取得的成效，旨在引起更多特色建设园所的兴趣，获得更多的关注。

关键词： 河南　民办幼儿园　蒙氏教育

一　幼儿园特色建设的一般性原则

特色指的是某一事物有别于其他事物之处，独具特点的或者与众不同的，是事物的特殊色彩和风格，这是一般词典上对特色的解释。由于事物特

---

* 孙焕娜，香港跨世纪国际教育集团总经理助理，国际蒙特梭利教育联盟秘书长，主要从事学前教育研究。

色是其内在价值和存在价值的体现,是一个事物区别于其他同类事物的不同之处,所以在各个事物上,人们无不追求着自己的特色。幼儿教育特色是指投资人或园长在同类幼儿园共性基础上所追求逐步实现的幼儿园个性,表现为人无我有、人有我优、人优我精,是此幼儿园特别优于其他幼儿园的独特的稳定的品质。即幼儿园在先进的办园思想指导下,经过长期的办园实践,形成独特的、稳定的、优质的办园风格与优秀的办园成果。就好比人的个性是一个人品质和自信的表现,幼儿园特色就是幼儿园自身形象的展现。

特色建设是幼儿园全面建设与可持续性发展的必经之路,对培养高素质人才,对经济和社会和谐发展有着积极的促进作用。幼儿园特色建设应根据幼儿园实际情况,有计划、有步骤扎扎实实地进行,需坚持以下一般性原则。

(一)坚持理论与实践相结合,积极进行本土化研究

1993年,国务院制定的《国家中长期教育改革和发展规划纲要(2010~2020年)》中提出:"学校要办出各自的特色。""各自的特色"是指各个教育机构都要根据自身的主客观条件来思考和设计办学的对策和方略。为了创造出特色,幼儿园必须将理论和实际相结合,积极进行本土化探索。

纵观中外幼教史,从最早的性格形成学院、福禄贝尔式幼儿园、蒙特梭利式幼儿园,到20世纪80年代以来的皮亚杰式幼儿园、铃木镇一小提琴学校,以及中国早期的单元教学式幼儿园,无一不是在教育理论指导下,经过长期不懈的实践和探索才形成的。这一原则在河南省民办幼儿园进行特色建设时,也表现明显。比如以蒙特梭利教育为主要特色的跨世纪幼儿园,就是在蒙特梭利教育理论指导下,秉承中西合璧、兼容并蓄的原则,结合中国本土化进行的教育探索。

除了需要理论支撑外,创建特色幼儿园也必须审视本园背景。这种背景包括:幼儿园所处的环境及当地人们的需求,幼儿园的发展史、现在的师资结构,幼儿园现有的优势与不足,幼儿园所在区域中的级别和条件,等等。分析幼儿园自身的实际情况,找出自身所具有的特点,不盲目跟从,是创建

特色幼儿园的基础。在地域的历史文化传统和经济发展背景、教育资源配置、幼儿园教育教学和管理水平、师资水平等方面，幼儿园是存在很大差异的，只有全面认识自己，才有可能创建出符合本园实际的特色。

（二）坚持尊重幼儿，以幼儿为本进行特色建设

做任何事情必须有方向，幼儿园创建得有特色，同样需要方向。而这个方向就党和国家全面发展的教育方针，国务院制定的《幼儿园教育指导纲要（试行）》（以下简称《纲要》）就是典范。在《纲要》中明确指出："幼儿园教育应尊重幼儿的人格和权力、尊重幼儿身体发展的规律和学习特点。"幼儿园（此句为引用）教育是为所有在园幼儿服务的，要为每一个幼儿包括有特殊需要的儿童提供支持与帮助、尊重幼儿成长和发展的需要，严格禁止有损幼儿身心健康的比赛、表演、竞赛等活动。因此，幼儿园在创办特色时，不能将对个别幼儿的要求强加到全体幼儿身上，不能为了促进幼儿某一方面的发展而影响其他方面的正常发展，即不能"以偏概全"。而不遵从幼儿自身发展规律，过早、过度地让幼儿"投身"于技能技巧的训练，牺牲符合他们年龄特点和他们愿意从事的活动和游戏，更是不可取的。即幼儿园在创建特色时，必须是以"幼儿为本"来进行的。任何违反此规则的特色创建，都是不可行的。

在这方面，河南省民办幼儿园做得比较好。例如，七彩阳光幼教集团在构建以中华传统文化为办园特色的前提下，把办园理念集中在培养幼儿的文化品质上，从幼儿出发，找出适应儿童品格构建的发展要素。特别在其"华风教育"主旋律中，曲调最高的是礼仪教育，是诚信教育，是规则教育，是感恩教育，是责任教育。毫无疑问，这些教育点的厚度绝非那些以大量灌输知识为手法的幼儿园可比，因为这是以幼儿为本，为了孩子们一生发展所做的有品质的教育。再如，以蒙特梭利教育为特色的香港跨世纪国际教育集团，更是尊重幼儿、以幼儿为中心的典范。而它们的成功，说明了幼儿园在进行特色建设时，必须坚持尊重幼儿，以幼儿为本的重要性。

（三）坚持全面建设与特色打造相结合，缺一不可

必须明确的是，幼儿园特色不仅仅体现在独特性上，它也包括优质性，两者缺一不可，必须统一。一所真正有特色的幼儿园，一定是在特色项目做得优秀的同时，整体办学水平也很高。如果一所幼儿园仅仅在特色项目比较优秀，而总体教学质量差，办学水平低，就不足以被称为办学有特色。因为这种仅仅停留在特色项目上或用"特色"代替整体办学水平的做法，绝不是我们所提倡的。全面建设与特色品牌打造缺一不可。幼儿园不能为特色而特色，把特色当成营利的目的，或者只重视特色而忽略全面建设，这样做与培养目标相悖。幼儿园全面建设是基础，在这个基础上打造自身的品牌，才是发展之路，才能可持续发展并得到提升。

幼儿园要办出特色，必须在抓好全面质量的基础上，从整体出发，抓住重点，选准"突破口"。例如，河南省有的幼儿园是以教育社会化为突破口的，积极创建以幼儿园、家庭和社区有机结合的"一体化"教育模式；有的幼儿园则抓住了"教育内容结构的完善"，在课程设置、教育形式、评价标准等实质性问题上进行深究，以此创建自己园（所）的特色。但无论如何选择重点，创建特色，都是从全面建设出发的。

（四）坚持遵循可持续原则，有良好的发展机制

幼儿园特色建设不是一个短期过程，而是一个长期过程，它是一个园（所）文化积淀的过程，是一个园（所）自身提升的过程。幼儿园特色逐渐形成的过程，是一个不断调整与改进的过程，这个过程的进展是有计划、有步骤的。

特色幼儿园的创建不是个体的临时行为，而是幼儿园组织系统的长期行为，而需要相应的发展机制作保证。在幼儿园组织系统中，园长是关键人物。正如陶行知所言："校长是一个学校的灵魂，要评论一个学校先评论它的校长。"由此可见，创建特色幼儿园，园长是最重要的因素之一。作为一园之长，园长绝对不能人云亦云，不能为园内外的各种干扰因素所动摇，要

善于根据党和国家的教育方针,从幼儿园实际出发,设计出幼儿园的办园方案,找到带动幼儿园整体工作的突破口,使自己管理的幼儿园逐步成为有特色的幼儿园。

特色不是说出来的,而是扎扎实实的研究与实践做出来的。特色建设要与课题结合,针对问题展开课题研究,将研究成果融入课程中。在研究过程中不断改进、提高。2009～2013年,河南省香港跨世纪国际教育集团跨世纪幼儿园成功承办了国家教育部"十一五"课题"蒙特梭利教育本土化开发与实践研究",取得了丰硕的教研成果,而反过来,这些成果确实有力地指导了幼儿园的教学活动。

二 民办幼儿园的特色建设必须与社会需求对接

"幼儿园特色建设是新时期幼教改革与发展的重要举措,更是凸显教育教学效果与优化教育教学管理的重要手段,必须与社会需求对接。"现今社会,人们对幼儿教育的需求越来越多样化。多样化的需求,必须有多样化的幼儿园来满足。同时,在当今幼儿园逐步市场化的背景下,幼儿园的建设必须走出一条特色道路,才能在"同轨竞争"中脱颖而出。民办幼儿园不同于公办幼儿园,其赖以生存的是市场化机制。所以,在民办幼儿园的办学中,能够提出和落实特色建设是一条通往成功之路。相对于公办教育来讲,特色建设便是民办幼儿园提供给学生与家长的一种选择,这属于在满意和高标准下的需求性选择,尤其是家长面对公办体制下的教育特色相对较差后,便产生了一种对民办幼儿园寄托"对孩子更好"的预期,"对孩子更好"就是教育特色的结果。如果再进一步讲,目前公办幼儿园中所集中的问题就是这一点,所以民办幼儿园基于"补差"思想,只有看准了公办幼儿园的问题点,并从这里出发,才能找对走进教育特色的大门。

接下来,就以河南省几个比较突出的民办幼儿园特色建设为例,简单阐述其是如何与社会需求进行对接的,以使其他园(所)在进行特色建设时有所借鉴。

（一）以传承、弘扬中华传统文化为己任，树"国学"为特色

2016年5月17日，在哲学社会科学工作座谈会上的讲话中，习近平总书记指出："中华民族有着深厚文化传统，形成了富有特色的思想体系，体现了中国人几千年来积累的知识智慧和理性思辨。这是我国的独特优势……要推动中华文明创造性转化、创新性发展，激活其生命力，让中华文明同各国人民创造的多彩文明一道，为人类提供正确精神指引。"在经济高速发展、社会日益浮躁的情况下，人们的价值观渐渐被扭曲。向古人汲取正能量，用先贤留下的文化瑰宝建树风气，是许多民办幼儿园园长在研讨"用特色求生存"课题下探索的道路。其中，最有代表性的，就是以"国学"为特色了。

近年来，河南省许多地区大大小小的幼儿园出现了一番场景，小朋友们正襟危坐，教师手捧书卷，背起了"三字经""弟子规"，也包括"论语"等。甚至，有的幼儿园为了烘托氛围和创设意境，还给孩子们穿上了古装汉服，颇有一些被包装后的复古韵味。对于这些幼儿园的"国学热"，时任河南省民办教育协会学前教育工作委员会秘书长的陶韦伽先生独有见地，他以文化视角和专业素养的冷思考构建着自己的认识，在他所创办的七彩阳光幼教集团实施对"国学"的探索。他认为，"国学"的本质和现代教育的存在意义在于文化传承，在于如何提取中国几千年的文化精髓，为现代教育和国民素养发展服务的行为。这样的认识，其实也是每一个将"国学"作为办园特色的园长和投资人都要明确的。

传承并弘扬中华传统文化是当下社会的需求，是民办园在创建特色时可以考虑的，但要真正将其做成特色，还需要各个幼儿园结合自身实际有步骤、有计划地进行探索。从幼儿出发，在国学经典中删繁就简、去其糟粕、取其精华，找出适应儿童品格构建的发展要素，不用全背诵模式，而是以最佳表现形式，做儿童喜欢的传统文化教育，并从环境出发，构建中华传统文化的核心元素。例如，2016年4月河南省民办教育协会学前教育工作委员会创编的幼儿礼仪教育小册子《幼儿八礼》，就是不错的可参考

样板。从想法出现到形成，再到最后使用，无一不是紧紧围绕社会需求进行的。

（二）借鉴蒙氏混龄教育，解决独生子女潜在问题

在我国，长期以来幼儿园通常按年龄编班。一方面这与大一统的学校教育体系相一致，另一方面与家庭子女多已有"混龄"班级的效果有关系。但随着社会发展，独生子女越来越多，如何采取合适的措施重建幼儿的自然同伴群体，利用幼儿园教育环境弥补独生子女成长中的同伴缺失成为当今幼儿教育的一种趋势。这一现象，在河南省也不例外。于是，幼儿园就开始编制混龄班，通过有目的、有计划的混龄活动，解决独生子女同伴群体缺失问题。随着探索实践出的教育成果越来越显著，这也成为园（所）特色之一。

独生子女的存在，使孩子在家庭中普遍被娇宠得不懂规矩和做事不专注，而这两点恰好是蒙氏教育的特点所在。当面，对中国式家庭制造出来太多的儿童问题和问题儿童时，幼儿园为让孩子通过合适的教育解决家长所急，就更加确定以蒙特梭利教育为特色。而当蒙氏教育推进者把这种世界品牌教育推荐给家长时，并把蒙氏教育的核心教育点和家长的需求相对接后，家长欣然接纳了蒙特梭利教育。在这方面，做得比较突出的就是以香港跨世纪国际教育集团为首的各个蒙氏幼儿园。

总之，幼儿园应根据社会需求创建特色，在发展中变革。幼儿园是社会的组成部分，社会的发展必然推动幼儿园的发展，幼儿园的发展对社会的发展也有促进作用。幼儿园特色建设不能脱离社会的发展与社会对幼儿园的期望。

三 蒙氏教育课程特色的制高点在河南

"蒙特梭利"这个词现在对于重视幼儿教育的家长已经不再陌生，但是在20多年前知者寥寥，在30多年前几乎无人知晓。其实，在20世纪20年代，大教育家陶行知先生在许多文章中就已经提到蒙特梭利教育并对其赞赏

有加。蒙特梭利教育发端于100多年前（一套成熟的教育体系短时间是无法形成的，任何真理都要经过历史的检验）的意大利，是以意大利杰出的数学家、医学家、教育家玛丽亚·蒙特梭利命名，鉴于她对世界幼儿教育事业做出的伟大贡献，玛丽亚·蒙特梭利曾三次获得诺贝尔和平奖提名，被评选为20世纪最杰出人物，也是教育界唯一获得此殊荣者。蒙特梭利教育目前已经遍布世界180多个国家，不仅有蒙氏幼儿园，还有蒙氏小学、中学、大学，仅美国就有8000多所蒙氏教育机构，蒙氏教育理论还被延伸运用于企业管理之中。蒙氏教育培养出许多世界杰出人物，如"管理学之父"德鲁克，还有众多诺贝尔奖获得者，教育成功案例不胜枚举。蒙氏教育的科学性、先进性、有效性是不容置疑的，很多蒙氏教育的推广者都自称："我是蒙氏教育的信徒，尊奉蒙氏教育的理念做人、做事。"日本很早就开始推广蒙氏教育并取得累累硕果。台湾是从30年前开始引入蒙氏教育的，幼教机构的老师几乎都拥有蒙氏培训证书，其中许多老师都到过美国、加拿大参加过蒙氏教师高级培训，为台湾学前教育的发展发挥了巨大的作用。中国大陆是从20多年前开始接触蒙氏教育的，最早是从沿海地区开始，中国引入蒙氏教育时间虽不长，但发展速度却很快，目前蒙氏幼儿园和蒙氏教育班已经遍布全国，而且招生情况良好。其中，推广蒙氏教育最好的应首推位于河南省的香港跨世纪国际教育集团，它将蒙氏教育课程特色真正本土化，为蒙氏教育在中国的进一步发展做出了杰出贡献。

香港跨世纪在26年前就与蒙特梭利教育结缘，开启了致力于蒙氏教育在中国的推广和普及工作的伟大历程。在香港跨世纪国际教育集团26年的辛勤耕耘和不懈努力下，蒙氏教育之根已经深深地扎在了中原大地上，全国加盟机构900多家，创办蒙氏教学班数千个，其中河南加盟机构近400家。

2007年5月19~20日，跨世纪与联合国蒙特梭利教育项目合作成功举办了"百年精彩——蒙特梭利教育国际学术峰会"，这是中国幼教史上具有里程碑意义的盛会，联合国蒙特梭利教育项目执行总监朱迪斯女士和联合国蒙特梭利教育项目推广主席麦克先生分别在峰会上做精彩演讲，称跨世纪为中国蒙氏教育的领导者，在实施着真正的蒙特梭利教育。河南省领导参加了盛会，国内各大媒体进行了报道。

  跨世纪是国内推广蒙氏教育当之无愧的领航旗舰，是河南省唯一一家与联合国蒙特梭利教育项目合作的教育专业机构。目前，在蒙氏教育理论基础上，跨世纪总结了儿童素质教育的"24个力"，这就是幼儿教育的素质教育内容。在蒙氏教育特色方面，跨世纪还总结了"7个化"（主题化、游戏化、实物化、操作化、艺术化、情景化和体验化）。这极大地丰富了蒙氏教育在中国本土化的发展，在蒙氏教育本土化进程中具有里程碑意义。同时，语言教育中用生动、形象、直观的方法来教孩子《三字经》、童谣（因为不可能只教英语为主），并把传统游戏用于课间活动，创造了读经班、科学文化班、形象数学班、感官班、奥尔夫音乐班等深受家长欢迎的特色课程，对蒙氏的固定教法和教具进行了大量的延伸。这些在跨世纪蒙特梭利教育本土化实践的教研成果《托起明天的太阳》一书中，都有详尽的阐述。在每次蒙氏教师培训中，跨世纪都要进行20%以上的创新和增补，使蒙氏教育理论和方法不断丰富。跨世纪幼教机构和其加盟机构都按照这种模式开展教学、教研活动，在全国推广蒙氏教育中起到示范、引领作用，广大家长非常认可蒙氏教育，从这些幼教机构出来上小学的孩子个个优秀，学习非常轻松，担任班干部的居多，家长称"跨世纪教育的孩子就是不一样"，完全打消了部分家长担心上蒙氏班的孩子上小学无法适应的顾虑。其原因是蒙氏教育注重基础素质能力的培养，孩子们经过感官训练和全面教育，观察力、理解力、记忆力、分析力、适应力、专注力和秩序感都比其他孩子强得多，而且这些素质是学习的基本条件。还有的家长担心接受蒙氏教育的孩子入小学后会过分自由，不适应传统教育环境，这种担心也是没有必要的。蒙氏教育不仅注重孩子智力的培养，还重视孩子性格的建构，不管什么环境下，他们都会自觉照顾环境，主动考虑别人的感受，努力去适应各种不同的环境。还有的家长觉得蒙氏班的孩子过于安静了，这也是一个误解，学习环境是必须要安静的，这样才不会影响孩子学习的专注力，在课间活动、体育以及表演活动中，孩子们是非常活泼的。针对家长们急需真正了解蒙氏教育的需求，跨世纪每年都要免费举办几十场"家长课堂"以此解惑释疑，让家长改变错误的教育观念，开展家园共育活动，为家长提供一些简单有效的家庭幼儿教育方法。20多年来，已有几百万个家庭接受了蒙氏教育的洗礼，使蒙氏教育在中国有了坚实的社会群众基础。

蒙特梭利教育有十大特征，其中最主要的特点就是混龄教学。跨世纪幼儿园也将混龄教育作为自己园所的特色，进行实践探索。香港跨世纪在中国推广本土化蒙氏教育20多年的进程中，接受跨世纪蒙氏教育的孩子已超过百万人。0~6岁接受跨世纪早期蒙氏教育的孩子，有相当一部分已经上了小学和中学。跨世纪对其中一些孩子进行了随机跟踪调查，抽样调查结果显示，这些孩子无一例外都处于快乐成长状态中，无一例外学习成绩非常优秀，无一例外担任班干部，而且无一例外综合素质相当高。这些成果，很重要的就是来自蒙氏混龄教育对于幼儿成长的帮助。

蒙氏教育有助于培养幼儿健全的人格。类似于"家庭"的混龄编班形式，对克服独生子女适应力不足的现状，有极为重要的作用。幼儿通过与不同年龄的同伴相互交往、共同生活，自然就学会了与人交往的方式和方法，避免以自我为中心。

教育的最终目的是培养适合社会需要的综合型人才。蒙氏混龄班级就是一个"小家庭"。孩子们在和"家庭"中其他成员相处的过程中，去自然地学会做人、学会做事、学会生活、学会工作，有利于建构健全的人格。

丁丁是跨世纪幼儿园朝霞班的一个小朋友，今年5岁，已经是大组的大姐姐。刚来幼儿园时的她，由于是家里独生女，有些任性且不懂得分享。后来，经过老师和家长的共同努力，她不仅懂得了分享、有爱心且有责任心。

暑假开学后，班里来了很多新朋友，这些小朋友都被大朋友一对一地照顾着，丁丁照顾的小妹妹叫芊芊。芊芊不爱吃饭。因此，每当吃饭时，丁丁自己先不吃饭，端着芊芊的碗，哄着芊芊喂她吃，边喂边对她说："芊芊，乖，再吃一口吧，吃饱了姐姐就带着你玩。"……在蒙氏混龄班级中，像丁丁一样帮助小朋友学吃饭、教会小朋友正确地洗手、穿衣服、上厕所的场景随处可见。

蒙氏教育有助于幼小衔接顺利进行。这种不分年级制的混龄教学方式，是孩子从幼儿园教育自然地过渡到正规的小学教育的最佳模式。实践证明，在跨世纪蒙氏混龄班生活、学习过的孩子，个个都呈现出自信、专注、阳光、健谈、善于社交、乐于合作等特点，而且进入小学、中学后品学兼优，个个都是班干部，呈现出全方位的爆发式效果。

王怡茗是跨世纪幼儿园毕业生中的一员。幼儿园毕业后，她随家人到新加坡。经过一系列入学前面试，她顺利地进入新加坡培林小学。这所学校的学生来自各个国家。目前，王怡茗就读培林小学三年级。刚到新加坡，面对完全陌生的环境，她表现出极强的适应力。她以最短的时间适应了新的生活、学习环境。王怡茗身上所具备的乐观、自信、友好、善良等品质及良好的社交力，超强的表达力、表现力使她受到班级和学校同学们的欢迎。同学们都喜欢和她一起做游戏、一起互动学习。

在小学的学习生活中，王怡茗凭借着在跨世纪幼儿园系统蒙氏教育打下的坚实基础和养成的良好学习习惯，综合成绩稳居优秀。2013年，在新加坡培林小学一年级期末考试中，她以优异的成绩考取了全年级第2名。2014年，在二年级期末考试中，她独占全年级第1名鳌头。在培林小学的年度颁奖典礼上，校长亲自为王怡茗颁发了奖状。2015年1月1日，王怡茗在新加坡的成长故事被央视网新闻频道《华人资讯》节目选中并进行报道。

20多年来，虽然蒙氏教育在中国从不为人知到现在的知之甚多，推广蒙氏教育的机构也是比比皆是，但是真正理解、掌握蒙氏教育精髓要义的人却很少。由于缺乏政府的主导和规范，蒙氏教育在中国发展得并不平衡，有一些机构只是打着蒙氏教育的旗号，行的是传统教育之实或是把蒙氏教育和传统教育硬捏在一起，而不是一种有机的融合。有的机构只有几套非典型的教具，也不会操作，就办起蒙氏班，有的老师只参加过一两次非典型的培训就成为蒙氏老师了，这些做法是对蒙氏教育的误解和伤害，导致一些家长产生反感心理，也给一些地方政府采取不支持的态度提供了理由。但是这种现象是暂时的，瑕不掩瑜，蒙氏教育理论是非常正确的，这一点毋庸置疑，只是有些歪嘴和尚把经念歪了而已，丝毫无损于她的光辉。蒙氏教育有极强的生命力，无数教育成功案例证明了这一点。任何事物的发展都不是一帆风顺的，必须经过时间的洗礼，中国有很多像跨世纪一样的机构，忠实地秉承蒙氏教育的理念，排除各种困难和干扰，坚定不移地推广真正的蒙氏教育，把蒙氏素质教育深深地扎根在中国，并且不断发扬光大，使蒙氏教育枝繁叶茂，开花结果。蒙氏教育在中国必将会迎来一个花朵盛开的春天。

四 科学课程探索之路

园本课程的构建具有系列性体系，不是教案，也不是单一活动的讲义，更不是论文集。它应当具备教育理念、课程目标、课程内容、课程实施、课程策略、课程评价。因此在研究上要避免出现单一、零散等现象，要体现出"园本"的针对性，要反映出"课程"的系统性。例如，在科学课程的实施中只重视对教法、手段的研究，而忽视对课程目标、课程内容的研究，忽视教师创造性的开发课程和与科研的结合，这就不能形成一个课程。郑州高新区科学幼儿园在确定了走科学特色的办园方向后，确定了科学教育特色的总目标，并且对科学教育课程的开发、内容的确定、实施的措施、可行的策略以及评估的依据等也做了一些探索，力求形成以科学教育为主要特色的园本课程。

（一）园本课程创设的特点

1. 以课题研究带动课程建设

随着课题的不断深入研究，可借助课题这一载体，构建园本课程。9年来郑州高新区科学幼儿园将科学教育作为幼儿园的特色品牌始终不离不弃，2010年参加了郑州市教育科研课题"幼儿科学教育的有效研究"，2014年参加河南省教育科学"十二五"多维规划重点课题"科学教育中多维教学策略实验研究"，2016年12月参加了河南省教育科学"十三五"规划重点课题"幼儿创新能力培养实验研究"，使幼儿园的科学教育研究与实践更多元、更开放、更充实，推动了幼儿园的可持续发展。

2. 以地域资源定位课程建设

河南民办教育协会学前工委王国平理事长曾提出幼儿园的课程建设应坚持"因地制宜"的原则。依托地域资源定位园本课程无疑是"因地制宜"的最好体现。由于郑州高新区科学幼儿园周边有河南工业大学、郑州大学、科技软件园、外国语中学、可口可乐公司，包括整个西开发区的布局也多是高新技术产业。而由此决定了幼儿园的家长群是以文化、科技类人群为主体，这是有利于办科学特色的最佳基础。

3. 实践与理论结合促进园本课程建设

幼儿园教师往往对实践层面做得相对扎实，对于理论学习往往缺乏热情，如何将教师丰富的实践经验和理论素养相结合，以不断促进教师的专业发展和园本课程的顺利实施是提高幼儿教育质量的当务之急。

（1）引发教师的自主意识。成立课程研发小组，组织设计和实施。确立课程实施小组，进行试验性实践。

（2）引入"自主"机制，共同完善课程。在课程每一个阶段，必须制订完整的计划，将课程步步推行。幼儿园的课程自主机制有点像课程审议，要让全园教师都参与到课程调整和设计的过程中来，随时提出疑问或建议。通过这样一种方式，使教师逐渐认识到课程编制并不是幼儿教师遥不可及的事情。

（二）课程设置原则

1. 体现选择与创造

（1）来源于主题活动。选择主题活动中具有探究价值和探索兴趣的点作为幼儿科学教育的内容。

（2）来源于非主题活动。创编、生成科学教育内容，形成适合本园特点，符合本园幼儿基础经验和发展水平的教育内容。

2. 体现多元与全面

（1）载体多元。在全天活动的各个环节进行有机渗透，如"晨间科学小问号"活动，"午间科学小故事"；坚持每周一次科学小问题、每周一次科学小实验、每周一次科技小电台活动、每月一个科学小常识、每月一个科学小故事、每月一次科技实践活动、每学年一次科技节系列活动等。

（2）指向全面。主要体现科学教育活动的目标指向幼儿认知、情感、态度、能力的全面发展，注重幼儿身心全面发展。教育内容既满足幼儿的当前发展需要，又关注幼儿后继发展的需求，注重科学素质的培养。

3. 体现灵活与融合

在内容编制过程中，给予教师一定的自主空间，可根据班级幼儿生成的新内容或家长反映问题的新发现开展科学教育活动，主张科学活动的灵活性，课程内容包含主题性的科学预设活动、非主题性的科学预设活动等幼儿园的环境要跟随课程的变化而变化，如创设幼儿园班级课程环境（科学区、植物区、科技展台、班级小问号箱、科技百宝箱）和公共课程环境（风从哪里来？科技触摸墙、蝴蝶的生长过程、小蝌蚪的生长过程、破铜烂铁敲击灵感、科学思维墙）等。

（三）课程建设的研究和实施过程

1. 科学教育中问题意识的研究

（1）找目标。为孩子的终身发展去思考，如怎样的品质能够满足孩子终身发展的需求？

（2）找问题。实现育人目标需要借助相匹配的课程，如何保证课程的匹配性？最科学的办法是做自己的园本课程。

（3）找保障。

第一，构建文化。从课程实践到课程文化，从课程文化到园所文化；从单一到多元，从多元到覆盖。

第二，完善机制。有机运转、有效评价。

2. 课程优化，拓展科学教育的途径

（1）规范科学活动教学质量。在科学教育中力求让每一节科学活动都成为师生之间、生生之间交流与对话的平台，使科学活动建立在满足幼儿发展需要和已有知识经验的基础之上，为他们提供充分的想象空间和探究机会,让他们自己发现问题、解决问题,体验学科学的乐趣。对期初的科学活动的计划,要严格把关,规范实施。对平时的科学活动,一方面通过随堂听课督查指导,另一方面通过教研活动研讨提升。为了树立学科等同的意识,提高幼儿的综合素质,从2008年办学之初开始,幼儿园就规范并严格实施了科学活动考核制度。

(2)重视问题生成式。借用瑞吉欧的教育经验,运用方案教学的方式处理幼儿生成活动与教师预设活动之间的关系,重点进行了科技教育活动中的生成教育来源的研究、教师角色定位的研究,以及教师指导策略的研究,使幼儿园的科技教育课程有了新的飞跃,更加重视幼儿的经验,更加重视幼儿的学习方式。

案例:大班生成性主题"电路"

第一,主题的生成。来源于孩子的问题:小灯泡为什么会亮?电动玩具车为什么会跑?自行车为什么一蹬就跑?红绿灯为什么会亮?

第二,主题前准备。了解孩子的原有经验和学习需求,如进行关于电的调查问卷,你看到过的用电的事物都有哪些?你想知道些什么?在调查中发现,孩子们对拼装电动玩具、物体的构造很感兴趣。

第三,主题的展开。支持孩子通过自己的探究"解答疑惑",如开展"有趣的电路""小灯泡亮了""好玩的电动玩具""汽车拼装""风扇拼装"等课程,让孩子注重探究。一是尊重他们的需求主题生成,引发孩子提出问题。二是主题的准备。了解孩子的原有经验和学习需求。三是主题的开展。支持孩子通过自己的探究进行"解答疑惑"。为何能够满足孩子的探究,因为尊重,所以眼中有孩子,因为尊重,所以过程有引领。

(3)重视不同领域之间的渗透。郑州高新区科学幼儿园是以科技教育为园本课程的,幼儿每天活动的各环节(游戏、生活、体锻、各学科)都渗透了科技教育的内容。相对来说,每个活动都要有一定的科技内容渗透,这对老师们来说是很大的考验。它要求教师首先对科技教育的目标、内容、内涵、外延等了解得非常清楚,然后在每个活动中有机结合,巧妙渗透,包括对环境的渗透(创设)、内容的渗透、方法技能的渗透等。因此,除了需要每个教师根据自己的教育教学能力在一日活动中进行幼儿科技素质的培养之外，幼儿园还指定年级组，以确立小课题的形式，开发各个活动与科技相结合的内容、材料、环境等，如小班年级组的"户外体育锻炼活动与科技教育的结合""游戏活动与科技的结合"，中班的"生活活动与科技教育的结合"；在语言文学活动《太阳公公晒红了草莓的脸》试图让孩子理解草莓是因为接受了太阳的光照才从绿色变成红色……

（4）重视生活中的科学教育。《纲要》中明确指出幼儿的"科学教育应密切联系幼儿的实际生活进行，利用身边的事物与现象作为科学探索的对象"。把科学教育渗透到幼儿日常、自然的生活中，抓住每一次机会，细心观察，通过组织各种活动，把幼儿在不同场合获得的科学经验系统化、整体化，促进幼儿科学素质的培养。

第一，内容选择生活化。科学教育的内容支撑着科学活动的开展，从幼儿的生活经验出发，选择幼儿感兴趣的科学活动充实和调整原有的科学教育内容。例如，一次早餐吃鸡蛋老师引导孩子，鸡蛋里有什么秘密呢？孩子就拿着放大镜看，看看能否竖起来？听一听，会不会有小鸡在里面叫呢？转一转，停一停会怎么样？在这样的活动中，幼儿的经验受到了真正的重视，学习与他们的真实生活紧密地联系在一起。此外，对幼儿在生活中进行科学知识渗透，是一种潜在的科学课程，日常生活是幼儿科学教育很好的课堂，如洗手时候，感知水的特性；进餐时候发现食物的秘密。教育应该是生活本身，生活和经验是教育的灵魂，离开生活和经验就没有生活和成长，就没有教育。科学源于生活，启于生活，生活是科学教育的源泉，科学教育贯穿幼儿的日常生活。

第二，活动方式游戏化。美国心理学家埃里克森理论认为，幼儿早期的学习更多的是一种非正规的学习，幼儿渴望按照自己的意愿去做事，他们的学习大多是发生在自发的活动和游戏之中。用游戏的方式来设计、组织科学活动，使幼儿在游戏中快乐成长，发挥创造的潜能，是当前科学教育的一个重要走向，也是我们组织幼儿进行科学活动的重要形式。例如，"有趣的影子""有趣的光""认识磁铁"等活动，教师都是运用游戏法（如踩影子、你追我赶、小猫钓鱼），激发幼儿参与活动的兴趣；又如，幼儿在走平衡木时引导幼儿思考用什么办法使自己走得更稳？在午餐吃蛋时，启发幼儿思考怎样让鸡蛋立在桌子上？在结构游戏"建高楼"中，鼓励幼儿多尝试，寻求用什么办法使楼建得又高又稳；等等。

3. 课程优化，创设科学特色环境

蒙特梭利曾说过："在教育上，环境所扮演的角色相当重要，因为孩子从环境中吸取的东西，并将其融入自己的生命之中。"要从幼儿实际出发，打造一个幼儿想看、能看、乐于看，想玩、能玩、乐于玩，想说、敢说、乐于说，想摸、能摸、乐于摸，尽可能满足幼儿发展需要的环境空间。

（1）尊重幼儿的成长，创造温馨轻松的心理环境。《3~6岁儿童发展指南》中提道："真正的接纳、多方面支持和鼓励幼儿探索行为""容忍幼儿因探究而弄脏、弄乱、甚至破坏物品的行为，引导他们活动后做好收拾整理。"

心理学家罗杰斯认为，心理安全和心理自由是促进幼儿探索能力发展的两个重要条件。在幼儿阶段，幼儿的自我意识很脆弱，教师的一个眼神、一句评价都会对其产生很大的影响。因此在科学探索活动中要经常给幼儿"你试试看""你能行""大胆想一想"等鼓励语言，多表明肯定、鼓励、接纳、欣赏的态度，为幼儿营造宽松、愉悦的探索氛围。例如，在探索活动"好玩的磁铁"中，教师给幼儿提供了许多的游戏材料，让幼儿通过猜一猜，分一分，试一试，玩一玩，发现磁铁的奥秘，再让幼儿在活动室中去找一找磁铁能吸住的东西，有的发现磁铁能吸住软包上的钉子，有的发现磁铁能吸住床底下的螺丝，有的发现磁铁能吸住桌子的脚等。幼儿在相互玩磁铁的过程中，他们发现，两块磁铁被牢牢地吸在一起，还发现一块磁铁能推着另一块磁铁往前走，面对孩子的种种发现，老师给予积极的鼓励，幼儿在探索活动中，情绪愉快，没有压力，通过动手动脑，他们发现了磁铁的相吸和相斥，给幼儿留下了深刻的印象。

（2）回归自然的户外环境，让幼儿在阳光下成长。户外环境应该是生态的、自然的、可选择的、具有挑战性和创造性的活动场所。郑州高新区科学幼儿园因面积限制，户外活动场地有限，于是幼儿园因地制宜，充分利用墙面、围栏、角落等空间，巧妙构想，精心设计，在有限的空间里创设了探究乐园。例如，开辟了种植园地、光影小屋、缤纷画室、感应小路等，孩子们在种植园地从播种到照顾植物，再到收获全部自己完成；会在感应小路上赤足行走，让小石子刺激穴位，激发孩子们思考为什么小石子那么滑？走在小石子上面脚为什么会疼？为什么小屋会有阳光？为什么小屋会变得这么黑？这些都是因环境与幼儿之间的互动而引发的。在这样的环境中，孩子可以发现很多大自然的秘密，开始主动去探索。

（3）多元开放的室内环境，让幼儿在体验中成长。让走廊成为孩子新发现的途径。根据幼儿年龄的特点设计了可以让幼儿操作，简单且实用的活动墙面。例如，有牛顿班的"影子大发现"，爱迪生班的"灯泡里的秘密"，袁隆平班的"让一颗种子改变世界"，楼梯走廊的"小蝌蚪的生长过程""神秘星座""神十飞天""风从哪里来"有趣的传声筒等。"创设与主题教育相适应的环境"是幼儿园教育的一大要求，各班级根据孩子年龄的特点，创立不同的科学角，在老师的引导下成功地完成了一个又一个的系列活动。例如，大班的"电的系列""拆装系列"；中班的"滚动系列""声音系列"；小班的"磁铁系列""气味系列"等。此外三个科学主题实验室的创设，丰富了幼儿的科学探索环境。

（4）丰富多彩的科技活动，让幼儿在体验中探究。通过多种方法和形式进行，开展具有生活性、活动性、经验性、可操作性的活动，形式多样的科技教育活动坚持"六个一"工程，多次举办了"科技绘画"大赛、科技活动展示、科技在六一、科技小制作等活动。

4. 课程优化，科技教育活动中的家园合作

《纲要》中明确指出："家庭是幼儿园重要的合作伙伴，应本着尊重、平等、合作的原则，争取家长的理解、支持和主动参与，并积极支持、帮助家长提高教育能力。"幼儿园本着《纲要》精神开展科技教育活动的家园结合研究，提高了家长对幼儿科技启蒙教育的意识，对培养幼儿的科学素质发挥了有效的教育作用。例如，家长大课堂、家长助教活动、亲子活动、家长讲座等活动，提高科技教育的意识和科技教育的水平，在实践中体验，在体验中成长，让家长学习到最科学的教育观。

一所没有特色的幼儿园是一所没有生命活力的幼儿园。在为形成自己的特色而努力实践的过程中，幼儿园全体师生的科学意识增强了，能主动发现科学现象、探究科学原因，积极参与科学实践活动、探究科学规律。科学教育在幼儿园管理及教育教学各个环节中得到了常态实施，在教师、幼儿及家长中得到了大面积的普及，幼儿园科学教育成果日渐丰厚，特色逐步显现。科学伴随着幼儿的成长，"关注周围生活、回归幼儿生活"是科学教育的"根"；"激发探究兴趣，体验探究过程，发展初步的探究能力"是科学教育的"魂"。如今，科学教育已然渗透在幼儿教育的环境、区域、课程、资源中，将这些点滴汇聚成河，让孩子们在科学探究的河水中快乐地成长。

五 结语

以上仅仅是笔者根据河南省民办幼儿园中比较突出的几个园所总结出的关于幼儿园特色创建的一点启示，并不能将其作为民办园特色建设的全部，因为所涉及的对象本身就是一个复杂的研究课题。对于民办幼儿园特色建设，还需要更多的园长给予关注和探索，希望能够创建更多适应时代要求的和社会需求对接和新园（所）特色，以此来推动河南省乃至中国学前教育的巨大发展。

幼儿园特色建设是国内外学前教育实践和教育理论研究中普遍关注的一个问题。追求和形成幼儿园特色，已成为当今世界的幼儿园发展的趋势。幼儿园特色建设不仅是幼儿园自身生存和发展的需要，社会、经济发展的客观要求，更事关素质教育的落实与推进。这一切，也使得本研究在河南省民办幼儿园特色建设具有了十分明确的现实意义。

参考文献

朱春玲：《深化礼仪教育构建特色文化——谈谈幼儿园的特色建设》，《课程教育研究》，2012年第29期。

国家教育部：《国家中长期教育改革和发展规划纲要（2010～2020年）》[EB/OL].2010年7月29日。

国家教育部：《国家中长期教育改革和发展规划纲要（2010～2020年）》[EB/OL].2010年7月29日。

王国平：《七彩华风的国学变奏》，2017年3月9日。

毛士忠：《校长是一个学校的灵魂》，《江西教育》1997年第3期。

沈红：《试谈幼儿园特色建设与队伍优化的途径》，《学校管理》2013年第9期，第136页。

B.30
构建学校、家庭、社会教育互补的幼儿教育体系研究

秦晓杰 席银慧*

摘　要： 学校、家庭、社会教育三位一体是缺一不可的，将三者结合起来，打通三者互补通道，正确引导，让学校、家庭、社会教育的合力真正发挥出来，为幼儿健康发展保驾护航是实现所有教育的基础。本研究尝试从了解孩子的世界，发现孩子的真正需求，警惕"大自然缺失症"等方面进行探讨。熊孩子森林教育研究当下孩子们的缺失，为孩子创造环境，设立森林教育课程，让教育回归自然，让自然成为教育。

关键词： 学校教育　家庭教育　社会教育　城市森林教育

学校教育是每一个孩子从婴幼儿时期到青年时期获得知识与经历的重要部分；家庭教育是人生中具有奠基作用的教育；而社会教育对任何人来讲都具有终身性，即活到老学到老。良好的社会风气、道德、习惯会在无形中影响孩子成长。

现代素质教育要求既要重视个体素质的个性发展，又要重视群体素质的综合完善，从而达到全民素质的整体提高。由于每个孩子的成长与发展都离

---

* 秦晓杰，熊孩子森林教育董事长，熊孩子森林研究院主任研究员；席银慧，熊孩子森林教育研究院研究员，研究方向为森林教育在城市的实施。

不开家庭、学校和社会,所以,每个孩子接受的教育必定是家庭、学校、社会三方面的综合性教育,而不仅仅是家庭教育或者学校教育。

对学前的幼儿来说,社会教育、家庭教育、学校教育三者缺一不可,好比土壤里的氮、磷、钾三要素,相互作用,相互渗透。倘若非要问哪种教育更重要,不同的人看问题的角度不同,答案也就不会相同。这三者是现代教育体系里"三位一体"的系统工程,在幼儿成长过程中,学校、家庭、社会都担负着重要的、不可推卸的责任。想要孩子怎么样?幼儿园在培养什么样的孩子?在当下的社会,孩子会怎样发展?学校、家庭、社会教育三者的作用密不可分。

一 三位一体的教育谐振效应研究

(一)学校教育必不可少

对于学前儿童来说,幼儿园就是学校;对于家长来说,送孩子到幼儿园就是希望孩子能有所收获,不管是知识能力还是生活经验。

我们知道,学校是专门的教育机构,它的教育方针、教育理论、教育方法,都是经过科学研究,根据孩子的成长发育过程来规划制定的。作为学校教育的重要组成部分——老师也是经过学习、培训,挑选而来的。学校教育是以系统的理性教育为主,无论是做人的道理,还是众多学科的学习,都要引导学生既要知其然,还要知其所以然,真正把学生领进科学的殿堂,提高他们的思想素质、人文素质和科技素质。

尽管在很多人眼里,幼儿园教育更多的是游戏玩耍,但仍然是孩子融入集体生活、接触社会的第一步,学校教育是教育中必不可少的一环。

(二)家庭教育是重要环节

家庭是人的摇篮,家庭教育是教育最重要的一环,童年也是人生很奇妙的阶段,父母也是陪伴孩子最长久的老师。苏联著名教育家马卡连柯说过:

"父母是孩子人生第一任老师,他们的每句话、每个举动、每个眼神,甚至看不见的精神世界都会给孩子潜移默化的影响。"

每一个人的家庭环境都是不一样的,因此每一个孩子都有自己独特的个性。

(三)社会教育的影响潜移默化

随着我国改革开放的发展,社会环境也在不断变化,为使孩子身心健康成长,社会大环境的影响也是非常重要的。正处于幼儿阶段的孩子正是最善于模仿的时期,正是在这样一个人生最为关键的时期,我们一直强调家庭教育和学校教育,不能忽视社会教育的重要性,因为社会教育的影响是潜移默化的。

稍加留意就会发现,当前青少年的犯罪案件几乎都是模仿游戏和影视剧里面的凶杀、暴力、色情、叛逆等情节而发生的。如果说,家长可以迁就自己的孩子,老师也可以迁就自己的学生,但是社会决不会迁就这些孩子。也就是说,家长的娇惯纵容、学校惩戒教育的取消,将为孩子走向社会埋下不良的伏笔。尤其是社会教育的缺失对孩子的一生危害最大。因此,在孩子成长过程中,社会上形形色色的人、各种各样的事,都会在孩子身心发展的历程中产生影响。

在幼儿阶段,社会教育的熏陶、影响,是孩子社会性、道德品质、社会公德心塑造等方面必不可缺的一环。

由此可见,仅仅靠家庭教育和学校教育是不行的,必须进行家庭教育、学校教育、社会教育"三位一体"的综合治理。

(四)三位一体的"谐振效应"

"谐振"一词源于物理中电路中电压和电流以及交流电的频率相关,只有在某个频率上才会发生谐振,而谐振之后便会产生比电源电压高很多的电动势。

孩子的教育是家庭教育、学校教育、社会教育的综合性的教育。它们是

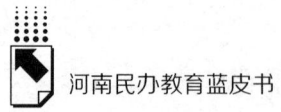

相辅相成的。既不能将这三种教育人为地分割开来,更不能简单地认为其中一种教育更重要。要想搞好对孩子的教育,要想让孩子受到良好的教育,就必须让这几种教育齐头并进,必须在家长、学校、社会、政府等各方面共同努力下齐抓共管才行。

二 打开三者之间的互补通道,构建社会活动课程

既要充分发挥学校、家庭、社会各方面的独立功能,又要协调好三者之间的关系,打开三者之间的互补通道,形成强大的教育合力。课堂教学是完整的文化教育传递过程,它对孩子起到"润物细无声"的作用;家庭教育的影响为孩子修养教育、文明习惯奠定了良好的基础;良好的社会风尚则是孩子健康成长的重要条件。

(一)发挥学校对家庭教育的指导作用

家长对自己的孩子往往具有很高的期待,家长的教育观念、教育思想往往有这样或那样的问题,他们用心良苦,可如果观念错误,不但起不到好作用,反而会弄巧成拙,不利于孩子养成良好的品格。因此,学校应帮助家长树立正确的教育观念。

定期举办家长学校,将学校的教育理念及有指导意义的教育理念和家长分享交流。让家长明白,教育艺术不是刻板的生硬教育,而是结合日常生活,很自然地让孩子接受教育。也通过各种讲座方式,让家长意识到提高自身修养,做到"以身立教"的重要意义,解决家长的困惑,更新家长的观念,指导家庭创设良好的"氛围",熏陶孩子,使家园共育发挥更好的作用。也让家长和孩子能换位思考,让家长走进孩子的内心。

(二)构建学校管理的社会参与体系,充分利用社会教育资源

社会对学校教育具有十分强大的影响力,必须大力开发教育资源,充分利用社会中积极有利于学校教育的一面,积极吸纳与吸引社会各方参与学校

的各项工作,增进社会对学校的了解,谋求社会对学校改革的支持,是保证素质教育顺利推行的重要举措。

(三)家庭引导孩子要正确认识社会

引导孩子进行正常、健康的社会交往。孩子生活在社会之中,各种社会风气无时无刻不起着潜移默化的影响。教师和家长要因势利导,有针对性地开展一些社会活动,提高孩子正确认识社会的能力。当今社会,丰富多彩的文化娱乐活动一方面增大了孩子的信息量,丰富了孩子的生活;另一方面也为孩子提供了模仿的对象。正确引导孩子明辨是非真假,分清善恶美丑也至关重要。

只有学校、家庭通过多种途径、多种渠道并与社会相结合对孩子进行全面的教育,才能塑造具有优良素质的一代新人。

三 研究城市森林教育课程实施模式

从近几年的调查中发现,当前城市的孩子接触大自然的机会变得越来越少。很多孩子在来到户外时,会感到手足无措,在进行活动时,从力量到胆量,都受到很大的局限。让孩子回归自然,让教育回归自然,也成了当下热议的话题。

"森林"只是大自然的代名词,森林教育是自然教育的一部分。自然教育是以有吸引力的方式,在自然中体验学习关于自然的知识和经验,建立与自然的联结,尊重生命,建立生态的世界观,遵照自然规律行事,以期实现人与自然的和谐发展。

(一)森林教育的现状

森林教育的现状不容乐观。首先是因为刚刚起步,绝大多数人的意识还没有跟上,需要多方宣传和行动,让更多人感受到森林教育的魅力和益处,才会起到良好的传播效应。

1. 对森林教育的认识不足

当前森林教育只停留于感性认识层次，对大自然的感受也多停留在人类对自然的巨大破坏，如对水资源、大气、土地资源等的掠夺性开发与严重污染，在欠发达地区，由于生活条件较差，许多人还在为实现温饱而奋斗，自然很少把精力放在森林教育、自然教育上。

2. 应试教育对教育大环境的影响

目前在应试教育的大环境影响下，老师只能在不影响常规教学的大前提下，零零碎碎地随机传授自然知识。学校教育并没有成为最主要的自然知识来源，素质教育尽管已被提倡多年，但并未被落到实处，学校教育仍受应试教育束缚，偏重对学生的智力开发；同时，缺乏专职教师，大多数教师在自然知识、自然技能和自然法则方面未能接受系统的培训。另外，整个社会追求短期效应，导致学生与自然接触的机会减少，而政府在自然教育方面的投资明显不足，再加上自然教育在全民中未能形成真正的共识，无法给学生提供一个良好的氛围。

（二）城市森林教育的困境

1. 没有适合的场地

在钢筋水泥的城市里，原生态的土地越来越少，孩子们接触自然的机会也越来越少。就算能看到绿树红花，也往往是公园、绿地、绿化带等人为规划的景观，草坪整洁碧绿，树叶落地及时被清扫，花儿种类名贵……

孩子渐渐地远离原生态的森林和自然，粮食都是从哪里来的？田野里有多少种野花野草？各种树木的生长、落叶、肥沃土地，是怎样循环的？

城市里的房子越来越贵，土地越来越稀少，孩子对土地的向往也被蒙蔽。自然教育的开展就变得有点困难。

2. 没有专业的自然森林教育体系

自然森林教育与一般的踏青游玩是不同的，有些家长以为带孩子去了户外走走就是自然森林教育了。而户外走走，与自然森林教育是有很大差距的。自然教育就是要训练孩子的眼力、专注力，并增加他的自然知识与经验,去感受大自然的奥妙与完美,从而学会欣赏自然、尊重生命以及开发想象力。当前的教育体系缺失,也是自然教育开展困难的一个方面。

只有让自然森林教育的理念深入人心,有了专业的课程体系,带领孩子到户外和自然中,让孩子与森林与动植物产生链接,才是自然教育、森林教育的意义。

3. 家长的认识不到位

家长对孩子百般呵护,小心照顾,捧在手里怕摔了,含在嘴里怕化了,放在家里怕丢了……让孩子到自然环境中,家长们会更加担心孩子的安全,担心受伤等。为了不出意外,宁愿不让孩子去体验。

4. 电子产品加上人性的懒惰

时时刻刻注意环保,亲近自然,是需要一定精力的,然而每一个人都有贪图方便的惰性,电子产品严重地影响了人们的生活习惯,大家都知道那样做不好,但用一次性饭盒当然比费劲洗碗方便。"宅"着比走动舒服,自然有很多人甘愿远离自然。

(三)给城市幼儿园森林教育课程实施的建议

1. 在高楼林立的小空间中,用心营建小森林环境

若有户外空地的话,尽量别用塑胶覆盖,让沙土地透着地气陪伴孩子们。同时,把豪华装修的地砖、墙壁、吊顶等费用省下来,用在绿化种植上,给孩子们在幼儿园建一个可以奔跑的小山坡,一片可以藏身的小森林,还有微型的森林小屋。把幼儿园的屋顶开发出来,给孩子们建造规避喧嚣的空中花园,给他们一个属于自己的空间。显然,这只能说"有点像森林",并不能就此说是森林教育。

2. 把功利教育的模式扔掉

整合一些体现自然教育思想的课程,并在以儿童为中心的活动模式下,让教育发生在自然生活的一切过程中,让儿童的成长处处体现出从内向外的主动意识。

此时的教育尽管没在森林中进行,却在生活中,在自然而然中发生了。

如此，便可以说与森林教育的内涵相一致。

3. 带着课程走出城

带着孩子，或带着家长，并带着课程走出城，去郊外寻找农田和森林。当然，如能遇到熊孩子森林学校这样有环境、有课程的场地最好。

曾有一对孩子家长，夫妇二人总会在双休日带着孩子"外逃"，或到郊外随便一块庄稼地玩一整天，或到老家外婆家去爬山，或到一个陌生农家去认识鸡鸭鹅狗，并"蹭顿农家饭"。他们的所为也是在做森林教育，也是在给孩子弥补城市缺陷。

四 家园合作教育实施现状和亟待提高的增长点

当下的孩子，太过于幸福，可以说冬天不冷、夏天不热。冬天在有暖气的房间里，体会不到寒冷的滋味，夏天在装有空调的屋子里，感受不到什么是大汗淋漓。同时，家长的过度保护让他们有很多误区。比如，他们认为花生是长在树上的，觉得黄瓜就是买来的，也认为猪就是干干净净的，小鸡也是那么可爱的，随时可以触摸的。甚至连同家长也渐渐地远离了土地，远离了农作物，也远离了鸡、猪、牛、羊。

当前，家园合作不仅是给孩子最好的教育。而教育也要回归自然，让自然成为教育。因此更应该认清现状，为给孩子更好的教育寻找更有效的解决办法。

（一）家园教育合作现状

1. 大自然缺失症的出现

如今，有一个新的名词渐渐出现在家长的视野中——"大自然缺失症"。大自然缺失症（nature-deficit disorder）是由美国作家理查德·洛夫提出来的一种现象，即现代城市儿童与大自然的完全割裂，也有人对其给出自己的解释："某种对大自然的渴望，或者对自然界的无知，皆因缺乏时间到户外，特别是乡野田园所致"，现实生活中，"大自然缺失症"人群已经从儿童扩展到了成人。

您是否也想过，一起陪伴着孩子走进大自然，感受农耕文化？熊孩子森林教育就将当前亟待解决的问题做了长远的规划。

2. 孩子离自然越来越远了

现在，很多父母出于工作因素，自己不再经常到户外活动。而更是出于安全因素的考虑，很少让孩子独立外出体验大自然。随着电视机、电脑、游戏机和手机的迅速普及，儿童有越来越多的原因留在室内——美国儿童平均每周（除睡眠外）在室内度过的时间为44小时。当前，在社区和城市中"可接触的"自然景观的缺失，很多公园和保护区都限制人们进入，或者是竖着"请不要践踏自然植被"的告示牌。环保主义者和教育工作者建议孩子们"只能观察大自然，但不要乱采、乱折"，进一步地阻隔了儿童和自然的联系。其实，真正的体验自然应该是将人看成自然的一部分，而不是将人作为自然的旁观者。

3. 远离自然导致的问题众多

现在儿童越来越少的自然体验，对社会有着深远的影响，不仅仅是对未来一代健康体质的影响，最终将会对整个地球的生态环境有巨大影响。大自然缺失症也有可能导致新的一代人的平均寿命较他们的父辈下降。

我国青少年心理健康状况也不容乐观。一份对全国22个省份的6~12岁儿童的调查结果表明，儿童的行为问题检出率是13.2%。2000年，北京师范大学课题组在北京、河南、重庆、浙江、新疆五个不同地区抽样选取16472名中小学生（包含5952名儿童），调查结果表明，其中儿童存在异常心理问题倾向的比例是16.4%，有严重心理行为问题的比例是4.2%。

忧郁症和注意力缺乏症也有上升趋势。当孩子不再接触自然，很多问题都会出现，比如压力过大，忧郁和注意力无法集中。而每周在自然界中度过静谧、放松的时光对缓解这些症状大有好处。

儿童肥胖症也成为一个显著的问题。目前大约有900万的年龄6~19岁的儿童有肥胖症。学校中大多使用在操场上锻炼的形式对付儿童肥胖，而最有效的锻炼方式是在自然界中呈放松状态的活动，而不是有计划地、有领导地、强调竞争意识的体育活动。

（二）亟待提高的增长点

大自然是孩子天然训练师，孩子们会在抵御寒风的时候锻炼自己的体魄，会在风雨交加的夜晚锻炼自己的胆量，会在白雪皑皑的冬季锻炼自己的毅力，会在炎热的夏天体会淋漓尽致的快乐，会在鸟语花香的春天懂得什么是美，会在硕果累累的秋天品尝收获的滋味，这是大自然所给予孩子们最好的礼物。

1. 为孩子做出改变，为孩子提供环境

我们能做的，就是为孩子提供自然环境。我们利用区位优势，将最适合孩子的自然环境给予孩子。将自然教育能够真正在大自然里实现。让孩子感知天气、温度、气候，在森林里探索创造，发挥聪明才智，真正地实现森林教育的体验。

2. 提高家长认识

一提"自然教育"，大家更多地想到的是针对孩子，其实成年人更需要。因此，提高家长的认识至关重要。强调"亲子共育"是因为孩子们普遍对自然的感知力和敏感度要比成年人强，当他们回到家，受家长的影响容易重回起点。因此对家长的教育更要下功夫，但成年人的变化比较缓慢。其实，在自然教育中，大自然是唯一的老师，蕴含着无穷的智慧。大自然作为一个承载，一个大家共同想要了解的目标，增进了大家彼此的交流。

3. 开展农耕课程，提高亲子体验感受

大自然能够教给孩子很多课堂上学不到的东西，通过对一些自然现象的自主观察，孩子能够感受到万物和谐的智慧以及生存的力量。在大自然中体验，会帮助孩子集中注意力、提高敏锐度和观察能力、放松身体。自然天赋的灵性，也会深深影响孩子的想象力、创造力以及对真善美的追求。因此，熊孩子森林教育开展四季农耕课程和食育健康课程,将传统农耕和二十四节气融入其中,真正让孩子对土地和自然有感知和链接。

参考文献

冯晓霞:《中国家庭教育的社会支持系统》,《学前教育研究》1997年第3期。
董泽芳:《家庭素质教育》,安徽大学出版社,1998。

附 录

Appendices

B.31
附录一　工作报告

河南省民办教育协会工作报告（2016）

2016年，河南省民办教育协会在省教育厅和民政厅的领导下，按照省委省政府的要求和省教育厅的总体部署及具体安排，认真学习宣传、贯彻党的十八大和十八届三中、四中、五中、六中全会精神，以邓小平理论、"三个代表"重要思想、科学发展观为指导，深入贯彻习近平总书记系列重要讲话精神，依照协会《章程》和国家有关规定，紧密团结并服务全省民办学校和民办教育工作者，牢固树立和贯彻落实"加强内涵建设，提升教育质量"的理念，推进民办学校依法办学，进一步推动河南民办教育由规模扩张向质量提升转型，不断提高教育质量，努力打造优秀品牌，促进河南各级各类民办教育科学发展，在河南经济社会发展的大背景下，实现了河南民办教育规模、质量的同步发展，圆满完成了年初确定的全年工作任务。

2016年度工作总结

一 深入学习贯彻习近平总书记系列重要讲话精神，认真贯彻落实党的十八大和十八届三中、四中、五中、六中全会精神和国家《教育规划纲要》精神，积极参与中国民办教育协会开展的多种形式的学习活动

在深入贯彻学习国家、省、市等一系列有关教育的文件指示和法律法规的同时，加强民办学校党的建设，推进民办学校依法办学，不断提高教育质量，促进民办教育事业健康发展是协会长期的重要任务，也是协会一年来的工作重点。

8月，省协会配合中国民办教育协会高等教育专业委员会组织河南7所民办高校参加全国民办高校创新创业先进学校评选表彰活动，黄河科技学院获"创新创业教育示范学院综合奖"，郑州科技学院获"创新创业教育实践实训基地建设奖"，新乡医学院三全学院获"创新创业教育课程建设奖"，郑州升达经贸管理学院获"创新创业教育文化建设奖"，在国内产生一定影响。

9月，协会配合中民协高专委本科工作部做好2016年全国民办本科高校创新发展论坛的前期筹备、邀请等工作。

11月，配合中国民办教育协会组织推荐中民协第三届理事会理事单位，我省共推荐21家单位。

12月，组织我省民办学校参加2016年度中国民办教育发展大会。共有650人参加大会，其中河南省民办学校代表为75人，河南协会强大的号召力和凝聚力受到了中民协领导的赞扬。

二 成功召开河南省民办教育协会五届二次会员代表大会暨省民办教育发展大会

4月30日，以"特色办学、创新发展"为主题的河南省民办教育协会五届二次会员代表大会暨省民办教育发展大会在黄河迎宾馆隆重举行。河南省教育厅副厅长、党组成员尹洪斌,国家教育咨询委员会委员、中国就业促进会副会长、中国民办教育协会副会长陈宇,新乡市人民政府副市长、党组成员职伟,中国民办教育协会监事会主席、河南省民办教育协会会长、黄河科技学院董事长胡大白等出席会议并作重要讲话。来自郑州、洛阳等18个省辖市及县(市、区)教育局的主管领导、全省各地民办学校、教育机构的负责人员共计400余人参加大会。国家教育咨询委员会委员陈宇、中国民办教育协会高等专业委员会常务副理事长李维民应邀作专题报告。会议对促进河南省民办教育事业交流信息、提升办学水平、提升河南民办教育影响力等起到重要作用。

三 积极建言献策,深入开展调查研究,发挥政府与民办学校的桥梁和纽带作用

发挥政府与民办学校的桥梁和纽带作用是协会的重要职能。一年来,协会在参与政策研究、反映民办学校诉求方面发挥了积极的作用。

2月4日,协会五届一次理事会会长会议在黄河科技学院召开。与会人员围绕协会2016年工作要点、《中华人民共和国民办教育促进法》修正案(草案,二次审议稿)进行了热烈的讨论。与会人员还学习了《河南省人民政府关于加快推进民办教育发展的意见》,讨论了协会常务副会长兼秘书长杨雪梅、副会长李光宇、副会长李海燕三位全国人大代表在2016年全国人大会上提交议案或建议的主题。

8月19日,教育部发展规划司委托中国民办教育协会高等教育专业委员会组织,在教育部召开了"关于中国民办高等教育发展政策建议报告"座谈会。司长谢焕忠、民办教育处处长韩劲红等人员到会。高专委名誉理事长、河南省民办教育协会会长胡大白、高专委理事长季平、常务副理事长李维民和四个专委会的负责人都参加了会议。代表们在了解调研的背景下,积极反映总结了民办高等教育的贡献和急需解决的问题,充分表达了民办教育界的心声。这次会议受到谢司长的高度赞扬。河南协会全程参与了报告的调

研与起草。

11月15日，河南省民办教育协会在黄河科技学院召开"学习、宣传、贯彻《民办教育促进法（新修法）》座谈会"。会上，大家对《民办教育促进法（新修法）》进行了热烈的讨论，并在讨论的基础上达成了共识。

协会现有三位十二届全国人大代表，他们都积极提交议案，努力反映会员关注的问题。协会有多位省、市、县级人大代表和政协委员，也都积极参与调研，履行代表职责，尽力反映会员的呼声。

四 组织开展了形式多样的学术研讨、业务交流，努力提升服务水平

（一）协助中国民办教育协会高等教育专业委员会本科工作部组织"2016年全国民办本科高校创新发展研讨会"

2016年9月19日，由中国民办教育协会高等教育专业委员会本科工作部主办，山西工商学院承办的"2016年全国民办本科高校创新发展研讨会"在山西工商学院召开，会议主题是"创新发展思路提升办学质量"。参会的主要领导有全国人大常委、中国民办教育协会会长王佐书，山西省高校工委副书记张培良，中国民办教育协会监事会主席、河南省民办教育协会会长、黄河科技学院董事长胡大白，中国民办教育协会副会长、高等教育专业委员会理事长季平，中国民办教育协会高等教育专业委员会常务副理事长、西安思源学院院长李维民，中国民办教育协会监事会副主席、山西民办教育协会秘书长张忠泽，中国民办教育协会高等教育专业委员会本科工作部部长、黄河科技学院副院长杨保成，中国民办教育协会高等教育专业委员会本科工作部副部长、山西省民办教育协会会长、山西工商学院董事长院长牛三平，参会的还有全国部分民办高校的董事长、校长、负责人及有关科研院所的专家学者等。李维民主持会议，王佐书和季平在会上做重要讲话。黄河科技学院副院长杨保成、郑州科技学院院长秦小刚、江西科技学院副院长胡剑锋、燕京理工学院院长盛维勇、云南大学滇池学院院长马杰、山西工商学院副院长容和平等分别做了交流发言。

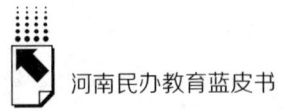

（二）协办第三届全国民办中小学发展战略论坛

4月20~21日，由《中国教师报》和中国民办教育共同体主办，河南省民办教育协会基础教育工作委员会协办的第6届全国民办中小学发展战略论坛暨民办学校招生策划研讨会在商丘召开。论坛由主题演讲、微型报告、参观学校等环节组成。《中国教师报》总编助理、编辑部主任李炳亭，河南省民办教育协会副会长、基础教育工作委员会副理事长任晓林，河南省民办教育协会副会长王国平、河南民办教育共同体理事长王红顺，开封求实教业集团董事长张建平等出席论坛并作主题演讲。

（三）举办"致敬十年·谁主未来"高峰论坛

9月28日，河南民办教育"致敬十年·谁主未来"高峰论坛暨"中原孔子教育奖"颁奖和祭孔大典在郑州举行。河南省民办教育协会副会长、基础教育工作委员会理事长乔鸿钧，河南省民办教育协会副会长、基础教育工作委员会副理事长任晓林和王国平等出席会议。省内数十所民办学校的校长和教师200余人参加了论坛。

协会及各分支机构在大协会的指导下，通过多种方式开展了丰富多彩的学术研讨，提供了务实有效的专业服务，促进了全省民办教育机构的健康发展，在业内产生了良好的社会影响。

（四）加强业务学习，健全内部机制，提高服务质量

本年度参加了省民政厅和省教育厅组织的全省协会的学习和交流。加强党建工作，成立协会党支部，同时推进全省民办学校党建工作的发展。设立"三门峡办事处"并建立健全相关规章制度。

协会充分利用微信公众平台、QQ群等新媒体媒介做好宣传、联络等工作。在微信公众平台上及时推送最新的民办教育政策、信息，方便全省民办学校学习了解最新资讯。按时出版协会会刊。同时加强在QQ群中的交流沟通，增进各学校之间的互相了解，增加了更多沟通的机会。

协会法律事务服务部面向会员单位做好法治服务工作，开展提供法规政策分析咨询服务项目，建立法律风险防范体系和学校权益保护体系，推进依法办学，依法治校，同时注重保护民办学校的合法权益。为郑州电子信息职

业技术学院等民办学校提供了法律咨询服务，有效保证了全省民办学校的健康发展。

发挥引领作用，以科研成果推动民办学校发展。为提升全省民办学校科研水平和整体实力，加快全省民办学校持续健康地发展，2016年，协会继续加强科研引领工作，在设计课题指南时注重民办教育所关注的热点、难点问题，设计一些具有前瞻性的课题。2015年结项课题400余项，并评出了奖项。2016年立项课题727项。

五　加强学习交流，拓宽民办教育发展视野

5月21日，全国民办教育协会第十二次协作会议在广西桂林召开。河南省民办教育协会副秘书长汤保梅应邀参会。会上，各省民协代表就开展工作过程中的突出问题和解决方案进行了深入阐述和交流。

5月26~27日，重庆市民办教育协会副会长石美珊一行20余人在河南省民办教育协会相关领导的陪同下对省内4所民办高校进行为期两天的考察交流活动。在座谈会上，就区域发展优势、学校办学特色、学校内涵建设等方面与省民办高校交换了意见。

到河南省考察交流的还有武汉生物工程学院、安徽新华学院、广西民族大学相思湖学院、厦门南洋职业学院、湖南商学院、大连科技学院、广州华夏职业学院、北京吉利学院等国内部分民办院校。

10月20日，省协会与中国民办教育博物馆共建的中小学生素质教育基地和大学生爱国主义教育基地、与河南大学民生学院共建的学生教育实习基地在黄河科技学院中国民办教育博物馆揭牌成立。河南省民办教育协会副会长、中国（河南）创新发展研究院首席专家喻新安，河南大学民生学院副院长张国梁，河南大学人文学院党总支副书记王斌，中国民办教育博物馆馆长丁富云等同志出席签约揭牌仪式。

2016年，省协会学前工委组织成员单位前往美国进行游学之旅，并举行了分享会，交流心得体会，建言献策，促进行业发展。

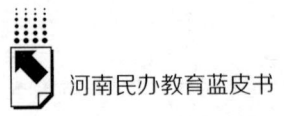

六 举办"互联网+民办教育"中小学校长高端论坛暨"智慧校园"项目援建

为推进落实《国家中长期教育改革和发展规划纲要（2010~2020年）》关于教育信息化的总体部署，准确把握新形势下教育信息化的主要任务，全力推进"三通两平台"建设。按照"完善教育信息网络基础设施、建设优质网络课程及其资源、积极吸引企业参与教育信息化建设"的相关工作要求，6月19日，河南省民办教育协会特面向全省民办教育学校开展此次"互联网+民办教育"中小学校长高端论坛暨"智慧校园"项目援建的公益活动。此次活动通过发挥河南省民办教育协会的组织优势，结合政府相关部门工作部署，旨在整合教育信息化社会资源，提升全省民办学校办学水平，提高网络资源在民办教育学校的利用水平，逐步缩小区域、城乡数字化差距，大力促进教育公平，让千万孩子同在蓝天下共享优质教育资源，为青少年健康成长服务。

2016年底，协会荣获河南省民政厅首次评选的"全省先进社会组织"荣誉称号，在全省3000多个社会组织中共有236家获此殊荣。

2017年度工作要点

2017年，协会要进一步增强贯彻落实科学发展观的自觉性和坚定性，乘势而上，凝心聚力，推动全省民办教育机构进一步提高教育教学质量，办好一批高水平民办学校，打造具有鲜明时代特色的品牌教育，促进河南民办教育进一步实现又好又快发展。

一 认真学习宣传和贯彻党的十八大和十八届三中、四中、五中、六中全会精神，学习习近平总书记系列重要讲话精神，学习《民办教育促进法》（新修法）及相关配套的法规政策，引导民办学校依法办学，健康发展，不断提高办学质量

进一步深入学习党的十八大和十八届三中、四中、五中、六中全会精神

以及民办教育政策法规，深刻领会《民办教育促进法》（新修法）的含义，开展多形式的学习研讨和交流活动，针对民办教育综合改革，举办多种形式专题研讨活动。配合中国民办教育协会各项工作，积极建言献策，认真完成教育厅交办的工作。

二 全面推进民办学校内涵建设，提高教育质量，凸显办学特色

紧扣主题，引导民办学校内涵发展。2017年，协会将继续围绕"丰富内涵，提高质量，凸显特色"这一主题开展工作，促进全省民办学校下大力气抓学校内涵建设，逐步凸显办学特色。

提升民办学校教育质量，加强信息交流，树立优质典型。大力利用现代信息媒体，采取多种形式进行宣传，通过表彰奖励、经验介绍、媒体宣传、现场会等多种形式，发现、总结、宣传特色鲜明的民办学校。精心选取部分民办学校的优势课程专业，录播精品课堂，面向全省进行推广交流，促进发展。

以彰显特色为主题，采取多种形式推动民办学校内涵发展，特色办学。认真组织年会，适时组织各类研讨会，并举办各类专项培训和研讨班。根据行业、专业特点，开展培训、研讨、交流和考察活动，制订培训计划，对民办学校负责人、教职工进行培训，邀请专家学者作专题报告，提升教职工水平，促进民办学校教育与教学质量的全面提升。与协会各分支机构合作开展各项活动，科学整合全省优势资源，适时开展专题学术研讨活动，推动民办学校特色办学。同时，与有关培训机构合作，发挥教育培训产业优势，为地方经济发展积极服务。

根据各级监管单位下发的幼儿园评级标准，推动制订全省民办幼儿园的评定标准，对会员单位中的民办幼儿园开展评估，从而达到提高办学质量，促进民办幼儿园发展的作用。

三 加强科研工作，提高协会科研服务职能

加强研究队伍建设，整合各工委会和研究院、民办学校研究队伍，分层

次成立专家团，专项申报高级别民办教育研究课题，以课题组建科研团队，提升全省整体民办教育研究水平。加强研究建设各级各类高水平学校的标准、评估方式，树立高水平民办学校典型。

建立河南民办教育研究院，整合国内外民办教育研究资源，为河南民办教育的健康发展提供理论和实践研究。

组织科研交流。组织全省各校科研处负责人进行对口交流，开展项目合作，共同发展。召开高层次的民办教育发展创新论坛，组织省内民办学校就学生管理、师资队伍建设等进行专项交流，组织开展专题学术研讨活动。继续做好协会2016年课题结项和2017年课题申报工作。组织多种形式的培训，提升民办学校管理水平、科研水平。加强与相关知名科研机构的联系，推荐在优秀杂志刊物上发表展示会员单位优秀论文等科研成果。

四 开展调查研究，发挥桥梁纽带作用，推动民办教育科学发展

关注民办教育的热点、难点问题，特别是对全局性、基础性、前瞻性问题深入基层进行重点调研，推动河南省民办教育支持政策的贯彻落实。充分发挥桥梁纽带作用，努力反映民办学校及民办教育工作者的建议与诉求。团结省外各地民办教育行业协会，加强与省外各地协会的工作交流与业务协作，组织有关民办学校和教育行政部门负责人代表分批赴省外、境外考察民办（私立）教育，重点了解省外、境外民办（私立）教育发展状况、创新创业教育成功经验等，积极推广宣传优秀典型经验，充分发挥典型的示范引领作用。

五 加强交流，组织民办学校参观考察，开阔视野

继续深化与中国民办教育协会以及各省级民办教育行业组织和科研机构的合作，联合开展交流、考察和科研等活动，组织会员到省内外学习考察民办教育的先进经验，10月将分批分层次组织各级各类民办学校进行国外、境外交流考察。

六 加强宣传阵地建设，建立更多更好的信息发布渠道

进一步抓好协会网站和会刊建设工作，及时报道民办教育重要动态、办学经验；逐步运用协会公文传输系统；充分发挥新媒体的宣传作用，增加协会和民办学校知名度，通过组织活动、主动宣传、上传视频等方式不断扩大已建成的"河南省民办教育协会"微信平台的影响力；筹建"河南省民办教育宣教网"，宣传河南省民办教育先进典型，充分展示民办学校良好形象；着手组建三级信息联络员队伍（市级、县级、学校），完善信息联络员工作机制，加大沟通力度，不断提高服务水平，适时组织信息联络员培训，并对表现优秀的联络员进行表彰。

加强与各大媒体联络沟通，在社会各类媒体平台上宣传协会和会员单位的办学成绩，提高社会认知度和影响力。逐步积累资料，为制作宣传册与协会宣传片做准备。

七 精心设计并开展公益活动，提高协会社会公信力

根据省民政厅要求，省级协会要适当开展社会公益活动，增加群众基础。协会积极响应号召，2017年要精心设计、开展公益活动。如在民办学校学生中间开展"我为家乡拍照"公益活动，挑选优秀作品进行奖励、展示；推荐评选最美教师或优秀教师，在社会上和民办学校中进行宣传；在为社会提供服务的同时，加强对学生的道德教育，同时也提高民办学校的社会影响力。与中国民办教育博物馆合作，组织相关公益展示活动，如各级各类才艺展演等系列活动，以及民办教育基地建设等。

八 进一步加强协会内部组织建设，完善规章制度和工作机制，提高服务能力、服务水平和服务质量

（1）依照国家和河南省有关法律法规和协会章程，加强协会各项管理工作。进一步完善制度和加强组织建设，充分发挥协会的组织协调作用，加强协会各项规章制度建设，制订分支机构工作规程，实现协会工作的规范化

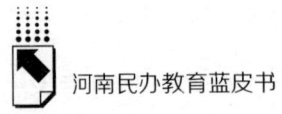

管理。规范档案管理工作,加强办公场所条件改善和环境美化,时刻准备接受省民政厅的随机抽查。

(2) 加强与有关方面的工作联系和信息沟通,发挥好桥梁纽带作用,推动行业自律。协会内设机构和各工委会,要精心设计和组织各项活动。通过有效的活动,充分发挥作用,努力把民办教育协会建设成为行为规范、运作有序、代表性强、公信力高的社会组织。

(3) 加强秘书处等内设机构的自身建设,不断提高职工专业能力和服务水平,更好地服务于协会会员。

(4) 协会法律事务服务部面向会员单位做好法制服务工作,加强会员单位教育法律学习,增强法制观念,继续推进依法办学,依法治校,保护民办本科高校的合法权益。

(5) 积极联系相关单位和社会组织,对接幼儿园、中小学,提供对口服务,如艺术教师、军训、足球等方面的师资、培训资源,与社会资源开展良性沟通。

(6) 在有需要或有必要的地区,逐步成立协会的驻地办事处,制订相关规则,促进、带动当地民办教育的发展。同时也整合优势资源,与省内其他优秀民办学校进行沟通、交流。

九 协助中国民办教育协会做好相关工作

2017年,协会还要协助中国民办教育协会及下设各级机构作好相关工作,积极为全国民办教育事业贡献力量,也为省内各级各类民办学校做好协调、沟通、联络工作。

当前,民办教育已经从以规模扩张为主的外延发展阶段,进入以提升质量为主的内涵发展阶段,开始步入科学发展的新时期。党的十八大和十八届三中、四中、五中、六中全会的胜利召开为民办教育创造了新的发展机遇。为了适应民办教育发展的新形势,协会工作也必须解放思想、与时俱进、开拓创新。

我们相信,在省委、省政府的正确领导下,在各级地方政府和教育主管部门的高度重视下，通过广大民办教育工作者的共同努力，面对新的历史形势，通过积极探索，深化改革，创新体制机制，一定能够直面挑战，办好一批高水平民办学校，为增加教育多样性和选择性、促进教育事业健康发展做出积极贡献，开创河南省民办教育事业科学发展的新局面！

B.32 附录二 2007~2016年民办教育基本情况描述[*]

2007年

全省有各级各类民办学校达5162所,比上年增加225所,在校生总数达197.03万人,比上年增加22.5万人,增长12.89%。其中,民办幼儿园3392所,在园儿童48.90万人;民办普通小学807所,在校生47.38万人;民办普通初中515所,在校生39.65万人;民办普通高中192所,在校生21.79万人;民办中等职业学校216所,在校生20.32万人;民办普通高等学校11所,在校生16.69万人;民办高等教育机构注册学生2.31万人。

民办普通高等教育规模快速扩大,在校生达16.69万人,在校生占普通高等教育在校生总数比例达15.24%,比上年提高0.56个百分点。其中,本科在校生9.42万人,比上年增加1.51万人,增长19.09%。

2008年

全省有各级各类民办学校达6149所,比上年增加987所,在校生总数达239.08万人,比上年增加42.05万人,增长21.34%。其中,民办幼儿园4117所,在园儿童60.27万人;民办普通小学1019所,在校生62.83万人;民办普通初中517所,在校生42.42万人;民办普通高中197所,在校生22.93万人;民办中等职业学校272所,在校生27.94万人;民办普通高等

---

[*] 资料来源:历年河南教育统计提要。

学校 11 所，在校生 20.29 万人；民办高等教育机构注册学生 2.78 万人。

民办普通高等教育规模进一步扩大，在校生达 20.29 万人，在校生占普通高等教育在校生总数比例达 16.23%，比上年提高 0.99 个百分点。其中，本科在校生 10.92 万人，比上年增加 1.50 万人，增长 15.92%。

2009年

全省有各级各类民办学校达 7034 所，比上年增加 885 所，在校生总数达 270.52 万人，比上年增加 31.44 万人，增长 13.15%。其中，民办幼儿园 4913 所，在园幼儿 75.07 万人；民办普通小学 1091 所，在校生 69.90 万人；民办普通初中 506 所，在校生 42.59 万人；民办普通高中 182 所，在校生 21.55 万人；民办中等职业学校 299 所，在校生 35.21 万人；民办普通高等学校 23 所，在校生 23.38 万人；占普通高等教育在校生总数比例达 17.14%，比上年提高 0.91 个百分点；民办的其他高等教育机构注册学生 2.79 万人。

2010年

全省有各级各类民办学校 8466 所，比上年增加 1432 所，在校生总数达 318.43 万人，比上年增加 47.91 万人，增长 17.71%。其中，民办幼儿园 6208 所，在园幼儿 101.90 万人；民办普通小学 1177 所，在校生 82.78 万人；民办普通初中 529 所，在校生 47.46 万人；民办普通高中 176 所，在校生 21.90 万人；民办中等职业学校 305 所，在校生 35.30 万人；民办普通高等学校 28 所，在校生 25.37 万人；占普通高等教育在校生总数的 17.42%，比上年提高 0.28 个百分点；民办的其他高等教育机构注册学生 3.69 万人。

2011年

全省有各级各类民办学校 10539 所，比上年增加 2073 所，在校生总数达 374.02 万人，比上年增加 55.59 万人，增长 17.46%。其中，民办幼儿园 8222 所，在园幼儿 151.42 万人；民办普通小学 1242 所，在校生 93.22 万人；民办普通初中 572 所，在校生 52.80 万人；民办普通高中 174 所，在校生 22.08 万人；民办中等职业学校 254 所，在校生 28.59 万人；民办普通高等学校 33 所，在校生 25.89 万人；占普通高等教育在校生总数的 17.26%，比上年降低 0.16 个百分点。

2012 年

全省各类民办教育得到快速发展。全省有各级各类民办学校 12761 所，比上年增加 2222 所，在校生总数 421.68 万人，比上年增加 47.66 万人，增长 12.74%。其中，民办幼儿园 10326 所，在园幼儿 174.04 万人；民办普通小学 1344 所，在校生 107.18 万人；民办普通初中 584 所，在校生 59.13 万人；民办普通高中 196 所，在校生 25.98 万人；民办中等职业学校 234 所，在校生 24.48 万人；民办普通高等学校 34 所，在校生 28.96 万人；占普通高等教育在校生总数的 18.58%，比上年提高 1.32 个百分点。

2013 年

全省有各级各类民办学校 14244 所，比上年增加 1483 所，增幅 11.62%；在校生总数 454.98 万人，比上年增加 33.30 万人，增幅 7.90%；教职工总数 31.19 万人，比上年增加 3.09 万人，增幅 11%。其中，民办幼儿园 11686 所，在园幼儿 209.42 万人；民办小学 1429 所，在校生 110.61 万人；民办普通初中 627 所，在校生 58.75 万人；民办普通高中 196 所，在校生 24.54 万人；民办中等职业学校 218 所，在校生 18.61 万人；民办普通高等学校 35 所，普通本专科在校生 33.04 万人，占全省普通本专科在校生总数的 20.42%，比上年提高 1.84 个百分点。

2014年

全省有各级各类民办学校15337所，比上年增加1093所，增幅7.67%；在校生总数471.14万人，比上年增加16.16万人，增幅3.55%；教职工总数34.71万人，比上年增加3.52万人，增幅11.29%。其中，民办幼儿园12585所，在园幼儿228.25万人；民办小学1550所，在校生111.54万人；民办普通初中693所，在校生52.44万人；民办普通高中208所，在校生25.91万人；民办中等职业学校215所，在校生16.72万人；民办普通高等学校37所，普通本专科（含西亚斯）在校生35.51万人，占全省普通本专科在校生总数的21.14%，比上年提高0.72个百分点。

2015年

全省有各级各类民办学校16707所，比上年增加1370所，增长8.93%；在校生总数525.68万人，比上年增加54.54万人，增长11.58%；教职工总数39.98万人，比上年增加5.27万人，增长15.17%。其中，民办幼儿园13824所，在园幼儿253.13万人；民办小学1652所，在校生118.14万人；民办普通初中716所，在校生68.92万人；民办普通高中219所，在校生29.25万人；民办中等职业学校205所，在校生16.89万人；民办普通高等学校37所，普通本专科（含西亚斯）在校生38.65万人，占全省普通本专科在校生总数的21.88%，比上年提高0.74个百分点。

2016年

全省各级各类民办学校17718所，比上年增加1011所，增长6.05%；在校生总数566.27万人，比上年增加40.59万人，增长7.72%；教职工总数43.35万人，比上年增加3.37万人，增长8.43%。其中，民办幼儿园

14743所,在园幼儿268.75万人;民办小学1748所,在校生129万人;民办普通初中758所,在校生74.08万人;民办普通高中242所,在校生33.1万人;民办中等职业学校190所,在校生19.62万人。民办普通高等学校37所,其中本科17所,专科20所;普通本专科在校生41.72万人,其中本科26.50万人,专科15.22万人,占全省普通本专科在校生总数的22.25%,比上年增加0.37个百分点。

B.33
附录三 2007~2016年民办教育基本情况数据

以下各表的数据来自历年河南教育统计提要。

2007年各级各类民办教育基本情况

类型	学校数（所）	学生数			教职工数	
		毕业生数	招生数	在校生数	计	其中：专任教师
总计	5162	474546	753759	1970324	30194	90335
一、民办高等教育	40	41618	63329	189995	13059	8907
（一）普通高校	11	35575	57553	166943	12060	8464
（二）民办的其他高等教育机构	29	6043	5776	23052	999	443
二、民办中等教育机构	923	225166	318195	817641	48248	35522
（一）高中阶段教育	408	96242	184106	421166	48248	35522
其中：民办普通高中	192	54512	79678	217939	36879	28027
民办中等职业教育	216	41730	104428	203227	11369	7495
（二）初中阶段教育	515	128924	134089	396475	—	—
其中：民办普通初中	515	128924	134089	396475	—	—
三、民办普通小学	807	71958	78402	473757	28530	20864
四、民办幼儿园	3392	135804	293833	488931	40357	25042

注：民办普通高中的教职工数和专任教师数包含民办普通初中数据。

2008年各级各类民办教育基本情况

类型	学校数（所）	学生数			教职工数	
		毕业生数	招生数	在校生数	计	其中：专任教师
总计	6149	564654	864339	2390819	1529000	107353
一、民办高等教育	27	41871	82191	227043	15150	10656

续表

类型	学校数（所）	学生数			教职工数	
		毕业生数	招生数	在校生数	计	其中：专任教师
（一）普通高校	12	38499	77903	205484	14576	10408
（二）民办的其他高等教育机构	15	3372	4288	21559	574	248
二、民办中等教育机构	986	274851	351328	932837	53970	40523
（一）高中阶段教育	469	121969	205967	508638	53970	40523
其中：民办普通高中	197	68599	80193	229269	39811	31163
民办中等职业教育	272	53370	125774	279369	14159	9360
（二）初中阶段教育	517	152882	145361	424199	—	—
其中：民办普通初中	517	152882	145361	424199	—	—
三、民办普通小学	1019	85558	95968	628270	34670	25280
四、民办幼儿园	4117	162374	334852	602669	49110	30894

注：民办普通高中的教职工数和专任教师数包含民办普通初中数据。

2009年各级各类民办教育基本情况

类型	学校数（所）	学生数			教职工数	
		毕业生数	招生数	在校生数	计	其中：专任教师
总计	7034	649232	951425	2705179	172305	121233
一、民办高等教育	41	53224	89095	261751	17508	12259
（一）普通高校	23	48136	82207	233844	16635	11926
（二）民办的其他高等教育机构	18	5088	6888	27907	873	333
二、民办中等教育机构	987	291511	362572	993520	55836	42391
（一）高中阶段教育	481	145255	212749	567578	55836	42391
其中：民办普通高中	182	74958	73486	15503	39839	31384
民办中等职业教育	299	70297	139263	352075	15997	11007
（二）初中阶段教育	506	146256	149823	425942	—	—
其中：民办普通初中	506	146256	149823	425942	—	—
三、民办普通小学	1091	106314	107364	699020	38858	28641
四、民办幼儿园	4913	198183	392394	750683	60103	37942
五、特殊教育	2	—	—	205	—	—

注：民办普通高中的教职工数和专任教师数包含民办普通初中数据。

2010年各级各类民办教育基本情况

类型	学校数（所）	学生数			教职工数	
		毕业生数	招生数	在校生数	计	其中:专任教师
总计	8466	777264	1024924	3184280	204295	141866
一、民办高等教育	69	82851	93385	290601	20995	14550
（一）普通高校	28	58345	83068	253717	18874	13563
（二）民办的其他高等教育机构	41	24506	10317	36884	2121	987
二、民办中等教育机构	1010	335957	364536	1046555	58438	44324
（一）高中阶段教育	481	193326	195017	571980	58438	44324
其中:民办普通高中	176	83378	71346	219005	41574	32700
民办中等职业教育	305	109948	123671	352975	16864	11624
（二）初中阶段教育	529	142631	169519	474575	—	—
其中:民办普通初中	529	142631	169519	474575	—	—
三、民办普通小学	1177	127213	131277	827849	44205	32206
四、民办幼儿园	6208	231235	435691	1019047	80606	50754
五、特殊教育	2	8	35	228	51	320

注：民办普通高中的教职工数和专任教师数包含民办普通初中数据。

2011年各级各类民办教育基本情况

类型	学校数（所）	学生数			教职工数	
		毕业生数	招生数	在校生数	计	其中:专任教师
总计	10539	917998	1320185	3767944	243685	165191
一、民办高等教育	73	79545	8404	286616	22002	15298
（一）普通高校	33	61993	8404	258852	20082	14298
（二）民办的其他高等教育机构	40	17552	—	27764	1920	1000
二、民办中等教育机构	1000	340273	368336	1034733	68815	52637
（一）高中阶段教育	428	191151	171764	506713	35256	26640
其中:民办普通高中	174	75674	78053	220840	21345	16755
民办中等职业教育	254	115477	93711	285873	13911	9885
（二）初中阶段教育	572	149122	196572	528020	33559	25997
其中:民办普通初中	572	149122	196572	528020	33559	25997
三、民办普通小学	1242	138403	148322	932159	38497	28136
四、民办幼儿园	8222	359762	795088	1514188	114317	69085
五、特殊教育	2	15	35	248	54	35

2012 年各级各类民办教育基本情况

类型	学校数（所）	学生数			教职工数	
		毕业生数	招生数	在校生数	计	其中：专任教师
总计	12761	1108827	1568550	4216811	280985	188404
一、民办高等教育	74	82847	95651	308510	23305	16488
（一）普通高校	34	74323	95651	289626	22401	16060
（二）民办的其他高等教育机构	40	8524	—	18884	904	428
二、民办中等教育机构	1014	347356	407322	1095811	74368	56866
（一）高中阶段教育	430	189589	187456	504533	74368	56866
其中：民办普通高中	196	81477	94221	259760	61241	47073
民办中等职业教育	234	108112	93235	244773	13127	9793
（二）初中阶段教育	584	157767	219866	591278	—	—
其中：民办普通初中	584	157767	219866	591278	—	—
三、民办普通小学	1344	163693	155008	1071801	42590	31027
四、民办幼儿园	10326	514898	910476	1740381	140653	83973
五、特殊教育	3	33	93	308	69	50

注：民办普通高校含西亚斯国际工商学院。

2013 年各级各类民办教育基本情况

类型	学校数（所）	学生数			教职工数	
		毕业生数	招生数	在校生数	计	其中：专任教师
总计	14244	1226536	1757578	4549784	311899	204525
一、民办高等教育	85	78996	108585	330385	24338	18108
（一）普通高校	35	73963	108585	318241	24003	17977
（二）民办的其他高等教育机构	50	5033	—	12144	335	131
二、民办中等教育机构	1041	323713	378156	1018993	75713	57039
（一）高中阶段教育	414	155966	164742	431509	35185	26829
其中：民办普通高中	196	80593	93468	245446	24841	19530
民办中等职业教育	218	75373	71274	186063	10344	7299
（二）初中阶段教育	627	167747	213414	587484	40528	30210
其中：民办普通初中	627	167747	213414	587484	40528	30210
三、民办普通小学	1429	185616	178661	1106109	42869	30720
四、民办幼儿园	11686	638201	1092161	2094167	168963	98648
五、特殊教育	3	10	15	130	16	10

2014年各级各类民办教育基本情况

类型	学校数（所）	学生数			教职工数	
		毕业生数	招生数	在校生数	计	其中:专任教师
总计	15337	1271731	1782089	4711375	347130	226617
一、民办高等教育	83	82272	115292	362604	26511	19991
（一）普通高校	37	75794	115292	355091	25989	19725
（二）民办的其他高等教育机构	46	6478	—	7513	522	266
二、民办中等教育机构	1116	265762	351610	950746	86814	64472
（一）高中阶段教育	423	133210	164208	426297	37937	28903
其中:民办普通高中	208	74654	97619	259081	27967	21944
民办中等职业教育	215	58556	66589	167216	9970	6959
（二）初中阶段教育	693	132552	187402	524449	48877	35569
其中:民办普通初中	693	132552	187402	524449	48877	35569
三、民办普通小学	1550	200203	165015	1115414	46789	33055
四、民办幼儿园	12858	723483	1150109	2282460	186987	109081
五、特殊教育	3	11	63	151	29	18

注：民办普通高校学生数含西亚斯国际学院全部学生。

2015年各级各类民办教育基本情况

类型	学校数（所）	学生数			教职工数	
		毕业生数	招生数	在校生数	计	其中:专任教师
总计	16707	1432016	1941952	5256807	399791	263560
一、民办高等教育	88	91269	120040	393221	27880	20915
（一）普通高校	37	84275	120040	386549	27404	20672
（二）民办的其他高等教育机构	51	6994	—	6672	476	243
二、民办中等教育机构	1140	330451	415880	1150631	98868	74420
（一）高中阶段教育	424	128358	180608	461451	40476	31280
其中:民办普通高中	219	76701	112243	292512	30717	24341
民办中等职业教育	205	51657	68365	168939	9759	6939
（二）初中阶段教育	716	202093	235272	689180	58392	43140
其中:民办普通初中	716	202093	235272	689180	58392	43140
三、民办普通小学	1652	207251	179866	1181414	55144	39845
四、民办幼儿园	13824	803034	1226088	2531347	217849	128347
五、特殊教育	3	11	78	194	50	33

注：民办普通高校学生数含西亚斯国际学院学生。

2016 年各级各类民办教育基本情况

类型	学校数（所）	学生数			教职工数	
		毕业生数	招生数	在校生数	计	其中：专任教师
总计	17772	1549647	1718086	5666445	434051	284341
一、民办高等教育	88	102956	131592	420699	30253	22776
（一）普通高校	37	98279	131592	417480	29722	22483
（二）民办的其他高等教育机构	51	4677		3519	531	293
二、民办中等教育机构	1190	356383	468910	1267978	106280	79744
（一）高中阶段教育	432	135192	211096	527186	44037	34286
其中：民办普通高中	242	87494	125738	330981	33978	27072
民办中等职业教育	190	47698	85358	196205	10059	7214
（二）初中阶段教育	758	221191	257814	740792	62243	45458
其中：民办普通初中	758	221191	257814	740792	62243	45458
三、民办普通小学	1748	219258	200765	1290041	58662	42320
四、民办幼儿园	14743	871028	916780	2687521	238808	139468
五、特殊教育	3	22	39	206	48	33

注：民办普通高校学生数含郑州大学西亚斯国际学院学生。

Abstract

This book, compiled by Henan Association of Private Education and Huanghe University of Science and Technology, has systematically summarized the major achievements of Henan private education and its major contribution to economic and social development since 2016, analyzes the characteristics of private education in Henan, points out the existing difficulties and focus issues, offer a preliminary forecast of the implementation of *The Law of People's Republic of China on Promotion of Privately-run Schools* and proposed countermeasures for the development of private education in Henan.

This book consists of the General Report, Overview, Higher Education, Vocational Education, Secondary Education and Preschool Education, thus systematically reflecting the general information of private education of different levels. The general report is composed by the research group of Henan Association of Private Education as a command of each chapter in this book. According to the report, thanks to the sustained and healthy development over the past 10 years, the privateeducation in Henan has led the whole country with its scale and quality of talent cultivation in 2016～2017 and established an educational system with various forms and types; provided school-age students with more opportunities to gain access to education and to some extent alleviated the contradictions between people's increasing demands for education and the scarce quality educational resources; changed the single public education system and given fresh impetus to educational system reform; expanded the financing channel for education and relieved the contradictions between the inadequate educational appropriations in less developed provinces and the expansion of education. However, the development is mainly plagued by the unsolved issues related to policies, environment, fund and teaching staff construction as well as the low status, unclear thought, obsolete management system and homogenization in the transformation from scale expansion

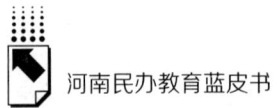

to quality promotion. it is predicted that in the next semester or following years to come, the student source in private education institutions will be steadily increasing and the whole private education in a stage of transformation and healthy development. In such a populous province with less developed economy, the manpower resources can only be transformed into talent resources by vigorously developing education, especially by encouraging the development of private education and the cooperation between government, society and school, making up for the deficiency in expenditure, policies and teaching staff, intensifying classified management according to *The Law of People's Republic of China on Promotion of Privately-run Schools*, strengthening support and advancing the healthy and sustained development of private education.

Overview provides a preliminary research into the transformation of private education in Henan, its status and role in China and its contribution to the local economic and social development according to the current status of private education in Henan Province. Higher Education, Vocational Education, Secondary Education, Elementary Education and Preschool Education conduct well-targeted analysis and analysis of the private education of various kinds in Henan Province and proposes the countermeasures through the exploration and practice of experts and front-line workers.

Keywords: Heman; Educational Transformation; Private Education

Contents

I General Report

B. 1 Transform in Development and Develop in Transformation
—The Current Status and Development Forecast of Private
Education in Henan from the School Year 2016 to 2017
Research Group of Henan Association of Private Education / 001

Abstract: Growing out of nothing, private education in Henan has acquired glorious achievements over the past three decades. In recent 10 years particularly, accompanied by the expanding scale and increasing quality, the number of students at private schools has ranked the second place in China with its school-running level widely acknowledged by the whole society. Along with its increase in both scale and influence, private education in Henan has always followed the principle of public welfare and dedicated itself to serving the local economic and social development and the comprehensive development of students. Under the support of government of all levels and all sectors of society, it has observed the general rules and overcome difficulties so as to pursue development and progress. At present, a system with coordination between senior high school, junior high school and elementary education and interconnectivity between vocational education and regular education has been basically established, a system that has well integrated into the general educational system of the province and become an indispensable force in Henan education. However, as a result of the constraints of subjective and objective conditions, many difficulties pop up in the development

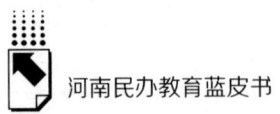

process. This paper starts with the current status of development, analyzes the internal and external factors driving and restricting development, reveals the existing problems and proposes the corresponding measures.

Keywords: Henan; Education System; Private Education

Ⅱ Comprehensive Articles

B. 2 Research on the Development of Private Education Under the Background of *Decisions on Revising the Law of the People's Republic of China on Promotion of Privately-run Schools*   Yang Xuemei, Li Chuxue / 027

Abstract: Decisions on Revising the Law of the People's Republic of China on Promotion of Privately-run Schools lays more emphasis on the strengthening of party leadership and party building, classified management and characteristics development, the equitable development of privately and publicly-run schools and intensified supervision of privately-run schools. *The Decisions on Revising the Law of the People's Republic of China on Promotion of Privately-run Schools* has brought new opportunities to private education and specified the important status of privately education, thus creating historical opportunities for the building of teaching staff team and a fairer legal environment for private education. However, there are still some bottlenecks in the development of private education; for example, more public finance to be allocated to support private education, difficult introduction of high-level talents in privately-run schools, unsettled brain drain, failure of granting the same treatment to teachers from privately-run schools and publicly-run schools and unchanged social understanding of private education. So as to advance the development of private education, it is suggested to carry out the Decisions on Revising the Law of the People's Republic of China on Promotion of Privately-run Schools and the supporting policies and create a sound ecology for sustainable development of private education; strive to eradicate the unfair policies that obstruct the healthy development of private education and protect the legitimate rights of the privately-run schools and teachers and students; improve the differentiated supporting policy system for private education and strengthen the financial support for non-profitable privately-run schools; expand the autonomy in running private schools and optimize the supervisory measures of private schools; support privately-run schools to carry out innovation and entrepreneurship reform and establish an improved innovation and entrepreneurship education system in privately-run schools of different level and category.

Keywords: Law of the People's Republic of China on Promotion of Privately-run Schools; Henan; Private Education

B. 3 A Study of the Contribution of Private Education to the Economic and Social Development of Henan Province

Yang Gangyao / 040

Abstract: After nearly 30 years of development, privateeducation in Henan Province has become an important part of Henan education with the deepening of economic and educational system reform and the establishment of socialist market economic system. In the economic and social development process in Henan, it has effectively alleviated the burden of provincial and municipal government education investment, promoted educational fairness and expand people's access to education, thus providing intelligent and talent support for the economic development of Henan Province, improving the educational level of people, boosting the urbanization process, offering scientific and technological support to local economic development and promoting the the commercialization of research findings.

Keywords: Henan; Private Education; Ebucation System Reform

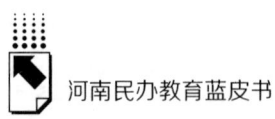

B.4 A Study of the Status and Role of Private Education of
Henan Province in China　　　　　　　　*Lü Jinmei* / 049

Abstract: Private education, which did not take shape until the reform and opening up in the 1980s, is an important achievement of Chinese educational reform in Henan Province. The appearance of private education in Henan has greatly made up for the insufficient supply of educational appropriations in China, diversifying the channels and investment for the educational reform and development in China and satisfying the various choices of society for education. It can also promote the fair educational competition, force public schools to reform the teaching reforms and effect and greatly enhance the efficiency of educational cultivation in China, thus giving full play to the educational resources. After over 30 years exploration and management, the private education has grown out of nothing and opened a new path in the government-controlled education, which demonstrated its vigorous development momentum. Today, the private education in Henan Province has embarked on a diversified development path, making greater contribution to the rejuvenation of the country, becoming an integral part of the socialist education undertaking and taking up an increasingly important status in the whole country.

Keywords: Henan; Private Education; Private School

B.5 Research on the Development and Transformation of
Private Education　　　　*Jia Quanming, Tang Baomei* / 065

Abstract: 2016 witnessed the deepening of development and transformation of private education in Henan Province, which was advanced by legalization and marketization. For one thing, the national policy orientation and improvement of educational laws and regulations have provided top-level design for the legalization and marketization of the transformation of private education; for another, after the transformation development in 2003, the private schools of all levels and types could provide experience, strength and driving force for the transformation of the current year. In the following years, adjustment of laws and regulations and changes of population policies will usher in new opportunities for the development and transformation of private education.

Keywords: Henan; Private Education; Private School

B.6 The Exploration and Enlightenment of Optimization of Private Education Development Environment in Henan

Li Bing / 080

Abstract: China is essentially a developing country. Compared with the private education in developed countries, China still has a long way to go. The various governmental educational policies are still of prime importance to the survival and development of private education. As the most populous province in China, educational development is placed at a relatively disadvantageous position. Therefore, the development of private education is of great importance. This paper analyzes and summarizes the reform explorations of Henan Province with a view to providing reference for the future development of private education in China.

Keywords: Henan; Private Education; Educational Environment

B.7 Research on the Source of Private Education Funds

Wang Daoxun / 090

Abstract: The emergence and development of private education is the product of reform and opening-up. In recent years, government of different levels and the relevant departments in Henan province should strengthen guidance, improve policy measures, optimize the development environment, increase support, and promote the healthy development of private education. But, it is worth-noticing that considering the unreasonable investment and source structure of private education funds, low proportion of governmental financial input and higher tuition income, government should strengthen support and expand the financing channels for private education.

Keywords: Henan; Private Education Funds; Investment and Financing Channels

Ⅲ Higher Education

B.8 The Current Status and Development Strategy of Private Higher Education in Henan Province

Yang Baocheng, Li Haixia / 099

Abstract: After over 30 years of sustained development, private higher education in Henan Province has made great progress in school-running scale and achievements, thus taking up an increasingly important position in the cause of higher education. In light of the low status and incomplete level of school-running, less distinctive development features, weak teacher resources and incompatible talents trained, this paper proposes the countermeasures of enhancing the legal status of private colleges and universities by formulating policies, increasing the level of school-running through governmental report, building up brand characteristics by innovating system and institutions, establishing high-level teaching team through training of existing teachers and introduction of external resources and cultivating high-quality, applied and innovative talents through practical training.

Keywords: Henan; Private Education; Higher Education

B. 9　A Study of the Innovation Mechanism of Huanghe
　　　 University of Science and Technology　　　*Dou Xiaoli* / 112

Abstract: Innovation serves as the fundamental driving force for the development of colleges and universities. The establishment of an effective and incentive innovation mechanism is the premise and guarantee for the long-term development of colleges and universities. Huanghe University of Science and Technology has established the innovation mechanism of gathering innovation resources, strengthening innovative impetus, carrying out innovation and entrepreneurial education, attaching importance to the cultivation of innovation talents, sharing the open and innovative cooperation and creating an atmosphere of innovation culture through constantly reforming the model of innovative talent cultivation, setting up innovation platform and launching high-level innovation achievements.

Keywords: Henan; Huanghe University of Science and Technology; Private Higher Education

B. 10　Research on Building Private Higher Learning
　　　　Institutions into Applied Universities　　　*Ding Fuyun* / 123

Abstract: The building of applied university reflects the strong appeal of social and economic development and transformation for private higher learning institutions, demonstrates the focus and key of educational reform and serves as the future development orientation of private higher learning institutions. The private higher learning institutions in Henan Province undertakes the historic responsibility of cultivating high-quality specialized personnel, creating high-level scientific research achievements, serving economic and social development and promoting cultural inheritance and innovation. This paper offers a review of the practice of

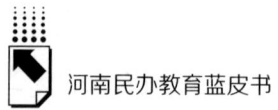

building the private higher learning institutions into applied universities and a summary and analysis of the current status and existing problems of private applied universities and proposes the well-targeted and feasible suggestions on this basis.

Keywords: Henan; Private Higher Learning Institution; Applied University

B.11 Exploration and Practice of Constitution Construction
of Private Schools　　　　　　　　　　　　*Yue Dechang* / 138

Abstract: It is the pursuit of every private educational institution to set up modern school system, exercise scientific management and promote the sound and rapid development of school. The transformation and development of private education in Henan has obtained staged achievements, as evidenced by the transformation from scale expansion to quality promotion. However, further development requires competent schools and far-sighted educators to establish modern school philosophy and set up the institutional framework for the development of school from the strategic perspective. Constitution serves as the important content and development basis for private schools to run school by law and build up modern school system and as the important guarantee to integrate school management into standardized and legal development framework and achieve the sound and rapid development. For this reason, it is of great importance to the country, the people and the school itself. Huanghe University of Science and Technology has conducted beneficial explorations in this regard.

Keywords: Private School; Constitution Construction; Run by Law

B.12 Study on Demand for Local Economic and Social
Development for Henan Private Universities　　*Yuan Wei* / 148

Abstract: Henan private universities serve local economic and social development by promoting economic development, cultivating the excellent talents, expanding employment, promoting local science and technology, etc. The new situation of construction of Central Plains Economic Zone, Zhengzhou Airport Comprehensive Experimental Area, Zheng Luo Xin National Independent Innovation Demonstration Zone raised urgent requirement for cultivating interdisciplinary talents of high quality, introducing and training high level innovative teachers, introducing modern university management ideas. This study proposed that Henan private universities can boost rapid and healthy development by constructing high-end first-class disciplines, offering unique majors, improving innovation ability and managing evergreen university.

Keywords: Henan; Private Universities; Effect; New Situation; Strategy

B.13 Research into Party Building in Private Higher Learning Institutions *Cheng Yingfu* / 158

Abstract: Persisting in the leadership of the CPC and strengthening party building is the basic guarantee for the sustained and healthy development of private higher learning institutions. Despite the achievements in party building in private higher learning institutions, there are still some existing issues, such as the insufficient work motivation, non-standard party building activities, difficult management of party members and inadequate performance of responsibilities. In face of the urgency of strengthening Party self-discipline, it is of great significance to strengthen and improve the importance of party building work in private higher learning institutions, highlight their responsibility, take effective measures and constantly open up a new prospect for party building in private higher learning institutions.

Keywords: Henan; Private Higher Learning Institutions; Party Building; Current Status; Countermeasures

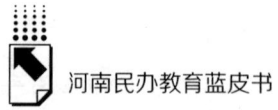

Ⅳ Vocational Education

B. 14 The Present Situation and Development Strategies of
Henan Private Vocational Education

Tang Qi, Wang Gongbo / 170

Abstract: The private vocational education is a major part of the cause of education and an essential component of the national educational system. With the combined effect of the construction strategies of the Central Plains Economic Zone and China (Henan) Free Trade Experiment Area, Henan Province has been in the critical period of building up a moderately prosperous society, achieving the rising of the Central Plains and revitalizing the whole province. The economic and social development of Henan calls for a large number of technical talents. As a result of the lack of the public vocational schools, the current talent cultivation cannot fully satisfy the needs of the economic and social development. These factors have provided numerous opportunities for the development of Henan private vocational education. Apart from the overall sound development of private vocational education in Henan Province, there are still many problems and challenges. This paper explores the approaches to the development of Henan private vocational education from the aspects of standardizing internal management, strengthening inner construction, promoting the reform, reinforcing the core competitiveness, etc.

Keywords: Henan; Private Education; Vocational Education

B. 15 Exploration and Thought of the Participation of Private
Enterprises into Vocational Education *Kong Lingwei / 183*

Abstract: Enterprise-school cooperation is an effective approach for vocational education to achieve talent cultivation. As a result of the institution and system and the industrial barriers, it is very difficult for enterprise to integrate with schools. Huaxia Xingbo Education Science and Technology (Beijing) Co., Ltd. has expounded on how to effectively participate in vocational education, achieve the win-win results of society, students, school and enterprises and cultivate technical talents that can meet the demands for economic and social development in its cooperation with some of the vocational schools in Henan Province.

Keywords: Private Enterprise; Vocational Education; School-enterprise Cooperation; Talent Cultivation

B. 16　Research into the Advantages and Difficulties of
　　　　Vocational Training　　　　　　　　　　　*Yang Xu* / 190

Abstract: China is in urgent need of a large number of highly qualified skilled and practical talents. The vocational schools play a positive role in undertaking the projects for vocational skills training. In order to ensure the sustainable development of vocational training, it is necessary for enterprises to participate in the related training projects, set up courses from the perspective of application, train technical teachers from the perspective of enterprise experts, innovate teaching methods in accordance with the characteristics of enterprises so as to enhance the quality of vocation training. At the same time, this paper analyzes the existing problems of the current vocational training of the school-enterprise cooperation.

Keywords: Vocational Education; Dual System; School-enterpris Cooperation; Innovation and Entrepreneurship

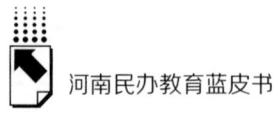

河南民办教育蓝皮书

B.17 The Path Choice for Private Vocational Education Organizations under the Classified Management

Xie Liuzhi / 199

Abstract: Classified management private educational institutions according to their nature of non-profitability and profitability serves as the key to resolve the pending issues, such as the fuzzy legal attribute of the founder of private education institutions, lack of legal basis and evaluation standards for reasonable returns, unclear property ownership, inoperable national support policies and unimproved administrative supervision and management, the solution to remove the bottleneck that has long been restricting the sound development of private education and the legal and institutional guarantee for the sustained and healthy development of private education in China. Vocational education, as an integral part of social educational undertaking, is an important force in promoting social and economic development. With the development of education in China, the private vocational education of Henan Province has entered into a new stage. China has clearly stated that the private education institutions should be classified by their profitability or non-profitability. The private vocational education in Henan Province is confronted with sound development opportunities and grave challenges. Therefore, it is suggested to explore the new path for private vocational educational development from the perspectives of the social atmosphere, supporting policy, rules and regulations, construction of the connotation of vocational educational institutions and teacher resources.

Keywords: Classified Management; Private Vocational Education; Non-profitability; Profitability

V Secondary Education

B.18 The Present Situation and Development Forecast of Private Secondary Education in Henan Province

Wu Deliang / 210

Abstract: As the most populous province in China, Henan displays unbalanced and multi-layered regional economic and social development level with varied and low population quality. In recent years, Henan Province has put forward a medium and long-term development strategy of achieving the historic leap from province with large population to one with dynamic economy. With the rapid development of private secondary education, many problems pop out and need to be solved at the same time. These problems are harmful to the healthy and benign development of the private secondary education. On the basis of the present situation of Henan Province private secondary education, this paper points out the existing problems from the aspects of policy environment, school running condition, self-construction, etc. In addition, this paper also analyzes the development trends of Henan private secondary education.

Keywords: Henan; Private Secondary Education; Educational Transformation

B.19 Research on Private Regular Senior Secondary School Education under the College Entrance Examination Reform

Ren Yandan, Luo Jiantao / 224

Abstract: This article outlines the development of private education in Henan Province, the existing problems, and the development trend of private regular senior high school under the college entrance examination reform. Besides, it gives a brief introduction to the attempts in teaching reform in Zhengzhou

Yuhua Experimental School with a view to providing references for educators and discussing about the development of private education.

Keywords: Henan; The College Entrance Examination Reform; Private High School Education

B. 20 Research on the Educational Characteristic Construction of Private High School in Henan Province

Zheng Lina, Sun Tao / 236

Abstract: Private education has been playing an important role in promoting the development of educational reform. The supply-side reform of private education should focus on the educational characteristic construction. At present, the private high school is plagued by the imbalance between supply and demand and the trend of homogeneous competition. This paper analyzes the market demands of private high school in Henan Province, and summarizes the practical experience of educational characteristic construction in outstanding private high schools with a view to providing references for educational characteristic construction and avoidance of homogeneous competition.

Keywords: Supply-side reform; Educational Characteristic; Homogeneous Competition

B. 21 Research on the Educational Characteristics Construction of Private Junior High School *Zhi Pengrui, Huang Peijin* / 248

Abstract: The private education, as a fresh rising power of education in China, has supplemented the current educational resources and provided a positive impetus for the development of education. Every school has attached great importance to the teaching stuff construction, the connotation construction, the management concept and to name but a few. However, considering the peculiarities, these problems in private schools are more prominent.

This article mainly focuses on private junior high school education and points out the deficiency in . connotation construction and faculty development through abundant data. The special strategy study is also conducted to find generality and provide references for the development of private education in China.

Keywords: Private Junior High School; Connotation Construction; Faculty Construction

VI Elementary Education

B.22 The Scale, Status and Development Forecast of
Private Elementary Education in Henan *Li Zhihua* / 259

Abstract: In recent years, private elementary education in Henan is entering the connotative development stage at a stable rate. Its development model and experience is of great reference value and significance to promote the overall development of the national private elementary education. Private elementary education has become an effective means to enrich the elementary education resources with strengthened ability in making up for the deficiency in quality and diversified education resources. However, in the process of development, private elementary education is confronted with a series of major problems, such as unclear school-running positioning, prominent blind following, lagged-behind theoretical research and unimproved operation and management mechanism. At the same time, private elementary education in Henan Province must shoulder the responsibility of meeting the demands for economic and social development, highlighting the compulsory education property at the elementary education stage, providing characteristics and quality education services needed by the masses and striving to enhance the management level.

Keywords: Henan; Private Elementary Education; Private Primary School

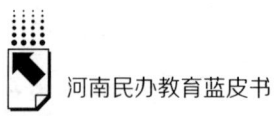

B. 23   Research into the Development of Henan Private
        Primary Schools Under Compulsory Education

Liu Guimei, Zheng Mingli / 271

Abstract: The promulgation and implementation of the Law of the People's Republic of China on Promotion of Privately-run Schools has brought new challenges to the private education of primary school stage. Accompanied by the rapid development of compulsory education, the compulsory education in primary schools has also become increasingly standardized, convenient and diversified, thus imposing certain pressure on the development of private primary schools. Under the new educational environment, it is of great realistic significance to observe the current status of the education in Henan private primary schools, summarize the previous school-running experience, probe into the underlying problems and formulate scientific development plan.

Keywords: Henan; Compulsory Education; Private Primary School

B. 24   Research into the Link between Private Elementary School
        Education and Public Junior Middle School Education

Wu Jianling, Ji Caihong / 283

Abstract: Through the questionnaire survey of private primary schools and public junior schools, this paper discovers some existing problems and proposes how private elementary schools and public junior middle schools connect with each other and shoulder their own responsibilities by taking the core qualities of the development of Chinese students and the outline of Chinese educational development planning as the guideline. Private elementary schools should follow the non-profit school-running principle, run school by law, establish characteristics schools and evacuate and cultivate students' individuality and speciality on the basis of constantly enhancing hardware equipment and teachers' level, rely on connotation for survival and development, overcome the thought of seeking quick success and instant benefits and pursuing a path of sustainable development.

Keywords: Private Primary School; Public Junior High School; Public Welfare

B. 25 Research into the Characteristic Construction of Private Elementary School Education   *Li Ping / 295*

Abstract: Since the reform and opening up, great achievements have been made in private primary education in China. At present, private elementary school education has become an indispensable part of national education system in China. In fact, it plays a vital role in advancing the reform of educational system and popularization of higher education and satisfying people's social, spiritual and cultural demands. Besides, it can also make up for the inequity of educational opportunities of inadequate government finance for education. In the socialist market economy, the private elementary school education has grown from embroidery to expansion and transformation and achieved development from connotation-based vertical expansion to scale-oriented horizontal expansion. At the same time, it also offers an analysis and evaluation of the internal conditions and exterior environment of educational training industry, objectively analyzing and summarizing the advantages, disadvantages, opportunities and challenges facing the progressive development of private elementary schools in Henan, systematically studying the development strategy of private elementary school in Henan Province and proposing effective measures for its future development and expansion with a view to providing references for their construction and sustainable development.

Keywords: Henan; Private Education; Private Primary School

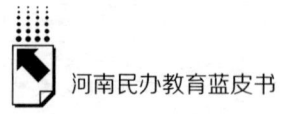
河南民办教育蓝皮书

Ⅶ Pre-school Education

B.26 Research on the Current Status and Development Trend of Private Kindergarten in Henan Province
Sun Min / 303

Abstract: Over the past decade, under the provincial committee and government policy of developing private education and the support of education authorities of all levels, the source of students and school-running quality have been on constant rise. The total number of kindergarten children ranks the second place in China with its educational level widely recognized by the whole society.

Keywords: Henan; Private Education; Pre-school Education

B.27 A Comparison Between the Development of Private Kindergarten and Development of Public Kindergarten in Henan Province
Tang Yuxiang / 313

Abstract: In recent years, preschool education has been highly valued by the country. Especially along with the changes in the family planning policy and the relaxation of the one-child policy, the kindergarten crunch is once again on the top of the government agenda. Offering better preschool education is vital to the justice at the start of life and the future of the country and the whole nation. It is not only the urgent need to put two-child policy into practice and guarantee people's livelihood, but also a major step to sever the intergenerational transmission of poverty and build up a moderately prosperous Society. So as to properly handle the kindergarten crunch, it is of prime importance to Swiftly adjust the strategy and improve the layout in accordance with the requirements of the Three－Year Action Plan of Preschool Education. As a result, great progress has been made in the private and public kindergartens in Henan Province.

Keywords: Henan; Public Kindergarten; Private Kindergarten

B. 28   Research on the Connection Between Private Kindergarten and Primary School Education   *Li Ke* / 322

Abstract: The transition between kindergarten education and primary school education lasts from the graduation from kindergarten to the whole process of the first grade of primary school. Graduating from kindergarten and entering primary school is a major event in one's childhood, marking the start of a brand-new stage and an important transition in one's whole life. Compared with kindergarten, primary schools are different in terms of learning environment, life environment, curriculum provision, social and school environment and relationship between students. The children of kindergarten and primary school differ from each other in their physical and mental development characteristics. Therefore, each stage in the process of the transition between kindergarten education and primary school education is correlated but also mutually independent. This paper first analyzes the preschool education and its functions on the basis of the transition between kindergarten education and primary school education; then it expounds on the current status and existing problems of preschool education from the perspectives of class time provision, learning habit, general requirements, cultivation of ability of daily living and reading abilities; finally, on the basis of the relevant theories and practices, this paper proposes the relevant suggestions and countermeasures for the transition between kindergarten education and primary school education.

Keywords: Pre-school Education; Early Childhood Education; Transition Between Kindergarten Education and Primary School Education

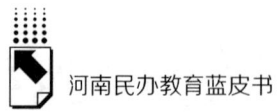

河南民办教育蓝皮书

B. 29　A Study of the Characteristics Construction of
　　　　Private Kindergarten　　　　　　　　*Sun Huanna* / 331

Abstract: The pursuit of characteristics is the inevitable requirements for the reform and development of modern preschool education. According to the development of private preschool education and the actual situation of private kindergarten of Henan Province in recent years, the author analyzes the kindergarten characteristics, proposes his own views, summarizes the four principles that kindergarten must follow during its characteristics construction and expounds on how kindergarten should carry out its characteristics construction from the theoretical perspective. At the same time, this paper also proves the necessity of bringing the construction of kindergarten characteristics in line with the social demands from the perspectives of " studies of Chinese ancient civilization", "Montessori mixed age education" and "science". At the end, the author also introduces the localization and achievements of STEP Century, the representative Montessori education in Henan Province, and Zhengzhou High and New Science Kindergarten, a forerunner of science characteristics kindergarten in China, in its characteristics construction with a view to arousing the interest of more kindergartens in characteristics construction.

Keywords: Henan; Private Preschool Kindergarten; Montessori Education

B. 30　A Study of Preschool Education System Complemented
　　　　by School, Family and Social Education
　　　　　　　　　　　　　　　　Qin Xiaojie, Xi Yinhui / 351

Abstract: School, family and social education are indispensable from each other. Once combined, it will give full pay to the joint efforts of school, family and social education and thus guarantee the healthy development of children. It is of prime importance to understand the world of children and their real needs and be mindful of "nature-deficit disorders". Wild Kid Forest Education studies the deficit of children, creates environment for children and sets up the forest education curriculum so as to make education return to nature and nature a part of education.

Keywords: School Education; Family Education; Social Education; Urban forest Education

社会科学文献出版社　　皮书系列

❖ 皮书起源 ❖

"皮书"起源于十七、十八世纪的英国，主要指官方或社会组织正式发表的重要文件或报告，多以"白皮书"命名。在中国，"皮书"这一概念被社会广泛接受，并被成功运作、发展成为一种全新的出版形态，则源于中国社会科学院社会科学文献出版社。

❖ 皮书定义 ❖

皮书是对中国与世界发展状况和热点问题进行年度监测，以专业的角度、专家的视野和实证研究方法，针对某一领域或区域现状与发展态势展开分析和预测，具备原创性、实证性、专业性、连续性、前沿性、时效性等特点的公开出版物，由一系列权威研究报告组成。

❖ 皮书作者 ❖

皮书系列的作者以中国社会科学院、著名高校、地方社会科学院的研究人员为主，多为国内一流研究机构的权威专家学者，他们的看法和观点代表了学界对中国与世界的现实和未来最高水平的解读与分析。

❖ 皮书荣誉 ❖

皮书系列已成为社会科学文献出版社的著名图书品牌和中国社会科学院的知名学术品牌。2016年，皮书系列正式列入"十三五"国家重点出版规划项目；2012~2016年，重点皮书列入中国社会科学院承担的国家哲学社会科学创新工程项目；2017年，55种院外皮书使用"中国社会科学院创新工程学术出版项目"标识。

中国皮书网

发布皮书研创资讯,传播皮书精彩内容
引领皮书出版潮流,打造皮书服务平台

栏目设置

关于皮书:何谓皮书、皮书分类、皮书大事记、皮书荣誉、
皮书出版第一人、皮书编辑部
最新资讯:通知公告、新闻动态、媒体聚焦、网站专题、视频直播、下载专区
皮书研创:皮书规范、皮书选题、皮书出版、皮书研究、研创团队
皮书评奖评价:指标体系、皮书评价、皮书评奖
互动专区:皮书说、皮书智库、皮书微博、数据库微博

所获荣誉

2008年、2011年,中国皮书网均在全国新闻出版业网站荣誉评选中获得"最具商业价值网站"称号;
2012年,获得"出版业网站百强"称号。

网库合一

2014年,中国皮书网与皮书数据库端口合一,实现资源共享。更多详情请登录www.pishu.cn。

权威报告·热点资讯·特色资源

皮书数据库
ANNUAL REPORT(YEARBOOK) DATABASE

当代中国与世界发展高端智库平台

所获荣誉

- 2016年，入选"国家'十三五'电子出版物出版规划骨干工程"
- 2015年，荣获"搜索中国正能量 点赞2015" "创新中国科技创新奖"
- 2013年，荣获"中国出版政府奖·网络出版物奖"提名奖
- 连续多年荣获中国数字出版博览会"数字出版·优秀品牌"奖

成为会员

通过网址www.pishu.com.cn或使用手机扫描二维码进入皮书数据库网站，进行手机号码验证或邮箱验证即可成为皮书数据库会员（建议通过手机号码快速验证注册）。

会员福利

- 使用手机号码首次注册会员可直接获得100元体验金，不需充值即可购买和查看数据库内容（仅限使用手机号码快速注册）。
- 已注册用户购书后可免费获赠100元皮书数据库充值卡。刮开充值卡涂层获取充值密码，登录并进入"会员中心"—"在线充值"—"充值卡充值"，充值成功后即可购买和查看数据库内容。

卡号：651879629128
密码：

数据库服务热线：400-008-6695
数据库服务QQ：2475522410
数据库服务邮箱：database@ssap.cn
图书销售热线：010-59367070/7028
图书服务QQ：1265056568
图书服务邮箱：duzhe@ssap.cn

子库介绍
Sub-Database Introduction

中国经济发展数据库

涵盖宏观经济、农业经济、工业经济、产业经济、财政金融、交通旅游、商业贸易、劳动经济、企业经济、房地产经济、城市经济、区域经济等领域，为用户实时了解经济运行态势、把握经济发展规律、洞察经济形势、做出经济决策提供参考和依据。

中国社会发展数据库

全面整合国内外有关中国社会发展的统计数据、深度分析报告、专家解读和热点资讯构建而成的专业学术数据库。涉及宗教、社会、人口、政治、外交、法律、文化、教育、体育、文学艺术、医药卫生、资源环境等多个领域。

中国行业发展数据库

以中国国民经济行业分类为依据，跟踪分析国民经济各行业市场运行状况和政策导向，提供行业发展最前沿的资讯，为用户投资、从业及各种经济决策提供理论基础和实践指导。内容涵盖农业，能源与矿产业，交通运输业，制造业，金融业，房地产业，租赁和商务服务业，科学研究，环境和公共设施管理，居民服务业，教育，卫生和社会保障，文化、体育和娱乐业等100余个行业。

中国区域发展数据库

对特定区域内的经济、社会、文化、法治、资源环境等领域的现状与发展情况进行分析和预测。涵盖中部、西部、东北、西北等地区，长三角、珠三角、黄三角、京津冀、环渤海、合肥经济圈、长株潭城市群、关中—天水经济区、海峡经济区等区域经济体和城市圈，北京、上海、浙江、河南、陕西等34个省份及中国台湾地区。

中国文化传媒数据库

包括文化事业、文化产业、宗教、群众文化、图书馆事业、博物馆事业、档案事业、语言文字、文学、历史地理、新闻传播、广播电视、出版事业、艺术、电影、娱乐等多个子库。

世界经济与国际关系数据库

以皮书系列中涉及世界经济与国际关系的研究成果为基础，全面整合国内外有关世界经济与国际关系的统计数据、深度分析报告、专家解读和热点资讯构建而成的专业学术数据库。包括世界经济、国际政治、世界文化与科技、全球性问题、国际组织与国际法、区域研究等多个子库。

法律声明

"皮书系列"（含蓝皮书、绿皮书、黄皮书）之品牌由社会科学文献出版社最早使用并持续至今，现已被中国图书市场所熟知。"皮书系列"的 LOGO（ ）与"经济蓝皮书""社会蓝皮书"均已在中华人民共和国国家工商行政管理总局商标局登记注册。"皮书系列"图书的注册商标专用权及封面设计、版式设计的著作权均为社会科学文献出版社所有。未经社会科学文献出版社书面授权许可，任何使用与"皮书系列"图书注册商标、封面设计、版式设计相同或者近似的文字、图形或其组合的行为均系侵权行为。

经作者授权，本书的专有出版权及信息网络传播权为社会科学文献出版社享有。未经社会科学文献出版社书面授权许可，任何就本书内容的复制、发行或以数字形式进行网络传播的行为均系侵权行为。

社会科学文献出版社将通过法律途径追究上述侵权行为的法律责任，维护自身合法权益。

欢迎社会各界人士对侵犯社会科学文献出版社上述权利的侵权行为进行举报。电话：010-59367121，电子邮箱：fawubu@ssap.cn。

社会科学文献出版社

皮书系列

2017年

智库成果出版与传播平台

社会科学文献出版社
SOCIAL SCIENCES ACADEMIC PRESS (CHINA)

社长致辞

2017年正值皮书品牌专业化二十周年之际，世界每天都在发生着让人眼花缭乱的变化，而唯一不变的，是面向未来无数的可能性。作为个体，如何获取专业信息以备不时之需？作为行政主体或企事业主体，如何提高决策的科学性让这个世界变得更好而不是更糟？原创、实证、专业、前沿、及时、持续，这是1997年"皮书系列"品牌创立的初衷。

1997～2017，从最初一个出版社的学术产品名称到媒体和公众使用频率极高的热点词语，从专业术语到大众话语，从官方文件到独特的出版型态，作为重要的智库成果，"皮书"始终致力于成为海量信息时代的信息过滤器，成为经济社会发展的记录仪，成为政策制定、评估、调整的智力源，社会科学研究的资料集成库。"皮书"的概念不断延展，"皮书"的种类更加丰富，"皮书"的功能日渐完善。

1997～2017，皮书及皮书数据库已成为中国新型智库建设不可或缺的抓手与平台，成为政府、企业和各类社会组织决策的利器，成为人文社科研究最基本的资料库，成为世界系统完整及时认知当代中国的窗口和通道！"皮书"所具有的凝聚力正在形成一种无形的力量，吸引着社会各界关注中国的发展，参与中国的发展。

二十年的"皮书"正值青春，愿每一位皮书人付出的年华与智慧不辜负这个时代！

社会科学文献出版社社长
中国社会学会秘书长

2016年11月

社会科学文献出版社简介

社会科学文献出版社成立于1985年，是直属于中国社会科学院的人文社会科学学术出版机构。成立以来，社科文献出版社依托于中国社会科学院和国内外人文社会科学界丰厚的学术出版和专家学者资源，始终坚持"创社科经典，出传世文献"的出版理念、"权威、前沿、原创"的产品定位以及学术成果和智库成果出版的专业化、数字化、国际化、市场化的经营道路。

社科文献出版社是中国新闻出版业转型与文化体制改革的先行者。积极探索文化体制改革的先进方向和现代企业经营决策机制，社科文献出版社先后荣获"全国文化体制改革工作先进单位"、中国出版政府奖·先进出版单位奖，中国社会科学院先进集体、全国科普工作先进集体等荣誉称号。多人次荣获"第十届韬奋出版奖""全国新闻出版行业领军人才""数字出版先进人物""北京市新闻出版广电行业领军人才"等称号。

社科文献出版社是中国人文社会科学学术出版的大社名社，也是以皮书为代表的智库成果出版的专业强社。年出版图书2000余种，其中皮书350余种，出版新书字数5.5亿字，承印与发行中国社科院院属期刊72种，先后创立了皮书系列、列国志、中国史话、社科文献学术译库、社科文献学术文库、甲骨文书系等一大批既有学术影响又有市场价值的品牌，确立了在社会学、近代史、苏东问题研究等专业学科及领域出版的领先地位。图书多次荣获中国出版政府奖、"三个一百"原创图书出版工程、"五个'一'工程奖"、"大众喜爱的50种图书"等奖项，在中央国家机关"强素质·做表率"读书活动中，入选图书品种数位居各大出版社之首。

社科文献出版社是中国学术出版规范与标准的倡议者与制定者，代表全国50多家出版社发起实施学术著作出版规范的倡议，承担学术著作规范国家标准的起草工作，率先编撰完成《皮书手册》对皮书品牌进行规范化管理，并在此基础上推出中国版芝加哥手册——《SSAP学术出版手册》。

社科文献出版社是中国数字出版的引领者，拥有皮书数据库、列国志数据库、"一带一路"数据库、减贫数据库、集刊数据库等4大产品线11个数据库产品，机构用户达1300余家，海外用户百余家，荣获"数字出版转型示范单位""新闻出版标准化先进单位""专业数字内容资源知识服务模式试点企业标准化示范单位"等称号。

社科文献出版社是中国学术出版走出去的践行者。社科文献出版社海外图书出版与学术合作业务遍及全球40余个国家和地区并于2016年成立俄罗斯分社，累计输出图书500余种，涉及近20个语种，累计获得国家社科基金中华学术外译项目资助76种、"丝路书香工程"项目资助60种、中国图书对外推广计划项目资助71种以及经典中国国际出版工程资助28种，被商务部认定为"2015-2016年度国家文化出口重点企业"。

如今，社科文献出版社拥有固定资产3.6亿元，年收入近3亿元，设置了七大出版分社、六大专业部门，成立了皮书研究院和博士后科研工作站，培养了一支近400人的高素质与高效率的编辑、出版、营销和国际推广队伍，为未来成为学术出版的大社、名社、强社，成为文化体制改革与文化企业转型发展的排头兵奠定了坚实的基础。

经 济 类

经济类皮书涵盖宏观经济、城市经济、大区域经济，提供权威、前沿的分析与预测

经济蓝皮书
2017年中国经济形势分析与预测

李扬 / 主编　2017年1月出版　定价：89.00元

◆ 本书为总理基金项目，由著名经济学家李扬领衔，联合中国社会科学院等数十家科研机构、国家部委和高等院校的专家共同撰写，系统分析了2016年的中国经济形势并预测2017年中国经济运行情况。

中国省域竞争力蓝皮书
中国省域经济综合竞争力发展报告（2015~2016）

李建平　李闽榕　高燕京 / 主编　2017年5月出版　定价：198.00元

◆ 本书融多学科的理论为一体，深入追踪研究了省域经济发展与中国国家竞争力的内在关系，为提升中国省域经济综合竞争力提供有价值的决策依据。

城市蓝皮书
中国城市发展报告 No.10

潘家华　单菁菁 / 主编　2017年9月出版　估价：89.00元

◆ 本书是由中国社会科学院城市发展与环境研究中心编著的，多角度、全方位地立体展示了中国城市的发展状况，并对中国城市的未来发展提出了许多建议。该书有强烈的时代感，对中国城市发展实践有重要的参考价值。

人口与劳动绿皮书
中国人口与劳动问题报告 No.18
蔡昉 张车伟/主编　2017年10月出版　估价：89.00元

◆ 本书为中国社会科学院人口与劳动经济研究所主编的年度报告，对当前中国人口与劳动形势做了比较全面和系统的深入讨论，为研究中国人口与劳动问题提供了一个专业性的视角。

世界经济黄皮书
2017年世界经济形势分析与预测
张宇燕/主编　2017年1月出版　定价：89.00元

◆ 本书由中国社会科学院世界经济与政治研究所的研究团队撰写，2016年世界经济增速进一步放缓，就业增长放慢。世界经济面临许多重大挑战同时，地缘政治风险、难民危机、大国政治周期、恐怖主义等问题也仍然在影响世界经济的稳定与发展。预计2017年按PPP计算的世界GDP增长率约为3.0%。

国际城市蓝皮书
国际城市发展报告（2017）
屠启宇/主编　2017年2月出版　定价：79.00元

◆ 本书作者以上海社会科学院从事国际城市研究的学者团队为核心，汇集同济大学、华东师范大学、复旦大学、上海交通大学、南京大学、浙江大学相关城市研究专业学者。立足动态跟踪介绍国际城市发展时间中，最新出现的重大战略、重大理念、重大项目、重大报告和最佳案例。

金融蓝皮书
中国金融发展报告（2017）
王国刚/主编　2017年2月出版　定价：79.00元

◆ 本书由中国社会科学院金融研究所组织编写，概括和分析了2016年中国金融发展和运行中的各方面情况，研讨和评论了2016年发生的主要金融事件，有利于读者了解掌握2016年中国的金融状况，把握2017年中国金融的走势。

经济类　皮书系列 重点推荐

农村绿皮书
中国农村经济形势分析与预测（2016～2017）

魏后凯　杜志雄　黄秉信/主编　2017年4月出版　估价：89.00元

◆ 本书描述了2016年中国农业农村经济发展的一些主要指标和变化，并对2017年中国农业农村经济形势的一些展望和预测，提出相应的政策建议。

西部蓝皮书
中国西部发展报告（2017）

徐璋勇/主编　2017年7月出版　估价：89.00元

◆ 本书由西北大学中国西部经济发展研究中心主编，汇集了源自西部本土以及国内研究西部问题的权威专家的第一手资料，对国家实施西部大开发战略进行年度动态跟踪，并对2017年西部经济、社会发展态势进行预测和展望。

经济蓝皮书·夏季号
中国经济增长报告（2016～2017）

李扬/主编　2017年9月出版　估价：98.00元

◆ 中国经济增长报告主要探讨2016~2017年中国经济增长问题，以专业视角解读中国经济增长，力求将其打造成一个研究中国经济增长、服务宏微观各级决策的周期性、权威性读物。

就业蓝皮书
2017年中国本科生就业报告

麦可思研究院/编著　2017年6月出版　估价：98.00元

◆ 本书基于大量的数据和调研，内容翔实，调查独到，分析到位，用数据说话，对中国大学生就业及学校专业设置起到了很好的建言献策作用。

社会政法类

社会政法类

社会政法类皮书聚焦社会发展领域的热点、难点问题，提供权威、原创的资讯与视点

社会蓝皮书
2017年中国社会形势分析与预测

李培林　陈光金　张翼 / 主编　2016年12月出版　定价：89.00元

◆ 本书由中国社会科学院社会学研究所组织研究机构专家、高校学者和政府研究人员撰写，聚焦当下社会热点，对2016年中国社会发展的各个方面内容进行了权威解读，同时对2017年社会形势发展趋势进行了预测。

法治蓝皮书
中国法治发展报告 No.15（2017）

李林　田禾 / 主编　2017年3月出版　定价：118.00元

◆ 本年度法治蓝皮书回顾总结了2016年度中国法治发展取得的成就和存在的不足，对中国政府、司法、检务透明度进行了跟踪调研，并对2017年中国法治发展形势进行了预测和展望。

社会体制蓝皮书
中国社会体制改革报告 No.5（2017）

龚维斌 / 主编　2017年3月出版　定价：89.00元

◆ 本书由国家行政学院社会治理研究中心和北京师范大学中国社会管理研究院共同组织编写，主要对2016年社会体制改革情况进行回顾和总结，对2017年的改革走向进行分析，提出相关政策建议。

社会政法类　　皮书系列 重点推荐

社会心态蓝皮书
中国社会心态研究报告（2017）

王俊秀 杨宜音 / 主编　2017年12月出版　估价：89.00元

◆ 本书是中国社会科学院社会学研究所社会心理研究中心"社会心态蓝皮书课题组"的年度研究成果，运用社会心理学、社会学、经济学、传播学等多种学科的方法进行了调查和研究，对于目前中国社会心态状况有较广泛和深入的揭示。

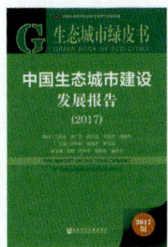

生态城市绿皮书
中国生态城市建设发展报告（2017）

刘举科 孙伟平 胡文臻 / 主编　2017年7月出版　估价：118.00元

◆ 报告以绿色发展、循环经济、低碳生活、民生宜居为理念，以更新民众观念、提供决策咨询、指导工程实践、引领绿色发展为宗旨，试图探索一条具有中国特色的城市生态文明建设新路。

城市生活质量蓝皮书
中国城市生活质量报告（2017）

中国经济实验研究院 / 主编　2017年7月出版　估价：89.00元

◆ 本书对全国35个城市居民的生活质量主观满意度进行了电话调查，同时对35个城市居民的客观生活质量指数进行了计算，为中国城市居民生活质量的提升，提出了针对性的政策建议。

公共服务蓝皮书
中国城市基本公共服务力评价（2017）

钟君 刘志昌 吴正杲 / 主编　2017年12月出版　估价：89.00元

◆ 中国社会科学院经济与社会建设研究室与华图政信调查组成联合课题组，从2010年开始对基本公共服务力进行研究，研创了基本公共服务力评价指标体系，为政府考核公共服务与社会管理工作提供了理论工具。

行业报告类

行业报告类皮书立足重点行业、新兴行业领域，提供及时、前瞻的数据与信息

企业社会责任蓝皮书
中国企业社会责任研究报告（2017）

黄群慧　钟宏武　张蒽　翟利峰 / 著　2017 年 10 月出版　估价：89.00 元

◆ 本书剖析了中国企业社会责任在 2016～2017 年度的最新发展特征，详细解读了省域国有企业在社会责任方面的阶段性特征，生动呈现了国内外优秀企业的社会责任实践。对了解中国企业社会责任履行现状、未来发展，以及推动社会责任建设有重要的参考价值。

新能源汽车蓝皮书
中国新能源汽车产业发展报告（2017）

中国汽车技术研究中心　日产（中国）投资有限公司
东风汽车有限公司 / 编著　2017 年 7 月出版　估价：98.00 元

◆ 本书对中国 2016 年新能源汽车产业发展进行了全面系统的分析，并介绍了国外的发展经验。有助于相关机构、行业和社会公众等了解中国新能源汽车产业发展的最新动态，为政府部门出台新能源汽车产业相关政策法规、企业制定相关战略规划，提供必要的借鉴和参考。

杜仲产业绿皮书
中国杜仲橡胶资源与产业发展报告（2016～2017）

杜红岩　胡文臻　俞锐 / 主编　2017 年 4 月出版　估价：85.00 元

◆ 本书对 2016 年杜仲产业的发展情况、研究团队在杜仲研究方面取得的重要成果、部分地区杜仲产业发展的具体情况、杜仲新标准的制定情况等进行了较为详细的分析与介绍，使广大关心杜仲产业发展的读者能够及时跟踪产业最新进展。

行业报告类　皮书系列 重点推荐

企业蓝皮书
中国企业绿色发展报告 No.2（2017）

李红玉 朱光辉 / 主编　　2017年8月出版　　估价：89.00元

◆ 本书深入分析中国企业能源消费、资源利用、绿色金融、绿色产品、绿色管理、信息化、绿色发展政策及绿色文化方面的现状，并对目前存在的问题进行研究，剖析因果，谋划对策，为企业绿色发展提供借鉴，为中国生态文明建设提供支撑。

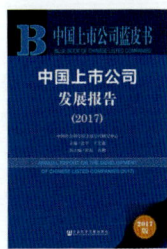

中国上市公司蓝皮书
中国上市公司发展报告（2017）

张平 王宏淼 / 主编　　2017年10月出版　　估价：98.00元

◆ 本书由中国社会科学院上市公司研究中心组织编写的，着力于全面、真实、客观反映当前中国上市公司财务状况和价值评估的综合性年度报告。本书详尽分析了2016年中国上市公司情况，特别是现实中暴露出的制度性、基础性问题，并对资本市场改革进行了探讨。

资产管理蓝皮书
中国资产管理行业发展报告（2017）

智信资产管理研究院 / 编著　　2017年6月出版　　估价：89.00元

◆ 中国资产管理行业刚刚兴起，未来将成为中国金融市场最有看点的行业。本书主要分析了2016年度资产管理行业的发展情况，同时对资产管理行业的未来发展做出科学的预测。

体育蓝皮书
中国体育产业发展报告（2017）

阮伟 钟秉枢 / 主编　　2017年12月出版　　估价：89.00元

◆ 本书运用多种研究方法，在体育竞赛业、体育用品业、体育场馆业、体育传媒业等传统产业研究的基础上，并对2016年体育领域内的各种热点事件进行研究和梳理，进一步拓宽了研究的广度、提升了研究的高度、挖掘了研究的深度。

国别与地区类

国际问题类

国际问题类皮书关注全球重点国家与地区，
提供全面、独特的解读与研究

美国蓝皮书
美国研究报告（2017）

郑秉文 黄平 / 主编　2017年6月出版　估价：89.00元

◆ 本书是由中国社会科学院美国研究所主持完成的研究成果，它回顾了美国2016年的经济、政治形势与外交战略，对2017年以来美国内政外交发生的重大事件及重要政策进行了较为全面的回顾和梳理。

日本蓝皮书
日本研究报告（2017）

杨伯江 / 主编　2017年5月出版　估价：89.00元

◆ 本书对2016年日本的政治、经济、社会、外交等方面的发展情况做了系统介绍，对日本的热点及焦点问题进行了总结和分析，并在此基础上对该国2017年的发展前景做出预测。

亚太蓝皮书
亚太地区发展报告（2017）

李向阳 / 主编　2017年4月出版　估价：89.00元

◆ 本书是中国社会科学院亚太与全球战略研究院的集体研究成果。2017年的"亚太蓝皮书"继续关注中国周边环境的变化。该书盘点了2016年亚太地区的焦点和热点问题，为深入了解2016年及未来中国与周边环境的复杂形势提供了重要参考。

国别与地区类

皮书系列重点推荐

德国蓝皮书
德国发展报告（2017）

郑春荣／主编　2017年6月出版　估价：89.00元

◆ 本报告由同济大学德国研究所组织编撰，由该领域的专家学者对德国的政治、经济、社会文化、外交等方面的形势发展情况，进行全面的阐述与分析。

日本经济蓝皮书
日本经济与中日经贸关系研究报告（2017）

张季风／编著　2017年5月出版　估价：89.00元

◆ 本书系统、详细地介绍了2016年日本经济以及中日经贸关系发展情况，在进行了大量数据分析的基础上，对2017年日本经济以及中日经贸关系的大致发展趋势进行了分析与预测。

俄罗斯黄皮书
俄罗斯发展报告（2017）

李永全／编著　2017年7月出版　估价：89.00元

◆ 本书系统介绍了2016年俄罗斯经济政治情况，并对2016年该地区发生的焦点、热点问题进行了分析与回顾；在此基础上，对该地区2017年的发展前景进行了预测。

非洲黄皮书
非洲发展报告 No.19（2016～2017）

张宏明／主编　2017年8月出版　估价：89.00元

◆ 本书是由中国社会科学院西亚非洲研究所组织编撰的非洲形势年度报告，比较全面、系统地分析了2016年非洲政治形势和热点问题，探讨了非洲经济形势和市场走向，剖析了大国对非洲关系的新动向；此外，还介绍了国内非洲研究的新成果。

地方发展类

地方发展类皮书关注中国各省份、经济区域，提供科学、多元的预判与资政信息

北京蓝皮书
北京公共服务发展报告（2016~2017）

施昌奎 / 主编　2017 年 3 月出版　定价：79.00 元

◆ 本书是由北京市政府职能部门的领导、首都著名高校的教授、知名研究机构的专家共同完成的关于北京市公共服务发展与创新的研究成果。

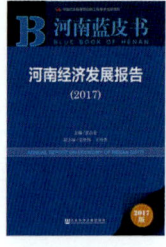

河南蓝皮书
河南经济发展报告（2017）

张占仓　完世伟 / 主编　2017 年 4 月出版　估价：89.00 元

◆ 本书以国内外经济发展环境和走向为背景，主要分析当前河南经济形势，预测未来发展趋势，全面反映河南经济发展的最新动态、热点和问题，为地方经济发展和领导决策提供参考。

广州蓝皮书
2017 年中国广州经济形势分析与预测

庾建设　陈浩钿　谢博能 / 主编　2017 年 7 月出版　估价：85.00 元

◆ 本书由广州大学与广州市委政策研究室、广州市统计局联合主编，汇集了广州科研团体、高等院校和政府部门诸多经济问题研究专家、学者和实际部门工作者的最新研究成果，是关于广州经济运行情况和相关专题分析、预测的重要参考资料。

 文化传媒类

文化传媒类

文化传媒类皮书透视文化领域、文化产业，探索文化大繁荣、大发展的路径

新媒体蓝皮书

中国新媒体发展报告 No.8（2017）

唐绪军 / 主编　2017 年 6 月出版　估价：89.00 元

◆ 本书是由中国社会科学院新闻与传播研究所组织编写的关于新媒体发展的最新年度报告，旨在全面分析中国新媒体的发展现状，解读新媒体的发展趋势，探析新媒体的深刻影响。

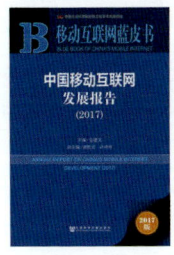

移动互联网蓝皮书

中国移动互联网发展报告（2017）

官建文 / 主编　　2017 年 6 月出版　　估价：89.00 元

◆ 本书着眼于对 2016 年度中国移动互联网的发展情况做深入解析，对未来发展趋势进行预测，力求从不同视角、不同层面全面剖析中国移动互联网发展的现状、年度突破及热点趋势等。

传媒蓝皮书

中国传媒产业发展报告（2017）

崔保国 / 主编　2017 年 5 月出版　估价：98.00 元

◆ "传媒蓝皮书"连续十多年跟踪观察和系统研究中国传媒产业发展。本报告在对传媒产业总体以及各细分行业发展状况与趋势进行深入分析基础上，对年度发展热点进行跟踪，剖析新技术引领下的商业模式，对传媒各领域发展趋势、内体经营、传媒投资进行解析，为中国传媒产业正在发生的变革提供前瞻行参考。

经济类

"三农"互联网金融蓝皮书
中国"三农"互联网金融发展报告（2017）
著(编)者：李勇坚 王弢　　2017年8月出版 / 估价：98.00元
PSN B-2016-561-1/1

G20国家创新竞争力黄皮书
二十国集团（G20）国家创新竞争力发展报告（2016~2017）
著(编)者：李建平 李闽榕 赵新力　周天勇
2017年8月出版 / 估价：158.00元
PSN Y-2011-229-1/1

产业蓝皮书
中国产业竞争力报告（2017）No.7
著(编)者：张其仔　　2017年12月出版 / 估价：98.00元
PSN B-2010-175-1/1

城市创新蓝皮书
中国城市创新报告（2017）
著(编)者：周天勇 旷建伟　2017年11月出版 / 估价：89.00元
PSN B-2013-340-1/1

城市蓝皮书
中国城市发展报告No.10
著(编)者：潘家华 单菁菁　2017年9月出版 / 估价：89.00元
PSN B-2007-091-1/1

城乡一体化蓝皮书
中国城乡一体化发展报告（2016~2017）
著(编)者：汝信 付崇兰　2017年7月出版 / 估价：85.00元
PSN B-2011-226-1/2

城镇化蓝皮书
中国新型城镇化健康发展报告（2017）
著(编)者：张占斌　2017年8月出版 / 估价：89.00元
PSN B-2014-396-1/1

创新蓝皮书
创新型国家建设报告（2016~2017）
著(编)者：詹正茂　2017年12月出版 / 估价：89.00元
PSN B-2009-140-1/1

创业蓝皮书
中国创业发展报告（2016~2017）
著(编)者：黄群慧 赵卫星 钟宏武等
2017年11月出版 / 估价：89.00元
PSN B-2016-578-1/1

低碳发展蓝皮书
中国低碳发展报告（2016~2017）
著(编)者：齐晔 张希良　2017年3月出版 / 估价：98.00元
PSN B-2011-223-1/1

低碳经济蓝皮书
中国低碳经济发展报告（2017）
著(编)者：薛进军 赵忠秀　2017年6月出版 / 估价：85.00元
PSN B-2011-194-1/1

东北蓝皮书
中国东北地区发展报告（2017）
著(编)者：姜晓秋　2017年2月出版 / 定价：79.00元
PSN B-2006-067-1/1

发展与改革蓝皮书
中国经济发展和体制改革报告No.8
著(编)者：邹东涛 王再文　2017年4月出版 / 估价：98.00元
PSN B-2008-122-1/1

工业化蓝皮书
中国工业化进程报告（2017）
著(编)者：黄群慧　2017年12月出版 / 估价：158.00元
PSN B-2007-095-1/1

管理蓝皮书
中国管理发展报告（2017）
著(编)者：张晓东　2017年10月出版 / 估价：98.00元
PSN B-2014-416-1/1

国际城市蓝皮书
国际城市发展报告（2017）
著(编)者：屠启宇　2017年2月出版 / 定价：79.00元
PSN B-2012-260-1/1

国家创新蓝皮书
中国创新发展报告（2017）
著(编)者：陈劲　2017年12月出版 / 估价：89.00元
PSN B-2014-370-1/1

金融蓝皮书
中国金融发展报告（2017）
著(编)者：王国刚　2017年2月出版 / 定价：79.00元
PSN B-2004-031-1/6

京津冀金融蓝皮书
京津冀金融发展报告（2017）
著(编)者：王爱俭 李向前
2017年4月出版 / 估价：89.00元
PSN B-2016-528-1/1

京津冀蓝皮书
京津冀发展报告（2017）
著(编)者：文魁 祝尔娟　2017年4月出版 / 估价：89.00元
PSN B-2012-262-1/1

经济蓝皮书
2017年中国经济形势分析与预测
著(编)者：李扬　2017年1月出版 / 定价：89.00元
PSN B-1996-001-1/1

经济蓝皮书·春季号
2017年中国经济前景分析
著(编)者：李扬　2017年6月出版 / 估价：89.00元
PSN B-1999-008-1/1

经济蓝皮书·夏季号
中国经济增长报告（2016~2017）
著(编)者：李扬　2017年9月出版 / 估价：98.00元
PSN B-2010-176-1/1

经济信息绿皮书
中国与世界经济发展报告（2017）
著(编)者：杜平　2017年12月出版 / 估价：89.00元
PSN G-2003-023-1/1

就业蓝皮书
2017年中国本科生就业报告
著(编)者：麦可思研究院　2017年6月出版 / 估价：98.00元
PSN B-2009-146-1/2

经济类 — 皮书系列 2017全品种

就业蓝皮书
2017年中国高职高专生就业报告
著(编)者：麦可思研究院　2017年6月出版 / 估价：98.00元
PSN B-2015-472-2/2

科普能力蓝皮书
中国科普能力评价报告（2017）
著(编)者：李富 强李群　2017年8月出版 / 估价：89.00元
PSN B-2016-556-1/1

临空经济蓝皮书
中国临空经济发展报告（2017）
著(编)者：连玉明　2017年9月出版 / 估价：89.00元
PSN B-2014-421-1/1

农村绿皮书
中国农村经济形势分析与预测（2016~2017）
著(编)者：魏后凯 杜志雄 黄秉信
2017年4月出版 / 估价：89.00元
PSN G-1998-003-1/1

农业应对气候变化蓝皮书
气候变化对中国农业影响评估报告 No.3
著(编)者：矫梅燕　2017年8月出版 / 估价：98.00元
PSN B-2014-413-1/1

气候变化绿皮书
应对气候变化报告（2017）
著(编)者：王伟光 郑国光　2017年6月出版 / 估价：89.00元
PSN G-2009-144-1/1

区域蓝皮书
中国区域经济发展报告（2016~2017）
著(编)者：赵弘　2017年6月出版 / 估价：89.00元
PSN B-2004-034-1/1

全球环境竞争力绿皮书
全球环境竞争力报告（2017）
著(编)者：李建平 李闽榕 王金南
2017年12月出版 / 估价：198.00元
PSN G-2013-363-1/1

人口与劳动绿皮书
中国人口与劳动问题报告 No.18
著(编)者：蔡昉 张车伟　2017年11月出版 / 估价：89.00元
PSN G-2000-012-1/1

商务中心区蓝皮书
中国商务中心区发展报告 No.3（2016）
著(编)者：李国红 单菁菁　2017年4月出版 / 估价：89.00元
PSN B-2015-444-1/1

世界经济黄皮书
2017年世界经济形势分析与预测
著(编)者：张宇燕　2017年1月出版 / 定价：89.00元
PSN Y-1999-006-1/1

世界旅游城市绿皮书
世界旅游城市发展报告（2017）
著(编)者：宋宇　2017年4月出版 / 估价：128.00元
PSN G-2014-400-1/1

土地市场蓝皮书
中国农村土地市场发展报告（2016~2017）
著(编)者：李光荣　2017年4月出版 / 估价：89.00元
PSN B-2016-527-1/1

西北蓝皮书
中国西北发展报告（2017）
著(编)者：高建龙　2017年4月出版 / 估价：89.00元
PSN B-2012-261-1/1

西部蓝皮书
中国西部发展报告（2017）
著(编)者：徐璋勇　2017年7月出版 / 估价：89.00元
PSN B-2005-039-1/1

新型城镇化蓝皮书
新型城镇化发展报告（2017）
著(编)者：李伟 宋敏 沈体雁　2017年4月出版 / 估价：98.00元
PSN B-2014-431-1/1

新兴经济体蓝皮书
金砖国家发展报告（2017）
著(编)者：林跃勤 周文　2017年12月出版 / 估价：89.00元
PSN B-2011-195-1/1

长三角蓝皮书
2017年新常态下深化一体化的长三角
著(编)者：王庆五　2017年12月出版 / 估价：88.00元
PSN B-2005-038-1/1

中部竞争力蓝皮书
中国中部经济社会竞争力报告（2017）
著(编)者：教育部人文社会科学重点研究基地
　　　　　南昌大学中国中部经济社会发展研究中心
2017年12月出版 / 估价：89.00元
PSN B-2012-276-1/1

中部蓝皮书
中国中部地区发展报告（2017）
著(编)者：宋亚平　2017年12月出版 / 估价：88.00元
PSN B-2007-089-1/1

中国省域竞争力蓝皮书
中国省域经济综合竞争力发展报告（2017）
著(编)者：李建平 李闽榕 高燕京
2017年2月出版 / 定价：198.00元
PSN B-2007-088-1/1

中三角蓝皮书
长江中游城市群发展报告（2017）
著(编)者：秦尊文　2017年9月出版 / 估价：89.00元
PSN B-2014-417-1/1

中小城市绿皮书
中国中小城市发展报告（2017）
著(编)者：中国城市经济学会中小城市经济发展委员会
　　　　　中国城镇化促进会中小城市发展委员会
　　　　　《中国中小城市发展报告》编纂委员会
　　　　　中小城市发展战略研究院
2017年11月出版 / 估价：128.00元
PSN G-2010-161-1/1

中原蓝皮书
中原经济区发展报告（2017）
著(编)者：李英杰　2017年6月出版 / 估价：88.00元
PSN B-2011-192-1/1

自贸区蓝皮书
中国自贸区发展报告（2017）
著(编)者：王力　2017年7月出版 / 估价：89.00元
PSN B-2016-559-1/1

社会政法类

北京蓝皮书
中国社区发展报告（2017）
著（编）者：于燕燕　2017年4月出版 / 估价：89.00元
PSN B-2007-083-5/8

殡葬绿皮书
中国殡葬事业发展报告（2017）
著（编）者：李伯森　2017年4月出版 / 估价：158.00元
PSN G-2010-180-1/1

城市管理蓝皮书
中国城市管理报告（2016~2017）
著（编）者：刘林　刘承水　2017年5月出版 / 估价：158.00元
PSN B-2013-336-1/1

城市生活质量蓝皮书
中国城市生活质量报告（2017）
著（编）者：中国经济实验研究院
2018年7月出版 / 估价：89.00元
PSN B-2013-326-1/1

城市政府能力蓝皮书
中国城市政府公共服务能力评估报告（2017）
著（编）者：何艳玲　2017年4月出版 / 估价：89.00元
PSN B-2013-338-1/1

慈善蓝皮书
中国慈善发展报告（2017）
著（编）者：杨团　2017年6月出版 / 估价：89.00元
PSN B-2009-142-1/1

党建蓝皮书
党的建设研究报告 No.2（2017）
著（编）者：崔建民　陈东平　2017年4月出版 / 估价：89.00元
PSN B-2016-524-1/1

地方法治蓝皮书
中国地方法治发展报告 No.3（2017）
著（编）者：李林　田禾　2017年4出版 / 估价：108.00元
PSN B-2015-442-1/1

法治蓝皮书
中国法治发展报告 No.15（2017）
著（编）者：李林　田禾　2017年3月出版 / 定价：118.00元
PSN B-2004-027-1/1

法治政府蓝皮书
中国法治政府发展报告（2017）
著（编）者：中国政法大学法治政府研究院
2017年4月出版 / 估价：98.00元
PSN B-2015-502-1/2

法治政府蓝皮书
中国法治政府评估报告（2017）
著（编）者：中国政法大学法治政府研究院
2017年11月出版 / 估价：98.00元
PSN B-2016-577-2/2

法治蓝皮书
中国法院信息化发展报告 No.1（2017）
著（编）者：李林　田禾　2017年2月出版 / 定价：108.00元
PSN B-2017-604-3/3

反腐倡廉蓝皮书
中国反腐倡廉建设报告 No.7
著（编）者：张英伟　2017年12月出版 / 估价：89.00元
PSN B-2012-259-1/1

非传统安全蓝皮书
中国非传统安全研究报告（2016~2017）
著（编）者：余潇枫　魏志江　2017年6月出版 / 估价：89.00元
PSN B-2012-273-1/1

妇女发展蓝皮书
中国妇女发展报告 No.7
著（编）者：王金玲　2017年9月出版 / 估价：148.00元
PSN B-2006-069-1/1

妇女教育蓝皮书
中国妇女教育发展报告 No.4
著（编）者：张李玺　2017年10月出版 / 估价：78.00元
PSN B-2008-121-1/1

妇女绿皮书
中国性别平等与妇女发展报告（2017）
著（编）者：谭琳　2017年12月出版 / 估价：99.00元
PSN G-2006-073-1/1

公共服务蓝皮书
中国城市基本公共服务力评价（2017）
著（编）者：钟君　刘志昌　吴正杲　2017年12月出版 / 估价：89.00元
PSN B-2011-214-1/1

公民科学素质蓝皮书
中国公民科学素质报告（2016~2017）
著（编）者：李群　陈雄　马宗文
2017年4月出版 / 估价：89.00元
PSN B-2014-379-1/1

公共关系蓝皮书
中国公共关系发展报告（2017）
著（编）者：柳斌杰　2017年11月出版 / 估价：89.00元
PSN B-2016-580-1/1

公益蓝皮书
中国公益慈善发展报告（2017）
著（编）者：朱健刚　2018年4月出版 / 估价：118.00元
PSN B-2012-283-1/1

国际人才蓝皮书
中国国际移民报告（2017）
著（编）者：王辉耀　2017年4月出版 / 估价：89.00元
PSN B-2012-304-3/4

国际人才蓝皮书
中国留学发展报告（2017）No.5
著（编）者：王辉耀　苗绿　2017年10月出版 / 估价：89.00元
PSN B-2012-244-2/4

海洋社会蓝皮书
中国海洋社会发展报告（2017）
著（编）者：崔凤　宋宁而　2017年7月出版 / 估价：89.00元
PSN B-2015-478-1/1

皮书系列 2017全品种
社会政法类

行政改革蓝皮书
中国行政体制改革报告（2017）No.6
著(编)者：魏礼群　2017年5月出版／估价：98.00元
PSN B-2011-231-1/1

华侨华人蓝皮书
华侨华人研究报告（2017）
著(编)者：贾益民　2017年12月出版／估价：128.00元
PSN B-2011-204-1/1

环境竞争力绿皮书
中国省域环境竞争力发展报告（2017）
著(编)者：李建平　李闽榕　王金南
2017年11月出版／估价：198.00元
PSN G-2010-165-1/1

环境绿皮书
中国环境发展报告（2017）
著(编)者：刘鉴强　2017年4月出版／估价：89.00元
PSN G-2006-048-1/1

基金会蓝皮书
中国基金会发展报告（2016~2017）
著(编)者：中国基金会发展报告课题组
2017年4月出版／估价：85.00元
PSN B-2013-368-1/1

基金会绿皮书
中国基金会发展独立研究报告（2017）
著(编)者：基金会中心网　中央民族大学基金会研究中心
2017年6月出版／估价：88.00元
PSN G-2011-213-1/1

基金会透明度蓝皮书
中国基金会透明度发展研究报告（2017）
著(编)者：基金会中心网　清华大学廉政与治理研究中心
2017年12月出版／估价：89.00元
PSN B-2015-509-1/1

家庭蓝皮书
中国"创建幸福家庭活动"评估报告（2017）
国务院发展研究中心"创建幸福家庭活动评估"课题组著
2017年8月出版／估价：89.00元
PSN B-2015-508-1/1

健康城市蓝皮书
中国健康城市建设研究报告（2017）
著(编)者：王鸿春　解树江　盛继洪
2017年9月出版／估价：89.00元
PSN B-2016-565-2/2

教师蓝皮书
中国中小学教师发展报告（2017）
著(编)者：曾晓东　鱼霞　2017年6月出版／估价：89.00元
PSN B-2012-289-1/1

教育蓝皮书
中国教育发展报告（2017）
著(编)者：杨东平　2017年4月出版／估价：89.00元
PSN B-2006-047-1/1

科普蓝皮书
中国基层科普发展报告（2016~2017）
著(编)者：赵立　新陈玲　2017年9月出版／估价：89.00元
PSN B-2016-569-3/3

科普蓝皮书
中国科普基础设施发展报告（2017）
著(编)者：任福君　2017年6月出版／估价：89.00元
PSN B-2010-174-1/3

科普蓝皮书
中国科普人才发展报告（2017）
著(编)者：郑念　任嵘嵘　2017年4月出版／估价：98.00元
PSN B-2015-512-2/3

科学教育蓝皮书
中国科学教育发展报告（2017）
著(编)者：罗晖　王康友　2017年10月出版／估价：89.00元
PSN B-2015-487-1/1

劳动保障蓝皮书
中国劳动保障发展报告（2017）
著(编)者：刘燕斌　2017年9月出版／估价：188.00元
PSN B-2014-415-1/1

老龄蓝皮书
中国老年宜居环境发展报告（2017）
著(编)者：党俊武　周燕珉　2017年4月出版／估价：89.00元
PSN B-2013-320-1/1

连片特困区蓝皮书
中国连片特困区发展报告（2017）
著(编)者：游俊　冷志明　丁建军
2017年4月出版／估价：98.00元
PSN B-2013-321-1/1

流动儿童蓝皮书
中国流动儿童教育发展报告（2016）
著(编)者：杨东平　2017年1月出版／定价：79.00元
PSN B-2017-600-1/1

民调蓝皮书
中国民生调查报告（2017）
著(编)者：谢耘耕　2017年12月出版／估价：98.00元
PSN B-2014-398-1/1

民族发展蓝皮书
中国民族发展报告（2017）
著(编)者：郝时远　王延中　王希恩
2017年4月出版／估价：98.00元
PSN B-2006-070-1/1

女性生活蓝皮书
中国女性生活状况报告No.11（2017）
著(编)者：韩湘景　2017年10月出版／估价：98.00元
PSN B-2006-071-1/1

汽车社会蓝皮书
中国汽车社会发展报告（2017）
著(编)者：王俊秀　2017年12月出版／估价：89.00元
PSN B-2011-224-1/1

17

皮书系列 2017全品种 — 社会政法类

青年蓝皮书
中国青年发展报告（2017）No.3
著(编)者：廉思 等　2017年4月出版 / 估价：89.00元
PSN B-2013-333-1/1

青少年蓝皮书
中国未成年人互联网运用报告（2017）
著(编)者：李文革 沈洁 季为民
2017年11月出版 / 估价：89.00元
PSN B-2010-165-1/1

青少年体育蓝皮书
中国青少年体育发展报告（2017）
著(编)者：郭建军 杨桦　2017年9月出版 / 估价：89.00元
PSN B-2015-482-1/1

群众体育蓝皮书
中国群众体育发展报告（2017）
著(编)者：刘国永 杨桦　2017年12月出版 / 估价：89.00元
PSN B-2016-519-2/3

人权蓝皮书
中国人权事业发展报告 No.7（2017）
著(编)者：李君如　2017年9月出版 / 估价：98.00元
PSN B-2011-215-1/1

社会保障绿皮书
中国社会保障发展报告（2017）No.8
著(编)者：王延中　2017年1月出版 / 估价：98.00元
PSN G-2001-014-1/1

社会风险评估蓝皮书
风险评估与危机预警评估报告（2017）
著(编)者：唐钧　2017年8月出版 / 估价：85.00元
PSN B-2016-521-1/1

社会管理蓝皮书
中国社会管理创新报告 No.5
著(编)者：连玉明　2017年11月出版 / 估价：89.00元
PSN B-2012-300-1/1

社会蓝皮书
2017年中国社会形势分析与预测
著(编)者：李培林 陈光金 张翼
2016年12月出版 / 定价：89.00元
PSN B-1998-002-1/1

社会体制蓝皮书
中国社会体制改革报告 No.5（2017）
著(编)者：龚维斌　2017年3月出版 / 定价：89.00元
PSN B-2013-330-1/1

社会心态蓝皮书
中国社会心态研究报告（2017）
著(编)者：王俊秀 杨宜音　2017年12月出版 / 估价：89.00元
PSN B-2011-199-1/1

社会组织蓝皮书
中国社会组织发展报告（2016~2017）
著(编)者：黄晓勇　2017年1月出版 / 定价：89.00元
PSN B-2008-118-1/2

社会组织蓝皮书
中国社会组织评估发展报告（2017）
著(编)者：徐家良 廖鸿　2017年12月出版 / 估价：89.00元
PSN B-2013-366-1/1

生态城市绿皮书
中国生态城市建设发展报告（2017）
著(编)者：刘举科 孙伟平 胡文臻
2017年9月出版 / 估价：118.00元
PSN B-2012-269-1/1

生态文明绿皮书
中国省域生态文明建设评价报告（ECI 2017）
著(编)者：严耕　2017年12月出版 / 估价：98.00元
PSN G-2010-170-1/1

土地整治蓝皮书
中国土地整治发展研究报告 No.4
著(编)者：国土资源部土地整治中心
2017年7月出版 / 估价：89.00元
PSN B-2014-401-1/1

土地政策蓝皮书
中国土地政策研究报告（2017）
著(编)者：高延利 李宪文
2017年12月出版 / 定价：89.00元
PSN B-2015-506-1/1

医改蓝皮书
中国医药卫生体制改革报告（2017）
著(编)者：文学国 房志武　2017年11月出版 / 估价：98.00元
PSN B-2014-432-1/1

医疗卫生绿皮书
中国医疗卫生发展报告 No.7（2017）
著(编)者：申宝忠 韩玉珍　2017年4月出版 / 估价：85.00元
PSN G-2004-033-1/1

应急管理蓝皮书
中国应急管理报告（2017）
著(编)者：宋英华　2017年9月出版 / 估价：98.00元
PSN B-2016-563-1/1

政治参与蓝皮书
中国政治参与报告（2017）
著(编)者：房宁　2017年9月出版 / 估价：118.00元
PSN B-2011-200-1/1

宗教蓝皮书
中国宗教报告（2016）
著(编)者：邱永辉　2017年4月出版 / 估价：89.00元
PSN B-2008-117-1/1

行业报告类

SUV蓝皮书
中国SUV市场发展报告（2016~2017）
著(编)者：靳军　2017年9月出版／估价：89.00元
PSN B-2016-572-1/1

保健蓝皮书
中国保健服务产业发展报告 No.2
著(编)者：中国保健协会 中共中央党校
2017年7月出版／估价：198.00元
PSN B-2012-272-3/3

保健蓝皮书
中国保健食品产业发展报告 No.2
著(编)者：中国保健协会
　　　　　中国社会科学院食品药品产业发展与监管研究中心
2017年7月出版／估价：198.00元
PSN B-2012-271-2/3

保健蓝皮书
中国保健用品产业发展报告 No.2
著(编)者：中国保健协会
　　　　　国务院国有资产监督管理委员会研究中心
2017年4月出版／估价：198.00元
PSN B-2012-270-1/3

保险蓝皮书
中国保险业竞争力报告（2017）
著(编)者：项俊波　2017年12月出版／估价：99.00元
PSN B-2013-311-1/1

冰雪蓝皮书
中国滑雪产业发展报告（2017）
著(编)者：孙承华 伍斌 魏庆华 张鸿俊
2017年8月出版／估价：89.00元
PSN B-2016-560-1/1

彩票蓝皮书
中国彩票发展报告（2017）
著(编)者：益彩基金　2017年4月出版／估价：98.00元
PSN B-2015-462-1/1

餐饮产业蓝皮书
中国餐饮产业发展报告（2017）
著(编)者：邢颖　2017年6月出版／估价：98.00元
PSN B-2009-151-1/1

测绘地理信息蓝皮书
新常态下的测绘地理信息研究报告（2017）
著(编)者：库热西·买合苏提
2017年12月出版／估价：118.00元
PSN B-2009-145-1/1

茶业蓝皮书
中国茶产业发展报告（2017）
著(编)者：杨江帆 李闽榕　2017年10月出版／估价：88.00元
PSN B-2010-164-1/1

产权市场蓝皮书
中国产权市场发展报告（2016~2017）
著(编)者：曹和平　2017年5月出版／估价：89.00元
PSN B-2009-147-1/1

产业安全蓝皮书
中国出版传媒产业安全报告（2016~2017）
著(编)者：北京印刷学院文化产业安全研究院
2017年4月出版／估价：89.00元
PSN B-2014-384-13/14

产业安全蓝皮书
中国文化产业安全报告（2017）
著(编)者：北京印刷学院文化产业安全研究院
2017年12月出版／估价：89.00元
PSN B-2014-378-12/14

产业安全蓝皮书
中国新媒体产业安全报告（2017）
著(编)者：北京印刷学院文化产业安全研究院
2017年12月出版／估价：89.00元
PSN B-2015-500-14/14

城投蓝皮书
中国城投行业发展报告（2017）
著(编)者：王艳艳 丁伯康　2017年11月出版／估价：300.00元
PSN B-2016-514-1/1

电子政务蓝皮书
中国电子政务发展报告（2016~2017）
著(编)者：李季 杜平　2017年7月出版／估价：89.00元
PSN B-2003-022-1/1

杜仲产业绿皮书
中国杜仲橡胶资源与产业发展报告（2016~2017）
著(编)者：杜红岩 胡文臻 俞锐
2017年4月出版／估价：85.00元
PSN G-2013-350-1/1

房地产蓝皮书
中国房地产发展报告 No.14（2017）
著(编)者：李春华 王业强　2017年5月出版／估价：89.00元
PSN B-2004-028-1/1

服务外包蓝皮书
中国服务外包产业发展报告（2017）
著(编)者：王晓红 刘德军
2017年6月出版／估价：89.00元
PSN B-2013-331-2/2

服务外包蓝皮书
中国服务外包竞争力报告（2017）
著(编)者：王力 刘春生 黄育华
2017年11月出版／估价：85.00元
PSN B-2011-216-1/2

工业和信息化蓝皮书
世界网络安全发展报告（2016~2017）
著(编)者：洪京一　2017年4月出版／估价：89.00元
PSN B-2015-452-5/5

工业和信息化蓝皮书
世界信息化发展报告（2016~2017）
著(编)者：洪京一　2017年4月出版／估价：89.00元
PSN B-2015-451-4/5

皮书系列 2017全品种 — 行业报告类

工业和信息化蓝皮书
世界信息技术产业发展报告（2016~2017）
著(编)者：洪京一　2017年4月出版／估价：89.00元
PSN B-2015-449-2/5

工业和信息化蓝皮书
移动互联网产业发展报告（2016~2017）
著(编)者：洪京一　2017年4月出版／估价：89.00元
PSN B-2015-448-1/5

工业和信息化蓝皮书
战略性新兴产业发展报告（2016~2017）
著(编)者：洪京一　2017年4月出版／估价：89.00元
PSN B-2015-450-3/5

工业设计蓝皮书
中国工业设计发展报告（2017）
著(编)者：王晓红　于炜　张立群
2017年9月出版／估价：138.00元
PSN B-2014-420-1/1

黄金市场蓝皮书
中国商业银行黄金业务发展报告（2016~2017）
著(编)者：平安银行　2017年4月出版／估价：98.00元
PSN B-2016-525-1/1

互联网金融蓝皮书
中国互联网金融发展报告（2017）
著(编)者：李东荣　2017年9月出版／估价：128.00元
PSN B-2014-374-1/1

互联网医疗蓝皮书
中国互联网医疗发展报告（2017）
著(编)者：宫晓东　2017年9月出版／估价：89.00元
PSN B-2016-568-1/1

会展蓝皮书
中外会展业动态评估年度报告（2017）
著(编)者：张敏　2017年4月出版／估价：88.00元
PSN B-2013-327-1/1

金融监管蓝皮书
中国金融监管报告（2017）
著(编)者：胡滨　2017年6月出版／估价：89.00元
PSN B-2012-281-1/1

金融蓝皮书
中国金融中心发展报告（2017）
著(编)者：王力　黄育华　2017年11月出版／估价：85.00元
PSN B-2011-186-6/6

建筑装饰蓝皮书
中国建筑装饰行业发展报告（2017）
著(编)者：刘晓一　葛道顺　2017年7月出版／估价：198.00元
PSN B-2016-554-1/1

客车蓝皮书
中国客车产业发展报告（2016~2017）
著(编)者：姚蔚　2017年10月出版／估价：85.00元
PSN B-2013-361-1/1

旅游安全蓝皮书
中国旅游安全报告（2017）
著(编)者：郑向敏　谢朝武　2017年5月出版／估价：128.00元
PSN B-2012-280-1/1

旅游绿皮书
2016~2017年中国旅游发展分析与预测
著(编)者：宋瑞　2017年2月出版／定价：89.00元
PSN G-2002-018-1/1

煤炭蓝皮书
中国煤炭工业发展报告（2017）
著(编)者：岳福斌　2017年12月出版／估价：85.00元
PSN B-2008-123-1/1

民营企业社会责任蓝皮书
中国民营企业社会责任报告（2017）
著(编)者：中华全国工商业联合会
2017年12月出版／估价：89.00元
PSN B-2015-510-1/1

民营医院蓝皮书
中国民营医院发展报告（2017）
著(编)者：庄一强　2017年10月出版／估价：85.00元
PSN B-2012-299-1/1

闽商蓝皮书
闽商发展报告（2017）
著(编)者：李闽榕　王日根　林琛
2017年12月出版／估价：89.00元
PSN B-2012-298-1/1

能源蓝皮书
中国能源发展报告（2017）
著(编)者：崔民选　王军生　陈义和
2017年10月出版／估价：98.00元
PSN B-2006-049-1/1

农产品流通蓝皮书
中国农产品流通产业发展报告（2017）
著(编)者：贾敬敦　张东科　张玉玺　张鹏毅　周伟
2017年4月出版／估价：89.00元
PSN B-2012-288-1/1

企业公益蓝皮书
中国企业公益研究报告（2017）
著(编)者：钟宏武　汪杰　顾一　黄晓娟　等
2017年12月出版／估价：89.00元
PSN B-2015-501-1/1

企业国际化蓝皮书
中国企业国际化报告（2017）
著(编)者：王辉耀　2017年11月出版／估价：98.00元
PSN B-2014-427-1/1

企业蓝皮书
中国企业绿色发展报告No.2（2017）
著(编)者：李红玉　朱光辉　2017年8月出版／估价：89.00元
PSN B-2015-481-2/2

企业社会责任蓝皮书
中国企业社会责任研究报告（2017）
著(编)者：黄群慧　钟宏武　张蒽　翟利峰
2017年11月出版／估价：89.00元
PSN B-2009-149-1/1

企业社会责任蓝皮书
中资企业海外社会责任研究报告（2016~2017）
著(编)者：钟宏武　叶柳红　张蒽
2017年1月出版／定价：79.00元
PSN B-2017-603-2/2

皮书系列 2017全品种

汽车安全蓝皮书
中国汽车安全发展报告（2017）
著（编）者：中国汽车技术研究中心
2017年7月出版 / 估价：89.00元
PSN B-2014-385-1/1

汽车电子商务蓝皮书
中国汽车电子商务发展报告（2017）
著（编）者：中华全国工商业联合会汽车经销商商会
　　　　　北京易观智库网络科技有限公司
2017年10月出版 / 估价：128.00元
PSN B-2015-485-1/1

汽车工业蓝皮书
中国汽车工业发展年度报告（2017）
著（编）者：中国汽车工业协会 中国汽车技术研究中心
　　　　　丰田汽车（中国）投资有限公司
2017年4月出版 / 估价：128.00元
PSN B-2015-463-1/2

汽车工业蓝皮书
中国汽车零部件产业发展报告（2017）
著（编）者：中国汽车工业协会 中国汽车工程研究院
2017年10月出版 / 估价：98.00元
PSN B-2016-515-2/2

汽车蓝皮书
中国汽车产业发展报告（2017）
著（编）者：国务院发展研究中心产业经济研究部
　　　　　中国汽车工程学会 大众汽车集团（中国）
2017年8月出版 / 估价：98.00元
PSN B-2008-124-1/1

人力资源蓝皮书
中国人力资源发展报告（2017）
著（编）者：余兴安　2017年11月出版 / 估价：89.00元
PSN B-2012-287-1/1

融资租赁蓝皮书
中国融资租赁业发展报告（2016~2017）
著（编）者：李光荣 王力　2017年8月出版 / 估价：89.00元
PSN B-2015-443-1/1

商会蓝皮书
中国商会发展报告No.5（2017）
著（编）者：王钦敏　2017年7月出版 / 估价：89.00元
PSN B-2008-125-1/1

输血服务蓝皮书
中国输血行业发展报告（2017）
著（编）者：朱永明 耿鸿武　2016年8月出版 / 估价：89.00元
PSN B-2016-583-1/1

社会责任管理蓝皮书
中国上市公司社会责任能力成熟度报告（2017）No.2
著（编）者：肖红军 王晓光 李伟阳
2017年12月出版 / 估价：98.00元
PSN B-2015-507-1/2

社会责任管理蓝皮书
中国企业公众透明度报告（2017）No.3
著（编）者：黄速建 熊梦 王晓光 肖红军
2017年4月出版 / 估价：98.00元
PSN B-2015-440-1/2

食品药品蓝皮书
食品药品安全与监管政策研究报告（2016~2017）
著（编）者：唐民皓　2017年6月出版 / 估价：89.00元
PSN B-2009-129-1/1

世界能源蓝皮书
世界能源发展报告（2017）
著（编）者：黄晓勇　2017年6月出版 / 估价：99.00元
PSN B-2013-349-1/1

水利风景区蓝皮书
中国水利风景区发展报告（2017）
著（编）者：谢朝才 兰思仁　2017年5月出版 / 估价：89.00元
PSN B-2015-480-1/1

碳市场蓝皮书
中国碳市场报告（2017）
著（编）者：定金彪　2017年11月出版 / 估价：89.00元
PSN B-2014-430-1/1

体育蓝皮书
中国体育产业发展报告（2017）
著（编）者：阮伟 钟秉枢　2017年12月出版 / 估价：89.00元
PSN B-2010-179-1/4

网络空间安全蓝皮书
中国网络空间安全发展报告（2017）
著（编）者：惠志斌 唐涛　2017年4月出版 / 估价：89.00元
PSN B-2015-466-1/1

西部金融蓝皮书
中国西部金融发展报告（2017）
著（编）者：李忠民　2017年8月出版 / 估价：85.00元
PSN B-2010-160-1/1

协会商会蓝皮书
中国行业协会商会发展报告（2017）
著（编）者：景朝阳 李勇　2017年4月出版 / 估价：99.00元
PSN B-2015-461-1/1

新能源汽车蓝皮书
中国新能源汽车产业发展报告（2017）
著（编）者：中国汽车技术研究中心
　　　　　日产（中国）投资有限公司 东风汽车有限公司
2017年7月出版 / 估价：98.00元
PSN B-2013-347-1/1

新三板蓝皮书
中国新三板市场发展报告（2017）
著（编）者：王力　2017年6月出版 / 估价：89.00元
PSN B-2016-534-1/1

信托市场蓝皮书
中国信托业市场报告（2016~2017）
著（编）者：用益信托研究院
2017年1月出版 / 定价：198.00元
PSN B-2014-371-1/1

信息化蓝皮书
中国信息化形势分析与预测（2016~2017）
著（编）者：周宏仁　2017年8月出版 / 估价：98.00元
PSN B-2010-168-1/1

皮书系列 2017全品种
行业报告类

信用蓝皮书
中国信用发展报告（2017）
著(编)者：章政 田侃　2017年4月出版 / 估价：99.00元
PSN B-2013-328-1/1

休闲绿皮书
2017年中国休闲发展报告
著(编)者：宋瑞　2017年10月出版 / 估价：89.00元
PSN G-2010-158-1/1

休闲体育蓝皮书
中国休闲体育发展报告（2016～2017）
著(编)者：李相如 钟炳枢　2017年10月出版 / 估价：89.00元
PSN G-2016-516-1/1

养老金融蓝皮书
中国养老金融发展报告（2017）
著(编)者：董克用 姚余栋
2017年8月出版 / 估价：89.00元
PSN B-2016-584-1/1

药品流通蓝皮书
中国药品流通行业发展报告（2017）
著(编)者：余鲁林 温再兴　2017年8月出版 / 估价：158.00元
PSN B-2014-429-1/1

医院蓝皮书
中国医院竞争力报告（2017）
著(编)者：庄一强 曾益新　2017年3月出版 / 定价：108.00元
PSN B-2016-529-1/1

邮轮绿皮书
中国邮轮产业发展报告（2017）
著(编)者：汪泓　2017年10月出版 / 估价：89.00元
PSN G-2014-419-1/1

智能养老蓝皮书
中国智能养老产业发展报告（2017）
著(编)者：朱勇　2017年10月出版 / 估价：89.00元
PSN B-2015-488-1/1

债券市场蓝皮书
中国债券市场发展报告（2016～2017）
著(编)者：杨农　2017年10月出版 / 估价：89.00元
PSN B-2016-573-1/1

中国节能汽车蓝皮书
中国节能汽车发展报告（2016~2017）
著(编)者：中国汽车工程研究院股份有限公司
2017年9月出版 / 估价：98.00元
PSN B-2016-566-1/1

中国上市公司蓝皮书
中国上市公司发展报告（2017）
著(编)者：张平 王宏淼
2017年10月出版 / 估价：98.00元
PSN B-2014-414-1/1

中国陶瓷产业蓝皮书
中国陶瓷产业发展报告（2017）
著(编)者：左和平 黄速建　2017年10月出版 / 估价：98.00元
PSN B-2016-574-1/1

中国总部经济蓝皮书
中国总部经济发展报告（2016～2017）
著(编)者：赵弘　2017年9月出版 / 估价：89.00元
PSN B-2005-036-1/1

中医文化蓝皮书
中国中医药文化传播发展报告（2017）
著(编)者：毛嘉陵　2017年7月出版 / 估价：89.00元
PSN B-2015-468-1/1

装备制造业蓝皮书
中国装备制造业发展报告（2017）
著(编)者：徐东华　2017年12月出版 / 估价：148.00元
PSN B-2015-505-1/1

资本市场蓝皮书
中国场外交易市场发展报告（2016～2017）
著(编)者：高峦　2017年4月出版 / 估价：89.00元
PSN B-2009-153-1/1

资产管理蓝皮书
中国资产管理行业发展报告（2017）
著(编)者：智信资产管理研究院
2017年6月出版 / 估价：89.00元
PSN B-2014-407-2/2

文化传媒类

传媒竞争力蓝皮书
中国传媒国际竞争力研究报告（2017）
著（编）者：李本乾 刘强
2017年11月出版 / 估价：148.00元
PSN B-2013-356-1/1

传媒蓝皮书
中国传媒产业发展报告（2017）
著（编）者：崔保国 2017年5月出版 / 估价：98.00元
PSN B-2005-035-1/1

传媒投资蓝皮书
中国传媒投资发展报告（2017）
著（编）者：张向东 谭云明
2017年6月出版 / 估价：128.00元
PSN B-2015-474-1/1

动漫蓝皮书
中国动漫产业发展报告（2017）
著（编）者：卢斌 郑玉明 牛兴侦
2017年9月出版 / 估价：89.00元
PSN B-2011-198-1/1

非物质文化遗产蓝皮书
中国非物质文化遗产发展报告（2017）
著（编）者：陈平 2017年5月出版 / 估价：98.00元
PSN B-2015-469-1/1

广电蓝皮书
中国广播电影电视发展报告（2017）
著（编）者：国家新闻出版广电总局发展研究中心
2017年7月出版 / 估价：98.00元
PSN B-2006-072-1/1

广告主蓝皮书
中国广告主营销传播趋势报告 No.9
著（编）者：黄升民 杜国清 邵华冬 等
2017年10月出版 / 估价：148.00元
PSN B-2005-041-1/1

国际传播蓝皮书
中国国际传播发展报告（2017）
著（编）者：胡正荣 李继东 姬德强
2017年11月出版 / 估价：89.00元
PSN B-2014-408-1/1

国家形象蓝皮书
中国国家形象传播报告（2016）
著（编）者：张昆 2017年3月出版 / 定价：98.00元
PSN B-2017-605-1/1

纪录片蓝皮书
中国纪录片发展报告（2017）
著（编）者：何苏六 2017年9月出版 / 估价：89.00元
PSN B-2011-222-1/1

科学传播蓝皮书
中国科学传播报告（2017）
著（编）者：詹正茂 2017年7月出版 / 估价：89.00元
PSN B-2008-120-1/1

两岸创意经济蓝皮书
两岸创意经济研究报告（2017）
著（编）者：罗昌智 林咏能
2017年10月出版 / 估价：98.00元
PSN B-2014-437-1/1

媒介与女性蓝皮书
中国媒介与女性发展报告(2016~2017)
著（编）者：刘利群 2017年9月出版 / 估价：118.00元
PSN B-2013-345-1/1

媒体融合蓝皮书
中国媒体融合发展报告（2017）
著（编）者：梅宁华 宋建武 2017年7月出版 / 估价：89.00元
PSN B-2015-479-1/1

全球传媒蓝皮书
全球传媒发展报告（2017）
著（编）者：胡正荣 李继东 唐晓芬
2017年11月出版 / 估价：89.00元
PSN B-2012-237-1/1

少数民族非遗蓝皮书
中国少数民族非物质文化遗产发展报告（2017）
著（编）者：肖远平（彝） 柴立（满）
2017年8月出版 / 估价：98.00元
PSN B-2015-467-1/1

视听新媒体蓝皮书
中国视听新媒体发展报告（2017）
著（编）者：国家新闻出版广电总局发展研究中心
2017年7月出版 / 估价：98.00元
PSN B-2011-184-1/1

文化创新蓝皮书
中国文化创新报告（2017）No.7
著（编）者：于平 傅才武 2017年7月出版 / 估价：98.00元
PSN B-2009-143-1/1

文化建设蓝皮书
中国文化发展报告（2016~2017）
著（编）者：江畅 孙伟平 戴茂堂
2017年6月出版 / 估价：116.00元
PSN B-2014-392-1/1

文化科技蓝皮书
文化科技创新发展报告（2017）
著（编）者：于平 李凤亮 2017年11月出版 / 估价：89.00元
PSN B-2013-342-1/1

文化蓝皮书
中国公共文化服务发展报告（2017）
著（编）者：刘新成 张永新 张旭
2017年12月出版 / 估价：98.00元
PSN B-2007-093-2/10

文化蓝皮书
中国公共文化投入增长测评报告（2017）
著（编）者：王亚南 2017年2月出版 / 定价：79.00元
PSN B-2014-435-10/10

皮书系列 2017全品种

文化传媒类·地方发展类

文化蓝皮书
中国少数民族文化发展报告（2016~2017）
著(编)者：武翠英 张晓明 任乌晶
2017年9月出版 / 估价：89.00元
PSN B-2013-369-9/10

文化蓝皮书
中国文化产业发展报告（2016~2017）
著(编)者：张晓明 王家新 章建刚
2017年4月出版 / 估价：89.00元
PSN B-2002-019-1/10

文化蓝皮书
中国文化产业供需协调检测报告（2017）
著(编)者：王亚南 2017年2月出版 / 定价：79.00元
PSN B-2013-323-8/10

文化蓝皮书
中国文化消费需求景气评价报告（2017）
著(编)者：王亚南 2017年2月出版 / 定价：79.00元
PSN B-2011-236-4/10

文化品牌蓝皮书
中国文化品牌发展报告（2017）
著(编)者：欧阳友权 2017年5月出版 / 估价：98.00元
PSN B-2012-277-1/1

文化遗产蓝皮书
中国文化遗产事业发展报告（2017）
著(编)者：苏杨 张颖岚 王宇飞
2017年8月出版 / 估价：98.00元
PSN B-2008-119-1/1

文学蓝皮书
中国文情报告（2016~2017）
著(编)者：白烨 2017年5月出版 / 估价：49.00元
PSN B-2011-221-1/1

新媒体蓝皮书
中国新媒体发展报告No.8（2017）
著(编)者：唐绪军 2017年6月出版 / 估价：89.00元
PSN B-2010-169-1/1

新媒体社会责任蓝皮书
中国新媒体社会责任研究报告（2017）
著(编)者：钟瑛 2017年11月出版 / 估价：89.00元
PSN B-2014-423-1/1

移动互联网蓝皮书
中国移动互联网发展报告（2017）
著(编)者：官建文 2017年6月出版 / 估价：89.00元
PSN B-2012-282-1/1

舆情蓝皮书
中国社会舆情与危机管理报告（2017）
著(编)者：谢耘耕 2017年9月出版 / 估价：128.00元
PSN B-2011-235-1/1

影视蓝皮书
中国影视产业发展报告（2017）
著(编)者：司若 2017年4月出版 / 估价：138.00元
PSN B-2016-530-1/1

地方发展类

安徽经济蓝皮书
合芜蚌国家自主创新综合示范区研究报告（2016~2017）
著(编)者：黄家海 王开玉 蔡宪
2017年7月出版 / 估价：89.00元
PSN B-2014-383-1/1

安徽蓝皮书
安徽社会发展报告（2017）
著(编)者：程桦 2017年4月出版 / 估价：89.00元
PSN B-2013-325-1/1

澳门蓝皮书
澳门经济社会发展报告（2016~2017）
著(编)者：吴志良 郝雨凡 2017年6月出版 / 估价：98.00元
PSN B-2009-138-1/1

北京蓝皮书
北京公共服务发展报告（2016~2017）
著(编)者：施昌奎 2017年3月出版 / 定价：79.00元
PSN B-2008-103-7/8

北京蓝皮书
北京经济发展报告（2016~2017）
著(编)者：杨松 2017年6月出版 / 估价：89.00元
PSN B-2006-054-2/8

北京蓝皮书
北京社会发展报告（2016~2017）
著(编)者：李伟东 2017年6月出版 / 估价：89.00元
PSN B-2006-055-3/8

北京蓝皮书
北京社会治理发展报告（2016~2017）
著(编)者：殷星辰 2017年5月出版 / 估价：89.00元
PSN B-2014-391-8/8

北京蓝皮书
北京文化发展报告（2016~2017）
著(编)者：李建盛 2017年4月出版 / 估价：89.00元
PSN B-2007-082-4/8

北京律师绿皮书
北京律师发展报告No.3（2017）
著(编)者：王隽 2017年7月出版 / 估价：88.00元
PSN G-2012-301-1/1

北京旅游蓝皮书
北京旅游发展报告（2017）
著(编)者：北京旅游学会 2017年4月出版 / 估价：88.00元
PSN B-2011-217-1/1

地方发展类

皮书系列 2017全品种

北京人才蓝皮书
北京人才发展报告（2017）
著（编）者：于淼　2017年12月出版 / 估价：128.00元
PSN B-2011-201-1/1

北京社会心态蓝皮书
北京社会心态分析报告（2016~2017）
著（编）者：北京社会心理研究所
2017年8月出版 / 估价：89.00元
PSN B-2014-422-1/1

北京社会组织管理蓝皮书
北京社会组织发展与管理（2016~2017）
著（编）者：黄江松　2017年4月出版 / 估价：88.00元
PSN B-2015-446-1/1

北京体育蓝皮书
北京体育产业发展报告（2016~2017）
著（编）者：钟秉枢　陈杰　杨铁黎
2017年9月出版 / 估价：89.00元
PSN B-2015-475-1/1

北京养老产业蓝皮书
北京养老产业发展报告（2017）
著（编）者：周明明　冯喜良　2017年8月出版 / 估价：89.00元
PSN B-2015-465-1/1

滨海金融蓝皮书
滨海新区金融发展报告（2017）
著（编）者：王爱俭　张锐钢　2017年12月出版 / 估价：89.00元
PSN B-2014-424-1/1

城乡一体化蓝皮书
中国城乡一体化发展报告·北京卷（2016~2017）
著（编）者：张宝秀　黄序　2017年5月出版 / 估价：89.00元
PSN B-2012-258-2/2

创意城市蓝皮书
北京文化创意产业发展报告（2017）
著（编）者：张京成　王国华　2017年10月出版 / 估价：89.00元
PSN B-2012-263-1/7

创意城市蓝皮书
天津文化创意产业发展报告（2016~2017）
著（编）者：谢思全　2017年6月出版 / 估价：89.00元
PSN B-2016-537-7/7

创意城市蓝皮书
武汉文化创意产业发展报告（2017）
著（编）者：黄永林　陈汉桥　2017年9月出版 / 估价：99.00元
PSN B-2013-354-4/7

创意上海蓝皮书
上海文化创意产业发展报告（2016~2017）
著（编）者：王慧敏　王兴全　2017年8月出版 / 估价：89.00元
PSN B-2016-562-1/1

福建妇女发展蓝皮书
福建省妇女发展报告（2017）
著（编）者：刘群英　2017年11月出版 / 估价：88.00元
PSN B-2011-220-1/1

福建自贸区蓝皮书
中国（福建）自由贸易实验区发展报告（2016~2017）
著（编）者：黄茂兴　2017年4月出版 / 估价：108.00元
PSN B-2017-532-1/1

甘肃蓝皮书
甘肃经济发展分析与预测（2017）
著（编）者：安文华　罗哲　2017年1月出版 / 定价：79.00元
PSN B-2013-312-1/6

甘肃蓝皮书
甘肃社会发展分析与预测（2017）
著（编）者：安文华　包晓霞　谢增虎
2017年1月出版 / 定价：79.00元
PSN B-2013-313-2/6

甘肃蓝皮书
甘肃文化发展分析与预测（2017）
著（编）者：王俊莲　周小华　2017年1月出版 / 定价：79.00元
PSN B-2013-314-3/6

甘肃蓝皮书
甘肃县域和农村发展报告（2017）
著（编）者：朱智文　包东红　王建兵
2017年1月出版 / 定价：79.00元
PSN B-2013-316-5/6

甘肃蓝皮书
甘肃舆情分析与预测（2017）
著（编）者：陈双梅　张谦元　2017年1月出版 / 定价：79.00元
PSN B-2013-315-4/6

甘肃蓝皮书
甘肃商贸流通发展报告（2017）
著（编）者：张应华　王福生　王晓芳
2017年1月出版 / 定价：79.00元
PSN B-2016-523-6/6

广东蓝皮书
广东全面深化改革发展报告（2017）
著（编）者：周林生　涂成林　2017年12月出版 / 估价：89.00元
PSN B-2015-504-3/3

广东蓝皮书
广东社会工作发展报告（2017）
著（编）者：罗观翠　2017年6月出版 / 估价：89.00元
PSN B-2014-402-2/3

广东外经贸蓝皮书
广东对外经济贸易发展研究报告（2016~2017）
著（编）者：陈万灵　2017年8月出版 / 估价：98.00元
PSN B-2012-286-1/1

广西北部湾经济区蓝皮书
广西北部湾经济区开放开发报告（2017）
著（编）者：广西北部湾经济区规划建设管理委员会办公室
广西社会科学院广西北部湾发展研究院
2017年4月出版 / 估价：89.00元
PSN B-2010-181-1/1

巩义蓝皮书
巩义经济社会发展报告（2017）
著（编）者：丁同民　朱军　2017年4月出版 / 估价：58.00元
PSN B-2016-533-1/1

广州蓝皮书
2017年中国广州经济形势分析与预测
著（编）者：庾建设　陈浩钿　谢博能
2017年7月出版 / 定价：85.00元
PSN B-2011-185-9/14

25

皮书系列 2017全品种
地方发展类

广州蓝皮书
2017年中国广州社会形势分析与预测
著(编)者：张强 陈怡霓 杨秦　2017年6月出版 / 估价：85.00元
PSN B-2008-110-5/14

广州蓝皮书
广州城市国际化发展报告（2017）
著(编)者：朱名宏　2017年8月出版 / 估价：79.00元
PSN B-2012-246-11/14

广州蓝皮书
广州创新型城市发展报告（2017）
著(编)者：尹涛　2017年7月出版 / 估价：79.00元
PSN B-2012-247-12/14

广州蓝皮书
广州经济发展报告（2017）
著(编)者：朱名宏　2017年7月出版 / 估价：79.00元
PSN B-2005-040-1/14

广州蓝皮书
广州农村发展报告（2017）
著(编)者：朱名宏　2017年8月出版 / 估价：79.00元
PSN B-2010-167-8/14

广州蓝皮书
广州汽车产业发展报告（2017）
著(编)者：杨再高 冯兴亚　2017年7月出版 / 估价：79.00元
PSN B-2006-066-3/14

广州蓝皮书
广州青年发展报告（2016～2017）
著(编)者：徐柳 张强　2017年9月出版 / 估价：79.00元
PSN B-2013-352-13/14

广州蓝皮书
广州商贸业发展报告（2017）
著(编)者：李江涛 肖振宇 荀振英
2017年7月出版 / 估价：79.00元
PSN B-2012-245-10/14

广州蓝皮书
广州社会保障发展报告（2017）
著(编)者：蔡国萱　2017年8月出版 / 估价：79.00元
PSN B-2014-425-14/14

广州蓝皮书
广州文化创意产业发展报告（2017）
著(编)者：徐咏虹　2017年7月出版 / 估价：79.00元
PSN B-2008-111-6/14

广州蓝皮书
中国广州城市建设与管理发展报告（2017）
著(编)者：董皞 陈小钢 李江涛
2017年7月出版 / 估价：85.00元
PSN B-2007-087-4/14

广州蓝皮书
中国广州科技创新发展报告（2017）
著(编)者：邹采荣 马正勇 陈爽
2017年7月出版 / 估价：79.00元
PSN B-2006-065-2/14

广州蓝皮书
中国广州文化发展报告（2017）
著(编)者：徐俊忠 陆志强 顾涧清
2017年7月出版 / 估价：79.00元
PSN B-2009-134-7/14

贵阳蓝皮书
贵阳城市创新发展报告No.2（白云篇）
著(编)者：连玉明　2017年10月出版 / 估价：89.00元
PSN B-2015-491-3/10

贵阳蓝皮书
贵阳城市创新发展报告No.2（观山湖篇）
著(编)者：连玉明　2017年10月出版 / 估价：89.00元
PSN B-2011-235-1/1

贵阳蓝皮书
贵阳城市创新发展报告No.2（花溪篇）
著(编)者：连玉明　2017年10月出版 / 估价：89.00元
PSN B-2015-490-2/10

贵阳蓝皮书
贵阳城市创新发展报告No.2（开阳篇）
著(编)者：连玉明　2017年10月出版 / 估价：89.00元
PSN B-2015-492-4/10

贵阳蓝皮书
贵阳城市创新发展报告No.2（南明篇）
著(编)者：连玉明　2017年10月出版 / 估价：89.00元
PSN B-2015-496-8/10

贵阳蓝皮书
贵阳城市创新发展报告No.2（清镇篇）
著(编)者：连玉明　2017年10月出版 / 估价：89.00元
PSN B-2015-489-1/10

贵阳蓝皮书
贵阳城市创新发展报告No.2（乌当篇）
著(编)者：连玉明　2017年10月出版 / 估价：89.00元
PSN B-2015-495-7/10

贵阳蓝皮书
贵阳城市创新发展报告No.2（息烽篇）
著(编)者：连玉明　2017年10月出版 / 估价：89.00元
PSN B-2015-493-5/10

贵阳蓝皮书
贵阳城市创新发展报告No.2（修文篇）
著(编)者：连玉明　2017年10月出版 / 估价：89.00元
PSN B-2015-494-6/10

贵阳蓝皮书
贵阳城市创新发展报告No.2（云岩篇）
著(编)者：连玉明　2017年10月出版 / 估价：89.00元
PSN B-2015-498-10/10

贵州房地产蓝皮书
贵州房地产发展报告No.4（2017）
著(编)者：武廷方　2017年7月出版 / 估价：89.00元
PSN B-2014-426-1/1

贵州蓝皮书
贵州册亨经济社会发展报告(2017)
著(编)者：黄德林　2017年3月出版 / 估价：89.00元
PSN B-2016-526-8/9

地方发展类 皮书系列 2017全品种

贵州蓝皮书
贵安新区发展报告（2016~2017）
著(编)者：马长青 吴大华　2017年6月出版 / 估价：89.00元
PSN B-2015-459-4/9

贵州蓝皮书
贵州法治发展报告（2017）
著(编)者：吴大华　2017年5月出版 / 估价：89.00元
PSN B-2012-254-2/9

贵州蓝皮书
贵州国有企业社会责任发展报告（2016~2017）
著(编)者：郭丽 周航 万强
2017年12月出版 / 估价：89.00元
PSN B-2015-511-6/9

贵州蓝皮书
贵州民航业发展报告（2017）
著(编)者：申振东 吴大华　2017年10月出版 / 估价：89.00元
PSN B-2015-471-5/9

贵州蓝皮书
贵州民营经济发展报告（2017）
著(编)者：杨静 吴大华　2017年4月出版 / 估价：89.00元
PSN B-2016-531-9/9

贵州蓝皮书
贵州人才发展报告（2017）
著(编)者：于杰 吴大华　2017年9月出版 / 估价：89.00元
PSN B-2014-382-3/9

贵州蓝皮书
贵州社会发展报告（2017）
著(编)者：王兴骥　2017年6月出版 / 估价：89.00元
PSN B-2010-166-1/9

贵州蓝皮书
贵州国家级开放创新平台发展报告（2017）
著(编)者：申晓庆 吴大华 李泓
2017年6月出版 / 估价：89.00元
PSN B-2016-518-1/9

海淀蓝皮书
海淀区文化和科技融合发展报告（2017）
著(编)者：陈名杰 孟景伟　2017年5月出版 / 估价：85.00元
PSN B-2013-329-1/1

杭州都市圈蓝皮书
杭州都市圈发展报告（2017）
著(编)者：沈翔 戚建国　2017年5月出版 / 估价：128.00元
PSN B-2012-302-1/1

杭州蓝皮书
杭州妇女发展报告（2017）
著(编)者：魏颖　2017年6月出版 / 估价：89.00元
PSN B-2014-403-1/1

河北经济蓝皮书
河北省经济发展报告（2017）
著(编)者：马树强 金浩 张贵
2017年4月出版 / 估价：89.00元
PSN B-2014-380-1/1

河北蓝皮书
河北经济社会发展报告（2017）
著(编)者：郭金平　2017年1月出版 / 定价：79.00元
PSN B-2014-372-1/2

河北蓝皮书
京津冀协同发展报告（2017）
著(编)者：陈路　2017年1月出版 / 定价：79.00元
PSN B-2017-601-2/2

河北食品药品安全蓝皮书
河北食品药品安全研究报告（2017）
著(编)者：丁锦霞　2017年6月出版 / 估价：89.00元
PSN B-2015-473-1/1

河南经济蓝皮书
2017年河南经济形势分析与预测
著(编)者：王世炎　2017年3月出版 / 定价：79.00元
PSN B-2007-086-1/1

河南蓝皮书
2017年河南社会形势分析与预测
著(编)者：刘道兴 牛苏林　2017年4月出版 / 估价：89.00元
PSN B-2005-043-1/8

河南蓝皮书
河南城市发展报告（2017）
著(编)者：张占仓 王建国　2017年5月出版 / 估价：89.00元
PSN B-2009-131-3/8

河南蓝皮书
河南法治发展报告（2017）
著(编)者：丁同民 张林海　2017年5月出版 / 估价：89.00元
PSN B-2014-376-6/8

河南蓝皮书
河南工业发展报告（2017）
著(编)者：张占仓 丁同民　2017年5月出版 / 估价：89.00元
PSN B-2013-317-5/8

河南蓝皮书
河南金融发展报告（2017）
著(编)者：河南省社会科学院
2017年6月出版 / 估价：89.00元
PSN B-2014-390-7/8

河南蓝皮书
河南经济发展报告（2017）
著(编)者：张占仓 完世伟　2017年4月出版 / 估价：89.00元
PSN B-2010-157-4/8

河南蓝皮书
河南农业农村发展报告（2017）
著(编)者：吴海峰　2017年4月出版 / 估价：89.00元
PSN B-2015-445-8/8

河南蓝皮书
河南文化发展报告（2017）
著(编)者：卫绍生　2017年4月出版 / 估价：88.00元
PSN B-2008-106-2/8

河南商务蓝皮书
河南商务发展报告（2017）
著(编)者：焦锦淼 穆荣国　2017年6月出版 / 估价：88.00元
PSN B-2014-399-1/1

黑龙江蓝皮书
黑龙江经济发展报告（2017）
著(编)者：朱宇　2017年1月出版 / 定价：79.00元
PSN B-2011-190-2/2

皮书系列重点推荐 — 地方发展类

黑龙江蓝皮书
黑龙江社会发展报告（2017）
著(编)者：谢宝禄　2017年1月出版 / 定价：79.00元
PSN B-2011-189-1/2

湖北文化蓝皮书
湖北文化发展报告（2017）
著(编)者：吴成国　2017年10月出版 / 估价：95.00元
PSN B-2016-567-1/1

湖南城市蓝皮书
区域城市群整合
著(编)者：童中贤　韩未名
2017年12月出版 / 估价：89.00元
PSN B-2006-064-1/1

湖南蓝皮书
2017年湖南产业发展报告
著(编)者：梁志峰　2017年5月出版 / 估价：128.00元
PSN B-2011-207-2/8

湖南蓝皮书
2017年湖南电子政务发展报告
著(编)者：梁志峰　2017年5月出版 / 估价：128.00元
PSN B-2014-394-6/8

湖南蓝皮书
2017年湖南经济展望
著(编)者：梁志峰　2017年5月出版 / 估价：128.00元
PSN B-2011-206-1/8

湖南蓝皮书
2017年湖南两型社会与生态文明发展报告
著(编)者：梁志峰　2017年5月出版 / 估价：128.00元
PSN B-2011-208-3/8

湖南蓝皮书
2017年湖南社会发展报告
著(编)者：梁志峰　2017年5月出版 / 估价：128.00元
PSN B-2014-393-5/8

湖南蓝皮书
2017年湖南县域经济社会发展报告
著(编)者：梁志峰　2017年5月出版 / 估价：128.00元
PSN B-2014-395-7/8

湖南蓝皮书
湖南城乡一体化发展报告（2017）
著(编)者：陈文胜　王文强　陆福兴　邝奕轩
2017年6月出版 / 估价：89.00元
PSN B-2015-477-8/8

湖南县域绿皮书
湖南县域发展报告No.3
著(编)者：袁准　周小毛　黎仁寅
2017年3月出版 / 定价：79.00元
PSN G-2012-274-1/1

沪港蓝皮书
沪港发展报告（2017）
著(编)者：尤安山　2017年9月出版 / 估价：89.00元
PSN B-2013-362-1/1

吉林蓝皮书
2017年吉林经济社会形势分析与预测
著(编)者：邵汉明　2016年12月出版 / 定价：79.00元
PSN B-2013-319-1/1

吉林省城市竞争力蓝皮书
吉林省城市竞争力报告（2016~2017）
著(编)者：崔岳春　张磊　2016年12月出版 / 定价：79.00元
PSN B-2015-513-1/1

济源蓝皮书
济源经济社会发展报告（2017）
著(编)者：喻新安　2017年4月出版 / 估价：89.00元
PSN B-2014-387-1/1

健康城市蓝皮书
北京健康城市建设研究报告（2017）
著(编)者：王鸿春　2017年8月出版 / 估价：89.00元
PSN B-2015-460-1/2

江苏法治蓝皮书
江苏法治发展报告No.6（2017）
著(编)者：蔡道通　龚廷泰　2017年8月出版 / 估价：98.00元
PSN B-2012-290-1/1

江西蓝皮书
江西经济社会发展报告（2017）
著(编)者：张勇　姜玮　梁勇　2017年10月出版 / 估价：89.00元
PSN B-2015-484-1/2

江西蓝皮书
江西设区市发展报告（2017）
著(编)者：姜玮　梁勇　2017年10月出版 / 估价：79.00元
PSN B-2016-517-2/2

江西文化蓝皮书
江西文化产业发展报告（2017）
著(编)者：张圣才　汪春翔
2017年10月出版 / 估价：128.00元
PSN B-2015-499-1/1

街道蓝皮书
北京街道发展报告No.2（白纸坊篇）
著(编)者：连玉明　2017年8月出版 / 估价：98.00元
PSN B-2016-544-7/15

街道蓝皮书
北京街道发展报告No.2（椿树篇）
著(编)者：连玉明　2017年8月出版 / 估价：98.00元
PSN B-2016-548-11/15

街道蓝皮书
北京街道发展报告No.2（大栅栏篇）
著(编)者：连玉明　2017年8月出版 / 估价：98.00元
PSN B-2016-552-15/15

街道蓝皮书
北京街道发展报告No.2（德胜篇）
著(编)者：连玉明　2017年8月出版 / 估价：98.00元
PSN B-2016-551-14/15

街道蓝皮书
北京街道发展报告No.2（广安门内篇）
著(编)者：连玉明　2017年8月出版 / 估价：98.00元
PSN B-2016-540-3/15

皮书系列 重点推荐 — 地方发展类

街道蓝皮书
北京街道发展报告No.2（广安门外篇）
著(编)者：连玉明　2017年8月出版 / 估价：98.00元
PSN B-2016-547-10/15

街道蓝皮书
北京街道发展报告No.2（金融街篇）
著(编)者：连玉明　2017年8月出版 / 估价：98.00元
PSN B-2016-538-1/15

街道蓝皮书
北京街道发展报告No.2（牛街篇）
著(编)者：连玉明　2017年8月出版 / 估价：98.00元
PSN B-2016-545-8/15

街道蓝皮书
北京街道发展报告No.2（什刹海篇）
著(编)者：连玉明　2017年8月出版 / 估价：98.00元
PSN B-2016-546-9/15

街道蓝皮书
北京街道发展报告No.2（陶然亭篇）
著(编)者：连玉明　2017年8月出版 / 估价：98.00元
PSN B-2016-542-5/15

街道蓝皮书
北京街道发展报告No.2（天桥篇）
著(编)者：连玉明　2017年8月出版 / 估价：98.00元
PSN B-2016-549-12/15

街道蓝皮书
北京街道发展报告No.2（西长安街篇）
著(编)者：连玉明　2017年8月出版 / 估价：98.00元
PSN B-2016-543-6/15

街道蓝皮书
北京街道发展报告No.2（新街口篇）
著(编)者：连玉明　2017年8月出版 / 估价：98.00元
PSN B-2016-541-4/15

街道蓝皮书
北京街道发展报告No.2（月坛篇）
著(编)者：连玉明　2017年8月出版 / 估价：98.00元
PSN B-2016-539-2/15

街道蓝皮书
北京街道发展报告No.2（展览路篇）
著(编)者：连玉明　2017年8月出版 / 估价：98.00元
PSN B-2016-550-13/15

经济特区蓝皮书
中国经济特区发展报告（2017）
著(编)者：陶一桃　2017年12月出版 / 估价：98.00元
PSN B-2009-139-1/1

辽宁蓝皮书
2017年辽宁经济社会形势分析与预测
著(编)者：曹晓峰　梁启东
2017年4月出版 / 估价：79.00元
PSN B-2006-053-1/1

洛阳蓝皮书
洛阳文化发展报告（2017）
著(编)者：刘福兴　陈启明　2017年7月出版 / 估价：89.00元
PSN B-2015-476-1/1

南京蓝皮书
南京文化发展报告（2017）
著(编)者：徐宁　2017年10月出版 / 估价：89.00元
PSN B-2014-439-1/1

南宁蓝皮书
南宁法治发展报告（2017）
著(编)者：杨维超　2017年12月出版 / 估价：79.00元
PSN B-2015-509-1/3

南宁蓝皮书
南宁经济发展报告（2017）
著(编)者：胡建华　2017年9月出版 / 估价：79.00元
PSN B-2016-570-2/3

南宁蓝皮书
南宁社会发展报告（2017）
著(编)者：胡建华　2017年9月出版 / 估价：79.00元
PSN B-2016-571-3/3

内蒙古蓝皮书
内蒙古反腐倡廉建设报告 No.2
著(编)者：张志华　无极　2017年12月出版 / 估价：79.00元
PSN B-2013-365-1/1

浦东新区蓝皮书
上海浦东经济发展报告（2017）
著(编)者：沈开艳　周奇　2017年2月出版 / 定价：79.00元
PSN B-2011-225-1/1

青海蓝皮书
2017年青海经济社会形势分析与预测
著(编)者：陈玮　2016年12月出版 / 定价：79.00元
PSN B-2012-275-1/1

人口与健康蓝皮书
深圳人口与健康发展报告（2017）
著(编)者：陆杰华　罗乐宣　苏杨
2017年11月出版 / 估价：89.00元
PSN B-2011-228-1/1

山东蓝皮书
山东经济形势分析与预测（2017）
著(编)者：李广杰　2017年7月出版 / 估价：89.00元
PSN B-2014-404-1/4

山东蓝皮书
山东社会形势分析与预测（2017）
著(编)者：张华　唐洲雁　2017年6月出版 / 估价：89.00元
PSN B-2014-405-2/4

山东蓝皮书
山东文化发展报告（2017）
著(编)者：涂可国　2017年11月出版 / 估价：98.00元
PSN B-2014-406-3/4

山西蓝皮书
山西资源型经济转型发展报告（2017）
著(编)者：李志强　2017年7月出版 / 估价：89.00元
PSN B-2011-197-1/1

皮书系列重点推荐 地方发展类

陕西蓝皮书
陕西经济发展报告（2017）
著(编)者：任宗哲 白宽犁 裴成荣
2017年1月出版 / 定价：69.00元
PSN B-2009-135-1/5

陕西蓝皮书
陕西社会发展报告（2017）
著(编)者：任宗哲 白宽犁 牛昉
2017年1月出版 / 定价：69.00元
PSN B-2009-136-2/5

陕西蓝皮书
陕西文化发展报告（2017）
著(编)者：任宗哲 白宽犁 王长寿
2017年1月出版 / 定价：69.00元
PSN B-2009-137-3/5

上海蓝皮书
上海传媒发展报告（2017）
著(编)者：强荧 焦雨虹 2017年2月出版 / 定价：79.00元
PSN B-2012-295-5/7

上海蓝皮书
上海法治发展报告（2017）
著(编)者：叶青 2017年6月出版 / 估价：89.00元
PSN B-2012-296-6/7

上海蓝皮书
上海经济发展报告（2017）
著(编)者：沈开艳 2017年2月出版 / 定价：79.00元
PSN B-2006-057-1/7

上海蓝皮书
上海社会发展报告（2017）
著(编)者：杨雄 周海旺 2017年2月出版 / 定价：79.00元
PSN B-2006-058-2/7

上海蓝皮书
上海文化发展报告（2017）
著(编)者：荣跃明 2017年2月出版 / 定价：79.00元
PSN B-2006-059-3/7

上海蓝皮书
上海文学发展报告（2017）
著(编)者：陈圣来 2017年6月出版 / 估价：89.00元
PSN B-2012-297-7/7

上海蓝皮书
上海资源环境发展报告（2017）
著(编)者：周冯琦 汤庆合
2017年2月出版 / 定价：79.00元
PSN B-2006-060-4/7

社会建设蓝皮书
2017年北京社会建设分析报告
著(编)者：宋贵伦 冯虹 2017年10月出版 / 估价：89.00元
PSN B-2010-173-1/1

深圳蓝皮书
深圳法治发展报告（2017）
著(编)者：张骁儒 2017年6月出版 / 估价：89.00元
PSN B-2015-470-6/7

深圳蓝皮书
深圳经济发展报告（2017）
著(编)者：张骁儒 2017年7月出版 / 估价：89.00元
PSN B-2008-112-3/7

深圳蓝皮书
深圳劳动关系发展报告（2017）
著(编)者：汤庭芬 2017年6月出版 / 估价：89.00元
PSN B-2007-097-2/7

深圳蓝皮书
深圳社会建设与发展报告（2017）
著(编)者：张骁儒 陈东平 2017年7月出版 / 估价：89.00元
PSN B-2008-113-4/7

深圳蓝皮书
深圳文化发展报告(2017)
著(编)者：张骁儒 2017年7月出版 / 估价：89.00元
PSN B-2016-555-7/7

丝绸之路蓝皮书
丝绸之路经济带发展报告（2017）
著(编)者：任宗哲 白宽犁 谷孟宾
2017年1月出版 / 定价：75.00元
PSN B-2014-410-1/1

法治蓝皮书
四川依法治省年度报告 No.3（2017）
著(编)者：李林 杨天宗 田禾
2017年3月出版 / 定价：118.00元
PSN B-2015-447-1/1

四川蓝皮书
2017年四川经济形势分析与预测
著(编)者：杨钢 2017年1月出版 / 定价：98.00元
PSN B-2007-098-2/7

四川蓝皮书
四川城镇化发展报告（2017）
著(编)者：侯水平 陈炜 2017年4月出版 / 估价：85.00元
PSN B-2015-456-7/7

四川蓝皮书
四川法治发展报告（2017）
著(编)者：郑泰安 2017年4月出版 / 估价：89.00元
PSN B-2015-441-5/7

四川蓝皮书
四川企业社会责任研究报告（2016~2017）
著(编)者：侯水平 盛毅 翟刚
2017年4月出版 / 估价：89.00元
PSN B-2014-386-4/7

四川蓝皮书
四川社会发展报告（2017）
著(编)者：李羚 2017年5月出版 / 估价：89.00元
PSN B-2008-127-3/7

四川蓝皮书
四川生态建设报告（2017）
著(编)者：李晟之 2017年4月出版 / 估价：85.00元
PSN B-2015-455-6/7

地方发展类・国际问题类 | 皮书系列 重点推荐

四川蓝皮书
四川文化产业发展报告（2017）
著(编)者：向宝云 张立伟
2017年4月出版 / 估价：89.00元
PSN B-2006-074-1/7

体育蓝皮书
上海体育产业发展报告（2016～2017）
著(编)者：张林 黄海燕
2017年10月出版 / 估价：89.00元
PSN B-2015-454-4/4

体育蓝皮书
长三角地区体育产业发展报告（2016～2017）
著(编)者：张林 2017年4月出版 / 估价：89.00元
PSN B-2015-453-3/4

天津金融蓝皮书
天津金融发展报告（2017）
著(编)者：王爱俭 孔德昌
2017年12月出版 / 估价：98.00元
PSN B-2014-418-1/1

图们江区域合作蓝皮书
图们江区域合作发展报告（2017）
著(编)者：李铁 2017年6月出版 / 估价：98.00元
PSN B-2015-464-1/1

温州蓝皮书
2017年温州经济社会形势分析与预测
著(编)者：潘忠强 王春光 金浩
2017年4月出版 / 估价：89.00元
PSN B-2008-105-1/1

西咸新区蓝皮书
西咸新区发展报告（2016~2017）
著(编)者：李扬 王军 2017年6月出版 / 估价：89.00元
PSN B-2016-535-1/1

扬州蓝皮书
扬州经济社会发展报告（2017）
著(编)者：丁纯 2017年12月出版 / 估价：98.00元
PSN B-2011-191-1/1

长株潭城市群蓝皮书
长株潭城市群发展报告（2017）
著(编)者：张萍 2017年12月出版 / 估价：89.00元
PSN B-2008-109-1/1

中医文化蓝皮书
北京中医文化传播发展报告（2017）
著(编)者：毛嘉陵 2017年5月出版 / 估价：79.00元
PSN B-2015-468-1/2

珠三角流通蓝皮书
珠三角商圈发展研究报告（2017）
著(编)者：王先庆 林全颖
2017年7月出版 / 估价：98.00元
PSN B-2012-292-1/1

遵义蓝皮书
遵义发展报告（2017）
著(编)者：曾征 龚永育 雍思强
2017年12月出版 / 估价：89.00元
PSN B-2014-433-1/1

国际问题类

"一带一路"跨境通道蓝皮书
"一带一路"跨境通道建设研究报告（2017）
著(编)者：郭业洲 2017年8月出版 / 估价：89.00元
PSN B-2016-558-1/1

"一带一路"蓝皮书
"一带一路"建设发展报告（2017）
著(编)者：孔丹 李永全 2017年7月出版 / 估价：89.00元
PSN B-2016-553-1/1

阿拉伯黄皮书
阿拉伯发展报告（2016～2017）
著(编)者：罗林 2017年11月出版 / 估价：89.00元
PSN Y-2014-381-1/1

北部湾蓝皮书
泛北部湾合作发展报告（2017）
著(编)者：吕余生 2017年12月出版 / 估价：85.00元
PSN B-2008-114-1/1

大湄公河次区域蓝皮书
大湄公河次区域合作发展报告（2017）
著(编)者：刘稚 2017年8月出版 / 估价：89.00元
PSN B-2011-196-1/1

大洋洲蓝皮书
大洋洲发展报告（2017）
著(编)者：喻常森 2017年10月出版 / 估价：89.00元
PSN B-2013-341-1/1

皮书系列重点推荐 —— 国际问题类

德国蓝皮书
德国发展报告（2017）
著(编)者：郑春荣　2017年6月出版 / 估价：89.00元
PSN B-2012-278-1/1

东盟黄皮书
东盟发展报告（2017）
著(编)者：杨晓强　庄国土
2017年4月出版 / 估价：89.00元
PSN Y-2012-303-1/1

东南亚蓝皮书
东南亚地区发展报告（2016～2017）
著(编)者：厦门大学东南亚研究中心　王勤
2017年12月出版 / 估价：89.00元
PSN B-2012-240-1/1

俄罗斯黄皮书
俄罗斯发展报告（2017）
著(编)者：李永全　2017年7月出版 / 估价：89.00元
PSN Y-2006-061-1/1

非洲黄皮书
非洲发展报告 No.19（2016～2017）
著(编)者：张宏明　2017年8月出版 / 估价：89.00元
PSN Y-2012-239-1/1

公共外交蓝皮书
中国公共外交发展报告（2017）
著(编)者：赵启正　雷蔚真
2017年4月出版 / 估价：89.00元
PSN B-2015-457-1/1

国际安全蓝皮书
中国国际安全研究报告（2017）
著(编)者：刘慧　2017年7月出版 / 估价：98.00元
PSN B-2016-522-1/1

国际形势黄皮书
全球政治与安全报告（2017）
著(编)者：张宇燕
2017年1月出版 / 定价：89.00元
PSN Y-2001-016-1/1

韩国蓝皮书
韩国发展报告（2017）
著(编)者：牛林杰　刘宝全
2017年11月出版 / 估价：89.00元
PSN B-2010-155-1/1

加拿大蓝皮书
加拿大发展报告（2017）
著(编)者：仲伟合　2017年9月出版 / 估价：89.00元
PSN B-2014-389-1/1

拉美黄皮书
拉丁美洲和加勒比发展报告（2016～2017）
著(编)者：吴白乙　2017年6月出版 / 估价：89.00元
PSN Y-1999-007-1/1

美国蓝皮书
美国研究报告（2017）
著(编)者：郑秉文　黄平　2017年6月出版 / 估价：89.00元
PSN B-2011-210-1/1

缅甸蓝皮书
缅甸国情报告（2017）
著(编)者：李晨阳　2017年12月出版 / 估价：86.00元
PSN B-2013-343-1/1

欧洲蓝皮书
欧洲发展报告（2016～2017）
著(编)者：黄平　周弘　江时学
2017年6月出版 / 估价：89.00元
PSN B-1999-009-1/1

葡语国家蓝皮书
葡语国家发展报告（2017）
著(编)者：王成安　张敏　2017年12月出版 / 估价：89.00元
PSN B-2015-503-1/2

葡语国家蓝皮书
中国与葡语国家关系发展报告·巴西（2017）
著(编)者：张曙光　2017年8月出版 / 估价：89.00元
PSN B-2016-564-2/2

日本经济蓝皮书
日本经济与中日经贸关系研究报告（2017）
著(编)者：张季风　2017年5月出版 / 估价：89.00元
PSN B-2008-102-1/1

日本蓝皮书
日本研究报告（2017）
著(编)者：杨伯江　2017年5月出版 / 估价：89.00元
PSN B-2002-020-1/1

上海合作组织黄皮书
上海合作组织发展报告（2017）
著(编)者：李进峰　吴宏伟　李少捷
2017年6月出版 / 估价：89.00元
PSN Y-2009-130-1/1

世界创新竞争力黄皮书
世界创新竞争力发展报告（2017）
著(编)者：李闽榕　李建平　赵新力
2017年4月出版 / 估价：148.00元
PSN Y-2013-318-1/1

泰国蓝皮书
泰国研究报告（2017）
著(编)者：庄国土　张禹东
2017年8月出版 / 估价：118.00元
PSN B-2016-557-1/1

土耳其蓝皮书
土耳其发展报告（2017）
著(编)者：郭长刚　刘义　2017年9月出版 / 估价：89.00元
PSN B-2014-412-1/1

亚太蓝皮书
亚太地区发展报告（2017）
著(编)者：李向阳　2017年4月出版 / 估价：89.00元
PSN B-2001-015-1/1

印度蓝皮书
印度国情报告（2017）
著(编)者：吕昭义　2017年12月出版 / 估价：89.00元
PSN B-2012-241-1/1

国际问题类 — 皮书系列重点推荐

印度洋地区蓝皮书
印度洋地区发展报告（2017）
著(编)者：汪戎　　2017年6月出版／估价：89.00元
PSN B-2013-334-1/1

英国蓝皮书
英国发展报告（2016~2017）
著(编)者：王展鹏　　2017年11月出版／估价：89.00元
PSN B-2015-486-1/1

越南蓝皮书
越南国情报告（2017）
著(编)者：谢林城
2017年12月出版／估价：89.00元
PSN B-2006-056-1/1

以色列蓝皮书
以色列发展报告（2017）
著(编)者：张倩红　　2017年8月出版／估价：89.00元
PSN B-2015-483-1/1

伊朗蓝皮书
伊朗发展报告（2017）
著(编)者：冀开远　　2017年10月出版／估价：89.00元
PSN B-2016-575-1/1

中东黄皮书
中东发展报告No.19（2016~2017）
著(编)者：杨光　　2017年10月出版／估价：89.00元
PSN Y-1998-004-1/1

中亚黄皮书
中亚国家发展报告（2017）
著(编)者：孙力　吴宏伟　　2017年7月出版／估价：98.00元
PSN Y-2012-238-1/1

皮书序列号是社会科学文献出版社专门为识别皮书、管理皮书而设计的编号。皮书序列号是出版皮书的许可证号，是区别皮书与其他图书的重要标志。

它由一个前缀和四部分构成。这四部分之间用连字符"-"连接。前缀和这四部分之间空半个汉字（见示例）。

《国际人才蓝皮书：中国留学发展报告》序列号示例

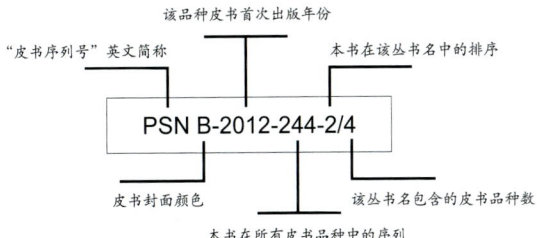

从示例中可以看出，《国际人才蓝皮书：中国留学发展报告》的首次出版年份是2012年，是社科文献出版社出版的第244个皮书品种，是"国际人才蓝皮书"系列的第2个品种（共4个品种）。

社会科学文献出版社　皮书系列

❖ 皮书起源 ❖

"皮书"起源于十七、十八世纪的英国,主要指官方或社会组织正式发表的重要文件或报告,多以"白皮书"命名。在中国,"皮书"这一概念被社会广泛接受,并被成功运作、发展成为一种全新的出版形态,则源于中国社会科学院社会科学文献出版社。

❖ 皮书定义 ❖

皮书是对中国与世界发展状况和热点问题进行年度监测,以专业的角度、专家的视野和实证研究方法,针对某一领域或区域现状与发展态势展开分析和预测,具备原创性、实证性、专业性、连续性、前沿性、时效性等特点的公开出版物,由一系列权威研究报告组成。

❖ 皮书作者 ❖

皮书系列的作者以中国社会科学院、著名高校、地方社会科学院的研究人员为主,多为国内一流研究机构的权威专家学者,他们的看法和观点代表了学界对中国与世界的现实和未来最高水平的解读与分析。

❖ 皮书荣誉 ❖

皮书系列已成为社会科学文献出版社的著名图书品牌和中国社会科学院的知名学术品牌。2016年,皮书系列正式列入"十三五"国家重点出版规划项目;2012~2016年,重点皮书列入中国社会科学院承担的国家哲学社会科学创新工程项目;2017年,55种院外皮书使用"中国社会科学院创新工程学术出版项目"标识。

中国皮书网
www.pishu.cn

发布皮书研创资讯，传播皮书精彩内容
引领皮书出版潮流，打造皮书服务平台

栏目设置

关于皮书：何谓皮书、皮书分类、皮书大事记、皮书荣誉、
皮书出版第一人、皮书编辑部

最新资讯：通知公告、新闻动态、媒体聚焦、网站专题、视频直播、下载专区

皮书研创：皮书规范、皮书选题、皮书出版、皮书研究、研创团队

皮书评奖评价：指标体系、皮书评价、皮书评奖

互动专区：皮书说、皮书智库、皮书微博、数据库微博

所获荣誉

2008年、2011年，中国皮书网均在全国新闻出版业网站荣誉评选中获得"最具商业价值网站"称号；

2012年，获得"出版业网站百强"称号。

网库合一

2014年，中国皮书网与皮书数据库端口合一，实现资源共享。更多详情请登录www.pishu.cn。

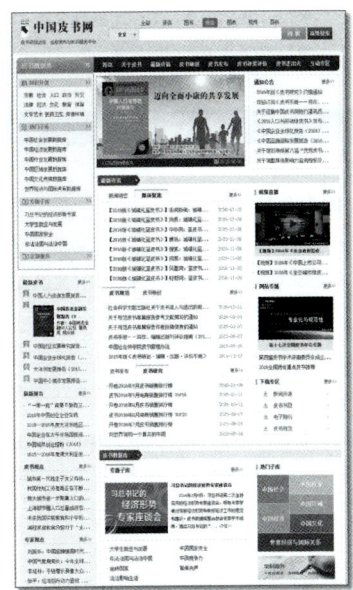

权威报告·热点资讯·特色资源

皮书数据库
ANNUAL REPORT(YEARBOOK) DATABASE

当代中国与世界发展高端智库平台

所获荣誉

- 2016年,入选"国家'十三五'电子出版物出版规划骨干工程"
- 2015年,荣获"搜索中国正能量 点赞2015""创新中国科技创新奖"
- 2013年,荣获"中国出版政府奖·网络出版物奖"提名奖
- 连续多年荣获中国数字出版博览会"数字出版·优秀品牌"奖

成为会员

通过网址www.pishu.com.cn或使用手机扫描二维码进入皮书数据库网站,进行手机号码验证或邮箱验证即可成为皮书数据库会员(建议通过手机号码快速验证注册)。

会员福利

- 使用手机号码首次注册会员可直接获得100元体验金,不需充值即可购买和查看数据库内容(仅限使用手机号码快速注册)。
- 已注册用户购书后可免费获赠100元皮书数据库充值卡。刮开充值卡涂层获取充值密码,登录并进入"会员中心"—"在线充值"—"充值卡充值",充值成功后即可购买和查看数据库内容。

数据库服务热线:400-008-6695
数据库服务QQ:2475522410
数据库服务邮箱:database@ssap.cn

图书销售热线:010-59367070/7028
图书服务QQ:1265056568
图书服务邮箱:duzhe@ssap.cn

更多信息请登录

皮书数据库
http://www.pishu.com.cn

中国皮书网
http://www.pishu.cn

皮书微博
http://weibo.com/pishu

皮书博客
http://blog.sina.com.cn/pishu

皮书微信"皮书说"

请到当当、亚马逊、京东或各地书店购买,也可办理邮购

咨询/邮购电话:010-59367028 59367070
邮　　箱:duzhe@ssap.cn
邮购地址:北京市西城区北三环中路甲29号院3号楼
　　　　　华龙大厦13层读者服务中心
邮　　编:100029
银行户名:社会科学文献出版社
开户银行:中国工商银行北京北太平庄支行
账　　号:0200010019200365434